한국연구재단 학술명저번역총서

● 서양편 ●

한국연구재단 학술명저번역총서

서양편 ● 82 ●

인간마음에 관한 탐구

토머스 리드 지음 | 양선숙 옮김

한길사

An Inquiry into the Human Mind on the Principles of Common Sense

by Thoms Ried

• 이 책은 (재)한국연구재단의 지원으로 (주)도서출판 한길사에서 출간·유통을 한다.

이 도서의 국립중앙도서관 출판시도서목록(CIP)은
e-CIP 홈페이지(http://www.nl.go.kr/ecip)에서 이용하실 수 있습니다.
(CIP제어번호:2014024182)

인간마음에 관한 탐구

토머스 리드, 자연의 가르침의 설교자

양선숙 · 경북대학교 법학전문대학원 교수

이런 믿음을 떨쳐내버리기란 내 능력 범위를 벗어나 있다. 따라서 내가 그런 헛된 시도를 해야 할 이유가 없다. 달나라까지 날아간다거나 목성이나 토성을 방문하는 것은 유쾌한 일이리라. 그러나 나는 자연이 나를 내가 현재 거주하고 있는 지구라는 이 행성에 중력법칙을 통해 묶어놓았다는 것을 알고 있으며 나는 이 사실에 만족해하면서 행성에 머문다. 나는 나 자신이 지구궤도를 따라 운행되는 것을 묵묵히 감수한다. 이렇게 내 신체가 지구에 의해 운반되듯이 내 믿음은 지각에 의해 운반되며 이는 불가항력적이다. 가장 위대한 회의주의자라 해도 그는 자신이 나와 똑같은 조건에 처해 있음을 알게 될 것이다. 그는 급류를 거슬러 헤엄치려는 사람과도 같이 자신의 감각이 알려주는 정보를 믿지 않으려 힘들여 분투할 것이다.

아! 그러나 이는 헛된 일이다. 그가 신경을 곤두세우고 자연과 싸우고 자신의 감각을 자극하는 온갖 대상과 싸워봤자 이는 헛된 일이다. 이 모든 투쟁 끝에 결국 그의 힘은 무익한 시도로 소진될 것이고 그는 이러한 믿음을 지닌 다른 여느 사람들과 함께 저 급류에 휩쓸려 갈 것이기 때문이다.　　　　　　　　 ― 토머스 리드

1. 리드의 생애

스코틀랜드 상식학파(Scottish Common School)의 창시자이자 흄[1]에 관한 가장 통렬한 비판자로 꼽히는 18세기 철학자 리드(Thomas

---

1) 흄(D. Hume, 1711~76): 스코틀랜드 출신의 경험론자. 주저로『인간본성론』
(*A Treatise of Human Nature*, 1739~40), 『도덕정치론』(*Essays Moral and*

Reid)는 아직 국내에는 생소하지만 영미 철학계에서는 20세기 들어 새롭게 재조명되기 시작한 근대 사상가 중 한 명이다.[2] 처음에는 무어(G.E. Moore)에 의해 리드의 상식주의가 부활하기 시작했고, 이어서 직접 실재론 및 행위자 원인론이 치좀(R.M. Chisholm) 등에 의해 주목되었으며, 최근에는 도덕철학 분야에서 리드의 자연법론이 활발히 논의되고 있다. 이 책의 발간을 계기로 국내에서도 리드 사상에 대한 폭넓은 관심이 생겨나길 바란다.

현재 우리가 리드의 삶에 관해 알고 있는 대부분은 그의 제자이자 상식학파의 일원이었던 스튜어트(D. Stewart, 1753~1828)가 쓴 전기 덕분이다. 하지만 스튜어트의 전기를 입수하지 못한 관계로 1875년에 출판된 맥코시의『스코틀랜드 철학』(The Scottish Philosophy)의 관련부분을 자료로 삼아 리드의 삶을 간략하게 일별하기로 하겠다.[3] 맥코시 역시 스튜어트의 보고를 상당 부분 인용하고 있으므로 그런대로 큰 부족함은 없으리라고 본다. 행간에 옮긴이의 소소한 설명이 부가되고 나름대로의 소감이 곁들여지더라도 독자 여러분의 너그러운 양해를 구한다.

한 개인으로서의 삶이라는 견지에서 보았을 때 리드는 다른 근대 철학자에 비교하여 상대적으로 별 기복 없는 평탄한 삶을 살았다. 리드는 1710년 4월 26일 애버딘에서 32킬로미터쯤 떨어진 킨카딘셔 주(洲) 스트래천에서 출생했다. 스트래천은 그램피언즈 고지대의 북쪽 경사면 골짜기를 뚫고 디 주(洲)로 흘러 들어가는 강 언덕에 있다. 여름에는 이를

Political, 1741~42), 『인간지성론』(An Enquiry Concerning Human Under-standing, 1748)이 있다. 흄 철학은 로크와 버클리를 거쳐 계승된 경험론에 내재한 회의주의를 가시화시켰다는 평가를 받는다.

2) 퍼트넘(R. Putnam)에 따르면, 리드 사상에 대한 연구는 제1차 세계대전 이전까지 영미 철학계를 주도했던 관념론의 와해에 중요한 역할을 담당했다(N. Daniels, Thomas Reid's Inquiry: The Geometry of Visibles and the Case for Realism, Stanford UP, 1989, Forward, ii).

3) J. McCosh, The Scottish Philosophy, Biographical, Expository, Critical from Hutcheson to Hamilton(London: MacMillan and Co., 1875). 주로 26장을 참조했다.

데 없이 온화하고 겨울에는 황량하기 그지없으며 험한 바위틈 사이로 보랏빛 히스가 무성하게 피어나는 이 고장은 사색을 즐기는 조용한 성품의 젊은이가 스코틀랜드의 긴긴 여름방학을 보내기에는 안성맞춤이었다.

리드의 아버지 루이스는 스트래천에서 50년 넘게 봉직한 장로교 목사로 1688년 스코틀랜드 신교도 혁명 때에는 휘그당을 지지했다. 혁명 당시까지만 해도 지주의 힘은 막강했고 누구나 휘그당과 토리당 중 하나를 분명하게 택해야만 하는 상황이었다. 리드 가문은 디 주의 뱅처리 테란에서 대대로 목사를 지냈는데, 이 목사직 세습은 종교개혁 때까지 거슬러 올라간다. 리드의 어머니 마거릿은 당시 스코틀랜드에서 매우 명망 있는 밴프셔 주 키네어디의 그레고리 집안 출신이었다.

리드의 부계와 모계는 양쪽 다 문예와 과학 분야에서 두각을 나타내는 가문이었다. 부계 쪽 선조 중에는 제임스 1세의 그리스어와 라틴어 담당비서로 일하면서 패트릭 영과 함께 국왕의 작품을 라틴어로 옮긴 이도 있었고, 알렉산더 리드라는 이는 찰스 1세의 주치의로 일하면서 의학서를 출판했으며, 애덤 리드는 뷰캐넌의 『스코틀랜드사』를 영어로 옮기기도 했다. 모계 쪽을 보면, 제임스 삼촌은 반사 망원경을 발명했고, 또 다른 삼촌인 데이비드는 옥스퍼드대학교의 천문학 교수로 재직하면서 뉴턴과 절친한 친구였으며, 또 다른 두 삼촌은 성(聖) 세인트대학교와 에딘버러대학교의 수학교수였다. 나중에 리드가 상당한 수준의 수학과 물리학, 의학 지식을 철학적 논의에 자유자재로 구사할 수 있게 되었던 데 이들 삼촌들의 영향력이 직·간접적으로 작용했음은 물론이다. 독자들은 이 책의 곳곳에서 이 점을 확인하게 될 것이다.

리드가 받은 최초의 공식 교육은 킨카딘셔 주의 문법학교에서 시작되었다. 기록에 따르면, 문법학교의 선생님 중 한 분은 리드가 나중에 '옷 잘 차려입고 다니는' 계층의 사람이 될 것이라고 장담했다고 한다. 2년 동안의 문법학교 수업을 마친 후 리드는 1722년경 마셜 칼리지에 입학한다. 마셜 칼리지에서 리드는 학자로서의 삶에 매우 중요한 사건을 겪는다. 1726년 한 해 동안 철학을 가르친 턴벌[4]을 만난 일이다. 턴벌은 물질을 부정하고 마음의 능동적인 힘을 강조하는 버클리주의자면서 당시 정치가이자 사상가로 유명한 새프츠베리 경(卿)을 추종하여 시민으로서 갖추어야 할 덕성, 교육을 통한 사회개혁, 미적 감각 등을 강조했다.

리드에 대한 턴벌의 영향은 이중적이었다. 리드는 한편으로는 상식의 가르침을 지지하고 정당화하기 위해 그 누구보다 많이 노력했고 다른 한편으로는 물질 존재를 부정하는 버클리 사상과 분명한 선을 그었다. 이 책에서 우리는 어떻게 리드가 스승의 가르침 중 일부는 취하고 일부는 버리게 되는지를 보게 될 것이다.

훗날 리드는 한 편지에서 마셜 칼리지 시절에 있었던 흥미로운 경험을 적었다. 그 편지는 1779년에 쓰였다.

열네 살 때쯤 나는 거의 매일 밤 꿈속에서 무서운 꿈을 꾸면서 괴로워했네. 때로는 무시무시한 반구(半球) 위를 금방이라도 떨어질 것처럼 날았고, 때로는 생명의 위협을 받으면서 쫓기다 벽에 가로막히거나 갑자기 힘이 쑥 빠져버리기도 했지. 때로는 야수에 금방이라도 잡아먹힐 뻔하기도 했고. 얼마나 오랫동안 이런 꿈으로 괴로움을 겪었는지 지금으로서는 기억할 수 없네…… 이것은 모두 꿈이고 나는 정말 위험에 빠져 있는 것이 아니라는 사실을 꿈속에서 기억해내는 것이 가능한지를 실험해볼 만하다고 생각했지. 종종 잠자리에 들면서 나는 한 번도 실제 위험에 처했던 적이 없다, 내가 가졌던 모든 공포는 꿈에 불과하다는 생각을 마음에 최대한 단단히 새겼어. 꿈속에서 위험이 나타났을 때 이 생각을 기억해내지 못하는 실패를 여러 차례

---

4) 턴벌(G. Turnbull, 1698~1748): 스코틀랜드 계몽주의자. 마셜 칼리지, 에버딘 대학교 등에서 강사 생활을 한 뒤 영국 국교회 목사가 되었다. 주저인 『도덕철학 및 기독교 철학의 원리』(Principles of Moral and Christian Philosophy, 1740)에서 관념연합설을 토대로 윤리학을 구축하고자 했다.

겪고 나서 마침내 나는 성공을 거두었네. 종종 나는 심연의 낭떠러지로 미끄러지면서 이것은 모두 꿈이라고 생각하면서 용감하게 아래로 뛰어내렸지. 그러고는 대개는 즉시 깨어났어. 나는 대담해진 기분을 느끼면서 침착하게 깨어났고, 이는 나로서는 커다란 소득이었어. 그 다음부터 내 꿈은 불편하지 않게 되었고, 얼마 지나지 않아서는 아무 꿈도 꾸지 않게 되었네.

열여섯의 나이에 대학을 졸업한 리드는 모교에서 사서직 제의를 받는다. 이는 당시 사서직의 위상을 고려해보면 예외적인 경우라고 할 수 있다. 리드는 뛰어나게 훌륭한 학생은 아니었다. 아마도 마셜 칼리지의 사서직이 리드 가에서 대대로 기금을 제공해온 자리였기 때문에 내려진 결정이라고 짐작된다. 아무튼 리드로서는 사서로 일하면서 하고 싶은 공부를 계속할 수 있다는 점에서 커다란 행운이었다. 이 시기에 리드는 특히 수학 공부에 공을 기울였고 후에 마셜 칼리지의 수학교수가 된 친구 스튜어트(J. Stewart)와 함께 뉴턴의 『프린키피아』(Principia)를 공부했다.

1736년, 리드는 사서직을 그만두고 친구 스튜어트와 함께 런던과 옥스퍼드, 케임브리지를 둘러보는 일생 단 한 번의 잉글랜드 여행을 떠난다. 옥스퍼드에서는 데이비드 삼촌의 주선으로 마틴 폭스[5]의 집을 방문하기도 했고, 케임브리지에서는 선천성 맹인 수학자인 손더슨 박사를 만나기도 했다. 리드는 특히 손더슨 박사와 토론하기를 즐겼는데, 박사가 눈이 멀었음에도 수학 지식을 가질 수 있다는 사실은 리드에게 감각지각과 지식획득의 관계에 관한 강렬한 흥미를 불러일으켰다. 이 책에서도 손더슨 박사의 이름은 여러 번 언급된다.[6] 리드가 보기에 손더슨 박사는 대상의 형태에 관한 우리의 지식이 시각정보에 의존하지 않고도

5) 마틴 폭스는 본문 6장 17절에서 언급된다.
6) 본문 5장 6절과 6장 2절, 7절, 11절 등.

획득될 수 있다는 것, 따라서 망막에 맺히는 '시각적 형태'가 대상의 실제 형태 자체와 동일한 것이 아니라는 것 등을 입증해주는 살아 있는 좋은 사례다.

잉글랜드 여행을 마치고 돌아온 1737년에 리드는 가문의 전통에 따라 킹스 칼리지의 추천을 얻어 애버딘에서 19킬로미터쯤 떨어진 곳에 있는 뉴 마처의 목사로 부임한다. 뉴 마처는 멀리 서쪽으로 멋진 산악 정경이 한눈에 들어오는 한적한 시골 교구였다. 리드의 목사 입성을 둘러싸고 벌어진 일련의 사건은 당시의 시대상을 그대로 전해준다. 당시 스코틀랜드 교회는 복음파와 온건파의 대립 양상을 띠고 있었고 목사로 자리 잡기 위해서는 후원자의 추천뿐만 아니라 교구민의 '부름'(call)이 있어야만 했다. 리드의 선임자는 비셋이라는 자였는데, 이자는 스코틀랜드 북부에서 대중적인 설교로 인기가 높았으며 복음파 소속이었고 뉴 마처 교구의 후원자와는 적대관계에 있었다. 비셋은 자신이 20년 넘게 목사로 봉직한 교구민들에 대한 자신의 애정을 환기시키면서 교구민들에게는 신임 목사를 조심하라고 경고했고 목사 선출은 교구민의 권리라고 역설했다. 비셋의 호소에 마음이 움직인 일부 교구민은 자신들의 생각을 표현하기 위해 당시의 전형적인 행동 방식을 따랐다. 리드는 부임 첫날 일단의 여장(女裝) 남자들에 의해 연못에 빠뜨려지는 수모를 당했고 교구목사로서 그가 첫 번째 설교를 할 때는 친척 아저씨 한 분이 칼을 빼들고 설교단을 호위한 채로 했다.

리드는 목사 부임 후 처음 7년 동안은 설교문을 직접 쓰지 않았다. 가뜩이나 그에 대해 좋지 못한 편견을 갖고 있던 교구민의 눈에 들 리 만무한 행동이었다. 전하는 말에 따르면, 어느 날인가는 한 귀부인이 찾아와서는 틸롯슨[7]의 설교문을 그토록 뛰어나게 강론해주어 고맙다는 찬사 아닌 찬사를 했다. 이에 리드는 자신은 결코 남의 설교문을 빌려 강

---

7) 틸롯슨(J. Tillotson, 1630~94): 영국 요크셔 출신으로 켄터베리 대주교를 지냈다. 청중을 사로잡는 재치 있는 설교로 유명했다.

론한 적이 없다고 강력하게 부인했다. 그러나 집에 돌아와보니 침실 머리맡에 지금 막 끝내고 온 설교 내용이 고스란히 담겨 있는 틸롯슨의 설교문이 펼쳐져 있는 것이 아닌가. 리드는 자신이 의식하지 못하고 남의 설교를 베꼈다는 사실 때문이 아니라 거짓말했다는 사실을 부끄러워했다. 그래서 곧바로 그 귀부인에게로 가서 자신은 틸롯슨의 강론을 빌리기는 했지만 공식적인 출판물에서 베낀 것은 아니라는 요지의 변명을 했다고 한다.

그러나 시간이 지남에 따라 리드는 점차 교구민 사이에서 좋은 평판을 얻을 수 있었다. 행실의 올바름과 깨끗한 양심, 타고난 친절함 덕택이었다. 특히 1740년 런던에서 의사 생활을 하던 조지 삼촌의 딸인 마거릿 사촌과 결혼한 다음부터 그의 인기는 더욱더 올라갔다. 아내 마거릿은 병자와 가난한 사람을 열심히 도왔고 이는 교구민을 감복시키기에 충분했다. 1746년 3월 30일자로 되어 있는 리드의 기도문에는 그의 신앙심과 아내에 대한 사랑이 잘 드러나 있다.

오! 신이시여, 병으로 앓고 있는 제 아내를 위해 당신의 신성한 위엄에 이렇게 겸허하게 무릎 꿇고자 합니다. 지금 제 아내는 매우 기력이 쇠약해져 있습니다. 기적을 행하는 유일한 존재인 당신께서 자비를 베푸셔서 전능한 팔을 뻗어 제 아내를 죽음의 문턱에서 데려오시지 않으면 아내는 금방이라도 죽을 것입니다…… 저희가 예상하지 못하고 의도하지 않았던 일련의 사건을 통해 아내와 저를 이렇게 행복하게 함께 있도록 하시고 저희를 그토록 많은 애정과 감정의 조화와 삶의 편안함과 유익으로 축복하셨던 당신의 선의를 저는 망각하고 있었습니다…… 아! 저는 저의 사적인 애착 때문에 목회자로서의 임무를 너무나 게을리 했고, 이 세상의 즐거움과 만족에 너무나 많은 시간을 소모했으며, 미래에 올 저 세상에 대한 당신의 약속과 희망을 적지 않게 무시했습니다. 제 공부와 독서와 대화는 저 자신과 남을 교화시키기 위한 것이 아니라 저 자신을 즐겁게 하기 위한 것이었습니다…….

우리는 '사적인 애착'이나 '제 공부와 독서와 대화'라는 구절을 통해 리드가 무엇을 통탄해 마지않고 있으며 왜 그가 처음에 설교문을 직접 작성하지 않았는지를 미루어 짐작할 수 있다. 아마도 그는 설교문을 작성하는 데 시간을 들이기보다는 하느님이 인간본성을 어떻게 만들었기에 우리가 지금의 방식대로 지각하고 기억하고 상상하는가 하는 철학적인 문제와 씨름하는 것을 더 가치 있는 일로 여겼을 것이다. 이 점은 스튜어트의 말에서도 간접적으로 확인된다. 그에 따르면, 뉴 마처에서 리드는 지각의 원인에 대해 검토하고 지식의 원리에 관해 연구하는 데 시간을 대부분 보냈고 그나마 틈을 내어 하는 일이라고는 정원 가꾸기와 식물학 공부가 전부였다고 한다. 리드가 흄의 『인간본성론』을 읽고 회의주의 논박에 관심을 갖기 시작했던 것도 바로 이 시기다.

1748년 리드는 「단순비율 및 복합비율을 덕과 공적에 적용하는 논고를 읽고 씌어진 양에 관한 연구」(An Essay on Quantity, occasioned by reading a Treatise in which Simple and Compound Ratios are applied to Virtue and Merit)라는 긴 제목의 짧은 논문을 런던 영국왕립협회[8]에 제출했다. 제목에서의 '논고'는 1725년 출간된 허치슨[9]의

---

8) 왕립협회(Royal Society): 영국 자연과학학회로 1662년에 창립되었다. 당시 런던에는 상인이나 지주, 지식인 등 자연연구 애호가가 다수 있었는데 이들은 베이컨의 반(反)아리스토텔레스주의에 동조하여 실험적 학문을 수립하고자 했다. 이들 중 한 사람인 윌킨스를 중심으로 한 일단의 그룹이 옥스퍼드 철학협회를 형성했고, 그후 보일과 페티가 가담하여 찰스 2세의 특허장을 얻어 왕립학회를 설립했다.

9) 허치슨(F. Hutcheson, 1694~1746): 아일랜드 철학자, 스코틀랜드 계몽주의의 선구자. 대표작으로 『미, 질서, 조화, 디자인에 대한 탐구』(*Inquiry concerning Beauty, Order, Harmony and Design*, 1725), 『도덕적 선악에 대한 탐구』(*Inquiry concerning Moral Good and Evil*, 1725), 『정념 및 감정, 도덕감각 기초 행동의 본성과 지도에 관한 에세이』(*Essay on the Nature and Conduct of the Passions and Affections and Illustrations upon the Moral Sense*, 1728), 1725년부터 1727년까지 『아일랜드 서신』(*Hibernicus' Letters*)에 실린 「웃음에 관하여」(Thoughts on Laughter), 「벌의 우화에 대한 고찰」(Observations on the Fable of the Bees) 등이 있다. 그는 오감(五感) 외에도 미적 감각, 타인의

『미 관념과 덕 관념의 기원에 관한 탐구』(*Inquiry into the Original of Our Ideas of Beauty and Virtue*)를 가리키는데, 이 책에서 허치슨은 행위자의 덕을 구성하는 것은 행위자의 선의(善意)며 덕은 행위자의 능력과 좋음의 비율에 따라 성립한다고 주장했다. 허치슨이 문자 그대로 수학을 윤리문제에 적용하여 덕을 수량화하고자 했다고는 생각되지 않는다. 그러나 당시에는 허치슨 말고도 비수학적 주제를 계량적으로 접근하려는 여러 시도가 있던 터였다. 리드는 논문에서 과연 어떤 주제가 수학적 논증의 적용 대상이고 아닌지에 대한 일반적인 기준을 밝히고자 했다. 그는 먼저 양적 계산이 가능한 조건을 제시한 다음 고통이 양적으로 계량될 수 없듯이 덕이나 미 역시 양적으로 계량될 수 없다는 요지의 논증을 폈다.

  1752년에 리드는 공식적으로 발표한 글이라고는 앞의 논문이 유일했음에도 애버딘대학교 킹스 칼리지의 교수로 임명된다. 그가 부임해서 첫 번째로 한 일은 학사제도를 개선하기 위한 설득 작업이었다. 이 일은 어느 정도 소기의 성과를 거두었다. 한 학기가 5개월에서 7개월로 늘어났고 라틴어 입문 강좌가 하나 폐지되는 대신 고급 강좌가 신설되었다. 그러나 리드는 교과목 대부분을 담당했던 한 교수와의 인간적인 관계 때문에 교수의 담당강의를 특정 학과에 한정하는 제도——일찍이 글래스고대학교나 마셜 칼리지에서는 시행된 제도다——는 실현하지 못했으며 그 자신 역시 매우 큰 강의 부담을 져야 했다. 리드는 수학, 물리학, 논리학, 윤리학 등을 모두 가르쳐야 했다.

  하지만 리드는 바쁜 와중에도 문예와 과학에 식견을 가진 주변 사람을 규합하여 일종의 철학 토론모임을 조직했다. 바로 '애버딘 철학회'

행·불행에 대해 기쁨과 불편함을 느끼는 성향으로서의 공적 감각(public sense), 도덕감각, 타인의 승인과 비난에 대해 기쁨과 불편함을 느끼는 성향으로서의 명예감각 등의 감각이 있음을 주장했고 특히 덕을 추구하는 성향으로서의 도덕감각을 강조했다. 올바른 행동의 도덕적 기준으로 '최대 다수의 최대 행복'을 주장했다는 점에서 벤담의 공리주의를 예고했다고도 말한다.

(Aberdeen Philosophical Society)인데, 이 모임의 주요 멤버는 캠벨(G. Campbell), 지라드,[10) 베아티[11) 등 나중에 스코틀랜드 상식학파로 분류되는 철학자들이었다. 이들은 격주로 모여 논문을 발표하고 토론했다. 1764년에 출판된 흄에 대한 리드의 최초의 비판서이자 이 번역서의 텍스트인『상식의 원리에 토대를 둔 인간마음에 관한 탐구』——이하『탐구』로 약칭——역시 애버딘 철학회에서 발표된 논문을 근간으로 한 것이다.

리드는『탐구』를 출판하기 전 자신의 친구이자 흄의 친구인 블레어[12)를 통해 흄에게 일독을 부탁했다. 흄의 공식적인 반응은 철학적인 논의는 철학자에게 맡기고 교구 목사는 제 할 일이나 해야 한다는 짐짓 쌀쌀맞기 그지없는 것이었다. 그러나 흄은 리드에게 보내는 사신(私信)에서는 리드의 비판이 심각한 철학적 도전이 되었다는 찬사를 보냈다. 아마도 편지보다는 공식적인 응답이 흄의 실제 심정에 훨씬 가까웠을 것이다. 또 자신이 그토록 철저하게 비판했던 철학자에게 군이 원고를 읽어달라고 청한 리드보다는 냉정한 반응을 보인 흄의 태도가 더욱 납득할 만하다. 독자는 이 책을 읽으면서 리드가 흄의 철학을 얼마나 근본적인 수준에서 철두철미 공격하고 있는지를 보게 될 것이다.

『탐구』를 출판한 같은 해 리드는 글래스고대학교의 도덕철학 교수로 초빙된다. 이 자리는 경제학자 겸 철학자였고 흄과 오랜 정신적 동맹관계를 맺은 것으로 알려져 있는『국부론』의 저자 스미스(A. Smith)의 후

---

10) 지라드(A. Gerard, 1728~95): 애버딘대학교 자연철학 및 신학 대학교수를 지냈다. 저서로『취향론』(*Essay on Taste*, 1756)이 있다.

11) 베아티(J. Beattie, 1735~1803): 스코틀랜드 문필가. 애버딘대학교 도덕철학 교수를 지냈다. 흄의 철학을 반박하기 위해 쓴『진리의 본성과 불변성』(*Essay on the Nature and Immutability of Truth*, 1770)을 통해 문필가로서의 성공을 거두었다.

12) 블레어(H. Blair, 1718~1800): 스코틀랜드 장로교회 목사 겸 문인. 1777년 출판된 첫 설교집은 유럽 각국 언어로 번역될 만큼 큰 성공을 거두었으나 사상적 빈약성 때문에 비판받기도 했다.

임 자리였다. 글래스고대학교에서 리드의 강의 사정은 이전보다는 훨씬 나아졌다. 그는 몇 차례의 고급 수사학 강좌만 제외하고는 전적으로 철학만 가르쳤다. 그가 택한 주요 강의 주제는 인간의 능동적인 인지능력들이었는데, 리드는 이 주제와 연관해서 자연법학 및 정치의 근본원리에 관한 다양한 견해를 포괄하는 도덕이론을 발전시키고자 했다. 1772년 겨울학기에 강의를 들은 스튜어트의 묘사를 보면 철학교수로서의 리드의 강의에 특별히 매력적인 점이 있었던 것 같지는 않다. 그의 말투는 그리 열정적이지도 않았으며 읽기도 단조로웠다. 하지만 대신 그에게는 단순하고 명료한 말투와 중후하고 권위 있는 성품이 있었다. 무엇보다도 그의 학설은 젊은 청중의 억누를 수 없는 호기심을 자아내기에 충분했다고 한다. 그가 애버딘의 친구들에게 보낸 편지에는 글래스고대학교 생활의 면면들이 잘 드러나 있다.

글래스고. 1764년 10월 14일. 집을 나서서 아침 7시 30분까지는 학교에 도착해야 한다네. (학교는 걸어서 8분 거리에 있어.) 7시 30분부터 한 시간 동안 쉬지 않고 백 명쯤 되는 학생을 놓고 강의하지. 11시에는 아침 강의 내용에 관한 구두시험을 치르는데, 학생들은 아침 강의 때의 3분의 1밖에는 오지 않아…… 여기 교수 중 몇 사람의 강의를 들어보고 싶은 마음이 굴뚝 같아. 몇몇은 전공 분야에서 탁월하거든. 하지만 좀처럼 많은 여가를 내기가 힘들어. 우리 대학에서는 사무적인 모임을 갖는 데 시간을 많이 쓰거든. 모임은 보통 일주일에 네다섯 번씩은 있어.

우리 대학은 작년 학기보다 상당히 많은 학생이 몰렸네. 내 강의는 작년이랑 똑같지만 나머지 강의는 모두 학생 수가 늘었지. 내가 보기에 한 학부당 우리 학생들 숫자는 400명에서 500명 사이일 것 같아. 하지만 에딘버러대학교는 우리 대학보다 숫자가 더 늘었다더군.

또 다른 편지에는 아일랜드와 스코틀랜드의 관계, 스코틀랜드 내에서의 글래스고의 평판 등 당시의 사회 풍속상이 반영되어 있다.

가르치는 일 중에서 가장 괴로운 것은 교사 자격증을 따기 위해 2, 3년 동안 강의에 출석하는 멍청한 아일랜드인들을 가르치는 일이야. 이들은 국교에 반대하지. 성(聖) 토마스 아퀴나스가 물고기한테 설교했다고 하더니만 내가 꼭 그 짝인 것 같아. 대체 토마스 아퀴나스가 청중한테서 어떤 즐거움을 얻었는지는 잘 모르겠지만, 고백건대 청중 가운데 이성을 갖춘 피조물을 부모로 둔 자가 없다면 나로서는 아무런 즐거움도 얻지 못할 것임이 틀림없네…… 내 시간 중 가장 괴로운 때는 일주일에 대여섯 번씩 갖는 대학모임 시간이야.

이곳 주변의 일반인은 자네들이 있는 곳의 일반인보다 훨씬 열등하다네. 이들은 지성에서는 보이오티아 사람[13]이고, 종교에서는 광적이며, 입성에서는 촌스럽지. 목사는 이들의 광신주의를 지나치게 부추기는데, 이들은 이렇게 하는 것이야말로 인기를 얻는 유일한 길임을 잘 알고 있네. 여기서 종종 나는 자네들은 알지 못하는 복음을 들어. 자네들은 이런 복음은 설교단에서도 성경에서도 들어보지 못했을 거야.

위에서 리드가 말하는 '복음'은 당시 스코틀랜드 서부인에게는 매우 귀중한 것으로 평가된 은총의 복음이었다. 아마도 그는 당시 복음파와 세련된 도덕론자 간의 첨예한 대립에서 후자의 편을 들었을 것이다. 그러나 비록 서부인들의 열광주의에는 공감할 수 없었지만 이 애버딘의 온건주의자는 그들의 도덕성만은 높이 사주었다.

---

13) '보이오티아 사람'이란 고대 그리스 보이오티아(Boeotia) 지방의 사람을 가리키는 말로 여기서는 우둔하고 교양 없는 사람이라는 뜻으로 쓰였다.

일상인의 표정에 나타나 있는 우울함을 종교 탓으로 돌려야 할지 공기나 기후 탓으로 돌려야 할지 잘 모르겠어. 확실히 이 도시의 일반 사람들은 애버딘의 일반 사람들보다 더욱 깊은 종교심을 갖고 있지. 비록 이 때문에 이들은 더 우울한 열광주의적인 모습이기는 하지만 내가 보기에 이들은 그 덕분에 더 온순하고 건실한 것 같아. 여기 온 이래 아직까지 한 번도 집이 털렸다거나 강도를 당했다거나 소매치기를 당했다거나 끔찍한 범죄를 저질렀다는 말을 들어본 적이 없으니까 말이야.

리드는 글래스고대학교 교수들이 행한 다양한 과학실험에 흥미롭게 참여했다. 블랙[14] 박사의 열(熱) 이론은 발표되기 이전에 이미 알고 있었고, 튜랭대학교 출신 의과대 교수를 도와 결석(結石)의 석화과정을 실험하기도 했다. 그리고 케임스 경과 제임스 삼촌과는 서신 교환을 통해 인간의 자유와 행동 동기, 의욕 등에 관해 의견을 나누었다. 이때 쓴 논문으로는 각각 프리스틀리[15]의 유물론과 하틀리[16]의 관념연합설을 겨냥

---

14) 블랙(J. Black, 1728~99): 영국의 화학자. 블랙의 잠열(潛熱, latent heat) 이론은 비열(比熱, specific heat) 이론의 토대가 되었다. 이산화탄소 발견으로 유명하다.

15) 프리스틀리(J. Priestley, 1733~1804): 영국의 목사 겸 과학자. 과학사의 중요성을 강조하여 『전기사』(*History and Present State of Electricity*, 1767), 『시각, 빛, 색의 현대 발견사』(*History of the Present State of the Discoveries relating to Vision, Light and Colours*, 1772)를 저술했고 실험도구를 능숙하게 조작해 산소를 발견하는 등 기체학의 지평을 넓혔다. 『예수 초기 평가사』(*History of Early Opinions concerning Jesus Christ*, 1786)에서는 유니테리언교를 옹호하고 삼위일체, 성경의 영적 성격, 성임신(聖姙娠) 등을 공격했고 무신론자로 간주되어 집과 실험실이 파괴되기도 했다. 1794년 가족과 함께 북미대륙으로 건너가 생을 마쳤다. 프리스틀리는 1790년대 영국 사회를 지배한 불관용 정신의 대표적인 희생자로 꼽힌다.

16) 하틀리(D. Hartley, 1705~57): 영국의 심리학자. 주저인 『인간론』(*Observations on Man*, 1749)에서는 로크의 관념연합설을 채택하여 모든 심적 현상을 연상법칙을 통해 설명하고자 했다. 그에 따르면, 외부 자극에 따른 신경 미

해서 쓴 「현대 유물론에 관한 고찰」(Some Observations on the Modern System of Materialism), 「하틀리의 인간심성론에 관한 프리스틀리의 설명에 대한 성찰」(Miscellaneous Reflections on Priestley's Account of Hartley's Theory of the Human Mind)이 있다.

그러나 리드의 인생에서 가장 중요한 저작들은 그가 글래스고대학교 교수직을 사직한 이후에 쓰였다. 그는 자신이 계획한 저작들을 완성하지 못할지도 모른다는 두려움에 가능한 한 많은 시간을 저술 활동에 할애하기를 원했다. 1781년 그는 마침내 희망을 이루었다. 그리하여 세상의 빛을 보게 된 저작들이 바로 1785년의 『인간의 지성력에 관한 논고』(*Essays on the Intellectual Powers of Man*)와 1788년의 『인간의 행동력에 관한 논고』(*Essays on the Active Powers of Man*)다. 전자는 『탐구』의 확대판으로 『탐구』가 주로 오감(五感)을 중심으로 지식의 문제를 다루었다면 여기서는 감각 이외의 인식작용, 즉 기억과 상상, 종(種)에 대한 지식, 판단과 추론과 취향의 본성 등을 폭넓게 다루었다. 후자는 흄의 주관주의 윤리학에 대항하여 합리주의 윤리학을 옹호하기 위해 쓴 책으로, 행위자 일반의 본성 및 인간 행위자의 특성을 다루었고 특히 자유의지에 관한 논의가 유명하다.

1796년은 리드가 이승에서 보낸 마지막 해였다. 가을이 시작할 즈음 전신마비 증세가 시작되었고 10월 마침내 눈을 감았다. 리드의 딸은 이렇게 적었다.

경건함과 인종(忍從)은 가장 깊은 고통과 마지막 환우의 모든 수난 가운데서도 당신을 흔들리지 않게 지켜주었습니다. 이는 신앙의 축복 덕택이자 신과 인간을 상대로 저질러지는 죄로부터 면제된 양심의 축복 덕택이었습니다.[17]

세부분의 진동 결과 감각과 쾌, 불쾌가 발생하며 단순감각의 인접, 동시성, 연속 법칙에 따른 연합에 의해 그밖의 모든 인식과 감정현상이 발생한다.

2. 리드의 사상

1) 반(反)회의주의

사상사적으로 보았을 때 『탐구』는 자연주의적이고 선천주의적인 시각에서 인간 인식을 해명하고자 하는 철학적 시도 중 하나다. 리드가 이 책에서 감각과 지각, 믿음, 지식 등을 설명하면서 애용하는 단어 중 하나가 '상식'인데 이때 그가 염두에 두었던 것은 우리가 흔히 말하는 상식, 즉 인간이 태어나서 경험을 통해 획득하게 되는 일단의 후천적인 믿음들이 아니었다. 그가 말하는 상식이란 심층적인 수준에서 작동하는, 자연이 인간에게 선천적으로 부여한 자연의 가르침들(dictates of nature)이었다. 물론 이 가르침 중 일부는 우리의 일상적인 믿음들의 형태로 조형되어 표출되거나 그것들을 뒷받침하지만 말이다.

리드의 철학적 시도는 명백한 논박 상대자들을 갖고 있었다. 이 책을 읽어가다 보면 독자들도 여실히 느끼겠지만 리드는 자신이 이들을 상대로 논쟁한다는 점을 천명하는 데 한시도 게으름을 피우지 않았다.[18] 그 논박 상대자들은 바로 그가 내내 '통상적으로 수용된 견해'라고 칭했던 관념론(idealism, system of ideas)을 지지한 철학자들이었다. 그가 거부하는 관념론은 적어도 내용의 측면에서만 보면 특칭적이다. 즉 인간은 마음 안에 있는 '관념을 수단으로'(by way of ideas) 하여 지식을

---

17) 리드의 사상은 사후(死後) 스코틀랜드 상식학파라는 큰 흐름으로 19세기 중반까지 활발히 전개되었다. 주요 인물로는 위에서 언급한 애버딘 철학회 회원들과 스튜어트 외에 오스왈드(J. Oswald, ?~1793), 해밀턴(W. Hamilton, 1791~1856)이 있다. 또 리드 사상은 프랑스에서는 1816년부터 1870년까지 대학의 공식 커리큘럼에 포함되어 그의 저서가 교과서로 사용되었는데, 이는 스코틀랜드와 프랑스 간의 전통적인 정치적 유대관계 덕분이기도 했지만 리드 사상이 로크의 백지설(白紙說)을 답습했던 콩디야크류의 지나친 감각주의에 대한 대안을 제공해주었기 때문이기도 했다. 대표적으로 콜라르(R. Collard)와 쿠쟁(V. Cousin)이 당시 프랑스에서 리드 철학을 가르치고 지지했다.

18) 본문의 「헌사」 참조.

획득하며——이 지식 안에는 우리 자신에 대한 지식, 즉 자아에 대한 지식 역시 포함된다——이 관념이라는 매개물 없이는 대상과 직접 대면할 수 없다는 가설을 내세우는 이론을 말한다. 아마도 서양 철학사에 조금이라도 익숙한 사람에게 만약 이런 의미의 관념론이 등장했던 시기를 꼽으라면 대부분의 경우는 로크[19]에서 시작하여 버클리[20]를 거쳐 흄에게서 완성된 후 칸트에 의해 극복되었다는 경험론적인 관념론을 꼽을 것이고, 조금 더 철학사에 조예가 깊은 이라면 로크의 앞자리에 데카르트[21]를 놓을 수도 있을 것이다. 이때 데카르트는 '관념을 수단으로' 하는 철학을 철학사상 맨 처음으로 개진했다는 자격을 갖는다.

그러나 흥미롭고도 놀랍게도, 리드는 관념론을 철학자들 일반의 입장으로 간주한다. 다시 말해 리드에게 관념론의 역사는 곧 철학의 역사다. 리드는 플라톤의 '이데아'나 아리스토텔레스의 '감각상'(感覺像, sensible species)이나 '지성상'(知性像, intelligible species), 에피쿠로스 학파의 '얇은 필름'을 모두 다 '관념'의 선구자 격으로 본다. 리드의 이

---

19) 로크(J. Locke, 1632~1704): 영국의 계약론자 겸 경험론자. 『인간지성론』(*An Essay Concerning Human Understanding*, 1690)과 『시민정부론』(*Two Treatise of Civil Government*, 1690)이 대표작이다. 로크는 외부 사물에 대한 감각과 마음의 작용에 대한 반성만이 지식의 기원임을 밝히는데, 이는 당시 데카르트나 케임브리지 플라톤주의자들의 본유관념론을 정면으로 부정한 것이었다.

20) 버클리(G. Berkeley, 1685~1753): 아일랜드 출신의 성공회 주교, 경험론자. 주저는 『신시각론』(*Essays towards New Theory of Vision*, 1709), 『인간지식원리론』(*A Treatise concerning Principles of Human Knowledge*, 1710), 『하일라스와 필로누스의 세 편의 대화』 등이 있다. 버클리 철학은 "존재한다는 것은 지각된다는 것이다"(esse est percipi)라는 명제로 요약된다.

21) 데카르트(R. Descartes, 1596~1650): 프랑스의 수학자, 물리학자, 철학자. 저서로 『방법서설』(*Discours de la Méthode*, 1637), 『제1철학을 위한 성찰』(*Meditationes de Prima Philosophia*, 1641), 『철학의 원리』(*Principia Philosophiae*, 1644), 『정념론』(*Les passions de l'âme*)이 있다. 방법적 의심을 도입하여 모든 의심을 넘어서는 가장 확실한 진리로서 "나는 존재한다"나 "나는 생각한다, 고로 나는 존재한다"라는 코기토(Cogito) 명제를 제시한 것으로 유명하다. 리드는 코기토 명제의 타당성을 제1장 3절에서 다룬다.

런 생각은 적어도 용어법에 주의해서만 본다면 그리 그릇된 것은 아니다. 로크는 『인간지성론』의 도입부에서 자신은 '관념'이란 용어로 '판타즘'(phantasm)이건 '상'(像, species)이건 '개념'(notion)이건 간에 인간의 사유 과정에 등장하는 것은 무엇이나 가리킨다고 말하는데, 이때 판타즘이니 상이니 하는 것들은 중세 아퀴나스를 거쳐 근대에 전승된 고대 그리스나 로마의 철학 용어들이었다.

리드는 『탐구』의 헌사에서 자신이 어떻게 해서 『탐구』를 쓰게 되었는지를 밝힌다. 그는 자신은 1739년에 흄의 『인간본성론』이 출판되기 이전까지는 관념론에 대해 아무런 의문을 제기하지 않았지만 흄의 책을 읽고 나서는 관념론의 궁극적인 귀결이 무엇인지를 잘 알게 되었고 그리하여 바로 그 귀결에 대항하기 위해 『탐구』를 쓰게 되었노라고 적었다. 여기서 그가 말하는 관념론의 궁극적인 귀결이란 바로 흄 철학에 의해 대표되는 회의주의다.[22]

리드는 관념론이 애초부터 회의주의를 표방했던 것은 아니라고 본다. 본래 관념론자들은 '관념'을 사물을 재현하는 것으로서 간주했다. 그들은 관념이란 사물의 상 내지 그림으로서 그것이 재현하는 사물을 닮았다는 관념-사물 모사설을 주장했다. 주지하다시피 관념론자 중에서 로크는 분명한 표상론자였다. 그는 제1성질은 물체에 실제하는 성질이고 제1성질에 대한 우리의 관념은 이 실제하는 성질을 닮았다고 주장했다. 물론 그는 제2성질의 관념에 대해서는 물체와의 유사성을 부정했다. 하지만 그렇다고 제2성질의 관념이 대상으로부터의 아무런 기여분 없이 발생하는 허구라는 것은 아니었다. 그는 제2성질의 관념이 발생할 때 마음과 사물 간에 일정한 인과관계가 성립한다는 점을 인정했다.

그러나 리드는 관념이 사물을 재현한다는 이러한 관념-사물 모사설은 처음부터 아예 잘못된 것이었다고 주장한다. 일종의 심적 현상인 감각과 물질적인 물체의 성질은 전혀 다른 범주에 속한다. 관념론자 중에

---

22) 본문 1장 3절~8절 참조.

서 버클리는 이 점을 가장 확실하게 숙지하고 있었다. 버클리는 이른바 물질적인 세계의 존재를 논박하면서 그 근거로 물질적인 실체는 관념과 닮을 수 없고 따라서 물질개념은 부조리하다는 견해를 제시한다. 리드가 보기에 버클리의 이러한 반(反)상식적인 결론은 관념론자의 '관념을 수단으로'의 가설과 관념의 본성에 관한 올바른 이해가 연합했을 때 나오는 불가피한 귀결이었다. 관념의 본성에는 다른 존재자와는 '친하지 않은' 무엇인가가 내재해 있다. 관념은 우리가 정당하게 존재한다고 생각하고 믿을 수 있는 영역에서 관념 아닌 모든 것을 추방한다. 관념은 점차 사물을 대신하기 시작하고 급기야는 관념 아닌 모든 것의 존재를 붕괴시키기에 이른다.

리드는 버클리가 마음의 존재와 관련해서만은 관념론의 이런 회의적인 결론을 비켜갔다는 점에 주목한다. 잘 알려져 있다시피, 버클리는 우리가 마음에 관해 관념은 아니지만 개념(notion)은 가질 수 있으며 이 개념을 통해 마음에 관해 생각하고 말하고 추론할 수 있다고 설명했다. 즉 마음에 관한 관념은 아니지만 마음에 관한 개념은 갖고 있다는 것이다. 나중에 볼 것처럼 리드의 혁신적인 철학적 기여 중 하나는 버클리의 이러한 시도를 마음 이외의 것에 적용시켜 비록 감각의 직접적인 대상은 아니지만 우리가 개념을 가질 수 있는 것들이 상당수 있다는 주장에 있다.

관념론의 전개에서 더욱 노골적인 존재 영역의 축소는 흄의 몫이었다. 흄 철학의 요체는 우리가 당연시하는 일상적이거나 철학적인 믿음들의 자명성에 대해 의문을 제기하는 일련의 회의주의 논증들이다. 첫 번째 회의주의 논증은 인과믿음에 관련된다. 우리가 외부 대상 a와 b 사이에 인과관계가 성립한다고 믿는 경우 우리가 갖는 믿음은 외부 대상들 간에 성립하는 객관적인 인과관계에 대한 믿음이다. 그러나 흄은 이제 이러한 우리의 인과믿음에 대해 인과믿음의 필수 요소인 필연성 관념의 경험적 기원을 따져 물음으로써 인과믿음이 과연 객관적인 인과관계에 대한 믿음인가에 대해 의문을 제기한다. 흄은 필연성 관념이란 마음이 a의 관념과 유사한 관념들과 b의 관념과 유사한 관념들을 늘 함께 경험해온 상황에서 이제 a의 관념이 주어졌을 때 b의 관념으로 이행되는 마음의 불가피한 움직임에 불과하다고 주장한다. 우리의 인과믿음에 대등하는 사실은 외부 대상들 간의 객관적인 사실이 아니라 심리적인 사실에 불과하다는 것이다.

흄의 두 번째 회의주의 논증은 외부 대상의 존재 믿음을 겨냥한다. 일상적으로 우리는 감각대상이 마음과 독립하여 지속적으로 존재한다고 믿는다. 그러나 흄은 우리가 직접 대면할 수 있는 대상이란 오직 마음의존적인 존재자, 즉 감각행위가 성립하는 동안에만 존재하는 감각이 아니냐고 반문한다. 그에 따르면, 독립적인 대상이 존재한다는 우리의 믿음은 마음의 자기기만적인 일련의 착각 과정의 소산이다.

흄의 마지막 회의주의 논증은 자아의 동일성에 관련된다. 우리의 일상적인 믿음에 따르면, 오늘의 나는 어제의 나와 동일하다. 비록 오늘의 나와 어제의 내가 갖는 감각인상들이나 관념들이 꼭 동일한 것은 아니지만 그럼에도 나는 나 스스로가 변전하는 감각들과 관념들 한가운데에서 자기 동일성을 유지한다고 믿는다. 그러나 흄은 내가 나 자신에게 귀속시킬 수 있는 속성들, 즉 감각인상들이나 관념들 중에 이 동일한 '나'에 해당하는 항목은 없다는 사실을 지적한다. 내가 의식하는 한에서 나는 감각인상들과 관념들의 연속체에 지나지 않으며 변함없는 '나'의 인상이나 관념은 존재하지 않는다.

리드에 따르면, 결국 흄은 이러한 자신의 믿음분석의 결과에 따라 인상과 관념만을 우주 내에 있을 수 있는 유일한 존재자들로 남겨놓는다. 관념과 인상은 마음에 깃들지 않고도 존재할 수 있는 독립적인 실체들이며, 이것들이 어떤 실체로서의 불변적인 '마음'에 속해 있다고 믿는 것은 오류다. 리드는 이런 식의 흄의 세계야말로 관념론자가 스스로의 원칙을 엄격하게 고수했을 때 최종적으로 도달할 수밖에 없는 세계라고 본다. 이 궁핍한 세계에는 그 발생 원인에 대해 아무것도 알려지는 것 없이 늘상 규칙적으로 유사한 양태로 나타나는 일련의 인상들과 일정한 연합원리에 따라 다양하게 배열되는 일련의 관념들만이 있을 뿐이다. 인상들과 관념들에게는 주인도 없고 이것들이 할당되는 그 자체로서의 시간이나 공간, 인과관계도 없다. 인상들과 관념들은 마치 에피쿠로스의 원자처럼 순전히 비유적인 의미에서의 '빈 공간'을 자유롭게 떠돈다.

리드는 이러한 흄의 회의주의에는 인간의 모든 형태의 믿음과 지식, 학문, 그리고 가장 중요하게는 상식적인 지성의 소유자가 지닌 모든 형태의 사려를 파괴하는 무서운 힘이 잠재해 있다는 점을 두려워하고 경계했다. 그가 전직 영혼의 양치기로서 '선량한 믿음'만을 걱정했던 것은 아니다. 그는 정의롭지 못한 사람 역시 믿음에 기반을 두고 살아가며 쾌락을 추구하거나 야심을 이루고자 하거나 탐욕을 채우고자 하는 것도 마찬가지로 믿음현상에 토대를 두고 있다는 점에 우리의 주의를 환기시킨다. 만약 우리가 리드의 이러한 염려에 대해 무엇인가 철학적인 평가를 하려고 든다면, 우리는 그의 철학 전반에 대한 평가와 더불어 흄 철학 전반에 대한 평가를 아울러 행하는 셈이 될 것이다. 실로 리드의 염려는 흄의 회의주의를 일상적인 삶의 지침으로 삼으려는 자가 실제로 존재하는 한도 내에서만 정당하다고 할 수 있다.

그러나 우리가 망각하면 안 되는 것은 종종 흄 스스로도 진술하듯이 그의 회의주의는 논증적인 차원의 것이지 실천적인 차원의 것은 아니라는 점이다. 아마도 흄의 회의주의를 실천하고자 하는 사람이 있다면, 그는 더 이상 현실감각을 완전히 상실하게 되어 더 이상 삶을 온전한 방식으로 영위할 수 없는 상태에 처해질 것이다. 이 사람은 자신의 마음에 등장하는 온갖 인상과 관념이 왜 그토록 많은 경우 유사한 양태로 나타나는지, 그리고 자신이 왜 하필 이러저러한 감각을 갖는지를 설명할 수 없을 것이고, 더 나아가서는 마음에 나타나는 인상이나 관념을 '나'의 인상이고 관념이라고 단언할 수조차 없을 것이다. 이 사람에게는 실제하는 것과 실제하지 않는 것 간의 구분은 단순한 관습상의 편의적인 것이 되고 말 것이다.

여기서 우리는 리드가 염려했던 것은 정확히 말해서 흄의 회의주의에 내재한 철학적 함축이었다고 말할 수 있다. 실로 어떤 철학적 주장들은 실제로 그것들이 실천에 옮겨졌을 때 초래될 결과에 대한 우려 때문이 아니라 우리의 영혼을 사변적으로 지나치게 매료시킨다는 점에서 문제의 소지를 안고 있다고 느껴질 때가 많다. 리드가 흄에게서 한 철학자로서의 논증과 한 인간으로서의 고백을 구분했던 점은 전적으로 옳은 일이었다. 철학적 사색을 끝내고 타인들과 어울리게 될 때면, 아니 철학적 사색 중이라 할지라도 간헐적으로는 일상적인 믿음에 의해 지배된다는 흄의 고백에서 리드는 회의주의의 포기를 읽어내지 않는다. 더 나아가 리드는 흄이 체념 어린 태도로 권장했던 삶의 양식, 다시 말해 철학자로서는 회의주의자면서 인간으로서는 일상적인 믿음을 견지한다는 그 유명한 '근심걱정 없는' 삶의 양식에도 반대하지 않는다. 리드는 관념론을 일부 허약한 정신의 소유자가 운동 삼아 서재 안에서 몰래 타고 즐기는 목마놀이쯤으로 너그럽게 허용할 준비가 되어 있었다.[23] 그러나 그는 흄이 '참된 철학'(true philosophy)——흄 자신은 스스로의 철학을 '참된 철학'이라고 부르면서 '거짓된 철학'(false philosophy)과 대비시켰다——을 행했다고는 보지 않았다.

리드에게 중요한 것은 철학적 회의주의와 일상적 믿음이 공존 가능한지의 여부가 아니었다. 그에게 중요한 것은 흄의 회의주의가 근본적으로 그릇된 관념론의 가설에서 도출된 것이었고 따라서 잘못된 것이라는 점이다. 여기서 관념론의 가설이란 위에서 언급했던 것처럼 '관념을 수단으로' 한 철학에서 파생된 가설, 즉 "지각자의 마음 안에 있지 않은 것은 아무것도 지각되지 않으며 우리는 외부 사물을 실제로 지각하는 것이 아니며 단지 '인상'이나 '관념'이라고 불리는 마음에 찍힌 사물의 이미지만을 지각한다"는 주장이다. 만약 마음 안에 있다는 관념만이 우리가 사유할 수 있는 유일무이한 대상이라면, 당연히 관념 아닌 것은 정당한 인식 대상이 되지 못하며 우리에게는 원칙적으로 알려질 수 없는 것

---

23) 본문 2장 6절 참조.

이 되고 만다. 따라서 우리가 일단 관념론의 이 가설을 받아들이기로 한다면, 우리는 이 세상에는 관념만이 우리가 생각할 수 있는 전부라는 반(反)상식적인 회의주의적 주장 역시 받아들일 수밖에 없다.

리드는 우리가 해야 할 일을 둘 중 하나라고 본다. 관념론의 가설을 반박하여 회의주의가 등장할 여지를 봉쇄하고 인간지성을 전혀 다른 지반에서 설명하거나, 가설을 받아들여서 흄과 한편이 되어 회의주의를 감내하고자 하는 태도를 견지하는 것이다. 리드는 두말할 나위 없이 전자를 택한다.

2) 감각과 지각

리드의 관념론 반박은 『탐구』 전체에 걸쳐 다각적으로 진행된다. 다음에서는 리드의 몇몇 주요 주장 내용을 몇 가지로 요약하여 설명해보겠다. 먼저 리드는 관념론 가설의 결함을 감각(sensation) 현상 및 지각(perception) 현상과 연관시켜 지적한다.

(1) 관념론 가설은 그 자체로 완결적이지 않다.[24] 흄의 회의주의 논증은 만약 x의 존재가 논증적으로 입증되지 못했다면, 우리는 x의 존재를 인정해서는 안 된다는 전제 아래 진행한다. 하지만 흄은 이 세상에는 오직 인상과 관념만이 있다고 주장하면서도 정작 인상과 관념의 존재를 논증적으로 입증했던 적이 없다. 물론 관념의 존재는 누구나 의식하고 있는 자명한 사실이 아니냐고 반문할 수도 있을 것이다. 다시 말해서 관념의 존재만은 논증적인 입증 요구에서 면제된다고 말이다. 하지만 이러한 항변은 오직 관념이란 것이 우리가 감각하거나 기억하거나 상상할 때 우리의 의식에 직접 떠오르는 것 일반을 말하는 것일 때만 옳다. 제정신을 갖추고 있는 사람 중 그 누구도 자신이 생각하고 있으며 따라서 생각들(thoughts)이 존재한다는 사실을 의심할 수는 없기 때문이다. 이 점에서 데카르트가 "나는 존재한다"를 주장하면서 "나는 생각한다"를

---

24) 본문 5장 7절 참조.

의심하지 않았던 것은 옳다. 그는 한 번도 자신이 사유 활동을 한다는 것을, 그리하여 자신의 생각이 있다는 것을 의심하지 않았다.

(2) 물론 관념론자들이 말하는 인상과 관념이 이러한 의식 일반의 수준에서의 것은 아니었다. 이들은 대상과 인식자 사이에 개입해서 대상을 대신하여 마음에 현전하는 인상과 관념이 있고, 우리는 이것들을 매개물로 삼아 대상을 인식한다고 주장한다. 예를 들어 방 안에 있는 월하향 화분에서 기분 좋은 향기가 나고 있다.[25] 나는 다음과 같이 말한다. "나는 월하향 냄새를 맡고 있고, 월하향 색을 보고 있다." 하지만 인상과 관념의 지지자들은 이런 어법이 틀렸다고 지적한다. 이들은 내가 냄새 맡고 있는 것은 월하향 냄새가 아니라 월하향 냄새의 인상이며 내가 보고 있는 것은 월하향의 색이 아닌 월하향 색의 인상이라고 주장한다. 기억과 상상에서도 마찬가지다. 이제 하루가 지나 나는 어제 내가 방 안에서 보았고 냄새 맡았던 월하향을 기억하면서 그 향기를 상상한다. 이때에도 관념론자들은 내가 기억하고 상상하는 것은 월하향 냄새와 색이 아니라 월하향 냄새와 색의 인상이 희미해져 기억에 보유된 월하향 냄새와 색의 관념이라고 주장한다.

그러나 이들이 주장하는 실체화된 매개물로서의 인상과 관념은 존재하지 않는다. 월하향을 볼 때 나는 월하향을 직접 보며 월하향을 기억할 때 나는 월하향 자체를 기억한다. 관념론자들이 그러한 매개물로서의 인상이나 관념을 언급하는 것은 일상어의 문법에 기만당했기 때문이다. 이들은 동일한 표현 방식이 감각과 지각을 가리키는 데 쓰인다는 사실 때문에 양자를 혼동하여 감각의 언어를 지각의 언어처럼 생각하기 때문이다. 양자는 구분되는 것임에도 말이다.

예를 들어, "나는 고통을 느낀다"(I feel a pain), "나는 나무를 본다"(I see a tree)에서 전자는 감각을 가리키고 후자는 지각을 가리킨다.[26]

---

25) 본문 2장 3절 참조.
26) 본문 6장 20절 참조.

이 두 표현에 관한 문법적 분석은 동일하다. 모두 능동사와 목적어로 이루어져 있다. 하지만 전자에서는 행위와 대상의 구분이 실제적이지 않고 문법적인 데 반해 후자에서는 문법적일 뿐만 아니라 실제적이다. "나는 고통을 느낀다"라는 표현은 마치 느껴지는 고통 자체와 구분되는 어떤 것을 함축하는 듯이 보일 수 있다. 하지만 이 구분은 실제에 대응하는 구분이 아니다. '생각을 생각함'(thinking a thought)이 '생각함' (thinking) 이상을 의미하는 것일 수 없는 표현이듯이 '고통을 느낌' (feeling a pain)은 '고통스러워함'(being pained) 이상을 의미하지 않는다. 감각 역시 고통과 마찬가지다. 우리가 감각 자체에 주의를 기울여 감각을 감각과 상상을 통해 연합되어 있는 그밖의 것으로부터 분리한다면 감각은 감각을 느끼는 마음 바깥에서는 존재할 수 없으며 감각을 느끼는 행위와 구분되지 않는다는 점이 드러난다. 이에 반해 지각은 지각하는 행위와 별개인 대상을 갖는다. 지각의 대상은 지각되든지 지각되지 않든지 간에 존재할 수 있다.

(3) 관념론자의 가설에서는 마음이 외부 물체의 성질을 닮은 인상과 관념을 수단으로 하여 마치 거울처럼 세계를 그대로 표상한다는 것이 전제되어 있다.[27] 즉 인상이나 관념은 물체를 닮은 이미지들로서 물체의 성질들을 마음에 재현하며 우리는 오직 이렇게 재현되는 것에 대해서만 지식을 갖게 된다. 앞서 보았던 로크는 이런 표상설의 대표자다. 그는 근대 입자론자의 입장에 동조하여 물체의 성질을 제1성질과 제2성질로 구분했고, 제1성질의 관념과 관련하여 표상설을 지지했다. 제1성질은 사물 안에 실재하는 성질로서 우리가 갖는 제1성질의 관념은 성질을 닮아 있으며 바로 이 유사성에 의해 제1성질의 관념은 사물을 재현한다는 것이다.

그러나 우리가 물체에 대해 갖는 개념이나 지식은 결코 물체와 닮은 어떤 인상이나 관념을 통해서 얻어지는 것이 아니다. 감각과 성질은 전

---

27) 본문 6장 6절 참조.

혀 다른 범주의 것들로서 서로 닮는다거나 하는 것이 불가능하다. 감각은 마음에 일시적으로 존재하는 느낌에 불과한 데 반해 성질은 마음과 독립하여 물체에 존재한다. 이전까지 아무런 냄새도 못 맡아봤던 이가 갑자기 후각을 갖추게 되어 장미 냄새를 맡게 되었다고 하자. 이자는 자신의 감관이 이전과 다른 새로운 방식으로 영향받는다는 것은 알지만 왜 그런 것인지, 어떤 원인으로 그런 것인지는 알 수 없을 것이다. 그는 장미 냄새와 장미에서 아무런 유사성이나 일치를 지각할 수 없을 것이다. 제2성질인 냄새가 마음에 있는 냄새감각을 닮을 수 없듯 제1성질의 관념도 물체에 있는 제1성질을 닮을 수 없다. 우리가 물체에 있는 제1성질을 아는 것은 이것과 닮은 제1성질의 인상이나 관념을 가져서가 아니다. 단단함과 운동, 연장 등에 대한 개념은 인상이나 관념이 아니다. 이들 개념은 감각을 통하지 않고도 얻을 수 있다. 예를 들어 선천성 맹인인 손더슨 박사는 뉴턴이 가졌던 것과 동일한 원추형 개념이나 실린더 개념, 구(球) 개념, 천체들의 운동개념과 거리개념 등을 갖고 있었다.

(4) 관념론자들은 인식 작용을 원자론적으로 접근한다.[28] 로크는 마음이 행하는 최초 작용은 단순관념을 획득하는 것이고 믿음이나 판단 같은 복합물은 나중에 단순관념들을 상호 비교함으로써 성립한다고 본다. 시간적으로 선행하여 얻어지는 단순체들이 마음이 작용하여 무엇인가 복합적인 인지적 요소가 만들어진다는 생각은 버클리나 흄에게서도 마찬가지로 반복하여 등장한다. 이들은 단순인상이나 단순관념에 마음의 작용이 가해져 복합관념이 만들어진다고 주장한다.

그러나 인식은 관념론자가 주장하듯이 그렇게 단순체에서 시작하여 믿음과 판단 등의 복합체로 나아가는 것이 아니다. 감각이나 지각에서 우리가 최초에 획득하는 앎은 이미 복합적이고 구체적이다. 감각이나 지각에는 감각의 존재 내지 대상의 존재가 포함되어 있다. 우리는 감각이나 지각을 통해 "이러저러한 성질이 있다"거나 "x는 이러저러하다"라

---

28) 본문 2장 5절 참조.

는 판단 내지 믿음을 획득하는 것이지 이러저러한 성질에 대한 감각 하나만을 단독으로 획득하는 것이 아니다. 자연 상태에서 원소들의 복합물로 존재하는 물체가 과학적 분석을 통해 단순체들로 쪼개지는 것과 같이 인식 역시 애초에는 복합 형태로 얻어지지만 철학적 분석을 통해 단순인상이니 단순관념이니 하는 것들로 쪼개지는 것뿐이다.

더 나아가서 감각과 지각작용은 그것 안에 일정 믿음이 이미 포함되어 있다는 점에서도 복합적이다. 발가락에서 통풍(痛風)의 고통을 느낄 때 나는 고통개념을 가질 뿐 아니라 고통이 존재한다는 믿음, 이 고통을 유발한 질환이 발가락에 있다는 믿음을 갖고 있다. 이들 믿음은 관념들을 비교하여 그 일치나 불일치를 지각하여 얻어지는 것이 아니다. 이 믿음들은 내가 얻은 최초의 감각에 이미 포함되어 있다. 지각 역시 마찬가지다. 내가 나무를 지각할 때 시각은 나에게 나무의 형태개념만을 주는 것이 아니라 나무가 존재한다는 믿음, 그리고 더불어 나무의 형태와 거리와 크기에 관한 믿음까지도 준다. 이 판단 내지 믿음들은 내가 갖고 있는 관념들을 비교함으로써 얻어지는 것이 아니다. 이 믿음들은 지각 안에 이미 포함되어 있다.

3) 자연기호 이론

그렇다면 감각과 지각 안에는 어떻게 그런 믿음들이 포함되어 있는가? 이에 대한 리드의 설명은 자연기호(natural sign) 이론에서 주어진다. 이 이론은 흄의 회의주의에 대한 리드의 적극적인 대답이라고 할 수 있다. 리드가 보기에 흄 철학은 일종의 금단(禁斷)의 나무다. 일단 그 과실을 맛보게 되면 우리는 우리 자신이 얼마나 곤궁하고 우리 지성이 얼마나 허약한지를 한탄하게 된다. 그러나 리드는 우리 인간은 흄이 생각하듯이 그렇게 헐벗은 존재는 아니라고 반박한다. 인간본성의 구조(constitution of human nature)에는 관념론자들이 주장하는 것보다 훨씬 더 풍부한 자산이 구비되어 있다.

앞서 살펴본 대로 감각과 지각에 동반하는 믿음은 자연이 인간에게

준 주요 선물 중 하나다. 대개의 경우 우리는 감각 자체에 주의를 기울이는 대신 감각이 자연적으로 가리키게끔 되어 있는 일련의 개념들을 주목하면서 이 개념들에 해당하는 것이 존재한다고 믿는다. 감각은 이러한 개념들의 도입을 위해 마련된 일종의 자연기호다. 이 기호는 우리에게 우리가 이전에는 갖고 있지 않았던 사물의 인식과 개념을 마치 마술처럼 시사(suggest)해준다.[29] 우리는 감각에서 오는 인상도 아니고 반성작용에서 오는 관념도 아닌 많은 개념을 감각의 시사 작용에 빚지고 있다.

감각의 시사 작용에 대한 언급이 리드의 독창물은 아니다. 일찍이 버클리는 과거의 반복된 경험으로 인해 성립하는 습관적인 시사를 말한 바 있다. 지금 내가 방 안에 앉아 어디에선가 들려오는 소리를 듣는다고 하자. 이때 나의 인식은 단지 소리에 대한 감각적인 인지에만 그치는 것이 아니다. 나는 그 소리가 마차가 지나가는 소리라고 판단하고 실제로 지금 마차가 지나가고 있다고 믿는다. 내가 이런 판단을 내리고 믿는 이유는 내가 과거에 일정 소리를 들으면서 마차의 모습을 본 적이 있고 바로 지금 내가 들었던 소리가 마차의 존재를 시사해주었기 때문이다.

리드의 철학적 독창성은 기존의 시사개념을 확대하여 습관 없이 작동하는 원초적 시사가 있고 이것이야말로 지식의 주요 기원이라고 주장했던 점에 있다. 원초적 시사 중에서 가장 중요한 것은 우리 자신의 존재, 즉 마음의 개념이나 마음의 존재에 대한 시사다. 버클리와 흄과 마찬가지로 리드는 우리가 마음 자체, 그리고 마음이 지각과 맺는 관계 자체는 감각 인상의 형태로 주어지지 않으며 이성적인 파악의 대상도 아니라고 보았다. 이런 것들에 관한 개념은 아무런 감각과도, 우리가 의식하는 그어떤 것과도 닮지 않았다. 하지만 그렇다고 우리에게 마음의 개념이나 마음의 존재 여부가 미지로 남아 있는 것은 아니다. 언제 어디서든 인간은 마음의 존재를 믿어왔고 이 믿음은 인간 언어의 원초적 구조 안에 견

---

29) 본문 2장 7절 참조.

고하게 자리 잡고 있다.[30]

그렇다면 우리가 마음에 대해 갖는 개념과 믿음은 어디에서 오는가? 이에 대해 리드는 당시 버클리나 흄의 철학에 익숙했던 이들에게는 정말로 의외로 들렸을 법한 설명을 제시한다. 그는 우리의 감각작용 자체라고 답한다. 각각의 개별 감각은 감각하는 존재자가 있음을, 덧없는 감각의 끊임없는 변전 가운데서도 동일성을 유지하는 불변적인 존재자가 있음을 시사한다. 우리가 우리 자신의 마음이 감각행위의 주체임을 아는 것은 마음의 개념과 감각의 개념을 개별적으로 획득한 후 이 개념들을 비교하여 마음과 감각이 주체와 행위라는 관계를 맺고 있음을 파악함으로써 성립하는 것이 아니다. 아주 예외적인 경우 관계에 대한 지식은 관계항들을 개별적으로 알기 전에 이미 성립한다. 이 예외적인 경우 중 하나가 바로 마음이 감각과 맺는 관계다. 관계항 중 하나인 감각은 우리에게 자신의 상관자인 마음의 개념과 존재, 그리고 마음과 맺는 관계를 모두 한꺼번에 알려준다.

감각이 행하는 또 다른 주요 시사는 감각을 야기한 성질에 대한 개념, 그리고 이 성질이 외부 대상에 있다는 사실에 대한 시사다. 내가 새로운 냄새 감각을 갖게 되었을 때 이 냄새 감각은 내게 감각의 원인이 어딘가에 있을 것이라고 시사해준다. 물론 이때 냄새 감각이 감각을 야기하는 원인이 정확히 어디에 있는 무엇이라고는 말해주지 않는다. 그러나 우리가 일련의 경험을 통해 장미가 가까이 있을 때 항상 일정 감각이 생겨나고 장미가 멀리 치워졌을 때는 이 감각이 사라진다는 것을 발견하게 된 이후 우리가 맡았던 냄새의 원인에는 어떤 알려지지 않은 성질이 장미

---

30) 리드는 마음의 존재를 시사하는 작용을 비단 감각에만 국한시키지 않는다. 그에 따르면, 기억, 상상, 반성 등의 모든 인지작용은 작용의 주체로서의 마음에 관한 개념과 이러한 마음이 존재한다는 사실을 시사한다. 이렇게 보면 데카르트의 코기토는 무엇인가를 새롭게 증명한 것이 아니었다. 즉 "나는 생각한다"로부터 "나는 존재한다"를 증명했던 것이 아니라 단지 전자가 시사하는 바를 후자의 형태로 표현했던 것이다.

안에 있다고 믿게 되는 것의 배후에 바로 이런 후각의 시사 작용이 깔려 있다.[31] 형태나 운동, 단단함 등의 제1성질의 개념들이나 이런 성질들이 존재한다는 믿음 역시 마찬가지다. 이것들은 감각관념도 아니고 반성관념도 아니다. 하지만 이것들은 촉감각과 시감각을 계기로 얻어진다.

리드는 감각의 시사작용이 우리가 의식하지 않은 양상으로 발생한다는 점을 강조한다. 우리는 대개 감각 자체는 의식하지 않으면서 감각이 시사하는 것에 주의를 기울인다. 즉 감각을 야기하는 성질에 관한 개념이나 성질이 존재한다는 믿음이나 감각행위를 하고 있는 존재자에 대한 믿음에 주의를 쏟는다. 일상생활에서 감각 자체는 별반 중요하지 않을 뿐더러 감각이란 마음을 재빨리 통과하여 사라지는 덧없는 존재자이기 때문이다. 따라서 감각은 대부분 독자적인 이름을 부여받지 못한다. 이는 마치 우리가 외국어를 배울 때 처음에는 발음에 심대한 주의를 기울이지만 일단 숙달하게 되면 더 이상 신경 쓰지 않게 되는 것과 같다. 우리는 단어를 기호로만 간주하며 단어가 가리키는 의미에만 주의를 집중한다.

4) 시각기하학

리드는 특히 시각적 형태의 감각과 이것이 시사하는 형태에 관한 개념, 그리고 이 형태가 존재한다는 믿음 간의 관계에 주목했다. 그는 데카르트나 버클리와 비견될 정도로 시각현상 일반에 대한 관심이 지대했다. 이 책 『탐구』의 많은 분량은 안구(眼球)의 평행운동, 망막의 역상(逆像)을 통해 정립된 대상을 보는 현상, 두 눈을 사용해서 대상을 하나로 보는 양안단시(兩眼單視), 동물의 시각법칙, 사시(斜視), 양안단시 습관의 효과 등 구체적인 시각현상을 설명하는 각종 의학과 광학 이론을 검토하는 데 할애되었다.[32] 또 이 검토는 단순히 다양한 이론을 소개하는 선에서 그치는 것이 아니라 일일이 그 타당성을 음미해보고 반증사례를

---

31) 본문 2장 8절 참조.

들어 결함을 지적하거나 더 나은 발견을 위해 새로운 실험방안을 제안하는 등의 상당히 구체적인 수준에서 이루어진 것이었다.[33] 검토 대상이론 중에는 케플러나 데카르트, 뉴턴 같은 대가의 것들도 있고 스미스 박사나 포터필드 박사 등 당대에 유력했던 학자들의 것도 있다. 단지 철학자 리드로서가 아니라 자연의 탐구자로서의 리드가 행하는 일련의 작업은 자연현상에 대한 설명과 철학적 사색이 어떻게 결합될 수 있는지를 보여준다는 점에서 매우 흥미롭다.

리드에 따르면, 시각적 형태에 대한 감각은 대상에 관한 개념을 시사해주는 기호 중 하나다.[34] 시감각은 다른 감각들과 달리 매우 독특한 위상을 부여받는다. 즉 시각적 형태의 감각은 아주 예외적으로 그것이 시사하는 대상의 실제 형태와 유사하다. 이는 일견 우리가 앞서 언급했던 리드의 일반적인 주장, 즉 감각과 성질은 닮을 수 없다는 주장에는 반하는 듯이 보인다. 하지만 리드는 그러한 일반적인 주장과 시각에 대한 예외적인 취급을 모두 포괄할 수 있는 나름의 독자적인 시각이론을 갖고 있었다.

리드의 시각이론에서 시각작용은 광선이 공기라는 매질을 거쳐 망막에 이미지 내지 상(像)을 만듦으로써 시작된다. 리드는 이 망막 상을

---

32) 본문 6장의 1절 제목은 "시각의 탁월성과 위엄"이다. 이 절의 결론은 "따라서 시각능력을 다른 감각보다 더욱 고귀할 뿐만 아니라 더욱 우월한 본성을 간직하고 있다고 간주하는 것은 부당한 일이 아니다. 우리는 이성의 증거를 '본다'라고는 하지만 '감촉한다'거나 '냄새 맡는다'거나 '맛본다'고는 하지 않으며 우리에게 있는 가장 완벽한 종류의 앎의 방식으로서의 예지적인 앎의 방식을 흔히 '본다'라고 표현한다"라고 맺는다. 양적으로 보더라도 본문 6장은 원서에서 152쪽부터 451쪽에 이르러 전체 분량인 488쪽의 5분의 3을 훌쩍 넘게 차지한다.

33) 본문 6장 10절~19절 참조.

34) 본문 6장 7절 참조. 시각적 형태는 촉각적 형태와 대비된다. 물체의 형태는 시각을 통해서도 감각되고 촉각을 통해서도 감각된다. 시각적 형태란 말 그대로 눈으로 보이는 형태이고, 촉각적 형태란 손 등의 촉각기관을 통해 감촉되는 형태를 말한다.

'물질적 인상'이라고 부르는데, 이 상은 대개의 경우 마음에 의해서는 의식되지 않으며[35] 단지 우리에게 시각적 형태를 시사하는 데 쓰인다. 우리가 본래 보는 것은 이 시각적 형태다. 그러나 시각적 형태가 우리에 의해 주목되는 것은 일정 기간 동안만이다. 우리는 경험을 통해 시각적 형태를 해석하여 그 의미를 이해하는 법을 학습한다. 일단 시각언어에 익숙해지면 우리는 더 이상 시각적 형태에는 주의를 기울이지 않은 채 시각적 형태가 의미하는 실제 형태와 색이나 연장에만 주의를 기울인다. 예를 들어 창가에 서 있는 사과나무를 볼 때 내가 보고 있다고 생각하는 것들, 다시 말해 사과나무와 나와의 거리나 크기, 밑둥치의 꺼칠꺼칠함이나 가지의 배열, 잎사귀와 과실의 모양은 사실 내가 본래 보는 것들이 아니다. 이것들은 내가 시각적 형태에서 이끌어낸 것들이다. 만약 내가 이전에 결코 한 번도 시각을 사용한 적이 없었다면 나는 나무의 거리나 촉각적 형태를 지각하지 못했을 것이다.[36]

그러나 상당한 훈련을 통해 우리는 해석되기 이전의 시각적 형태 자체를 다시금 주목할 수 있게 된다. 실내에 있는 물건들의 시각적 형태는 날씨의 맑고 흐림에 따라, 태양의 위치에 따라, 방 안 어느 곳에서 물건을 보는지에 따라 변한다. 대개 나는 이 변화들 자체를 주목하지 않는다. 나는 이 변화들을 아침과 오후와 밤, 맑은 날씨와 흐린 날씨를 나타내는 기호들로 간주한다.[37] 그러나 내가 눈에 보이는 그대로에 주목하여 아무런 해석도 덧붙이지 않는다면, 그리하여 마치 처음으로 눈을 사용하는 이처럼 방 안의 물건을 보게 된다면, 나는 시각적 형태 자체를 볼 수 있다. 화가가 하는 일이 바로 그렇다. 화가는 사물의 눈에 비친 시각적 형태 자체를 원근법, 농담, 입체성, 색칠 등의 기법을 통해 캔버스에 그대로 재현한다.

리드는 시각적 형태와 실제하는 형태 간의 관계에 대한 이해를 돕기

---

35) 본문 6장 8절 참조.
36) 본문 6장 19절.
37) 본문 6장 2절 참조.

위해 시각적 형태에만 적용되는 시각기하학(geometry of visibles)을 일종의 사고실험을 통해 고안한다.[38] 이 기하학은 비(非)유클리드 기하학 중 하나인 리만기하학의 선구자 격이라고 할 수 있다.[39] 리드는 먼저 시각기하학의 자명한 원리들을 열거한다.[40] 먼저, 이 기하학에서는 우리의 눈이 속이 빈 구(球)의 중심에 놓여 있다고 상정한다. 이 구의 모든 대원(大圓)[41]은 눈에는 직선으로 보일 것이고 대원의 평면에 그어진 선은 실제로는 굽었든 직선이든 상관없이 눈에는 직선으로 보일 것이다. 또 이때 눈은 자신을 기점으로 하여 동일한 위치를 가진 점들은 아무리 대상으로부터 다른 거리에 놓여 있다 해도 동일한 시각적 장소에 있다고 볼 것이다. 이제 눈과 주어진 시각적 직선, 이 둘을 통과하는 평면은 구의 대원의 평면이 될 것이므로, 주어진 시각적 직선의 각 점은 대원의 각 점과 동일한 위치를 가질 것이고 따라서 시각적 선의 각 점과 대원의 각 점은 눈에 동일한 시각적 장소를 가진 것으로, 즉 합치하는 것으로 보일 것이고 대원의 전체 원주는 동일한 시각적 직선의 연장으로 보이게 된다.

시각기하학에서 두 시각적 선들이 이루는 시각적 각의 크기는 이 선들을 재현하는 두 대원이 이루는 구면상의 각의 크기와 같다. 왜냐하면

---

38) 본문 6장 9절 참조.

39) 비유클리드 기하학은 유클리드 기하학의 평행선 공리를 부정하면서도 다른 공리와는 모순되지 않는 기하학 체계를 말한다. 비유클리드 기하학은 가우스(C. F. Gauss, 1777~1855), 볼리아이(J. Bolyai, 1802~60), 로바쳅스키(N. Lobachevsky, 1793~1856) 등에 의해 평행선 공준의 독립성이 증명됨으로써 체계적으로 성립되었으며, 리만기하학(Riemannian Geometry)은 비유클리드 기하학의 일종으로 '구면기하학'(球面幾何學, Spherical Geometry)이라고도 칭한다.

40) 리드는 수학에 조예가 깊은 독자를 전제하면서 시각기하학을 제시하지만 옮긴이처럼 문외한인 사람도 차근차근 읽다보면 이해할 수 있으므로(이는 지금이 리만기하학 이후의 시대이기 때문에 전적으로 가능한 일이다), 독자 중 누구라도 리드의 설명을 이해할 수 있을 것이다.

41) 이하 시각기하학의 용어 설명은 본문 6장 9절 참조.

시각적 선들은 대원들과 합치하는 것으로 보일 것이므로 시각적 선들이 이루는 시각적 각은 대원들이 이루는 시각적 각과 일치할 것이고 그리하여 두 대원이 이루는 시각적 각은 눈에는 대원들이 이루는 구면상에 그어진 각과 동일한 크기로 보일 것이기 때문이다.

또 구의 전체 표면은 시각 공간(visible space) 전체를 재현한다. 각 시각적 점은 구 표면의 어떤 한 점과 합치하고 이 점과 동일한 시각적 장소를 가지므로 구 표면의 모든 부분의 합은 모든 가능한 시각적 장소들을, 즉 시각적 장소 전체를 재현할 것이기 때문이다. 그리고 이로부터 각 시각적 형태는 이 형태가 투사되는 구 표면의 부분에 의해 재현된다는 사실이 귀결된다.

시각기하학에서는 다음과 같은 명제들이 성립한다. "각 직선은 결국 자신에게 돌아온다" "모든 두 직선은 두 점에서 만나 서로를 이등분한다" "만약 두 선이 평행하다면, 즉 각 부분에서 서로 등거리에 있다면, 이 선들 모두가 직선일 수는 없다" "임의의 직선이 주어졌을 때, 주어진 직선의 모든 점과 등거리에 있는 한 점이 발견될 수 있다" "한 원은 한 직선과 평행할 수 있다" "직선으로 이루어진 삼각형의 세 각의 합은 두 직각보다 크다" "직선으로 이루어진 삼각형의 각은 모두 직각일 수도 둔각일 수도 있다" "원의 면적은 지름을 한 변으로 하는 사각형의 면적과 다르지 않으며 원주의 크기는 지름의 크기와 비례하지 않는다" 등.[42]

리드는 이제 시각기하학을 유일한 기하학으로 갖는 존재자를 상정하여 이러한 존재자가 가질 법한 시각작용과 우리가 현재 갖고 있는 시각작용을 비교해볼 것을 제안한다.[43] 감각 중 시각만을 부여받은 존재자가 바로 이런 존재자일 것인데, 그 이유는 이자에게 시각적 형태란 촉각적 형태를 도입하는 기호로 쓰이는 것이 아닌 까닭에 이자는 오직 시각

---

42) 이 명제들은 유클리드 기하학에서는 성립하지 않는다.
43) 이와 관련하여 리드는 한 장미십자회원의 신비로운 여행담에서 인용하겠다고 하면서 이도메니안들(Idomenians)의 기하학에 대한 흥미로운 묘사를 제시한다. 본문 6장 9절 참조.

적 형태와 연장에만 주의를 기울일 것이고 따라서 언제나 시각적 형태만을 볼 것이기 때문이다. 우선, 이자는 어떤 대상이 다른 대상의 뒤에 있다거나 어떤 대상은 가깝게 있고 다른 대상은 멀리 있다고 생각하는 것이 불가능하다. 마치 우리가 4차원 개념을 가질 수 없듯이 이자는 3차원 개념을 가질 수 없기 때문이다. 이자에게 모든 시각적 대상의 경계선은 직선 아니면 곡선으로 나타날 것이고 동일한 시각적인 선들로 윤곽이 구성되는 대상들은 동일한 장소를 차지하는 것으로, 즉 시각 공간의 동일 부분을 차지하는 것으로 나타날 것이다.

이러한 존재자의 점, 선, 면의 개념은 우리의 것들과는 다소 다르다. 3차원을 개념화하는 우리는 선은 직선으로도, 1차원에서는 굽었지만 2차원에서는 직선인 것으로도, 2차원 모두에서 굽은 것으로도 개념화할 수 있다. 그러나 그러한 존재자는 3차원 개념을 갖고 있지 못하다. 그로서는 선이 2차원 이상의 차원에서 똑바르다거나 굽었다고 생각하는 것이 불가능하며 그리하여 그의 직선개념에서는 오른쪽이나 왼쪽으로 굽어 있음은 배제되지만 위나 아래로 굽어 있음은 배제될 수 없다. 이자는 이런 종류의 굽어 있음에 대한 개념은 갖고 있지도 않고 가질 수도 없기 때문이다. 마찬가지로 이자는 두께개념을 갖고 있지 않으므로 이자의 시각적 형태는 길이와 너비를 지니고 있기는 하지만 그렇다고 평평한 면도 아니고 굽은 면도 아니다. 점에 대한 그의 개념 역시 우리의 점 개념보다 덜 규정적이다. 우리의 점 개념에서는 길이와 너비와 두께가 배제되는 데 반해 이자의 선개념은 길이와 너비는 배제하지만 두께는 배제할 수도 포함시킬 수도 없다.

그러나 이상의 몇 가지 점만 빼놓는다면 그러한 존재자의 시각은 우리의 시각과 대체로 유사할 것이다. 궁전의 평면도가 궁전과 유사하듯이 일정 형태의 구면상의 투영체는 그 실제 형태와 유사할 것이기 때문이다. 또 대상의 크기가 아주 작은 경우에는 그러한 존재자의 시각과 우리의 시각은 거의 동일할 것이다. 삼각형이 작으면 작을수록 그 구면상의 사영체가 원래 삼각형과 닮아 있는 것과 같은 원리로 시각적 연장의 부분 역시 작으면 작을수록 촉각적 대상인 실제 연장과 길이와 폭에서 거의 다르지 않을 것이기 때문이다. 또 우리 눈의 구조상 대상이 한눈에 들어오기 위해서는 대상이 시각 공간의 작은 부분만을 차지하도록 멀리 떨어져 있어야 한다는 점을 고려해보면, 우리는 다음과 같은 결론을 도출할 수 있다. 즉 평면상의 한 형태가 한눈에 들어오고 있고 이 형태의 평면이 눈에 정면으로 있는 경우 시각적 형태는 실제 형태와 거의 동일하다. 이런 경우 촉각적 형태의 선들 간의 비율은 시각적 형태의 선들 간의 비율과 거의 동일할 것이고 촉각적 형태의 각들과 시각적 형태의 각들은 거의 동일할 것이다.

이상이 왜 시각적 형태의 감각만은 예외적으로 실제 형태와 닮았다고 할 수 있는지에 대한 리드의 설명이다.

5) 상식의 원리

리드는 인간의 마음을 위시한 자연현상의 탐구에 쓰이는 '철학의 규칙'(regulae philosophandi)은 상식의 원리(principles of common sense)여야 한다고 못박는다. 상식의 원리란 우리가 일상적인 삶에서 당연한 참으로 간주하는 일련의 명제들로서 리드가 회의주의에 대항해서 지켜내고자 했던 것들이 모두 여기에 속한다 해도 과언이 아니다. 이제까지의 논의에서 상식의 원리 중 몇몇은 이미 언급되었다. 먼저, 의식 사실에 대한 것들이 있다. 나는 내가 생각한다거나 기억한다거나 추론한다거나 하는 등의 어떤 인지 작용을 하고 있다는 것, 그리고 내 현재의 생각이나 감각이 존재한다는 것을 의식하며 이 의식 사실들을 실제하는 것들로 간주한다. 또 나는 생각과 감각의 주체로서의 나 자신이 존재한다는 것을 당연한 참으로 생각한다.

리드가 거론하는 그밖의 상식의 원리들로는 귀납원리(principle of induction)가 있다. 앞서 우리는 감각을 일종의 자연기호로 보는 리드의 주장을 살펴봤는데, 리드는 감각 외에도 자연기호로 두 가지 종류를 더 언급했다. 그중 한 종류는 기호와 기호가 의미하는 것과의 연관성이 경험을 통해 알려지는 기호다.[44] 우리는 과거에 늘 연결되어 경험된 두 사물 중 하나가 나타나면 다른 나머지 사물에 대한 개념을 갖게 되고 이 사물이 실제로 존재한다고 믿는데, 이는 우리가 전자의 사물을 후자의 사물에 대한 개념과 믿음을 가리키는 기호로 받아들이기 때문이다. 우리는 획득된 지각을 해석하여 이로부터 우리가 경험하지 못한 것의 개념과 믿음을 얻는다.[45]

일찍이 이러한 귀납추론이 미래 세계와 과거 세계의 유사성을 상정하는 자연 운행의 균일성 원리(principle of uniformity)를 전제로 하여 이루어진다는 점을 지적한 사람은 흄이었다. 흄은 균일성 원리가 경험이나 이성적 추론을 통해 얻어지는 것이 아니며 이 원리는 일종의 자연적 본능을 통해 작동한다고 역설했다. 이 점에 관한 한 흄과 리드는 생각을 같이한다. 리드는 귀납원리는 자연에 의해 마련된 일종의 본능적인 예지(豫知)라고 주장한다. 만약 우리에게 귀납원리가 없다면 우리의 경험은 두더지처럼 눈이 멀고 말 것이다. 실로 우리는 경험을 통해 무엇이 코앞에 있고 몸에 닿는지는 느낄 수 있겠지만 앞으로 올 것이나 이미 왔던 것, 미래나 과거는 보지 못할 것이다.

그러나 귀납원리와 관련하여 흄과 리드는 한 가지 뚜렷한 견해 차이가 있다. 흄은 귀납원리를 본능 차원에서 이루어지는 습관적인 관념연합쯤으로 본 데 반해 리드는 자연 기호가 관념하고만 연합하는 것이 아니라 기호가 의미하는 것에 관한 믿음과도 연합한다고 보았다. 어린아이가 핀으로 찔리는 것과 고통이 연결되어 있다는 사실을 경험으로 발견했다고 하자. 이때 아이가 단순히 양자의 자연적 연관성에 대한 믿음만을

---

44) 나머지 하나는 아무런 추론이나 경험 없이도 기호와 기호를 통해 의미된 것 간의 연결이 발견되는 기호다. 인간의 생각이나 목적, 욕구를 나타내는 표정이나 몸가짐, 목소리의 변조가 이에 속한다. 이런 기호는 예술과 취향의 원리를 구성한다. 본문 5장 3절, 6장 8절 참조.

45) 리드에 따르면, 자연과학의 실험과 관찰, 그리고 베이컨이 '자연의 해석'(interpretation of nature)이라고 부른 것은 모두 다 이런 기호의 해독을 위한 것이다. 본문 5장 3절 참조.

가진 것은 아니다. 아이는 지식도 갖고 있다. 아이는 핀에 찔린 후에는 늘 고통이 뒤따라온다는 사실을 안다. 이 앎은 관념연합의 효과일 뿐만 아니라 미래 예측에 정당하게 사용될 수 있는 타당한 지식이다.

귀납원리와 매우 흡사한 양태로 자연이 우리에게 마련해준 또 다른 상식의 원리가 있다. 우리로 하여금 타인의 증언을 믿도록 하는 원리다. 자연은 우리가 사회적 피조물로서 타인에게서 유익한 정보를 받아들이 도록 하기 위해 우리의 본성 안에 두 가지 원리를 심어놓았다. 하나는 성실원리(principle of veracity)로 진실을 말하고자 하는 자연적인 성 향을 말한다. 실로 대단한 거짓말쟁이라고 해도 한 번 거짓말에 백 번은 진실을 말할 것이다. 진실은 마음의 자연적인 유출(流出)이다. 우리가 진실을 말하는 데는 별도의 훈련이나 유혹이 필요 없다.

성실원리와 짝을 이루는 원리는 신뢰원리(principle of credulity) 다. 우리에게는 본래 타인의 성실성을 믿으려 하고 타인이 우리에게 말 한 것을 믿으려는 성향이 있다. 무슨 근거로 우리는 타인이 동일한 생각 을 표현하기 위해 이제까지 사용해왔던 것과 같은 단어를 사용할 것이 라고 확신하는가? 타인이 미래에 행할 자발적인 행동에 관한 이러한 전 망의 출처는 어디인가? 애매함이나 거짓으로 우리를 속이지 않을 것이 라고 상대방이 약속이라도 했단 말인가? 설령 약속했다고 해도 문제는 남는다. 약속은 말이나 그밖의 기호를 통해 표현되어야 하므로 우리는 약속을 신뢰하기 전에 먼저 타인이 약속을 표현하는 기호에 통상의 의 미를 부여했음을 확신해야 한다. 우리가 타인의 언어를 믿는 것은 약속 을 통해서가 아니라 본성상 우리가 타인의 행위에 대한 일종의 예지, 즉 그가 성실하게 행동할 것이라는 데 대한 예지를 갖고 있어서라고 보아 야 한다.

우리에게 신뢰원리가 없다면 우리가 언어를 사용하여 타인에게서 정 보를 받아들이는 일은 불가능해지고 말 것이고, 귀납원리가 없다면 획 득지각을 기호로 삼아 자연에 관한 정보를 얻어내는 일도 불가능해지고 말 것이다. 상식의 원리는 수학에서 공리와 같다. 우리는 공리를 사용해서 다른 명제의 참을 증명할 수는 있지만 공리 자체가 참임을 논증할 수는 없다. 마찬가지로 나는 나 자신이 존재한다는 것을, 내 감각이 존재한다는 것을, 내가 지각하는 나무가 존재한다는 것을 논증할 수는 없다. 역사학자는 기억과 감각이 신뢰할 만하다는 것을 당연한 사실로 전제하지 않는 이상 아무것도 증명할 수 없으며 자연철학자는 자연경로가 불변적이고 균일하다는 것을 당연한 사실로 간주하지 않는 이상 아무것도 입증할 수 없다. 공리에 대한 믿음이 공리에 관한 이해에 따라 우리의 본성상 불가항력적으로 생겨나듯이 이런 사실들에 대한 믿음 역시 우리의 본성상 불가항력적으로 성립한다.

리드에 따르면, 상식의 원리는 인식 상태의 건전성 여부를 진단하는 기준이기도 하다. 상식의 원리에 반하는 것은 부조리한 것이며, 상식에서 현저히 일탈하는 것은 일종의 정신착란이고, 회의주의의 형이상학적 논증에 설득당해 상식의 원리를 더 이상 따르지 않겠노라고 마음먹는 것은 형이상학적 정신착란(metaphysical lunacy)이다.[46] 형이상학적 정신착란의 특징은 지속적이지 않고 간헐적이라는 점에서 다른 종류의 정신착란과 다르다. 환자는 홀로 사변적인 순간에 있을 때는 쉽사리 증세에 사로잡히지만 일단 사회 안으로 복귀하면 상식의 권위에 복종하게 된다.

리드는 흄을 위시한 관념론자들의 철학은 인류의 상식과 대립된다는 점에서 형이상학적 정신착란이라는 결론을 내린다. 관념론자가 범하는 오류의 주된 원인은 자신의 취향에 들어맞는 가설을 내세워 철학의 관할권을 정당한 한계 너머로까지 확장하는 데 있다. 관념론자는 감히 상식의 올바른 가르침을 철학의 법정에 호출하여 그 정당성을 부인하는 판결을 내리고자 한다. 그러나 상식의 가르침은 이런 식의 재판 관할권 설정을 단호히 거부한다. 상식은 철학적 논증이 행하는 심리(審理)를 경멸하며 철학적 논증이 지닌 권위를 부정한다. 상식은 논증의 도움을 청

---

46) 본문 7장 참조.

하지도 않을뿐더러 논증의 공격을 두려워하지도 않는다. 철학과 상식 간에 분쟁이 발생할 때 내려져야 할 정당한 판결은 철학은 상식의 노예가 되어야만 한다는 것이다.

"따라서 내 생각에는 불가피성을 미덕으로 삼는 편이 더 나을 것 같다. 우리가 외부 세계에 관한 일반인의 개념과 믿음을 제거할 수는 없다. 따라서 우리로서는 우리의 이성을 일반인의 개념과 믿음에 가능한 한 최대로 화해시키는 편이 더 나을 것이다. 이유인즉, 이성은 상식이라는 멍에 때문에 고민하고 끙끙 앓지만 이 상식이라는 멍에를 벗어던질 수는 없기 때문이다. 만약 철학이 상식의 하녀가 될 수 없다면 철학은 상식의 노예가 되어야 한다."[47]

---

47) 본문 5장 7절 참조.

일러두기

1. 이 책은 토머스 리드의 *An Inquiry into the Human Mind on the Principles of Common Sense*(Bristol: Thoemmes, 1990, Facsimile reprint of the 4th ed., 1785: London: Printed for T. Cadell, London, and J. Bell and W. Creech, Edinburgh. With an introduction by P.B. Wood)를 번역한 것이다.

2. 〔 〕 안의 내용은 옮긴이가 넣은 것이다.

3. 각주는 독자의 이해를 돕기 위해 모두 옮긴이가 넣었다.

4. 원서의 단락이 지나치게 길 경우 독자가 읽기 편하도록 행을 나누었다.

인간마음에 관한 탐구

토머스 리드, 자연의 가르침의 설교자 · 양선숙 ⋯⋯⋯⋯⋯⋯⋯⋯⋯⋯ 7

헌사 ⋯⋯⋯⋯⋯⋯⋯⋯⋯⋯⋯⋯⋯⋯⋯⋯⋯⋯⋯⋯⋯⋯⋯⋯⋯⋯⋯⋯ 51

제1장 서론

제1절 탐구 주제의 중요성과 수행 방법 ⋯⋯⋯⋯⋯⋯⋯⋯⋯⋯⋯ 59

제2절 마음에 관한 지식의 장애물 ⋯⋯⋯⋯⋯⋯⋯⋯⋯⋯⋯⋯⋯ 62

제3절 마음의 철학이 처해 있는 현재 상황:

데카르트, 말브랑슈, 로크의 경우 ⋯⋯⋯⋯⋯⋯⋯⋯⋯ 67

제4절 철학자를 위한 변명 ⋯⋯⋯⋯⋯⋯⋯⋯⋯⋯⋯⋯⋯⋯⋯⋯ 72

제5절 버클리 주교, 『인간본성론』, 회의주의 ⋯⋯⋯⋯⋯⋯⋯⋯ 74

제6절 『인간본성론』 ⋯⋯⋯⋯⋯⋯⋯⋯⋯⋯⋯⋯⋯⋯⋯⋯⋯⋯ 79

제7절 이들 모든 저자의 이론은 같은 이론으로서 모두 회의주의로 귀결된다 81

제8절 인간본성에 관한 좀더 나은 이론은 없다는 절망은 아직 이르다 ⋯⋯ 82

제2장 후각

제1절 논의의 진행 순서:

후각의 매개물과 후각 기관 ⋯⋯⋯⋯⋯⋯⋯⋯⋯⋯⋯⋯ 87

제2절 독자적으로 고찰된 후감각 ⋯⋯⋯⋯⋯⋯⋯⋯⋯⋯⋯⋯⋯ 89

제3절 감각, 기억, 믿음의 자연적 원리들 ⋯⋯⋯⋯⋯⋯⋯⋯⋯⋯ 91

제4절 몇 가지 경우에서 판단과 믿음은 단순파악보다 먼저 온다 94

제5절 믿음의 본성에 관한 두 이론에 대한 반박 이상의 결론 ⋯⋯ 95

제6절 형이상학적 부조리에 대한 변명:

관념론의 한 가지 결론인 감각하는 존재자 없는 감각:

이 기이한 견해의 결론 ⋯⋯⋯⋯⋯⋯⋯⋯⋯⋯⋯⋯⋯ 99

제7절　감각 존재 내지 마음에 대한 개념과 믿음은 인간본성에 의해 시사된다:

　　　　관계개념이 항상 관계되는 관념들을 비교하여 얻어지는 것은 아니다 ⋯ 106

제8절　물체에는 물체의 냄새라고 불리는 성질 내지 힘이 있다

　　　　어떻게 상상을 통해 이 힘이 감각과 연결되는가 ⋯⋯⋯⋯⋯⋯⋯⋯⋯ 109

제9절　인간본성에는 물체의 온갖 자연적인 힘 개념과

　　　　원인 개념이 이끌어지는 원리가 있다 ⋯⋯⋯⋯⋯⋯⋯⋯⋯⋯⋯⋯⋯ 112

제10절 감각에서 마음은 능동적인가 수동적인가 ⋯⋯⋯⋯⋯⋯⋯⋯ 118

제3장 미각 ⋯⋯⋯⋯⋯⋯⋯⋯⋯⋯⋯⋯⋯⋯⋯⋯⋯⋯⋯⋯⋯⋯⋯⋯⋯⋯ 121

제4장 청각

제1절　소리의 다양성:

　　　　추론 없이 습관에 의해 학습되는 소리의 장소와 거리 ⋯⋯⋯⋯⋯ 127

제2절　자연언어 ⋯⋯⋯⋯⋯⋯⋯⋯⋯⋯⋯⋯⋯⋯⋯⋯⋯⋯⋯⋯⋯⋯⋯⋯⋯ 129

제5장 촉각

제1절　뜨거움과 차가움 ⋯⋯⋯⋯⋯⋯⋯⋯⋯⋯⋯⋯⋯⋯⋯⋯⋯⋯⋯⋯⋯ 135

제2절　단단함과 말랑함 ⋯⋯⋯⋯⋯⋯⋯⋯⋯⋯⋯⋯⋯⋯⋯⋯⋯⋯⋯⋯⋯ 137

제3절　자연적 기호 ⋯⋯⋯⋯⋯⋯⋯⋯⋯⋯⋯⋯⋯⋯⋯⋯⋯⋯⋯⋯⋯⋯⋯ 142

제4절　단단함과 그밖의 제1성질들 ⋯⋯⋯⋯⋯⋯⋯⋯⋯⋯⋯⋯⋯⋯⋯ 147

제5절　연장(延長) ⋯⋯⋯⋯⋯⋯⋯⋯⋯⋯⋯⋯⋯⋯⋯⋯⋯⋯⋯⋯⋯⋯⋯⋯ 148

제6절　앞 주제의 계속 ⋯⋯⋯⋯⋯⋯⋯⋯⋯⋯⋯⋯⋯⋯⋯⋯⋯⋯⋯⋯⋯ 152

제7절　물질세계의 존재 ⋯⋯⋯⋯⋯⋯⋯⋯⋯⋯⋯⋯⋯⋯⋯⋯⋯⋯⋯⋯ 155

제8절　철학자의 감각 이론 ⋯⋯⋯⋯⋯⋯⋯⋯⋯⋯⋯⋯⋯⋯⋯⋯⋯⋯ 164

제6장 시각

제1절　시각의 탁월성과 위엄 ⋯⋯⋯⋯⋯⋯⋯⋯⋯⋯⋯⋯⋯⋯⋯⋯⋯⋯ 171

제2절　시각이 행하는 발견 중에서 맹인이 파악할 수 없는 것은 거의 없다:

　　　　그 이유 ⋯⋯⋯⋯⋯⋯⋯⋯⋯⋯⋯⋯⋯⋯⋯⋯⋯⋯⋯⋯⋯⋯⋯⋯⋯ 173

제3절 대상의 시각적 외양 ···································· 179

제4절 색은 마음의 감각이 아니라 물체의 성질이다 ·········· 183

제5절 이상으로부터의 추론 ·································· 186

제6절 감각 중 물체의 성질과 유사한 것은 없다 ············ 190

제7절 시각적 형태와 연장 ·································· 197

제8절 시각적 형태와 관련된 질문과 답 ···················· 202

제9절 시각기하학 ··· 209

제10절 눈의 평행운동 ······································ 224

제11절 우리는 역상(逆像)을 통해 정립된 대상을 본다 ········ 228

제12절 앞 절과 같은 주제 ·································· 235

제13절 두 눈으로 대상을 단일하게 보는 양안단시 현상 ······ 252

제14절 동물의 시각법칙 ···································· 260

제15절 가설적으로 고려된 사시 ···························· 263

제16절 사시 관련 사례들 ·································· 275

제17절 양안단시 습관의 결과 ······························ 279

제18절 포터필드 박사의 단시와 복시 설명 ·················· 287

제19절 브릭스 박사의 이론과 뉴턴 경의 추측 ·············· 291

제20절 지각 일반 ··· 303

제21절 지각에서 자연의 경로 ······························ 313

제22절 거리지각 방법을 배우는 수단으로 쓰이는 기호들 ······ 319

제23절 그밖의 획득지각에 쓰이는 기호들 ·················· 332

제24절 지각과 증언의 신뢰성 간의 유추관계 ················ 335

제7장 결론

철학자들의 견해에 대한 반성 ····························· 355

찾아보기 ··· 380

헌사

유서 깊은 애버딘대학교 총장직을 수행하시면서
핀들래터와 시필드를 관할하시는
고매하신 제임스 백작 각하.[1]

저는 이번 탐구가 상당히 중요하고 참신한 내용을 담고 있다고 생각하고 있습니다. 그러나 제가 아무런 두려움 없이 이 책의 출판에 동의했던 것은 아닙니다. 이 책의 탐구 주제는 매우 위대한 통찰력과 재능을 갖춘 이들에 의해 이미 주도면밀하게 검토되었습니다. 데카르트, 로크, 버클리, 흄이 바로 그런 이들이었음을 누가 부인할 수 있겠습니까? 인간지성에 관해 이들과 다른 견해가 있다면 틀림없이 많은 사람은 그 견해를 검토해보지도 않은 채 저자의 무분별과 허영심의 발로로 간주하여 단죄할 것입니다.

저는 스스로의 마음이 행하는 작용에 주의를 기울일 줄 아는 진솔하고 통찰력 있는 소수의 사람들이 이 책에서 개진되는 주장들을 신중히 검토한 후 이 책에 관한 판결을 내려주었으면 하는 희망을 갖고 있습니

---

1) 핀들래터 백작(Earl of Findlater) 작위는 1683년부터 1811년까지 오글비(Ogilvie) 가(家)에 주어졌다. 핀들래터 백작은 제4대 제임스 백작 때인 1701년부터 시필드 백작(Earl of Seafield)을 겸했다. 리드가 헌사를 바친 핀들래터 백작은 제6대 제임스 백작(1714~70)으로 1761년부터 1770년까지 애버딘대학교의 총장을 지냈다.

다.[2] 이러한 자들만이 이 책에 대한 판정을 내릴 수 있습니다. 저는 이들에게 호소합니다. 만약 이들이 제 견해를 승인하지 않는다면, 제 견해는 아마 그릇된 것일 테고 저는 그릇됨을 확신하면서 기꺼이 제 의견을 바꾸겠습니다. 하지만 만약 이들이 제 견해를 승인한다면, 결국 언제나 그러하듯이 다수의 사람은 이들의 권위에 승복할 것입니다.

비록 제 생각과 앞서 언급된 저자들의 생각이 상반된다고 해도 그들의 사색은 제게 커다란 도움이 되었고 이 탐구에서 제가 걸었던 길의 방향까지도 일러주는 듯합니다. 아시다시피 유용한 발견물의 가치는 때로는 그것을 우연히 발견하게 된 사람 덕택일 뿐만 아니라 그것을 탄생에 이르도록 숙성시킨 사람들 덕분이기도 합니다.

고백건대 저는 1739년 『인간본성론』[3]이 출판되기 전까지만 해도 인간 지성과 관련하여 일반적으로 받아들여지고 있는 원리들에 대해 아무런 의문도 제기하지 않았습니다. 『인간본성론』의 현명한 저자는 비(非)회의주의자였던 로크의 원리들을 바탕으로 회의적인 이론체계를 수립했습니다. 이 체계에서는 우리가 어떤 것에 대해 왜 그 반대가 아닌 바로 그것을 믿어야 하는지에 대한 아무 근거도 허용하지 않습니다. 이 저자의 추론이 제게는 정당하게 보였습니다.[4] 그래서 저는 추론의 토대가 되는 원리에 대해 의문을 제기하든가 그게 아니라면 추론의 결론을 인정하든가 해야 했습니다.

---

2) 리드는 마음의 철학이 취해야 할 방법으로 내성(內省)을 주장한다. 내성의 방법은 유추의 방법과 대조되는데, 후자는 전적으로 비물질적인 마음의 특성을 물질적인 사물과의 유추를 통해 접근하는 그릇된 방법이다. 두 방식을 구분하는 방법과 차이에 대해서는 7장 결론 참조.

3) 흄의 주저인 『인간본성론』을 말한다.

4) 추론의 정당성은 형식적 타당성을 뜻한다. 형식적으로 타당한 추론이란 전제가 참이라는 가정 하에서 언제나 결론이 참이 되는 추론을 말한다. 형식적으로 타당한 모든 추론이 수용될 만한 것은 아니다. 리드가 강조하는 것도 바로 이 점이다. 흄의 추론은 비록 그것이 전제로 삼고 있는 전제들이 참이라는 가정 하에서는 결론이 참인 타당한 추론이지만 실제로 전제들이 참인지는 따져보아야 할 문제라는 것이다.

그러나 그 어떤 현명한 이가 그러한 회의론을 아무런 주저 없이 인정할 수 있겠습니까? 실로 저는 그럴 수 없었습니다. 확신컨대 절대적인 회의주의는 한 사람의 기독교인이 지닌 믿음을 파괴할 뿐 아니라 한 사람의 철학자가 지닌 학문이나 한 사람의 상식적인 지성의 소유자가 지닌 사려 역시 파괴합니다.[5] 정의로운 사람들이 믿음에 의존하여 살아가듯이 정의롭지 않은 사람들 역시 믿음에 의존하여 살아갑니다. 만약 모든 믿음이 버려질 수 있다면, 경건함이나 애국심이나 우정, 자식에 대한 부모의 사랑, 개인적인 덕 등은 모두 다 편력기사(遍歷騎射)의 이야기마냥 우스꽝스러운 일이 되고 말 것입니다. 그리고 쾌락을 추구하고 야심을 이루려고 하고 탐욕을 채우려고 하는 것은 명예롭고 덕스러운 것을 추구하는 것만큼이나 믿음에 토대를 두고 있습니다.

날품팔이 일꾼은 해가 지면 품삯을 받으리라는 믿음을 갖고 땀 흘려 일합니다. 믿음이 없다면 그자는 땀 흘리지 않을 것입니다. 심지어 회의론의 저자조차도 자신의 책이 읽혀지고 주목받으리라고 믿으면서 책을 썼을 것이라고 감히 말할 수 있습니다. 또 저는 그가 책을 쓰면서 자신의 책이 인류에게 유익하리라고 믿었기를 바랍니다. 아마도 그의 책은 궁극적으로는 유익한 책으로 판명될 것입니다. 왜냐하면 제 생각에 회의주의 저자들이란 지식이라는 구조물의 모든 허약하고 결함 있는 구멍을 파헤치는 것이 임무인 일단의 사람들이기 때문입니다. 이 구멍들이 제대로 수리되었을 때 건물 전체는 이전보다 더욱 안정되고 공고해질 것입니다.

저는 제 자신의 만족을 위해 회의론을 떠받치고 있는 원리를 진지하

---

5) 리드는 종교상의 신앙(faith)을 포함해서 학문, 상식적인 사려분별 등 인간의 모든 인지작용이 믿음(belief)에 토대를 두고 있으며 따라서 인간은 그릇된 믿음이든 올바른 믿음이든 간에 믿음을 갖고 살아갈 수밖에 없다고 본다. 서양철학에서 믿음은 주로 플라톤적인 맥락에서 진리(truth)와 대비되어 논의되지만 여기서 리드가 염두에 둔 맥락은 고대 피론주의자들(pyrrhonists)이 대표하는 회의주의 맥락이다. 피론주의자들은 믿음 없는 삶의 영위를 말한 것으로 유명한데, 리드는 인간이 믿음 없이 살아가기란 불가능하다는 쪽에 선다.

게 검토했습니다. 저는 회의론의 무게 전체가 하나의 가설에, 실로 오래되었으며 철학자들에 의해 일반적으로 수용되어왔지만 그에 대한 아무런 공고한 증명도 발견할 수 없는 하나의 가설에 실어져 있다는 사실을 발견했습니다. 하지만 저는 이 점에 대해 조금도 놀라워하지 않았습니다. 제가 말하고 있는 가설에 따르면, 지각하는 사람은 자신의 마음 안에 있지 않은 것은 아무것도 지각하지 않습니다. 그는 외부 사물을 실제로 지각하는 것이 아니라 단지 '인상'(impressions)이나 '관념'(ideas)[6]이라고 불리는 마음에 새겨진 사물의 이미지와 상(像)만을 지각한다고 합니다.

만약 이 가설이 참이라면, 일정 인상과 관념이 제 마음에 존재한다고 가정했을 때 저는 이 인상과 관념의 존재로부터 어떤 다른 것의 존재를 추론할 수 없으며 이 인상과 관념은 제가 지식이나 개념을 가질 수 있는 유일한 존재자이게 됩니다. 또 이런 존재자는 순식간에 사라지는 일시적인 것이어서 제가 의식하는 시간보다 더 길게 존재할 수도 없습니다.[7] 그리하여 이 가설에 의하면, 저를 둘러싼 전 우주──물체와 정신, 태양과 달과 별과 지구, 친구와 친지, 그리고 제가 생각하든 생각하지 않든 간에 불변적으로 존재한다고 제가 상상했던 모든 것──가 예외 없이 일순간에 사라져버리고 맙니다.

---

6) 관념론에서 관념은 포괄적으로는 발생적인(occurent) 감각 인상 및 이 감각 인상이 일정 시간을 거친 후 남게 되는 관념을 모두 뜻하고 협의로는 후자만을 가리킨다. 광의의 어법은 주로 데카르트나 로크, 버클리에게서 발견되고 협의의 어법은 흄에게만 발견된다.

7) 리드는 인상이나 관념을 심리적인 '어떤 것'으로 본다. 리드의 이해가 치우친 것이라고 말할 수는 없지만 다른 해석의 가능성도 있다는 점을 유념하는 것이 좋다. 예를 들어, 인상이나 관념은 '어떤 것'이 아니라 인지작용 자체와 동일한 것으로 해석될 수 있다. 또 버클리에게서는 관념을 일종의 기호로 취급하려는 시도가 발견되는데, 흥미롭게도 우리가 이러한 점을 감안하여 인상이나 관념을 해석하려고 하면 할수록 우리는 리드가 옹호하고자 하는 인식론에 더 접근하게 된다.

바다 없는 유령의 모습처럼,

뒤에는 아무런 자취도 남겨두지 마세요.[8]

　저는 모든 철학과 종교와 덕, 상식을 전복하는 것으로 보이는 이런 가설을 단지 철학자들의 권위를 근거로 하여 인정하는 것은 불합리하다고 생각했습니다. 저는 인간지성과 관련하여 제가 익히 알고 있는 모든 이론이 이 가설에 정립되어 있다는 점을 발견했습니다. 저는 아무런 가설에도 의존하지 않고 인간지성이라는 이 주제를 새로이 탐구하리라고 결심했습니다.

　제가 지금 겸허한 심정으로 각하께 바치는 이 책이 그 탐구의 결실입니다. 이 탐구는 오직 오감(五感)에만 관련되어 있으므로 저는 이 탐구의 가치로 다만 제가 제 자신의 마음이 행하는 작용에 심대한 주의를 기울였고 저처럼 주의를 기울이는 사람이라면 누구나 느끼고 깨달을 수 있는 것을 능력껏 최대한 명철하게 표현했다는 것 이상을 주장하지 않겠습니다. 상상력의 산출물은 보통 이상으로 탁월한 한 사람의 천재를 요구합니다.

---

8) 셰익스피어(W. Shakespeare, 1564~1616)의 희곡 『템페스트』(*The Tempest*) 에서 주인공 프로스페로(Prospero)의 대사다.(IV. i. 148) 아래에서 보듯이 인용되어 있는 두 줄 사이에 실제로는 몇 줄이 더 들어가 있다.

> Our revels now are ended. These our actors,
> As I foretold you, were all spirits, and
> Are melted into air, into thin air;
> And, like the baseless fabric of this vision,
> The cloud-capped towers, the gorgeous palaces,
> The solemn temples, the great globe itself,
> Yea, all which it inherit, shall dissolve,
> And, like this insubstantial pageant faded,
> Leave not a tack behind. We are such stuff
> As dreams are made on, and our little life
> Is rounded with a sleep.

그러나 지식의 보물은 대개 깊숙한 곳에 파묻혀 있고, 이 보물을 발굴할 수 있는 자는 비록 하늘로 비상할 수 있는 날개는 달고 있지 않지만 노고를 들여 인내심을 갖고 파 내려가는 사람입니다. 이 탐구에 필요했던 실험은 시간과 주의 말고는 다른 아무런 대가도 요구하지 않았고, 저는 이런 대가를 치를 수 있었기에 제게는 어울리는 실험이었습니다. 부(富)와 야망의 추구와는 동떨어진 학문적 삶이 주는 여가, 이 책의 탐구 주제에 대해 젊은이를 상대로 강의해야만 하는 직업상 의무,[9] 이런 종류의 사색을 즐겨했던 어린 시절부터의 취미 등의 덕택으로, 자랑삼아 말씀드리자면, 저는 이 탐구 주제에 대해 이전의 그 누구보다도 더 많은 세심한 주의를 기울일 수 있었습니다.

이 주제에 관한 제 사색은 상당히 여러 해 전에 학생들을 위해 이와는 다른 모습으로 제본되었고 그 후 제가 그 회원이 되는 명예를 누리고 있는 한 비공식 철학회[10]에서 발표되었던 것입니다. 이 탐구의 많은 부분은 각하께서 숙독해주시는 영광을 입었습니다. 각하의 격려, 그리고 제가 그 우정을 긍지로 삼고 있고 그 판단력을 존경하는 사람들이 기꺼운 마음으로 해주신 격려는 저의 두려움과 불안을 상쇄시켰고 저로 하여금 이 책을 공중에 바쳐야겠다는 결심을 하게 했습니다.

각하가 보시기에 이 탐구가 인류의 상식과 이성에 모멸감을 안겨주고자 하는 오늘날의 정치(精緻)한 회의주의 논증에 대항하여 상식과 이성을 정당화하고 있는 것이라면, 이 탐구가 신의 가장 고귀한 작품들 중 하나[11]를 새롭게 조명하고 있는 것이라면, 각하의 예술과 학문에 대한 존경심과 예술 및 학문 증진에 도움이 되는 것에 대한 관심, 또 조국의 안녕에 기여하는 것에 대한 관심을 감안컨대, 저는 이 책이 제가 각하께 책임져야 할 직무에서 경주한 노력의 결실로서, 또 각하의 신하라는 명예를 누리는 제가 각하께 바치는 커다란 외경과 존경의 증거로서 호의

---

9) 리드는 철학교수라는 자신의 직업을 말한다.
10) '애버딘 철학회'를 말한다. 이 책, 15~16쪽 참조.
11) 인간 자체 또는 인간의 지성 내지 마음을 가리킨다.

적으로 받아들여질 것임을 조금도 의심치 않습니다.

각하의
　은공을 입고 있는,
　　헌신적인 신하,

토머스 리드

제1장 서론

제1절 탐구 주제의 중요성과 수행 방법

마음의 구조는 신체의 구조와 마찬가지로 경이롭고 놀랍다. 마음의 능력을 몇 가지 목표에 적합하도록 고안한 지혜는 신체 기관을 그 목표에 적합하게 고안한 지혜에 못지않다. 아니, 마음은 신체보다 더욱 고귀하고 고급스러운 작품이므로 신성한 건축가[1]의 더욱 많은 지혜와 기술이 마음의 구조에 투입되었다고 보는 것이 합당하다. 따라서 인간의 마음은 그 자체로만 보아도 고도의 탐구 가치를 지닌 주제다. 그러나 마음에 관한 지식이 다른 학문 분야에 미치는 광범위한 영향력을 고려하면 마음은 훨씬 더욱 많은 탐구 가치를 지니고 있다.

마음의 능력은 마음과 별 무관한 기예와 학문들에서도 우리가 사용해야만 하는 일종의 기관(機關)[2]이다. 이들 기예와 학문에서 마음의 능력의 본성과 쓰임새, 결함과 질병을 더 많이 이해하면 할수록 우리는 마음의 능력을 더욱 솜씨 좋게 사용하여 더욱 커다란 성공을 거둘 것이다. 그러나 마음은 가장 고귀한 기예에서도 우리의 작용 대상이다. 화가, 시인, 배우, 연설가, 도덕가, 정치가는 각기 다른 방식으로 각기 다른 목표를 달성하기 위해 마음에 작용하고자 한다. 이들의 성공은 얼마나 제대

---

1) 신성한 건축가(Divine Architect): 신을 가리킨다.
2) 기관(engines): 도구나 수단을 뜻하는 오르가논(organon)의 의미다.

로 심금을 울려 감동을 주느냐에 달려 있다. 이들의 기예는 인간본성의 원리에 정립되어 있지 않은 이상 공고한 토대에 서 있을 수도 없고 고상한 학문의 위치로 격상될 수도 없다.

현명한 이라면 우리가 자연의 작품에 관한 지식을 획득하는 방도로는 관찰과 실험이 유일하다는 점에 동의할 것이다.[3] 아니, 동의해야만 한다. 본성상 우리는 개별사실과 관찰을 일반규칙으로 추적한 후 이 일반규칙을 다른 결과를 설명하는 데 이용하거나 다른 결과를 산출하는 지침으로 삼고자 하는 매우 강력한 성향을 지니고 있다. 이성의 이러한 진행 경로는 삶의 일상사에서 모든 인간에게 친숙한 방식이자 철학에서 실질적인 발견이 행해질 수 있는 유일한 방식이다.

물이 차가움으로써 얼고 뜨거움으로써 기화한다는 사실을 최초로 발견한 자는 뉴턴[4]이 중력법칙이나 광학법칙을 발견할 때 근거로 삼았던 것과 동일한 일반원리를 근거로 삼아 동일한 방법에 의해 사유를 진행시켰던 것이다. 이자의 철학의 규칙들(Regulae Philosophandi)은 상식의 준칙들로서 일상적인 생활에서 날마다 실행되는 규칙들이다. 상식의 준칙이 아닌 다른 규칙을 근거로 삼아 물질계나 마음을 이론적으로 설명하고자 하는 사람은 그 목표 달성에 실패한다.

추측과 이론은 인간의 창조물들이다. 이것들은 항상 신의 창조물과는 전혀 닮지 않은 것들로 밝혀질 성질의 것이다. 우리가 신의 작품에 관해

---

3) 관찰과 실험(observation and experiment)은 근대 자연과학과 자연과학을 학문 모델로 삼았던 그밖의 분야의 학문이 의식적으로 표방한 방법이었다. 주의할 것은 리드의 주장은 마음은 반성을 통해 관찰해야 한다는 것이지 마음에 관한 지식이 외부 대상에 대한 관찰을 통해 얻어진다는 것은 아니라는 점이다.

4) 뉴턴(I. Newton, 1642~1727): 영국의 물리학자, 천문학자, 수학자. 주저로 『광학』(Optics, 1704), 『자연철학의 수학적 원리』(Philosophiae naturalis principia mathematica, 1687)가 있다. 후자는 『프린키피아』란 이름으로 더 잘 알려져 있는데, 여기서는 물체의 현재 질량과 위치, 시각, 속도를 알면 이후 물체 운동을 예측할 수 있다는 결정론에 입각한 운동법칙이 개진되었다. 이 법칙은 갈릴레이의 낙하법칙, 케플러의 행성운행 법칙과 더불어 고전역학의 근간을 이룬다.

알려고 한다면, 우리는 주의 깊고 겸손하게 신의 작품 자체에게 문의해야 하며 작품이 선언하는 바에 감히 아무것도 덧붙이려고 하지 말아야 한다. 자연의 올바른 해석만이 유일하게 완전한 정통 철학이다. 우리가 덧붙이는데 우리 자신에게서 나오는 모든 것은 위작(僞作)이고 아무런 권위도 지니고 있지 못하다.

　지구 형성이나 동물 발생, 자연적 악과 도덕적 악 등의 기원에 관한 모든 기이한 이론은 사실을 근거로 한 정당한 귀납을 넘어선다는 점에서 허영이고 우둔(愚鈍)이다. 이런 이론은 데카르트의 소용돌이론[5]이나 파라셀수스의 아르케우스론[6]과 별반 다를 바 없다. 아마도 이론에 의한 혼탁은 마음의 철학이 물질계의 철학보다 더하면 더했지 결코 덜하지 않을 것이다. 관념론은 보편적으로 수용되어온 실로 아주 오래된 이론이다.[7] 그러나 아주 오래되었다거나 보편적으로 수용되었다는 점이 관념론에 진정성(眞正性)을 부여할 수 있는 것은 아니며 이런 사실을 들어 관념론에 대한 자유롭고 진솔한 검토를 막아서는 안 될 일이다. 관념론이 산출한 회의주의가 모든 학문을 정복하고 심지어 상식의 가르침마저도 정복한 듯이 보이는 현 시점에서는 특히 그러하다.

　신체에 관해 우리가 알고 있는 모든 지식이 해부학상의 절개와 관찰

---

5) 소용돌이(vortex): 데카르트가 천체운동을 설명하기 위해 도입한 이론적 모델이다. 데카르트는 우주의 모든 사물은 하나의 물질로 구성되어 있고 우주의 물질 전체는 태양을 중심에 두고 마치 강에서 발견되는 소용돌이처럼 끊임없이 회전한다고 생각했다. 이 견해는 지동설을 함축하는데, 데카르트가 갈릴레이의 탄핵 소식을 듣고 『우주』(Le Mond)의 출판을 단념한 것은 유명하다.

6) 파라셀수스(Paracelsus, 1493~1541년경): 스위스 태생의 의사. 파라셀수스에 따르면, 신은 하나의 물질과 다수의 종자를 창조했다. 각 종자는 내재한 자율적 힘의 원리에 따라 특정 존재로 발전하며 이 존재가 소멸하면 종자가 살아남아 새로운 생장 순환을 시작한다. 파라셀수스가 내재적인 힘의 원리를 '아르케우스'(Archeus)라고 불렀다.

7) 리드는 관념론이 데카르트, 로크, 버클리, 흄 등 관념을 철학적 분석의 중심으로 놓았던 철학자들에게만 국한된 입장이라고는 보지 않았다. 이 책, 21~23쪽과 7장 결론 참조.

덕택에 얻어진 것이듯 우리가 마음의 능력과 원리를 발견할 수 있는 경로 역시 마음의 해부를 통해서만이다.

제2절 마음에 관한 지식의 장애물

그러나 인정컨대 마음의 해부는 신체의 해부보다 훨씬 더 어렵다. 따라서 인류가 후자보다 전자에서 덜 진보했다고 해서 이상할 것은 없다. 마음의 작용에 정확한 주의를 기울여 사유 대상으로 삼는 일은 관조적인 사람에게도 쉽지 않은 일이거니와 대부분의 사람에게는 거의 불가능에 가까운 일이다.

운 좋은 해부학자라면 각종 다양한 조건의 연령대별, 성별의 신체를 직접 육안으로 보고 모두 똑같이 정확하게 검사하여 어떤 신체에서는 불완전하고 불분명하고 불가사의한 것으로 나타나는 사항을 다른 신체에서는 가장 완전한 상태로 분명하게 판별해낼 수 있을 것이다. 그러나 마음의 해부학자는 이런 이점을 누릴 수 없다. 그가 어느 정도 정확하게 분명히 검사할 수 있는 유일한 마음은 자신의 마음뿐이다. 스스로의 마음이 그가 들여다볼 수 있는 유일한 대상이다. 물론 그는 외적 기호를 보고 다른 이의 마음의 작용을 추정할 수는 있다. 그러나 이런 기호는 대개 애매모호하며 그는 자신의 마음 안에서 지각한 바를 동원하여 기호를 해석해야만 한다.

따라서 만약 한 철학자가 이제까지 아무도 할 수 없었던 일, 즉 자신 안에 있는 사유 원리의 모든 작용을 선명하고 체계적으로 묘사할 수 있다고 해도 이런 묘사는 오직 개별적인 한 주체에 관한 해부일 뿐이다. 이 해부가 인간본성 일반에 적용된다면, 이는 불완전하고 그릇된 해부가 될 것이다. 이유는 조금만 반성해보아도 분명한데, 우리는 마음들 간의 차이가 동종(同種)에 속한다고 간주되는 그 어떤 존재자들 간의 차이보다 크다는 점을 쉽게 알 수 있다.

우리가 소유하고 있는 다양한 능력 중 일부는 자연이 심고 재배까지

맡아온 것들로서 이것들과 관련하여 인간 노고의 몫으로 남겨진 바는 없다. 우리가 야수들과 공유하는 능력들이 바로 이런 능력들이다. 이 능력들은 개인이나 종의 존속을 위해 필요한 힘들이다. 다른 능력들도 있는데, 이 능력들은 자연이 단지 그 종자를 우리 마음에 심어놓기만 하고 그 재배는 인간의 문화에 위탁해온 것들이다. 우리가 지성과 취향, 도덕[8]에서 인간본성을 드높이고 위엄 있게 하는 온갖 증진을 이룰 수 있는 것은 바로 이런 능력들의 적절한 도야를 통해서다. 반대로 우리가 이 능력들을 등한시하거나 왜곡시킬 때 인간본성은 퇴화하고 부패한다.

미각과 식욕이 갈구하는 대로 자연의 진미를 포식하고 수정(水晶) 연못에서 갈증을 풀고 기회와 욕정이 촉발하는 대로 종족을 번식시키며 상해를 피하고 노동과 휴식을 번갈아 취하는 두 발 달린 동물은 숲 속의 나무와도 같은 순전한 자연의 재배물이다. 그러나 이 야수의 내부에는 장차 논리학자,[9] 고상한 취향의 교양인, 웅변가, 정치가, 덕망인, 성인이 될 수 있는 종자들이 담겨 있다. 도야와 훈련이 없다면 이 종자들은 비록 자연에 의해 이자의 마음 안에 심어지기는 했지만 영원히 숨겨진 채로 남아서 그 자신에게도 다른 사람에게도 알려지지 않을 것이다.

야만상태에서는 숨겨져 있던 원리[10] 중 일부는 약간의 사회생활을 통해 계발될 수 있다. 어떤 훈련을 받고 교분을 쌓느냐, 어떤 삶의 방식을 영위하느냐에 따라 몇몇 원리는 선천적 활력과 도야(陶冶)의 힘에 의해 왕성하게 뻗어나가 아주 완전하게 성장할 것이고, 또 다른 원리들은 자

---

8) 지성·취향·도덕은 인간본성의 세 가지 영역, 즉 이론인식을 담당하는 지성과 아름다움의 향유를 담당하는 감수성, 그리고 윤리 활동을 담당하는 실천이성에 각각 대응한다.

9) 리드 당시의 논리학은 인간 사유의 원리 내지 인식 원리에 대한 탐구, 즉 인식론을 가리켰다. 따라서 여기서 논리학자는 인간 인식에 대해 연구하는 자를 가리킨다.

10) 원리(principle): 앞에 나온 씨앗들(seeds)을 가리킨다. 영어 'principle'의 원조가 되는 그리스어 'arche'는 논리적인 근거로서의 원리라는 뜻 외에도 시간적으로 앞서는 기원이라는 뜻이다.

연적 형태에서 벗어나 기이하게 왜곡될 것이며, 또 다른 원리들은 견제 받거나 뿌리째 제거될 것이다.

이것이 인간본성이 인간본성을 분유(分有)하는 개인[11]에게서 각양각색으로 나타나게 되는 까닭이다. 인간본성은 우리가 도덕과 지적 소양이라는 측면에서 생각해낼 수 있는 모든 단계를, 아래로는 야수와 악마에서 시작하여 위로는 천상계에 걸쳐 있는 모든 단계를 메울 수 있다. 마음의 이러한 놀라운 다양성으로 인해 인간 종에 공통된 원리를 발견하기란 극도로 어렵다.

마음의 본래적 능력에 관해 현재 철학자들이 사용하는 언어는 기존의 지배적인 철학 이론에 딱 들어맞는 것이어서 그밖의 이론과는 부합할 수 없는 언어다. 이들의 언어는 마치 주인 몸에 잘 맞아서 그 외양을 돋보이게끔 하는 맞춤 외투와도 같다. 이 맞춤 외투를 다른 체형의 사람이 입을라치면 아무리 그가 매력적이고 균형 잡힌 몸매의 소유자라 해도 매우 우습게 보일 것이다. 새로운 단어나 표현을 사용하지도 않으면서 또 이미 수용된 단어와 표현에 다른 의미를 부여하지도 않으면서 마음과 그 작용에 관한 철학에서 혁신을 이루어내기는 거의 불가능하다.[12] 무릇 모든 자유로운 어법은 비록 부득이하게 필요한 경우라 해도 편견과 오해를 자아내기 마련이고 어법이 권위를 갖추기까지는 시간의 재가(裁可)가 필요하다. 종교상의 혁신이나 정치상의 혁신이 그러하듯이 언어상의 혁신 역시 관용(慣用)을 통해 익숙해지고 새로운 훈령이 자격을 부여하게 되기까지는 항상 다수에 의해 의문과 혐오의 대상이 되기 마련이다.

---

11) 개인이 본성을 '분유한다'는 표현은 플라톤식 어법이다. 플라톤에 따르면, 존재론적이거나 논리적으로 개별자보다는 형상으로 지칭되는 본성이 먼저 있고 개별자는 이 본성을 나누어 가짐으로써 구체적으로 특정한 종류의 것이 되거나 특정 성질을 갖게 된다.

12) 리드는 기존의 관념론에서 사용되고 있는 '관념'이나 '인상'이란 용어를 그대로 사용하면서도 관념론을 넘어서는 이론을 제시한다는 일의 어려움을 말하고 있다.

만약 마음의 본래적 지각과 개념들이 마치 그것들이 자연의 손에서 우리에게 처음 건네졌을 때처럼 혼합되지 않은 채 낱낱의 모습으로 마음에 나타나게 된다면, 반성에 익숙한 이라면 많은 어려움을 겪지 않고도 지각과 개념을 일반원리로 추적할 수 있을 것이다.[13] 그러나 본래적 지각과 개념은 우리가 반성을 행할 수 있게 되기 이전에 이미 마음의 습관과 연합, 추상 등의 작용을 통해 한데 섞였다가 혼합되고 분리되어 결국 우리로서는 그것들이 본래 어떤 모습이었는지를 알아내기 어렵게 되고 만다. 이 점에서 마음은 약제사나 화학자에 비교될 수 있다. 이들은 재료는 자연에서 공급받지만 약학과 화학 등 각자의 기예가 목표하는 바를 위해 재료를 섞고 혼합하고 분해하고 증류하고 승화시켜 이윽고 재료가 전혀 다른 외양을 띠게 만든다.

이렇게 변형된 재료가 애초에 어떠했는지를 알아내기란 매우 어려운 일이며, 재료를 자연적인 본래 형태로 되돌리기란 더욱 어려운 일이다. 본래적 지각과 개념에 대한 마음의 작업은 우리가 기억해낼 수 있는데 성숙한 이성이 행하는 숙고를 통해 수행되는 것이 아니라 본능·습관·연합 등 우리가 이성을 사용하기 전에 작동하는 원리들을 통해 수행되는 것이고, 결국 마음이 발걸음을 되돌려 자신이 최초로 생각하고 행동하기 시작한 이래 수행했던 모든 작용을 추적해내기란 대단히 어렵다.

만약 우리가 어린아이가 태어나 감각작용을 시작할 때부터 이성을 사용하게 될 때까지 자라나는 동안 그의 마음에 스쳐 지나갔던 모든 것에 관해 선명하고도 빠짐 없는 일종의 역사(歷史)를 얻을 수 있다면, 그리하여 유아기에 인식능력들이 어떻게 작동하기 시작하는지, 이 인식능력

---

13) 빈블로섬(R.E. Beanblossom)에 따르면, 리드에게 본래적 지각(original perception)은 일반적으로 각 감각의 고유한 대상의 지각을 뜻한다고 한다. 예를 들어 시각의 고유한 대상인 색에 관한 지각은 본래적 지각이다. 하지만 구를 보는 것은 획득된 지각인데, 시각의 고유한 대상은 2차원적이기 때문이다(K. Lehrer & R.E. Beanblossom, eds., *Thomas Reid' Inquiry and Essays*, with an introduction of R.E. Beanblossom, The Bobbs-Merril Co., Indianapolis 1975, xxiv).

들이 우리가 반성능력을 갖추게 될 즈음에 어떻게 작동하여 우리가 현재 갖고 있는 온갖 다양한 개념과 의견과 정서를 만들어내고 숙성시키는지에 관한 역사를 얻을 수 있다면, 이 역사는 가히 자연사[14]의 보물이라 할 것이며 천지창조 이후 등장한 그 어떤 이론보다도 더욱 많이 인간능력의 해명에 기여할 것이다. 그러나 우리의 힘이 미치지 못하는 곳에 자연이 놓아둔 것을 손안에 넣기 바라는 것은 부질없는 일이다. 우리가 마음의 능력을 분별해낼 수 있는 유일한 도구인 반성은 우리가 마음의 능력이 유아기에서부터 어떠한 자연적인 경로를 거쳐 성숙하는지를 반성을 통해 관찰해내기에는 너무나 뒤늦게 온다.

따라서 교육, 풍속, 철학에서 발견되는 각종 편견에 둘러싸인 채 성장한 한 사람이 자신의 개념과 견해를 하나씩 풀어내어 이윽고 자신의 본성——이 본성에 관해서는 우리 창조주의 의지 외에는 다른 설명이 있을 수 없다——이 지닌 단순한 본래적 원리를 발견하기 위해서는 심대한 주의와 마음의 깊은 몰입이 요구된다. 이자가 행하는 이런 작업은 인간능력의 분석이라고 참되게 불릴 수 있을 터인데, 만약 우리가 이 분석이 행해지기도 전에 마음에 관한 어떤 정당한 이론이 나오기를 기대한다면, 다시 말해 우리 본성의 본래 능력과 법칙을 낱낱이 열거하고 이것들을 통해 인간본성의 다양한 현상을 설명해주는 이론이 나오기를 기대한다면 이는 부질없는 일이다.

마음의 본래적 원리에 대한 이러한 탐구가 성공할 것인지는 인간의 재량권 밖에 놓여 있다. 하지만 생각하건대, 신중하고 겸손하게 행동한다면 우리는 실수와 착각을 피할 수 있을 것이다. 꼬불꼬불한 온갖 굽이를 밟아가기에 탐구의 미로는 너무 복잡하고 쫓아가야 할 실마리는 너무 희미하겠지만, 만약 우리가 더 이상 추적할 수 없는 지점에서 발길을 멈추어 이미 확보한 지반이나마 안전하게 지킨다면, 이는 아무런 해악

---

14) 자연사(Natural History): 일명 박물학(博物學). 대개 생물학과 지학이 속하지만 인류학이나 고고학, 민족학이 포함되기도 한다.

도 끼치지 않을 것이고 언젠가는 더욱 예리한 탐색의 눈이 등장하여 더욱 멀리까지 미로를 추적해낼 수 있을 것이다.

철학을 혼탁하게 하고 오류와 거짓 이론으로 채우는 사람은 둔재가 아닌 천재다. 창조적인 상상력에게는 건물의 토대를 판다거나 쓰레기를 치운다거나 자재를 운반하는 따위의 미천한 노무는 경멸의 대상일 뿐이다. 상상력은 이런 비천한 작업은 과학의 노무자에게 맡기고 스스로는 건물을 설계하고 건립하는 일을 맡는다. 창안의 재능은 그에게 모자라는 자재를 공급해주고 공상의 능력은 색칠과 갖가지 어울리는 장식품을 덧붙여준다. 상상력의 작품은 눈에 즐겁다. 상상력의 작품에는 견고함이나 훌륭한 토대만 빼놓고는 없는 게 없다. 심지어 상상력의 작품은 자연의 작품과도 겨루는 듯하다. 그러나 이 모든 것은 또 다른 설계자가 나타나 현재의 작품을 보잘것없는 것으로 날려버리고 그 자리에 똑같이 멋진 건축물을 세울 때까지만이다. 요즘의 공상가들이 철학보다 로망스[15]에 더욱 열심인 것은 실로 다행스러운 일이 아닐 수 없다. 확실히 로망스는 공상가의 지배 영역이다. 공상의 산출물은 로망스에서는 적법하지만 철학에서는 날조일 뿐이다.

제3절 마음의 철학이 처해 있는 현재 상황: 데카르트, 말브랑슈,[16] 로크의 경우

마음과 그 능력에 관한 우리의 철학이 매우 낮은 수준이라는 것은 상세히 검토해보지 않아도 합당하게 짐작할 수 있는 사실이다. 마음과 관

---

15) 로망스(Romance): 중세 때 쓰인 공상적인 전기(傳奇)나 연애소설.

16) 말브랑슈(N. de Malebranche, 1638~1715): 프랑스의 사제 겸 데카르트주의 철학자. 주저로 『진리의 탐구』(*De la recherche de la vérite*, 1674~78), 『형이상학과 종교에 관한 대화』(*Entretiens sur la metaphysique et la religion*, 1688)가 있다. 데카르트의 이원론에서 생기는 난제를 해결하기 위해 기회원인론을 제창했다. 말브랑슈의 인식론은 "모든 것을 신 안에서 본다"는 슬로건으로 요약된다.

런하여 정립된 원리 중 역학이나 천문학, 광학의 원리들처럼 투명하고 명증한 원리가 있는가? 이들 학문들은 보편적으로 타당한 자연법칙들을 기반으로 세워진 진정한 학문들이다. 이 학문들의 발견 사항은 더 이상 논박 대상이 아니다. 시간이 지남에 따라 더욱 새로운 발견이 더해질 터이지만 자연운행이 변하지 않는 이상 이 학문들에서 확립된 것들은 결코 전복될 수 없는 것들이다. 하지만 우리가 시선을 내부로 돌려 우리의 생각·의견·지각을 고려해보면, 이것들을 인간본성의 일반법칙과 제1원리로 추적하려들면, 우리는 즉시 암담함과 당혹감에 휩싸이게 된다. 상식과 교육의 원리가 우연히도 완고하지 않았더라면, 우리가 절대적인 회의주의로 귀결되는 일이 일어난다고 해도 하등 이상한 일이 아닐 것이다.

일찍이 데카르트는 이 분야의 철학에 정립된 것이 아무것도 없다는 점을 발견했다. 그는 이 분야에 공고한 토대를 놓을 요량으로 한 가지를 결심했는데, 그는 온당한 이유를 댈 수 있게 될 때까지는 자기 자신의 존재를 믿지 않겠노라고 결심했다.[17] 아마도 그는 이런 결심을 했던 사람으로는 최초일 것이다. 그러나 만약 실로 그가 이 목표를 달성할 수 있어서 실제로 자신의 존재를 수상쩍게 여기게 되었다면, 실로 그는 한탄스러운 신세가 되었을 것이고 그는 이성에서도 철학에서도 아무런 치유책을 구하지 못했을 것이다. 자기 자신의 존재를 믿지 않는 사람은 자신이 유리로 만들어졌다고 믿는 사람만큼이나 이성적으로 설득되기에

---

17) 리드는 데카르트의 작업을 다소 희화화시키고 있다. 물론 데카르트의 「성찰 1」을 그가 악신의 가설을 이겨낼 수 있을 정도로 좋은 이유를 갖고 있지 않은 믿음은 더 이상 믿지 않겠노라고 결심하게 되는 일련의 과정으로 볼 수도 있다. 그러나 이런 결심은 일반적인 수준에서의 것이지 어떤 특정 믿음을 믿지 않겠다는 결심은 아니다. 만약 데카르트가 애초부터 "나는 내 자신이 '나는 존재한다'를 믿을 만한 좋은 이유를 찾아낼 때까지는 믿지 않겠다"고 말할 수 있었다면, "나는 존재한다"는 그가 원하는 만큼의 위력을 갖지 못하는 것이 되고 만다. 데카르트는 자신이 "나는 존재한다"를 매번 발화할 때마다나 매번 생각할 때마다 이것은 참이라고 주장하기 때문이다.

부적합하다. 아마도 이런 사람들의 마음에는 어떤 병이 있어서 이러한 극단적인 허무맹랑함을 낳는 것이겠지만 이들의 병은 논증을 통해서는 고쳐질 수 없다. 실로 데카르트는 우리로 하여금 그가 "나는 생각한다, 고로 나는 존재한다"(Cogito, ergo sum)라는 논리적인 논증[18]을 통해 그러한 섬망[19] 상태에서 빠져 나왔다고 믿게끔 만들고자 했다. 그러나 이 논증이 진행되는 동안 내내 그가 제정신이었고 자기 자신의 존재를 심각하게 의심하지 않았던 것은 분명하다. 그는 이 논증에서 자신의 존재를 당연한 사실로 간주하고 있으며 아무것도 증명하고 있지 않기 때문이다. 그는 "나는 생각하고 있다, 따라서 나는 존재한다"고 말한다. 하지만 그렇다면 "나는 자고 있다, 따라서 나는 존재한다"고 말하는 것 역시 훌륭한 논증이 아닌가? 또는 "나는 아무것도 하지 않고 있다, 따라서 나는 존재한다"라고 말하는 것은? 만약 어떤 한 신체가 운동하고 있다면 의심할 바 없이 그 신체는 존재하는 것이지만 신체가 정지하고 있다고 해도 신체는 마찬가지로 존재한다.

생각건대, 데카르트가 이 생략 삼단논법[20]에서 가정하고자 했던 것은 자기 자신의 존재가 아니라 생각의 존재였고 그는 이 생각의 존재로부터 마음의 존재나 생각하는 주체의 존재를 추론하고자 했던 것일 수 있다. 그러나 그는 왜 정작 자신의 생각이 존재한다는 사실은 증명하지 않았는가? 물론 의식이 생각의 존재를 보증한다고 말할 수도 있다. 그러나 누가 자기 자신의 의식을 보증하는가? 누가 자기 자신의 의식이 자

---

18) 리드는 데카르트의 "나는 생각한다, 고로 나는 존재한다"를 논증이라고 말하지만, 데카르트 자신은 "나는 존재한다"를 어떤 논증의 결론이라기보다는 직관적인 앎으로 간주하고 싶어했다.

19) 섬망(delirium): 병적 정신상태의 일종. 사고장애나 환각, 망상, 심한 불안을 수반한다.

20) 리드가 데카르트의 "나는 생각한다, 고로 나는 존재한다"를 위에서 논증이라고 표현했던 것도 그가 이 명제를 "모든 생각하는 것은 존재한다"라는 대전제가 생략된 생략 삼단논법(enthymeme)으로 보고 있기 때문이다. 리드의 관점을 따라서 대전제를 생략하지 않은 형태로 다시 쓰면 이러하다. "모든 생각하는 것은 존재한다, 그런데 나는 생각한다, 고로 나는 존재한다."

신을 기만할 수 없다는 사실을 증명할 수 있는가? 그럴 수 있는 사람은 아무도 없다. 왜 모든 사람이 자기 자신의 의식을 신뢰하는지에 대해 우리가 댈 수 있는 가장 훌륭한 이유는 다음과 같다. 즉 인간본성상 모든 사람은 마음이 온전한 동안에는 자신의 의식을 암묵적으로 믿도록 되어 있으며, 만약 의식의 증언을 의심하는 사람이 있다면 이자를 비웃거나 불쌍하게 여기게끔 되어 있다. 제정신인 모든 사람은 자기 자신의 의식을 당연한 사실로 간주하게끔 되어 있으므로 자신의 존재를 당연한 사실로 간주하게끔 되어 있는 것이 아니겠는가?

데카르트의 논증에서 가정되는 또 다른 명제, 즉 생각은 마음이나 주체 없이는 있을 수 없다는 명제 역시 마찬가지의 반론에 부딪힐 수 있다. 이때의 반론은 이 명제가 명증성을 결여하고 있다는 반론이 아니라 이 명제의 명증성이 이 명제가 증명하려는 명제의 명증성보다 더 분명하지도 직접적이지도 않다는 반론이다. 제정신의 소유자라면 누구나 다 "나는 생각한다" "나는 의식적이다" "모든 생각하는 것은 존재한다" "나는 존재한다" 등의 명제들을 받아들일 것이고, 따라서 이 명제 중 어느 하나를 심각하게 의심했던 자와 결국 같은 의견을 갖게 되지 않겠는가?[21] 또 제정신의 소유자라면 누구나 다 만약 그러한 심각한 의심을 수행했던 자가 자신의 친구인 경우 친구의 치료책을 형이상학이나 철학이 아닌 의학이나 좋은 섭생에서 구하지 않겠는가?

그러나 이제 내 생각 내지 의식이 하나의 주체를 갖고 있다는 사실이 증명되었고 그리하여 내가 존재한다는 사실이 증명되었다고 가정해보자. 이때 나는 내가 기억하는 일련의 연속적인 생각들이 하나의 주체에 속한다는 것을 어떻게 알 수 있는가?[22] 어떻게 나는 지금 이 순간의 내

21) 모든 건전한 상식의 소유자는 의심의 과정 없이도 나열된 명제들 각각을 자명하게 참인 것으로 취할 것이고, 따라서 이런 자에게 "나는 존재한다" 라는 명제는 또 다른 자명한 명제, 예컨대 "나는 생각한다" 라는 명제를 통해 그 참이 증명되어야 할 성질의 것은 아니라는 뜻이다. "나는 존재한다" 라는 명제는 "나는 생각한다" 와 똑같이 자명한 진리다.

가 어제의 개별자인 나, 과거의 개별자인 나라는 것을 알 수 있는가?

데카르트의 생각은 이러한 의심을 품기에는 부적절했다. 하지만 로크의 경우는 사정이 달랐는데, 그는 이런 의심을 해소하기 위해 인격의 동일성은 의식에 있다고 근엄하게 판정을 내렸다. 만약 당신 자신이 스무 달 전에 이러저러한 일을 했다고 의식한다면, 이 의식은 당신을 그 일을 했던 바로 그 인격으로 만든다. 그런데 과거의 의식이란 내가 그 일을 했다는 기억 외의 다른 것을 의미할 수 없다. 결국 인격의 동일성은 기억에 있는 것이고, 따라서 사람은 망각하는 모든 것과 관련하여 인격의 동일성을 상실한다는 것이 로크의 원리이게 된다.

이상은 마음과 관련한 우리의 철학이 의심을 만들어내는 데는 매우 유능하지만 의심을 해소하는 데는 매우 무능하다는 점을 보여주는 실례들이다. 그러나 이것들이 전부가 아니다.

데카르트, 말브랑슈, 로크는 각자의 재능과 소질을 동원하여 물질세계의 존재를 증명하고자 했다. 그러나 이들이 거둔 성공은 보잘것없었다. 배운 바 없는 불쌍한 가사자(可死者)들[23]은 태양과 달, 별, 우리가 거주하는 지구가 있다는 것을, 조국과 친구들, 우리가 향유하는 교분이 있다는 것을, 대지와 집, 우리가 소유하는 동산(動産)이 있다는 것을 아무런 의심 없이 믿는다. 그러나 철학자들은 이러한 일반인[24]을 경박하다고 가엾게 여기면서 자신들은 오직 이성에 토대를 둔 믿음만을 갖겠노라고 결심한다. 이 철학자들은 비록 그 이유를 댈 수는 없지만 전 인류가 믿어왔던 것들에 대해 이유를 마련해주기를 철학에 요청한다. 필시 누군가는 이토록 중차대한 문제라면 그 증명이 어렵지 않으리라는

---

22) 리드는 나의 현재 존재가 설령 증명의 대상이어서 데카르트의 생각대로 일련의 논증을 거쳐 증명되었다고 한다 해도, 현재의 내가 과거의 나와 동일하다는 것은 그럼 어떻게 증명되는 것인지를 묻고 있다.

23) 가사자들(mortals): 유한한 생명을 가진 인간들을 말한다.

24) 버클리와 흄의 저술에도 자주 등장하는 일반인(vulgars)이란 교육의 기회를 제공받지 못한 무학 계층을 가리키며 많은 경우 교육받은 철학자 집단—이중에는 오늘날의 자연과학자도 포함된다—과 대비된다.

기대를 품는 이도 있겠지만 실상 이 증명은 세상에서 가장 어려운 증명이다. 얼마나 어려운지는 최선의 의도를 지닌 이들 사상가 세 명조차 외부 사물의 존재에 관해 이성적인 사유자를 확신시키는 데 적합한 단 하나의 논증도 철학의 보물 창고에서 끄집어낼 수 없었다는 사실을 보면 알 수 있다. 추앙받는 철학이여! 만약 당신이 빛의 딸이자 지혜와 지식의 어버이라면! 확실히 당신은 아직은 인간의 마음에 환히 떠오르지 않았다. 당신이 우리를 축복하면서 내려준 빛은 우리가 어둠을 감지하는데, 당신의 제단에 한 번도 가까이 가본 적도 없고 당신의 힘을 한 번도 느껴본 적도 없어서 행복한 가사자들이 향유하는 휴식과 안정을 뒤흔드는 데 필요한 것 이상으로는 충분치 않다! 그러나 실로 당신이 만약 당신 자신이 발견해냈거나 창조해낸 구름과 환영25)을 쫓아낼 힘을 갖고 있지 않은 것이라면, 이 인색하기 그지없고 사악한 빛은 거두어가기를. 나는 철학을 경멸하고 철학의 지도(指導)를 탄핵할 것이다. 부디 나의 영혼이 상식에 머무는 것이 허락되기를.

제4절 철학자를 위한 변명

그러나 우리는 어스름한 빛이라고 하여 경멸할 것이 아니라 그 빛이 커지기를 소망해야 할 것이다. 우리는 앞서 언급한 철학자들을 이론상의 결함과 오점을 이유로 들어 비난할 것이 아니라 전대미문의 철학 영역을 처음 발견했다는 점에서 그 명예를 기려야 한다. 우리가 보기에 아무리 이들의 이론이 불만족스럽고 불완전하다 해도 이들은 후대의 발견

---

25) 리드의 이 구절은 『인간본성론』 1권 4부 7절 '결론'에 나오는 흄의 진술을 상기시킨다. "이성이 이 먹구름을 쫓아버릴 수 없을 때 자연 자체가 이 목표를 위해 적합하다는 것은 실로 매우 다행스러운 일이다. 자연은 내 마음의 이러한 성향을 누그러뜨려주거나 이 모든 괴물을 쓸모없게 만드는 약간의 도락(道樂)과 생생한 감각 인상을 통해 이러한 철학적 멜랑콜리와 섬망에 걸린 나를 치유한다."

을 위해 새로운 길을 개척했던 것이고 따라서 후대의 발견이 지닐 가치의 상당량을 제몫으로 정당하게 주장할 자격이 있다. 이들은 연년세세 누적되어 길을 막고 있던 스콜라 궤변[26]의 먼지와 쓰레기를 치웠다. 이들은 우리를 경험과 정확한 반성이라는 올바른 길 위에 올려놓았다. 이들은 모호하고 그릇되게 정의된 단어들의 함정을 피하라는 가르침을 주었고 마음이라는 주제에 관하여 전례 없이 명료하고 명확하게 이야기하고 생각했다. 이들은 정작 자신들은 도달치 못한 진리들을 발견하는 통로를 많이 개척했고 그들이 뜻하지 않게 저질렀던 오류들이 이 통로들을 통해 발견되기도 했다.

마음에 관한 기존 철학이 결함과 오점——지각 있는 이들이 철학을 경멸과 조롱거리로 삼는 원인을 제공하는 결함과 오점——을 지니게 된 까닭은 철학의 신봉자들이 그들 자신들의 철학적 기호에 들어맞는 자연적 편견을 근거로 하여 철학의 관할권을 정당한 한계 너머로 확장하고자 해왔다는 데, 상식의 가르침들을 철학의 법정에 호출하고자 해왔다는 데 있다. 그러나 상식의 가르침들은 이러한 재판 관할권을 거부한다. 상식의 가르침들은 논증이 행하는 심리를 경멸하고 논증이 지닌 권위를 부정한다. 상식의 가르침들은 논증의 도움을 청하지도 논증의 공격을 두려워하지도 않는다.

상식과 철학 간의 이러한 대등하지 않은 경쟁에서 철학은 항상 불명예와 손실을 입고 물러날 것이다. 철학은 이러한 경쟁관계가 해소되어 상호 침범이 포기되고 우호적인 우정이 회복되기 전까지는 결코 번창할 수 없다. 실상 상식은 철학의 아무것도 신봉하지 않으며 철학으로부터

---

26) 스콜라 철학의 특징은 성서나 교부의 저서, 고대 그리스 및 로마의 철학저술을 조화롭게 종합적으로 해석하여 신앙과 학문의 조화를 꾀하는 것이었다. 이를 위해 각 종교, 철학적 문제에 대한 다양한 학설이 다양한 전거에서 수집되고 정리되었다. 13세기에 유행했던 총집(summa)류(類)들은 여러 학설을 집대성한 것으로 토마스 아퀴나스의 『신학대전』이 가장 대표적이다. 리드가 말하는 스콜라의 궤변은 사실에 대한 적시(摘示) 없이 문헌에만 조회하여 문제를 해결하려는 이론을 위한 이론, 주장을 위한 주장을 뜻한다.

아무런 도움도 필요로 하지 않기 때문이다. 하지만 이와 반대로, 비유를 바꾸자면, 철학의 뿌리는 상식 말고는 없다. 철학은 상식의 원리로부터 자라나서 상식의 원리에서 자양분을 빨아들인다. 이 뿌리로부터 잘라내어졌을 때 철학은 그 명예가 시들고 수액이 말라버리며 결국 썩어 죽고 만다.

앞서 언급했던 이전 시대의 철학자들이 철학의 명예와 이득을 확보하기에 필요한 만큼 조심스럽게 상식과 철학 간의 연합과 복종관계를 유지하는 데 주의를 기울이지 못했다면, 이제 현 시대의 철학자들은 아예 드러내놓고 상식과 전쟁을 개시한다. 이들은 철학의 세련됨을 동원하여 상식을 완전히 정복하고자 희망한다. 그러나 이는 전능한 제우스의 왕위를 찬탈하려는 타이탄[27]들의 시도 못지않게 무모하고 헛된 시도다.

제5절 버클리 주교, 『인간본성론』, 회의주의

내가 이해한 바에 따르면, 철학의 이 분야에서 당대가 배출한 가장 정치하고 정통한 이는 클로인의 주교와 『인간본성론』의 저자다.[28] 클로인의 주교는 결코 회의주의와 친한 사이가 아니었다. 오히려 반대로 주교는 그의 삶의 지침이었던 종교적이고 도덕적인 원리들에 열렬한 관심을 갖고 있었다. 하지만 그의 탐구 결과는 도대체 물질세계와 같은 것은 있지 않으며 자연에는 정신과 관념 말고는 아무것도 없고 물질적인 실체와 추상관념에 대한 믿음 등은 철학의 모든 오류와 종교의 온갖 불신과 이단을 야기하는 주요 원인이라는 점에 대한 진지한 확신이었다. 이 점을 보여주기 위한 그의 논증들은 데카르트, 말브랑슈, 로크가 제시하여

---

27) 타이탄(Titan): 그리스 로마 신화에 등장하는 거인족(巨人族). 하늘의 신인 우라누스(Uranus)와 땅의 신인 가이아(Gaia) 사이의 자식들로 제우스에 대항하지만 결국 패배한다.

28) '클로인의 주교'는 버클리를 가리키고 '『인간본성론』의 저자'는 흄을 가리킨다. 버클리는 말년에 고향 아일랜드로 돌아와 클로인의 주교로 일했다.

매우 일반적으로 받아들여져 온 원리에 근거를 두고 있다.

주교의 논증들에 대해 가장 유능한 재판관들이 내린 판결은 이런 것 같다. 즉 그 논증들은 결코 반증되지도 않았거니와 반증될 수도 없으며 주교는 분별력을 갖춘 이라면 도저히 믿을 수 없는 사실을 논박 불가능한 논증을 통해 증명했다.

『인간본성론』의 저자 역시 동일 원리에 근거를 두고 논의를 진행시킨다. 버클리와 다른 점이 있다면 그는 원리를 완전한 형태로 실현시킨다는 점이다. 주교가 모든 물질세계를 없애버렸다면 『인간본성론』의 저자는 동일한 근거에서 정신세계를 없애버리고 자연 안에 단지 관념과 인상——이 관념과 인상에게는 그것들이 찍히는 아무런 주체도 없다——만을 남겨 놓는다.

이 저자에게는 기질상의 독특함이 있는 것 같다. 자신의 전체 작업의 의도가 이 세상에는 인간본성도 학문도 존재하지 않는다는 것을 보여주는 것인데도 그는 정작 『인간본성론』의 「서문」에서는 자신의 목표는 완결된 학문체계를 전혀 새로운 토대 위에, 인간본성이라는 토대 위에 정립하는 것이라고 짐짓 심각한 표정으로 약속한다.[29] 자기 자신의 존재도 믿지 않거니와 독자의 존재도 믿지 않고 따라서 독자를 실망시키고자 했다거나 독자의 경박함을 비웃고자 했다거나 하는 일도 있을 수 없는 저자의 이러한 행동에 대해 불평한다는 것은 합당하지 않은 일일지도 모르겠다.[30]

그러나 나는 『인간본성론』의 저자가 이런 식의 변명에 호소해야 할 만큼 회의적이리라고는 상상할 수 없다. 그는 스스로의 원리와는 반대

---

29) 흄의 『인간본성론』의 전체 의도가 인간본성이나 학문이 존재하지 않음을 보여준다는 데 있다는 리드의 주장은 과장된 감이 있다. 흄에게서 회의주의와 인간본성학 사이에는 상식의 가르침에 대한 존중, 자연에 대한 복종이 놓여 있다.

30) 만약 흄의 자아 회의주의 논증이 옳다면 흄에 대해 우리를 실망시켰다는 비난을 가할 수 없다는 뜻이다. 즉 흄의 주장대로 자아가 없는 것이라면 흄이라는 개인의 자아도 없을 것이고 따라서 우리를 실망시키는 흄도 있을 수 없다.

로 자신의 책이 읽힐 것이며 자신의 형이상학적 예리함에 걸맞는 정당한 명예와 명성을 얻을 때까지 자신이 인격상의 동일성을 유지해야 한다고 믿었다.[31] 실로 이 저자는 그가 자신의 철학에 조금이라도 동의하는 때라고는 사람들에게서 물러나 홀로 있을 때라고, 하지만 사람들과의 교제는 흡사 한낮의 태양처럼 회의주의의 어둠과 안개를 몰아내어 자신을 상식의 지배에 복종하게 한다고 기탄없이 고백한다.[32] 나는 그가 심지어 홀로 있을 때라도 자신의 원리에 걸맞게 회의주의를 입증하는 행동을 했다는 비난을 들어본 적이 없다. 확언컨대, 그가 이런 행동을 할 것이 염려되었다면 그의 친구들은 그를 홀로 있게 두지 않는 자비를 베풀었으리라.

회의주의 철학의 아버지인 엘리스의 피론[33]은 후대의 그 누구보다도 철저하게 회의주의를 실천했던 것 같다. 라에르티우스[34]가 인용한 안티고누스 카리스티안의 보고가 믿을 만한 것이라면, 피론의 삶은 스스로의 이론에 부합하는 삶이었다. 스스로의 감각을 전혀 믿지 않았던 피론으로서는 마차가 달려오거나 개가 공격하거나 막다른 절벽에 이르렀다해도 위험을 피하기 위해 단 한 발자국이라도 움직인다거나 하는 일은

---

31) 물론 흄 자신이 자아 동일성을 이런 식으로 믿노라고 실제로 말한 적은 없다. 리드는 만약 흄이 자아 동일성 믿음을 갖고 있지 않았더라면 『인간본성론』을 저술할 수 없었을 것이지만 결국 저술했으므로 자아 동일성 믿음을 갖고 있었다고 주장한다.

32) 이 책, 72쪽 주 25) 참조.

33) 엘리스의 피론(Pyrrhon Of Elis, 기원전 360~기원전 272): 고대 그리스의 철학자 겸 피론주의 창시자. 감각지각에 대해 판단중지를 행하고 현상에 따라 삶으로써 인간은 행복의 상태인 아타락시아(Ataraxia)에 도달할 수 있다고 주장했다. 피론주의는 17세기 들어 피론주의 논증을 집대성한 섹스투스 엠피리쿠스(Sextus Empiricus)의 저술이 소개됨에 따라 유럽 철학사상에 광범위하고 지속적인 영향을 미쳤다.

34) 라에르티우스(D. Laertius, 3세기경): 고대 그리스 전기작가. 주저인 『철학자들의 삶』(*Lives of the Philosophers*)은 고대 그리스 철학 전반을 포괄적으로 다룬다. 그의 전기는 다른 사료에서는 볼 수 없는 철학자들에 관한 많은 에피소드가 기록되어 있다.

절대 없었을 것이다. 그러나 피론에게는 다행스럽게도 그의 강의를 들었던 사람들은 그렇게까지 위대한 회의주의자들은 아니었다. 이들은 피론을 위험에서 구해내는 데 수고를 아끼지 않았고 덕분에 피론은 90세까지 살 수 있었다.[35] 『인간본성론』의 저자의 친구들도 만약 저자가 스스로의 원리에 지나칠 정도로 강력하게 사로잡혔더라면 그를 위험에서 구하는 데 피론의 수강생들 못지않은 수고를 기울였을 것이라는 점에는 의심의 여지가 없다.

짐작건대 『인간본성론』은 저자가 사람들과 교제하는 중에는 저술되지 않았을 것이다. 그럼에도 이 책은 저자가 매순간 속절없이 일반인이 지닌 믿음에 빠져들었고 스스로의 회의적인 캐릭터를 단 몇 페이지도 유지할 수 없었다는 것을 보여주는 명백한 징후로 가득 차 있다.

위대한 피론 역시 가끔씩은 스스로의 원리를 잊어버렸다. 전해지는 이야기에 따르면, 어느 날 피론의 요리사는 저녁 식사용 고기를 피론의 마음에 들지 않게 구웠다. 피론은 너무나 격분한 나머지 고기 꼬챙이를 손에 들고 저잣거리까지 요리사를 뒤쫓아갔다고 한다.

삶의 일상사에서 모든 이의 믿음과 행동을 불가항력적으로 지배하는 원리를 아무런 의식(儀式)도 거치지 않고 마구 거부하려드는 철학은 무모한 철학이다. 아무리 철학자라고 해도 일단 자신이 이 원리를 논박했다고 상상한 연후에는 원리에 복종할 수밖에 없다. 이 원리는 철학보다 유구한 역사를 지녔고 철학보다 많은 권위를 갖추고 있다. 이 원리가 철학에 의존하는 것이 아니라 역으로 철학이 이 원리를 기초로 삼아 의존한다. 설령 철학이 이 원리를 전복시키는 일이 발생할 수 있다 해도 그런 경우 철학은 원리의 잔해와 함께 파묻힐 것이다. 하지만 철학의 세련됨을 받쳐주는 철학의 온갖 기관은 이 원리를 전복시킨다는 목표를 달성하기에는 너무도 허약하다. 이런 목표를 달성하려는 시도는 지구를

---

35) 그러나 피론주의자가 감각에 따르는 삶을 거부했던 것은 아니었다. 믿음 없이 감각 정보에 따라 행동한다는 것은 피론주의자의 삶의 실천 모토였다.

다른 곳으로 옮기기 위한 축바퀴[36]를 고안하려드는 기계공의 시도에 못지않게, 어떤 하나와 같은 것들이 서로는 같지 않음을 논증하겠노라고 공언하는 수학자의 시도에 못지않게 우스꽝스러운 시도다.[37]

　제논[38]은 운동의 불가능성을 논증하고자 시도했고 홉스[39]는 올바른 것과 그른 것 간에 아무런 차이도 없다는 것을 논증하고자 시도했으며 『인간본성론』의 저자는 감각이나 기억, 심지어 논증에 아무런 신뢰도 주어져서는 안 된다는 것을 논증하고자 시도했다.[40] 그러나 이러한 철학은 정말이지 우스꽝스럽다. 이는 이 철학에서 어떤 오류가 저질러졌는지를 분간할 수 있을 정도로 많이 배우지 못한 이들이 보기에도 그러하다. 이 철학의 취향은 이성과 인간본성을 불명예스럽게 하여 인류를

---

36) 축바퀴(Axis in Peritrochio): 기계장치의 일종. 지름이 다른 두 원통을 축에 고정시킨 후 지렛대 원리를 이용하여 큰 원통에 감은 밧줄을 잡아당겨 작은 원통에 감은 밧줄에 매단 무거운 물건을 끌어올리는 장치다.

37) "만약 *a=b*이고 *a=c*이면, *b=c*이다"는 직관적으로 자명한 원리로서 상식의 원리를 전복시키려는 철학자의 시도는 이 원리를 부정하려는 시도만큼이나 부조리하다는 뜻이다. 이 원리는 유클리드 기하학의 '일반개념'들 중 첫 번째 것이다. 『수학의 기초와 기본개념』(*Foundations and Fundamental Concepts of Mathmatics*, 1995, 허민 · 오혜영 옮김, 경문사, 60쪽).

38) 제논(Zenon of Elea, 기원전 490년경~기원전 430년경): 이탈리아 엘레아 출생의 그리스 철학자. 사물의 변화와 운동, 다원성을 부정하고 불멸의 일자(一者)를 주장하는 스승 파르메니데스의 학설을 강화하기 위해 제시한 여러 가지 역설로 유명하다.

39) 홉스(T. Hobbes, 1588~1679): 영국의 경험론자이자 사회계약론자. 주저로 『법의 기초』(*Elements of Law*, 1640), 『리바이어던』(*Leviathan*, 1651)이 있다. 그에 따르면, 인간은 물질계에 속하며 그 운동은 외부 자극에 대한 추구와 회피로 구분된다. 좋음이란 각자가 바라는 것이고 나쁨이란 각자가 싫어하는 것이다. 홉스는 국가 성립 이전 상태를 만인의 만인에 대한 투쟁이라고 묘사함으로써 윤리적 이기주의를 간명하게 대변했다.

40) 흄은 『인간본성론』 1권 4부 1절 '이성회의주의'에서는 추론적 논증의 명증성을 제로로 사라지게 하는 논증을, 2절 '감각회의주의'에서는 외부 대상의 존재 믿음이 오류임을 보여주는 논증을 개진한다. 흄이 기억에 대한 불신 역시 조장했다는 리드의 지적은 『인간본성론』 1권 3부 전반에 걸쳐 행해졌던 인과믿음에 대한 회의주의적인 분석을 염두에 둔 것 같다.

야후[41]로 만드는 대가(代價)를 치르면서까지 궤변론자의 예리함을 과시하는 것, 그 이상도 그 이하도 아니다.

제6절 『인간본성론』

이러한 인간본성 이론에 대한 또 다른 반박 사항들이 있다. 이것들을 대강 일별하는 것만으로도 우리는 그 이론에 의구심을 갖게 될 것이다.

데카르트와 홉스, 그리고 『인간본성론』의 저자는 인간본성에 관한 나름대로의 이론을 제시했다. 그러나 인간본성에 관한 이론을 구성하는 일은 제아무리 재능과 능력이 뛰어나다고 해도 한 사람이 맡기에는 지나치게 광대한 작업이다. 인간본성의 많은 부분이 이들의 고찰 범위에 들어오지 못했을 것이고, 설령 고찰된 부분이라고 해도 이론상의 빈칸을 채워 이론을 완전하게 하기 위해 견강부회 식으로 왜곡되었을 것이라는 생각은 확실히 일리 있는 노파심이다. 모르긴 몰라도 콜럼버스나 캐벗[42]도 완벽한 신대륙 지도를 제시하고자 했을 것이다.[43]

자연의 작품에는 아무리 완벽한 모방이라고 해도 그대로 살려낼 수 없는 성격과 스타일이 깃들어 있다. 앞서 언급된 인간본성 이론에는 이런 성격과 스타일이 결여되어 있는 듯하다. 특히 마지막 이론이 그러하다.[44] 다양한 움직임과 몸동작을 보여주는 꼭두각시 인형은 처음 보았을 때는 무척이나 인상적이지만 세밀히 이리저리 뜯어보면 이내 감탄은

---

41) 야후(Yahoo): 스위프트의 소설 『걸리버 여행기』에 나오는 인간과 닮은 모습의 짐승.
42) 캐벗(S. Cabot, 1476~1557): 영국의 항해가, 지도 제작자. 1497년 아버지와 함께 북미를 최초로 탐사하여 뉴펀들랜드의 라브라도 해안을 발견했다. 1544년 제작된 캐벗 세계전도가 유명하다.
43) 콜럼버스나 캐벗 역시 완벽한 아메리카 대륙 지도를 작성하려 했지만 그렇게 하기에는 아메리카 대륙이 너무 넓어 결국 이들의 지도는 부분적인 것에 그쳤다는 지적이다.
44) 흄의 이론을 말한다.

사라진다. 우리는 인형제작 기술의 전모를 파악한다. 꼭두각시는 그것이 재현하는 대상과 어쩌면 그렇게도 안 닮았는지! 인간 신체와 비교했을 때 꼭두각시는 얼마나 보잘것없는지! 우리가 신체의 구조에 관해 더욱 많이 알게 되고 경이로움을 더욱 많이 느끼면 느낄수록, 신체에 관한 우리의 무지를 더욱 많이 깨달을수록! 신체의 역학이 이토록 난해한데 어찌 마음의 역학을 그토록 쉽사리 파악할 수 있겠는가?

사정이 이러한데도 기존의 인간본성론에서는 세 가지 연합원리[45]가 약간의 본래적인 느낌들[46]과 결합하여 감각, 상상, 기억, 믿음의 전 메커니즘을, 온갖 마음의 행동과 정념이 돌아가는 전 메커니즘을 설명한다. 정녕 이것이 자연이 만들어낸 인간이란 말인가? 의심컨대 자연이 공연하는 작품의 무대 배후를 들여다보는 것은 인간으로서는 그렇게 쉽지 않을 것이다. 이 인형은 실로 자연을 공부하는 대담한 견습공이 자연의 작품을 모방하기 위해 고안해낸 꼭두각시에 불과하다. 이 인형은 촛불 아래서는 꽤나 그럴듯하게 보인다. 그러나 환한 대낮에 밖으로 갖고 나와 분해해 보면 인형이 모르타르와 흙손으로 만들어져 있음이 드러날 것이다. 자연계의 그밖의 것은 더 많이 알면 알수록 더 많이 좋아하게 되고 인정하게 된다. 행성계, 우리가 거주하는 지구, 광물과 식물과 동물, 나의 신체, 그리고 이들 자연의 부분들에서 유지되는 법칙 등과 관련하여 내가 갖고 있는 하잘것없는 지식은 내 마음에게 위대하고 아름다운 정경을 열어 보여주고 나를 더욱 행복하고 유능하게 만들어준다.

그러나 나 자신의 내부로 눈을 돌려 이러한 온갖 전망과 향유를 가능하게 해주는 나 스스로의 마음 자체를 고려하면, 나는 내가 유령과 환영에 속아 마법에 걸린 성에서만 지내왔다는 것을 발견한다——실로 나로 하여금 이런 발견에 도달하게 하는 것이 『인간본성론』의 의도가 아닌

---

45) 세 가지 연합원리(three laws of association): 흄이 주장한 관념연합의 원리들로서 유사의 원리, 시공 근접의 원리, 인과의 원리다.

46) 본래적 느낌들(original feelings): 흄이 필연성관념이나 대상관념, 자아관념의 기원을 설명하면서 거론한 느낌들을 말한다.

가?[47] 나는 얼마나 나 자신이 미혹당해왔는지를 알고는 속내 얼굴을 붉힌다. 나는 나 자신의 본성을 수치스러워하며 내 운명에 관한 어떤 훈계도 이제는 더 이상 참을 수 없다. 오! 자연이여, 이것이 당신의 도락(道樂)인가? 그러한 속임수로 어리석은 피조물을 기만한 다음 가면을 벗고는 그자에게 어떻게 웃음거리가 되어왔는지를 보여주는 것? 만약 이것이 인간본성의 철학이라면, 나는 독자 제위를 이러한 비밀스러운 철학의 가르침으로 안내하지는 않을 것이다. 실로 인간본성에 관한 이런 철학은 지식의 금단의 나무다. 이 나무의 과실을 맛보는 순간 나는 나 자신이 벌거벗었고 모든 것이 나에게서 박탈되었으며 심지어 나 자신조차 나에게서 박탈되었음을 깨닫는다. 나는 나 자신과 자연 전체가 흡사 에피쿠로스[48]의 원자처럼 텅 빈 공간에서 이리저리 춤추면서 떠돌아다니는 관념들로 바짝 작아지는 것을 목격한다.

제7절 이들 모든 저자의 이론은 같은 이론으로서 모두 회의주의로 귀결된다

그러나 만약 인간본성의 제1원리에 관한 이러한 심오한 탐구가 우리를 회의주의의 심연으로 빠뜨리는 것이 자연스럽고 필연적인 일이라면, 이제까지 일어났던 일에 비추어보건대 그렇다고 합리적으로 판단할 수 있지 않은가? 저 금광[49]은 데카르트에 의해 파헤쳐지는 순간부터 이미 폭발할 태세를 갖추고 있었다. 데카르트는 폭발을 막기 위해 할 수 있는 모든 일을 다했다.[50] 금광을 더욱 깊이 파들어간 말브랑슈와 로크는 적

---

47) 흄은 우리가 지닌 인과믿음이나 대상존재 믿음, 자아믿음이 상상의 사소한 성질들에 기초한 가상이자 오류에 불과하다는 결론에 도달했다.

48) 에피쿠로스(Epikouros, 기원전 341~기원전 271): 고대 그리스의 원자론자. 데모크리토스의 원자론을 계승·발전시킨 그의 철학은 유물론적인 형이상학과 경험론적 인식론, 헤도니즘적 윤리학이 특징이다.

49) 관념론을 금광에 빗대어 말하고 있다.

50) 코기토 제시, 신 존재 증명, 외부 세계 존재 증명 등 데카르트가 『성찰』에서 보

의 증식을 막기 어려움을 발견했다. 하지만 이들은 금광의 원래 설계에 맞추어 성실하게 일했다. 작업을 이어받아 수행한 버클리는 모든 것을 안전하게 할 수는 없다는 사실에 절망했다. 그는 편리한 방책을 하나 고안해냈는데, 그것은 물질세계를 포기하는 것이었다. 그는 우리가 물질세계를 포기한다고 해서 무엇인가를 잃는 것이 아니라 이득을 얻는다고 생각했다. 그는 물질세계를 포기하는 대신 마련되는 난공불락의 구획을 통해 정신세계를 안전하게 할 수 있기를 원했다. 그러나 아! 『인간본성론』은 방종하게도 이 구획의 기초를 파괴했고 단 한 번의 도도(滔滔)한 홍수[51]로 모든 것을 쓸어가버렸다.

부정할 수 없는 이런 사실에 비추어보건대, 후대의 개선을 거쳐 현재 널리 수용되고 있는 인간지성에 관한 데카르트의 이론——나는 앞으로 이 이론을 '관념론'(ideal system)이라고 부를 것이다——에 어떤 본래적인 결함이 있을는지도 모른다는 염려는 온당한 염려다. 회의주의는 관념론 내부에 새겨져 있고 관념론과 함께 양육된다. 따라서 우리가 이 탐구 주제에 관한 공고하고 유용한 지식의 건축물을 정립할 수 있기를 기대하기 전에 먼저 해야 할 일은 관념론을 토대까지 파헤쳐서 그것을 구성하는 재료들을 검사하는 것이다.

제8절 인간본성에 관한 좀더 나은 이론은 없다는 절망은 아직 이르다

하지만 데카르트와 그 후계자들도 실패한 마당에 그러한 지식의 건축물을 단념해야 하는 것은 아닌가? 결코 그렇지 않다. 의기소침함은 우리 자신에게도 해가 될뿐더러 진리 자체에도 해가 된다. 유용한 발견은 때로는 실로 탁월한 천재성의 결과이기도 하지만 시간과 우연에서 탄생

여준 일련의 작업을 가리킨다.
51) 도도한 홍수(universal deluge): 보편적 회의주의를 말한다.

하는 수가 더 많다. 제아무리 훌륭한 판단력을 지닌 여행자라도 그만 길을 헷갈려서 잘못된 길로 뜻하지 않게 들어서는 경우가 있다. 그는 눈앞에 펼쳐져 있는 길이 괜찮을 동안에는 아무런 의심 없이 계속하여 길을 가고 다른 이들은 그 뒤를 따른다. 그러나 길이 탄갱(炭坑)에 이르러 끝나게 되면 그는 자신이 길을 잘못 들어섰음을 그 훌륭한 판단력을 동원할 것도 없이 깨닫는다. 아마도 그는 무엇이 자신을 잘못 이끌었던 것인지도 찾아낼 것이다.

각설하고, 이 분야의 철학이 낙관적이지 않은 상태에 처해 있다는 점은 이 분야에서 행해지는 모든 시도를 상당한 정도로 위축시키는 결과를 낳았다. 그러나 이런 결과는 능히 예측할 수 있었던 것이고 단지 시간이 흘러 더 훌륭한 성과가 나타나기만 한다면 언제라도 교정될 수 있는 것이기도 하다. 지각 있는 이들이라면——이들은 일상적인 삶의 문제에서 결코 회의주의자가 되지 않을 사람들이다——이 주제에 관해 이제까지 말해져왔거나 말해질 수 있는 모든 것에 대해 최대의 경멸감을 드러낸다. 이들은 말한다. 이것은 형이상학이다. 누가 이따위에 신경이나 쓰겠는가? 스콜라의 궤변가가 스스로의 거미줄로 스스로를 옭아매게 내버려두자.

나는 나 자신의 존재를, 다른 그밖의 존재를 믿고자 결심한다. 아무리 궤변가가 그 반대를 말할 수 있다 해도 나는 눈은 차갑고 꿀은 달콤하다고 믿기로 결심한다. 나에게 내 이성과 감각을 거부하라고 논증적으로 설득하려는 자는 바보이거나, 바보가 아니라면 나 자신을 바보로 만들려는 자임이 틀림없다.

고백건대, 과연 회의주의자가 이런 식의 내 반응에 어떻게 답할 수 있는지, 심문 중에 어떤 훌륭한 논증을 동원할 수 있을지 나로서는 가늠할 길이 없다. 회의주의자의 논증은 궤변일 뿐이어서 경멸받아 마땅한 것이거나, 만약 그런 것이 아니어서 그의 말대로 아무런 진리도 인간 인식 능력의 범위 안에 있지 않은 것이라면 우리는 왜 우리가 이성적으로 논증해야 하는 것인지를 물을 수 있기 때문이다.[52]

따라서 만약 누군가가 이런 형이상학의 분규에 휩쓸려들어 그것에서 빠져나갈 어떤 다른 길도 발견할 수 없게 된다면, 이제 이자로 하여금 그로서는 풀 수 없는 매듭은 용감하게 잘라버리고 형이상학을 저주하도록, 형이상학에는 발을 들여놓지 말라고 다른 모든 사람을 설득하도록 하자. 만약 내가 도깨비불[53]을 쫓아 늪지나 습지로 잘못 이끌려 들어간 경험이 있다면 나로서 할 수 있는 최선은 도깨비불을 조심하라고 다른 이들에게 경고하는 것이 아니겠는가? 만약 철학이 그녀 자신과 모순된다면, 그리하여 그녀를 신봉하는 자를 바보로 만든다면, 추구하고 누릴 만한 가치를 지닌 모든 것을 그자에게서 박탈해버린다면, 이제 철학 따위는 그녀의 본향인 연옥(煉獄)으로 돌려보내자.

그러나 이 미녀가 이 당파의 당원임은 절대적으로 확실한가?[54] 그녀가 잘못 묘사되어왔을 가능성은 없는가? 이전 시대 천재들은 종종 그들 자신의 백일몽을 그녀가 내린 신탁으로 둔갑시키지는 않았던가? 이제 그녀는 더 이상의 심문 없이 탄핵당해야 하는가? 이는 부당한 일일 것이다.

나는 그녀가 다른 모든 문제에서는 상식과 인류 행복의 유쾌한 동반자이자 신뢰할 만한 조언자며 친구라는 점을 발견했다. 이에 비추어보면, 그녀가 신뢰할 만하지 않음을 입증하는 틀림없는 증거를 나 스스로 제시하기 전까지는 그녀는 나에게 환대와 신뢰를 받을 만한 정당한 자격을 갖추고 있다.[55]

---

52) 회의주의자의 논증이란 억지에 불과한 것이거나, 그렇지 않고 만약 이치에 닿는 논증이라면 우리는 논증을 통해 상대방을 설득하려는 회의주의자의 시도가 회의주의라는 자신의 입장과 일관적인지를 물을 수 있다는 뜻이다.

53) 도깨비불(ignis fatuus): 썩어가는 유기체에서 가스, 특히 인(燐)이 산화하여 내는 빛. 주로 묘지나 습기 찬 곳, 고목에서 번쩍이는 푸른 불빛을 말한다.

54) '미녀'는 철학을 가리키고 '이 당파'는 관념론 내지 회의주의를 가리킨다.

55) 이 점에서 리드의 논증 방식은 데카르트와 상당히 다르다. 데카르트에 따르면, 명제나 이론은 믿어질 만한 절대적으로 확실한 증거가 발견되지 않는 한 불신의 대상이다. 그러나 리드는 명제나 이론은 불신의 대상이 될 만한 확실

한 증거가 발견되지 않는 한 신뢰되어야 하고 정당한 삶의 지침이 될 수 있다고 본다. 그는 여기서는 철학과 관련해서만 이야기하지만 그의 이런 생각은 상식 일반이나 타인의 증언, 권위 등을 취급할 때도 견지된다.

제2장 후각

제1절 논의의 진행 순서: 후각의 매개물과 후각 기관

인간지성의 작용을 파헤쳐 제1원리를 추적하기란 여간 힘든 일이 아니다. 가장 간단한 것에서 시작하여 더욱 복잡한 것으로 매우 조심스럽게 단계적으로 논의를 진행시키지 않고는 이 일에서 성공은 기대할 수 없다. 이런 점에서 보건대 인간능력에 관한 분석에서 다섯 가지 외부감각[1]을 가장 먼저 고려할 수 있다. 또 우리는 이 오감(五感) 중에서 무엇을 먼저 검토할 것인지 택할 때도 동일한 이유를 기준으로 삼아야 한다. 다시 말해서 우리는 가장 고귀한 감각이나 유용한 감각이 아닌, 가장 단순한 감각에 우선권을 주어 가장 단순한 감각의 대상과 다른 감각의 대상이 혼동될 위험을 최소화해야 한다.

이렇게 보면, 아마 다음 순서대로 검토함으로써 감각 분석은 가장 쉽고 분명하게 수행할 수 있을 것이다. 후각, 미각, 청각, 촉각, 그리고 마지막으로 시각.

---

1) 외부감각(external sense)의 유래는 로크에게까지 거슬러 올라간다. 로크의 『인간지성론』에서 감각을 오감에 해당하는 외부감각과 반성을 통해 얻어지는 내부감각(internal sense)으로 구분했다. 로크와 대비되는 경우가 흄인데, 흄은 감각을 외부감각에만 국한시킨다. 'sense'를 '감각'으로 번역한 것에 대해서는 부연설명이 필요하다. 언뜻 'sense'는 '감관'으로, 'sensation'은 '감각'으로 옮겨야 하는 것으로 생각된다. 하지만 실제로 'sense'는 아주 드물게만 '감관'의 의미로 쓰이며 대부분은 인지적 요소로서의 '감각'을 가리킨다.

자연철학이 알려주는 바에 따르면, 모든 동물과 식물을 위시하여 아마도 모든 물체나 대부분의 물체는 공기 중에 노출되어 있는 동안 엄청나게 미세한 발산물을 끊임없이 방출한다. 이는 살아 있거나 성장할 때뿐만 아니라 발효하거나 부패할 때도 마찬가지다. 아마도 이 휘발성 입자들은 서로 밀쳐내어 공기 중에 흩어져 있다가 화학적 친화성을 지닌 다른 입자를 만나면 한데 합쳐져서 새로운 덩어리를 형성하게 될 것이다. 식물이나 그밖의 물체가 지닌 모든 냄새는 이 휘발성 입자에 의해 야기된다. 다시 말해 이 입자들이 공기 중에 흩뿌려질 때 냄새가 나게 된다. 일부 동물들이 지닌 예민한 후각을 보면 우리는 이런 발산물들이 공기 중에서 아주 멀리까지 퍼지며 상상할 수 없을 정도로 미세하다는 것을 알 수 있다.

여기서 일부 화학자들이 생각하듯이 모든 종류의 물체가 일종의 지도영혼(指導靈魂, spiritus rector)을 지니고 있는지의 여부를 검토할 생각은 없다. 이들 화학자들에 따르면, 지도영혼은 물체의 냄새와 물체가 지닌 모든 특수한 힘을 야기하며 또 휘발성이 매우 강해 적당한 수용체를 찾기 위해 공기 중에서 날아다닌다고 한다. 아마 다른 대부분의 이론처럼 선도영혼 이론 역시 정당한 귀납의 산물이라기보다는 상상력의 산물일 것이다. 그러나 물체가 방출하는 발산물로 인해서 물체의 냄새가 나고, 이 발산물이 공기와 함께 코 안으로 빨려들어 간다는 사실에는 의심의 여지가 없다. 이렇듯이 들숨과 날숨에 의해 공기가 끊임없이 유통되는 코의 통로 안에 후각기관을 마련한 데는 [자연의] 명백한 계획이 있는 것 같다.

해부학이 알려주는 바에 따르면, 점액질 막이나 이 막의 융모에 퍼져 있는 후각신경은 자연의 지혜가 후각을 위해 마련해둔 기관들이다. 물체가 아무런 발산물도 내보내지 않거나 발산물이 코로 들어가지 않은 경우, 점액질 막이나 후각신경이 맡은 바 소임을 수행하기에 부적합하게 된 경우에는 물체의 냄새를 맡을 수 없다.

하지만 이 점에도 불구하고 후각기관과 마찬가지로 후각의 매개물은 후감각과 전혀 유사하지 않다는 것은 분명한 사실이다. 이는 위에서 언급된 막이나 신경 내지 동물정기(動物精氣)[2] 안에 야기되는 것으로 생각할 수 있는 운동 역시 마찬가지다.[3] 따라서 후감각 자체로는 우리를 신경이나 동물정신이나 발산물에 관해 생각하도록 이끌 수 없다.

제2절 독자적으로 고찰된 후감각

이상에서는 후각의 매개물과 후각기관을 고찰했다. 이제 장미나 백합 향기를 맡을 때 우리가 의식하게 되는 것에 조심스럽게 주의를 기울이도록 하자. 영어에는 이 감각을 위한 별도의 이름이 없으므로 '냄새'(smell)나 '향취'(taste)라고 부르기로 하자. 적어도 후감각에 대한 검토를 마칠 때까지 이 이름들의 의미에서 감각 자체가 아닌 그밖의 모든 것은 조심스럽게 배제될 것이다.[4]

이전에 결코 한 번도 후감각을 가져보지 못한 사람이 갑자기 후각을 부여받아 장미 냄새를 맡게 되었다고 해보자. 이자는 이 냄새와 장미 사이에서 유사성이나 일치를 지각할 수 있을까? 아니, 실로 이 냄새와 그밖의 다른 대상 사이에서라도? 확실히 그럴 수 없다. 그는 자신이 새로운 방식으로 영향받는다는 것은 발견하지만 왜 그런 것인지, 어떤 원인

---

2) 동물정기(animal spirits): 일종의 신경 에너지. 17세기 키르셰는 신경 에너지를 규명하기 위해 동물 발광현상을 연구했고, 뉴턴은 『프린키피아』에서 감각과 신체운동은 신경을 따라 온몸에 퍼져 있는 동물정기에 의해 수행된다고 썼다. 1786년 갈바니(L. Galvani)는 개구리 근육이 수축할 때 전기 에너지가 발생하는 사실을 관찰했는데, 이는 1827년 독일의 뒤부아-레몽(Du Bois-Reymond)에 의해 생체전기 측량을 위한 검류계(Galvanometer) 고안으로 이어졌다.

3) 리드는 심적 현상인 감각 자체와 감각을 야기한 물질적 원인 간에는 아무런 유사성도 없다고 주장한다. 이 주장의 배후에는 갈릴레오와 데카르트, 로크가 견지한 제1, 2성질의 구분에 대한 비판이 깔려 있다.

4) '장미 냄새'라는 말로 장미가 갖고 있는 어떤 성질을 가리키는 것이 아니라 우리가 장미를 냄새 맡을 때 갖게 되는 감각을 가리키는 것으로 사용하겠다는 것이다.

으로 그런 것인지는 알지 못한다. 흡사 이전에 몰랐던 고통이나 쾌락을 느끼게 된 사람과도 같이 그는 자신이 냄새의 원인이 아님은 의식하지만 냄새가 물체에 의해 야기된 것인지 정신에 의해 야기된 것인지, 가까이 있는 것에 의해 야기된 것인지 멀리 있는 것에 의해 야기된 것인지를 냄새의 본성을 근거로 해서 결정할 수는 없다. 그 냄새는 다른 어떤 것과도 유사성을 지니고 있지 않고 따라서 비교를 허용하지 않는다. 따라서 그가 냄새를 근거로 하여 내릴 수 있는 결론은 냄새에는 알려지지 않은 원인이 있다는 것뿐이다.

이런 냄새에 형태나 색, 연장이나 물체의 그밖의 성질을 귀속한다는 것은 분명 우스꽝스러운 일이다. 마치 우울이나 기쁨에 장소를 할당할 수 없듯이 위의 사례의 사람은 냄새에 장소를 할당할 수 없다. 또 그는 냄새 맡아지는 때 이외의 다른 순간에서도 냄새가 존재한다고 생각할 수는 없다. 결국 그에게 이 냄새는 해명 불가능하고 설명 불가능한, 마음의 단순하고 본래적인 감정 내지 느낌으로 보인다.[5] 실로 이 냄새가 어떤 한 물체 안에 있기는 불가능하다. 이 냄새는 하나의 감각이고 감각은 감각하는 존재자[6] 안에만 있을 수 있는 것이기 때문이다.

여러 향기 각각은 서로 다른 강약의 정도를 갖는다. 대부분의 향기는 기분 좋은 것이거나 기분에 거슬리는 것이거나 둘 중 하나인데, 종종 비록 약한 상태에서는 기분 좋지만 강한 상태에서는 기분에 거슬리는 수가 많다. 서로 다른 냄새들을 비교해보면 우리는 유사관계에 있거나 반대관계에 있는 냄새는 거의 발견하지 못한다. 아니, 우리는 냄새들 간에 성립하는 그 어떤 종류의 관계도 발견하지 못한다. 각각의 냄새 자체는 매우 단순하고 달라서 유나 종으로 분류하기란 거의 불가능하다.[7] 우리

---

5) 본래적 감정 내지 느낌(original affection or feeling): 리드는 냄새는 물체가 아닌 사람의 마음 안에 있는 것으로서 그 기원(origin)의 측면에서 보자면 일종의 감정 내지 느낌이라고 할 수 있음을 주장하고 있다.

6) 감각하는 존재자(sentient thing): 문자 그대로 감각 작용을 할 수 있는 존재자를 가리킨다.

가 냄새에 부여하는 단어는 대부분 '장미 냄새'나 '재스민 냄새'처럼 특칭적이다. 물론 일반적인 단어도 약간 있기는 하다. 예컨대 '달콤한' '곰팡내 나는' '썩은 냄새 나는' '시체 냄새 나는' '향긋한' 등이 그렇다.[8] 이들 중 일부는 마음을 새롭게 하여 생기를 불어넣고 일부는 생기를 앗아가 울적하게 만든다.

제3절 감각, 기억, 믿음의 자연적 원리들

위에서는 후감각을 독자적으로 다루었다. 이제 후감각을 후감각과 관련된 다른 것들과 비교하기로 하자. 먼저 후감각을 후감각에 대한 기억, 그리고 후감각에 대한 상상과 비교하기로 하겠다.

장미를 냄새 맡지 않을 때, 나는 장미 냄새를 생각할 수 있다. 내가 장미 냄새를 생각할 때, 장미나 장미 냄새는 이 세상 어디에도 존재하지 않는 것일 수 있다. 그러나 장미를 냄새 맡을 때, 나는 이 감각이 실제로 존재한다고 불가피하게 믿게끔 되어 있다. 지각되지 않고는 존재할 수 없다는 것이 모든 감각의 공통점이듯이 존재하지 않고는 지각될 수 없다는 것도 모든 감각의 공통점이다. 만약 내가 내 감각의 존재를 의심할 수 있다면, 나는 똑같이 쉽게 나 자신의 존재도 의심할 수 있을 것이다.[9] 자신의 비존재를 입증하고자 했던 심오한 철학자들조차도 자신의 감각이 실제로 존재하는지를 의문시하기보다는 감각을 주체에서 벗어나 자립할 수 있는 것으로 남겨놓는 편을 택했다.[10]

---

7) 사물을 유(genera)나 종(species)으로 분류하기 위해서는 사물 간에 공통점이 있어야 한다. 냄새들이 전혀 다른 것이어서 아무런 공통점도 갖고 있지 않다면 유나 종으로 분류하기란 불가능하다.

8) '곰팡내 나는' '썩은 냄새 나는' '시체 냄새 나는'은 각각 'musty' 'putrid' 'cadaverous'를 옮긴 것이다.

9) 자신의 존재를 의심한다는 것은 쉬운 일이고 감각의 존재를 의심하는 것도 쉽다는 뜻이 아니라 자신의 감각의 존재를 의심하는 것은 자기 존재를 의심하는 것만큼이나 어렵다는 뜻이다.

이제 감각은, 예를 들어 냄새는 세 가지 방식으로 마음에 제시할 수 있다. 냄새는 냄새 맡을 수 있다. 또 냄새는 기억할 수 있다. 마지막으로 냄새는 상상하거나 생각할 수 있다. 첫 번째 경우, 냄새는 냄새가 현재 존재한다는 믿음을 필수적으로 동반한다. 두 번째 경우, 냄새는 냄새가 과거에 존재했다는 믿음을 필수적으로 동반한다. 세 번째 경우, 냄새는 그 어떤 믿음도 동반하지 않는다. 이때의 냄새는 논리학자들이 단순파악[11]이라고 부르는 것에 지나지 않는다.

왜 감각이 사물의 현재 존재에 대한 믿음을 강요하고 왜 기억이 사물의 과거 존재에 대한 믿음을 강요하는가라는 물음에 대해 바로 이런 것들이야말로 감각작용과 기억작용의 본성이라는 것 말고 다른 이유를 댈 수 있는 철학자는 없다고 생각한다. 감각과 기억은 모두 단순하고 본래적이고 따라서 설명 불가능한 마음의 행위들이다.

내가 방에서 한 번, 오직 한 번 월하향[12] 냄새를 맡았다고 가정해보자. 월하향은 화분에 심겨 자라고 있었고 매우 싱그러운 향기를 풍기고 있었다. 다음 날 나는 내가 보았고 냄새 맡았던 것을 이야기한다. 이때 내가 내 마음 안에서 지나가는 것에게 가능한 한 최대한 조심스럽게 주의를 기울인다면, 다음 사실이 선명히 드러난다. 즉 내가 어제 본 바로 그 사물, 내가 냄새 맡은 바로 그 향기가 지금 내가 그것을 기억할 때 내 마음에 떠오르는 직접적인 대상들이다. 더 나아가서 나는 월하향 화분이 지금 내가 앉아 있는 방에 옮겨져서 똑같은 향기를 내뿜는다고 상상할 수도 있다. 이 경우에도 마찬가지로 내가 보았고 냄새 맡은 그 개별적인 사물이 내 상상의 대상이라는 것이 드러난다.

실로 철학자들은 내게 말하기를, 이때 내 기억과 상상력의 직접적인 대상은 과거의 감각이 아니라 과거의 감각에 대한 관념, 내가 냄새 맡은

---

10) 데카르트의 경우가 이에 해당한다.

11) 단순파악(simple apprehension): 아무런 믿음의 동반 없이 단지 관념을 보유하고 있는 상태를 가리킨다.

12) 월하향(月下香, Tuberose): 수선화과. 멕시코 원산으로 흰색 꽃이 핀다.

향기의 이미지나 판타즘 또는 상(像)이라고 한다.[13] 또 이들은 말하기를, 이 관념은 지금 내 마음이나 감각중추[14]에 존재하며 마음은 현재의 이 관념을 고찰하여 관념이 과거의 것의 재현물인지 아니면 존재할 수도 있는 것의 재현물인지를 발견하고 이에 따라 관념을 기억이나 상상으로 부른다는 것이다. 이것이 관념철학의 학설이다. 우리는 이 학설을 당장 검토하지는 않을 터인데, 이는 현재의 탐구 흐름을 끊지 않기 위해서다. 최대한 엄격하게 주의를 기울여 말하자면, 기억의 대상은 현재의 관념이 아니라 과거의 사물이다. 우리는 뒤에 가서 관념론을 검토하면서 다음 논점들을 드러내고자 할 것이다.

즉 관념의 존재에 관해서는 아무런 공고한 증명도 제출된 적이 없으며 관념은 인간지성의 현상을 해명하기 위해 고안된 단순한 허구나 가설에 지나지 않는다는 점, 그러나 관념은 이러한 목표에 결코 부응하지 못하며 사물의 관념이나 이미지가 마음이나 감각중추에 있다는 가설은 상식에 충격을 안겨주는 수많은 궤변을 낳을 뿐만 아니라 마음의 철학에 불명예를 가하여 철학을 지각 있는 이들의 조롱과 경멸거리로 만드는 장본인인 회의주의를 낳는다는 것 등을 말이다.

아무튼 청컨대 내가 일반인의 편에 서서 생각하는 것이 허락되기를 바란다. 월하향 냄새를 기억할 때 기억의 직접적인 대상은 내가 어제 가졌던 감각, 이제는 더 이상 존재하지 않는 바로 그 감각이다. 또 내가 월하향 냄새가 현재 있다고 상상할 때 상상의 대상은 월하향 냄새의 관념이 아니라 감각 자체다. 비록 감각대상과 기억대상, 상상대상이 동일하다고 해도 마음의 이런 행위들 내지 작용들은 마치 냄새나 맛이나 소리가 서로 다르고 쉽게 구분될 수 있는 것만큼이나 서로 다르고 쉽게 구분

---

13) '이미지'(image)나 '판타즘'(phantasm), '상'(species)은 서로 바꿔 쓸 수 있는 단어들로 감각기관에 찍힌 관념 내지 인상을 가리킨다. '관념'(idea)으로 이것들 모두를 가리키는 것은 로크가 데카르트에게서 물려받은 어법이었다.

14) 감각중추(sensorium): 감각지각을 담당하는 것으로 여겨졌던 기관. 오늘날의 감각령(sensory area)에 해당된다.

될 수 있다. 나는 감각과 기억이 서로 다른 종류들임을, 그리고 이 둘과 상상이 서로 다른 종류들임을 의식한다. 또 나는 발견하기를 감각은 냄새가 현재 존재한다는 믿음을 강제하고 기억은 냄새가 과거에 존재했다는 믿음을 강제한다. "냄새가 있다"는 감각의 직접적인 증언이고, "감각이 있었다"는 기억의 직접적인 증언이다. 당신이 내게 이렇게 묻는다고 하자. 왜 당신은 냄새가 존재한다고 믿는가? 나는 내가 그것을 냄새 맡고 있다는 것 외에는 다른 어떤 이유도 댈 수 없고, 이는 앞으로도 그러할 것이다. 당신이 이렇게 묻는다고 하자. 왜 당신은 냄새가 어제 존재했다고 믿는가? 나는 내가 그것을 기억한다는 것 외에는 어떤 다른 이유도 댈 수 없다.

따라서 감각과 기억은 마음의 단순하고 본래적이고 전적으로 구분되는 작용들이다. 이 둘은 모두 다 믿음의 본래적인 원리들이다. 상상은 이 둘과 구분된다. 상상은 믿음의 원리가 아니다. 감각은 감각대상의 현재 존재를 함축하고 기억은 감각대상의 과거 존재를 함축한다. 그러나 상상은 대상의 존재나 비존재에 관한 그 어떤 믿음 없이 대상을 있는 그대로 고찰한다. 이 점에서 상상은 강단철학자들이 단순파악이라고 부르는 것에 해당한다.

제4절 몇 가지 경우에서 판단과 믿음은 단순파악보다 먼저 온다

그러나 여기서 다시금 관념론이 우리의 길을 막아선다. 관념론은 우리에게 가르치기를, 관념에 관한 마음의 최초 작용은 단순파악, 즉 아무런 믿음 없이 행해지는데 사물에 대한 있는 그대로의 파악이며 우리는 단순파악들을 획득한 다음 이것들을 비교함으로써 파악들 간의 일치와 비일치를 지각하는 것이고 관념들 간의 일치나 비일치에 대한 지각이야말로 우리가 믿음 내지 판단, 지식이라고 부르는 것의 전부다. 이제 내가 보기에 이러한 가르침은 자연에 근거를 두지 않은 허구에 불과하다. 감각이 기억과 상상보다 먼저 온다는 것은 모두가 인정하는 바이고, 따라서 적어도 지금 우리가 거론하고 있는 문제와 관련해서 보면 믿음과 지식을 동반하는 파악이 단순파악보다 먼저 온다는 점이 필연적으로 귀결되기 때문이다. 결국 우리는 단순파악들을 나란히 함께 놓고 비교함으로써 믿음이나 지식이 획득된다고 말할 것이 아니라 자연스럽고 본래적인 하나의 판단을 분해하고 분석함으로써 단순파악이 수행된다고 말해야 한다. 이런 점에서 마음의 작용과 자연물은 일치한다. 실로 자연물은 단순원리들 내지 단순요소들의 복합체다. 자연은 물체를 이루는 단순요소들을 분리된 것들로, 그리하여 우리를 통해 복합되어야만 하는 것들로 제시하지는 않는다. 자연은 단순요소들을 구체적인 물체 안에서 서로 섞여 복합되어 있는 것들로서 제시한다. 단순요소들은 기술과 화학분석을 통해서만 분해될 수 있다.

제5절 믿음의 본성에 관한 두 이론에 대한 반박 이상의 결론

그럼 감각과 기억에 동반하는 믿음 내지 지식의 정체는 과연 무엇인가? 이런 믿음 내지 지식이 무엇인지는 누구나 다 알고 있다. 하지만 이것들을 정의 내릴 수 있는 이는 아무도 없다. 그 누가 감히 자신이 감각을 정의한다고, 의식을 정의한다고 하겠는가? 아무도 그렇게 하지 않는다는 것은 실로 다행스러운 일이다. 믿음의 경우에도 만약 믿음을 정의하거나 설명하려던 철학자들이 없었더라면 철학에서의 몇몇 궤변, 가장 비천한 미신이나 가장 열광적인 광신주의가 만들어낸 그 어떤 궤변보다도 믿기 어려운 몇몇 궤변은 결코 세상의 빛을 보지 못했을 것이다. 감각이나 기억, 믿음, 상상이 동일한 대상을 갖고 있으면서 오직 관념의 힘과 생생함의 정도에서만 차이가 날 뿐이라는 관념론의 최근 발견은 확실히 이런 종류의 궤변 중 하나다. 다음과 같이 가정해보자. 사후(死後) 미래 상태에 관한 관념이 있고 이제 이 미래 상태를 확고하게 믿는 사람이 있다. 이는 이자가 미래 상태에 관한 강하고 생기 있는 관념을 갖고 있다는 것 이상을 뜻하지 않는다. 그런데 또 다른 한 사람이 있어서 이자는 미래 상태를 믿지도 않고 안 믿지도 않는다. 즉 이자는 미래 상태에 관한 약하고 희미한 관념을 갖고 있다. 이제 세 번째 사람이 있어서 이자는 그런 미래 상태는 존재하지 않는다고 확고하게 믿고 있다. 그럼 이 세 번째 사람의 관념은 과연 희미한 것인가 생기 있는 것인가? 이 물음에 답하고자 하면 할수록 나는 난처해진다. 만약 희미한 것이라면 이는 관념이 희미한 경우에도 확고한 믿음이 있을 수 있는 것이 되며, 만약 생기 있는 것이라면 미래 상태에 관한 믿음과 그러한 미래 상태가 있지 않다는 믿음이 동일한 것이 되고 만다. 믿음이 함축하는 바는 단지 단순파악보다 강한 대상 관념일 뿐이라는 것을 증명하는 데 쓰이는 논증은 사랑이 함축하는 바는 단지 무관심보다 강한 대상 관념일 뿐이라는 것을 증명하는 데도 쓰일 수 있다. 하지만 그렇다면 우리는 증오에 대해서는 무엇이라고 말해야 하는가? 이 가설에 의거하면 증오는 일정 정도의 사랑인가, 일정 정도의 무관심인가? 만약 사랑에는 관념 이상의 것이 있다고, 즉 마음의 애정이 있다고 말해야 한다면 같은 이유로 믿음에는 관념 이상의 것이 있다고, 즉 마음의 동의나 설득이 있다고 말해야 하지 않겠는가?

그러나 아마도 이런 기이한 견해를 논박하는 것은 견해를 주장하는 것만큼이나 우스꽝스러운 일로 생각될 것이다. 실로 만약 누군가가 원과 사각형과 삼각형이 양적으로만 다를 뿐 형태상으로는 다르지 않다고 주장한다면, 이자는 아무도 자신을 믿으려 하지 않거니와 논박하려고도 하지 않음을 깨닫게 되리라고 생각한다. 내가 생각하기에 감각과 기억과 상상이 생생함의 정도에서 다를 뿐 종류상으로 다르지 않다는 주장은 도형에 관한 그런 주장에 못지않게 상식에는 충격적인 주장이다. 섬망 상태에 있거나 꿈을 꾸고 있을 때 사람은 감각과 기억, 상상을 혼동하기 쉽다고 말한다. 그러나 이러한 사실로부터 섬망 상태에 있지도 않고 꿈을 꾸고 있지도 않은 사람이 감각과 기억, 상상을 구분할 수 없다는 것이 귀결되는가? 그렇다면 어떻게 인간은 자신이 섬망 상태에 있지 않다는 것을 아는가? 나로서는 이런 물음들에 답할 수 없다. 또 나는 어떻게 인간이 자신의 존재를 아는지에 대해서도 답할 수 없다. 그러나 만약 누군가가 자신이 혹시 섬망 상태에 있지 않은 것인지를 심각하게 의심한다면, 내가 보기에 이러한 자는 섬망 상태에 있을 확률이 높다. 이자는 서둘러서 늦지 않게 치유책을 찾아보아야 할 것이다. 그러나 확신 컨대 이자는 논리학 전체를 다 뒤져보아도 이 치유책을 발견하지 못할 것이다.

앞서 나는 믿음 내지 지식에 관한 로크의 견해를 언급했다. 그는 믿음 내지 지식은 우리가 관념들 간의 일치나 비일치를 지각함으로써 성립한다고 주장했고 또 이를 대단히 중요한 발견으로 자부했다.

우리는 로크 철학의 이 거대한 원리를 상세히 검토할 기회를 뒤에 가서 가질 것인데, 우리는 이 원리가 현대 회의주의의 주요 버팀목 중 하나임을 보여줄 것이다. 비록 로크 자신은 원리를 그렇게 사용할 의향은 갖고 있지 않았지만 말이다. 현재로서는 다만 이 원리가 지금 우리가 검토하고 있는 믿음 사례들과 어떻게 부합하는지, 과연 이 원리가 믿음 사례들을 해명해주는지 여부를 생각해보기로 하자. 나는 내가 갖고 있는 감각이 존재한다고 믿고 있고, 내가 기억하는 감각이 지금은 존재하지 않지만 어제는 존재했다고 믿는다. 로크의 이론에 따르면, 이때 나는 감각관념을 과거 존재의 관념이나 현재 존재의 관념과 비교하고 있는 것이게 된다. 즉 나는 감각관념이 한편으로는 현재 존재의 관념과 일치하지만 과거 존재의 관념과는 불일치한다는 것을 지각하고, 다른 한편으로는 과거 존재의 관념과는 일치하지만 현재 존재의 관념과는 불일치하다는 것을 지각한다는 것이다. 실로 이들 관념들은 그 일치와 불일치에 있어서 대단히 변덕스러운 것 같다.

나는 이때의 일치나 불일치가 뭘 의미하는지 도대체 이해할 수 없다. 나는 한 감각이 존재한다고 말한다. 이때 나는 내가 무엇을 의미하는지 명확히 이해하고 있다고 생각한다. 그러나 당신은 사태를 더욱 명백히 하길 원한다. 이를 위해 당신은 내게 이 감각 관념과 존재 관념 간에 일치가 있다고 말해주는 것이다. 솔직히 말하면, 당신의 이런 식의 설명은 명확한 이해를 돕기는커녕 방해만 할 뿐이다. 나는 당신의 설명을 기묘하고 불명료한 장광설로밖에는 달리 생각할 수 없다.

따라서 나는 다음과 같은 결론을 내린다. 즉 감각과 기억에 동반하는 믿음은 정의될 수 없는 마음의 단순 행위다. 이 점에서 믿음은 촉각과 청각을 닮았다. 촉각과 청각은 이들 능력들을 갖고 있지 않은 자가 정의만을 듣고 이것들이 무엇인가를 이해할 수 있게끔 그렇게 정의될 수는 없다. 그 어떤 정의도 이자에게 촉각과 청각을 지금보다 명확하게 이해시킬 수 없다. 이와 마찬가지로 어떤 믿음이건 간에 믿음을 갖고 있는 모든 사람은——아무런 믿음도 갖고 있지 않은 사람이 있다면 틀림없이 그 사람은 호기심의 대상이 될 것이다——믿음이 무엇인지를 완벽하게 알고는 있지만 결코 믿음을 설명하거나 정의할 수는 없다.

또 나는 다음과 같은 결론을 내린다. 감각과 기억, 상상은 비록 동일한 대상을 갖고 있을 때조차 매우 다른 본성의 것들이고 온전하고 말짱한 정신의 소유자라면 완벽하게 구분할 수 있는 것들이다. 감각이나 기억, 상상을 혼동할 위험에 처해 있는 자는 실로 동정받아 마땅한 자다. 이런 자는 비록 그밖의 기예에서 구제책을 발견할 수 있을지 몰라도 논리학이나 형이상학에서는 아닐 것이다.

더 나아가 나는 다음과 같은 결론을 내린다. 감각의 현재 존재를 믿고 기억하는 것의 과거 존재를 믿는 것은 2 곱하기 2가 4라는 것만큼이나 인간본성의 일부다. 감각의 증거와 기억의 증거, 그리고 사물들 간의 필연적 관계들의 증거, 이것들 모두는 선명하고 본래적인 종류의 증거들로서 모두 똑같이 우리의 본성에 근거를 둔다. 이것들 중 아무것도 다른 것에 의존하지 않으며 다른 것으로 환원될 수도 없다. 이런 종류의 증거들을 반박하기 위해 논증하는 것이나 옹호하기 위해 논증하는 것이나 모두 다 부조리하다. 이것들은 제1원리들이며 제1원리들은 이성의 영역이 아닌 상식의 영역에 속하기 때문이다.

제6절 형이상학적 부조리에 대한 변명:
　　관념론의 한 가지 결론인 감각하는 존재자 없는 감각:
　　이 기이한 견해의 결론

　　앞서 우리는 후감각이 후감각에 대한 기억, 후감각에 대한 상상과 어떤 관계를 맺고 있는지를 고찰했다. 이제 후감각이 마음 내지 감각력의 원리와 어떤 관계를 맺고 있는지를 고려하기로 하자. 확실한 점은 후감각이 마음 없이, 즉 후감각 능력을 갖고 있는 어떤 것——후감각은 이 어떤 것의 '감각' '작용' '느낌'이라고 불린다——없이 존재한다고 믿을 수 있는 자는 아무도 없다는 것이다. 하지만 만약 누군가가 후감각이 마음 없이는, 감각하는 존재자 없이는 존재할 수 없다는 사실에 대한 증명을 요구한다면, 고백건대 나는 아무런 증명도 제시할 수 없다. 이를 증명하려드는 것은 부인하려드는 것만큼이나 부조리하다.

　　이상은 『인간본성론』이 세상에 모습을 드러내기 전까지는 아무 변명도 덧붙여지지 않은 채 말할 수 있는 내용이었다. 왜냐하면 내가 알기로 그때까지만 해도 이 원리를 의문시한다거나 원리에 대한 자신의 믿음에 이유를 대려 했던 자는 없었기 때문이다. 생각하는 존재자가 에테르 같은 본성을 지녔는지 불의 본성을 지녔는지, 물질적 본성을 지녔는지 비물질적 본성을 지녔는지는 다양하게 논의되었지만 생각이 특정 종류의 존재자가 행하는 작용이라는 점은 의심의 여지를 허용하지 않는 원리로 당연하게 받아들여졌다.

　　그러나 위에서 언급된 저자는 이 원리를 일반인의 편견으로 간주하면서 마음은 아무런 주체도 갖지 않는 관념과 인상의 연속일 뿐이라는 견해를 주장했다. 이 견해는 비록 제아무리 인류의 상식적 이해와는 상반된다고 해도 고금을 통틀어 의심할 바 없이 가장 예리한 형이상학자들 중 한 명인 저자에게서 나온 견해인 만큼 주목할 만한 가치를 지니고 있다 하겠다. 이 지점에서 나는 내가 이러저러한 형이상학적 견해들을 그 부조리함을 들어 고발한다거나 인류의 상식에 반한다는 점을 들어 고발한다거나 해도 분노하지 말기를 단도직입적으로 간청한다. 그런 견해들을 생각해냈거나 지지하는 자들의 지성을 비방하려는 의도는 추호도 없다. 실로 부조리하거나 상식에 반하는 견해란 흔히는 지성이 결함을 지녀서가 아니라 지나치게 세련되어서 발생한다. 그런 견해에 도달하는 논증은 종종 탐구 주제를 새롭게 조명해주기도 하며, 주창자의 진정한 천재성과 깊은 통찰력을 드러내기도 한다. 그가 제시하는 논증의 전제들은 결론의 부조리함을 보상하고도 남는다.[15]

만약 우리가 본성상 믿게끔 되어 있고 삶의 일상사에서 불가피하게 당연한 사실로 간주하게끔 되어 있으면서도 근거를 댈 수 없는 원리가 있다면, 이 원리야말로 우리가 '상식의 원리'라고 일컫는 것이고 이 원리에 명백히 반하는 것이야말로 우리가 '부조리하다'고 일컫는 것이다. 나는 이런 원리가 있다고 생각한다.

실로 감각이나 생각이 생각하는 존재자 없이 있을 수 있다는 것이 참이라면, 그리고 이것이 철학의 원리로 받아들여져야 한다면, 이는 고금을 통틀어 가장 경이로운 발견으로 인정되어야 마땅할 것이다. 현재 널리 받아들여지는 관념론은 그러한 발견이 그로부터 이끌어진 원리로서 실로 그러한 발견은 관념론의 정당하고 자연스러운 귀결인 것 같다. 아마도 그런 발견이 지나치게 늦게 등장한 것은 아닐 것이다. 그 발견은 인류의 상식적 이해에는 지나치게 충격적이고 상반되는 것이어서 이 세상에 출현하기까지에는 비상할 정도의 철학적 담대함이 요구되었을 것이다. 관념론의 근본원리는 다음과 같다. 즉 생각의 모든 대상은 인상 아니면 선행 인상의 희미한 복사물인 관념이다. 이 원리는 매우 널리 받아들여지고 있으며 그리하여 위에서 언급된 저자는 자신의 이론 전부가 이 원리를 기반으로 한 것임에도 원리에 대한 아무런 최소한도의 증거도 제시하지 않을 정도다. 그는 이 원리를 고정불변의 한 지점으로 취하

---

15) 흄의 논증은 비록 결론은 부조리하다고 해도 무엇이 문제점인지를 잘 드러내 준다는 점에서 높이 사줄 만하다는 뜻이다.

여 그 위에 천상과 지상, 물체와 정신을 전복하기 위한 형이상학적 기관(metaphysical engines)을 건립한다. 실로 내가 이해하기에 이 원리는 그의 의도를 실현하는 데 전적으로 충분하다. 인상과 관념이 생각의 유일한 대상이라면, 천상과 지상, 물체와 정신, 그리고 그밖의 모든 것은 인상과 관념만을 의미해야 하며 만약 그렇지 않다면 무의미한 단어에 지나지 않을 것이 틀림없을 것이기 때문이다.

이렇듯 비록 기이하긴 하지만 저자의 견해는 널리 받아들여진 관념론과 밀접히 연관되어 있는 것으로 보이며, 따라서 우리가 할 일은 관념론의 결론을 인정하든지 아니면 관념론의 전제를 의문시하든지 둘 중 하나다. 본성상 관념은 여타의 존재자와는 친하지 않은 무엇인가를 지니고 있는 것 같다. 관념은 애초에는 사물의 이미지 내지 재현물이라는 겸손한 캐릭터로 철학에 도입되었고, 이런 캐릭터의 관념은 아무 불쾌감도 자아내지 않을 뿐 아니라 인간지성의 작용을 설명하는 데 놀랍도록 잘 봉사하는 듯했다. 그러나 사람들이 관념에 관해 분명하고 명확하게 추론하기 시작하자 관념은 점차 자신이 대리하는 사물을 대신하기 시작했다. 급기야 자신 이외의 모든 존재를 붕괴시키기에 이르렀다. 우선 관념은 물체의 모든 제2성질을 제거했다. 불은 뜨겁지 않다거나 눈은 차갑지 않다, 꿀은 달콤하지 않다 등이 관념을 수단으로 하여 발견되었다. 한마디로 말해 뜨거움과 차가움, 소리, 색, 맛, 냄새 등이 관념이나 인상 외의 다른 아무것도 아니라는 것이 발견되었다. 버클리 주교는 관념을 한층 더 고양시켰는데, 그는 관념론의 원리로부터의 정당한 추론에 의해 연장이나 고체성, 공간, 형태, 물체 등은 관념들이며 자연에는 관념들과 정신들 외에는 다른 아무것도 없다는 것을 발견했다.

하지만 관념의 승리는 『인간본성론』에 의해 완성된다. 『인간본성론』은 정신마저 제거하여 관념과 인상을 우주에 있는 유일한 존재자들로 남겨 놓는다. 그렇다면 혹시 결국에 가서는 관념들과 인상들은 더 이상 대적할 상대가 없어서 급기야는 서로를 공격하게 되는 것은 아닌가? 그리하여 자연에는 전혀 아무런 존재자도 남아 있지 않게 되는 것은 아닌가? 필경 이런 일은 철학을 위험에 처하게 할 것이다. 우리가 말하고 논박할 아무것도 남겨져 있지 않을 터이기 때문이다. 하지만 지금까지의 관념론 철학자들은 인상과 관념의 존재는 인정한다. 또 이들은 관념과 인상이 그에 따라 다양하게 배열되고 연속되는 인력법칙(引力法則)이나 선행규칙(先行規則)[16]도 인정한다. 그러나 이들은 관념과 인상이 마음의 고유한 재화와 재산으로서 마음에 속한다는 생각은 일반인의 오류임을 발견한다. 관념은 흡사 공중의 새처럼, 광대무변의 공간에서 쉼 없이 여행하는 에피쿠로스의 원자처럼 자유롭고 독립적이다. 그럼 우리는 관념을 에피쿠로스 이론에서 말해지는 사물의 피막(film)과 닮았다고 생각해야 하는 것인가?

> 이 원리에 따라 말하노니, 사물의 모사물이 떠돌아다닌다,
> 많은 방식으로 많은 것이, 모든 곳에서 모든
> 얇은 것이, 이것들은 대기 중에서 서로 쉽게 합치고,
> 도중에 만나는 것들과 함께 간다.
>
> ― 루크레티우스[17]

---

16) 인력법칙(laws of attraction)과 선행규칙(rules of precedence)은 관념연합의 법칙들이다.

17) 루크레티우스(Titus Lucretius Carus, 기원전 94년경~기원전 55년경): 로마의 유물론자. 저서로 『만물의 본성에 대하여』(*De rerum natura*)가 남아 있다. 루크레티우스는 실제하는 것은 불가분의 원자와 무한공간뿐이고 나머지는 원자의 운동현상으로 설명된다는 고대 원자론자의 주장을 따라 자연과 인간, 사회의 모든 현상을 유물론적으로 설명하고자 했다. 인용된 부분은 제4권에 등장하는 것으로

Principio hoc dico, rerum simulacra vagari,
Multa modis multis, in cunctas undique parteis
Tenuis "tenvia", quae facil inter se junguntur in auris,
Obvia cum veniunt, ut aranea bratteaque auri.

마지막 줄의 "ut aranea bratteaque auri"가 생략되었다.

아니면 관념은 아리스토텔레스가 말했던 것처럼 대상에서 방출된 후 아직 수동지성을 마주치지 않은 지성상(知性像)[18]을 닮은 것인가? 그러나 왜 우리는 관념을 다른 어떤 것과 비교하려 하는가? 자연에는 오직 관념밖에 없음에도 말이다. 관념은 우주의 온갖 세간을 만들어낸다. 관념은 아무런 원인 없이 존재하기 시작하고 존재하지 않게 되기도 하면서 서로 연합하여 일반인이 '마음'이라 일컫는 더미를 만들어내지 않는가? 그리고 관념은 고정된 법칙에 따라 시간도 없이 장소도 없이, 또 고정된 법칙을 만들어낸 이 없이도 서로 연속하지 않는가?

하지만 우주에 홀로 남겨진 이 자립적이고 독립적인 관념들은 결국에 가서는 가여울 만큼 헐벗고 궁핍하게 보인다. 전체적으로 보았을 때 관념은 전보다 악화된 상황에 처해 있는 것 같다. 데카르트와 말브랑슈, 로크는 관념을 애용한 만큼 관념을 환대하여 근사한 숙소를 관념에 제공했다. 이들은 관념을 송과선(松科腺)[19]이나 순수지성, 심지어 신의 마음[20] 안에 묵게 했다. 더 나아가 이들은 관념에게 한 가지 임무를 부여했다. 즉 관념을 사물의 재현물로 삼았는데 이 임무는 관념에게 상당한

---

18) 수동지성(passive intellect)과 지성상(intelligible species)은 아리스토텔레스의 개념들이다. 그에 따르면, 인간 인식은 이성이 감각에 의해 주어진 대상에서 물질적이고 개별적인 조건을 떼어내어 대상에 구현된 보편적인 지성적 형상 (intelligible forms)이나 지성적 상(像)을 파악함으로써 성립한다. 이때 지성은 두 가지 모습으로 나타난다. 한편으로는 능동적 행위자로서 대상에 작용하여 대상을 지성적인 것으로 만들고, 또 다른 한편으로는 지성적 형상이 드러나는 주체로서 다양한 형상을 수용할 수 있는 수동적 능력으로 나타난다. 이것이 그 유명한 아리스토텔레스의 능동지성(active intellect, nous poietikos)과 수동지성(passive intellect, nous pathetikos)의 구분이다. 이 책, 119쪽 주 34) 참조.

19) 송과선(pineal gland): 뇌에 부속한 내분비선. 데카르트는 신체에 대한 마음의 작용을 설명하면서 송과선을 양자의 연결기관으로 지적했다. 현대 의학에 따르면 송과선은 눈에 수용되는 광자극에 반응하여 멜라토닌의 합성과 분비를 담당하는 기관에 불과하다.

20) "모든 것을 신 안에서 본다"라는 표어를 내건 말브랑슈의 경우를 가리킨다. 이책, 67쪽 주 16) 참조.

위엄과 캐릭터를 부여했다. 이에 반해 『인간본성론』은 결코 이들에 못지않게 관념에게 많은 빚을 졌음에도 독립적인 존재를 부여함으로써 볼품없는 보은을 행했던 것 같다. 관념이 집과 가정에서 쫓겨나 친구도 없이 다른 것과의 아무런 연결도 없이 헐벗음을 가릴 넝마조각도 없이 세상에서 정처 없이 떠돌게 된 것을 보면 말이다. 관념들 전체가 관념의 지위를 격상시켜 주려는 친구들의 무분별한 열망으로 인해 멸망할 수도 있다는 것을 그 누가 알았겠는가?

하지만 아무리 그렇다고 해도 생각과 관념이 아무런 생각하는 존재자 없이 있을 수 있다는 것은 확실히 매우 놀라운 발견이라고 아니할 수 없다. 이 발견은 상식적인 노선에 따라 생각하고 추론하는 가사자(可死者)들, 평생 속고만 사는 가사자들로서는 쉽게 추적해낼 수 없는 결론들을 품고 있다. 우리는 생각은 생각하는 사람을 상정하고 사랑은 사랑하는 사람을 상정하며 반역은 반역자를 상정한다고 늘 상상하곤 했다. 그러나 이는 모두 오류였던 듯하다. 반역자 없는 반역이, 사랑하는 사람 없는 사랑이, 입법자 없는 법률이, 고통 받는 사람 없는 고통이, 시간 없는 연속이, 움직이는 사물 없는 운동이, 사물이 움직일 수 있는 공간 없는 운동이 있을 수 있다는 것이 발견되었다. 아니, 만약 이런 경우들에서 관념이 바로 사랑하는 사람이고 고통받는 사람이고 반역자인 것이라면, 우리는 이런 발견의 저자가 다음 사항들에 대해 친히 우리에게 알려줄 것을 기대할 수 있을 것이다. 즉 관념들이 함께 대화를 나눌 수 있는 것인지, 서로에 대한 의무나 감시의 구속하에 있는 것인지, 약속 행위를 할 수 있고 동맹과 서약을 체결할 수 있는 것인지, 약속이나 동맹이나 서약을 이행하거나 위반할 수 있는 것인지, 위반했을 시에는 위반을 이유로 처벌받을 수 있는 것인지 등에 대해서 말이다. 만약 관념들의 한 집합이 서약을 맺고 다른 한 집합이 이 서약을 위반하고 또 제3의 집합이 이 위반을 이유로 처벌받는 것이라면, 이 이론에서 정의는 결코 자연적인 덕목이 못된다고 우리는 합당하게 생각할 수 있다.

『인간본성론』에게 한 저자가, 그것도 매우 재능 있는 한 저자가 필요했다고 생각하는 것은 아주 자연스러운 일 같았다. 그러나 이제 우리는 가르침 받기를 『인간본성론』이란 단지 함께 모여 연합과 인력(引力)을 통해 배열되는 일련의 관념들의 집합에 지나지 않는다는 것이다.

결국 이 이상한 이론은 인간본성의 현 상태와 어울리지 않는 것임이 드러난다. 이 이론이 상식의 찌꺼기로부터 정제된 선택된 정신의 소유자들에게 어느 정도까지 적합한 것인지는 나로서는 알 수 없다. 내가 생각하기에는 이들조차도 가장 사변적일 순간에만, 이 자립적인 관념들에 관한 탐구에 지나치게 고양된 나머지 그밖의 모든 것을 볼 수 없게 되었을 순간에만, 이 이론에 입회할 수 있다는 점을 인정해야 할 것이다. 이들이 겸허해져서 다시금 인간 종족과 섞일 때, 친구와 동행인과 동료 시민과 말을 나누는 순간 관념론은 사라지고 만다. 상식은 흡사 불가항력의 홍수와도 같이 이들을 실어 나르고 이들은 그 모든 추론과 철학에도 불구하고 자신의 존재를, 다른 것들의 존재를 믿는다.

실로 이렇게 되는 것은 이들로서는 행운이다. 만약 이들이 개인 서재에서나 통용됨직한 믿음을 세상에 전한다면, 인류의 나머지는 이들을 환자로 간주하여 요양소로 보낼 것이기 때문이다. 결국 나는 마치 플라톤이 아카데미에 입학하려는 자에게 미리 자격조건을 요구했듯이 이 관념철학의 학자들도 마찬가지의 일을 하는 것이 현명할 것으로 생각한다. 다시 말해서 자신은 고독한 사변에서나 교제 중에서나 동일한 믿음을 가져야만 한다고 상상하거나 자신의 철학원리가 실생활에 영향을 미쳐야만 한다고 상상하는 이에게는 입장을 거절하는 것이 현명하다. 왜냐하면 관념철학은 놀이용 목마(木馬)와 흡사하기 때문이다. 건강이 안 좋은 사람이 명성에는 흠집이 가지 않게 하면서 서재에서만 목마 놀이를 즐길 수는 있다. 하지만 만약 이자가 교회나 시장이나 극장에까지 목마를 데리고 간다면, 이자의 유산 상속인은 곧바로 판사를 불러 부동산을 압류할 것임이 분명하다.[21]

---

21) 리드는 데카르트의 코기토를 언급하면서 보였던 동일한 주장을 반복하고 있

제7절 감각 존재 내지 마음에 대한 개념과 믿음은 인간본성에 의
해 시사된다:
관계개념이 항상 관계되는 관념들을 비교하여 얻어지는
것은 아니다

따라서 우리는 관념철학은 이 철학을 필요로 하여 실내운동 삼아 분
별 있게 이용할 수 있는 자의 몫으로 남겨놓고 어떻게 해서 인류의 나머
지는, 심지어 철학에 숙달한 사람조차 홀로 있는 순간만을 제외하고는
다음 믿음을 갖게 되는지, 즉 생각은 주체를 갖고 있으며 생각은 생각하
는 존재자의 행위임이 틀림없다는 강렬하고 불가항력적인 믿음을 갖게
되는지, 어떻게 해서 각자는 자기 자신을 자신의 관념과 인상으로부터
구분되는 것으로, 즉 모든 자신의 관념과 인상이 변해도 동일한 자아로
지속하는 것으로 믿는 것인지 등의 탐구를 계속 진행시킬 수 있다. 자아
존재에 대한 이런 견해의 기원을 역사적으로 추적하기란 불가능하다.
이 견해는 모든 언어의 본래 구조 안에 짜 넣어져 있기 때문이다. 모든
민족은 항상 이 견해를 믿어왔다. 삶의 일상적인 거래, 모든 법과 정부
조직은 이 견해를 전제로 성립한다.

우리가 언제 이 견해를 갖게 되었는지를 회상하는 것 역시 불가능하
다. 아무리 최대한 과거로 돌아가 기억해보아도 우리는 이미 이 견해를
갖고 있었다. 우리는 우리 자신과 다른 것들의 존재를 흡사 1 더하기 1
이 2임을 확신하듯이 그렇게 전적으로 확신하고 있었다. 따라서 이 견
해는 모든 추론과 경험과 교육에 선행하는 듯하다. 이 점은 이 견해가
추론이나 경험이나 교육으로는 얻어질 수 없다는 점을 감안하면 더욱
설득력이 있다. 이제 다음은 부인할 수 없는 사실로 드러난다. 모든 인
간은 애초에 반성을 시작할 때부터 생각하는 힘 내지 능력을, 이 능력이

다. 즉 지나친 철학적 회의는 일종의 질병이라는 것이다. 이는 당시 회의주의
자에 대한 일반적인 반응이기도 했다.

속하는 불변의 존재자 내지 마음을 생각과 감각에서 늘 변함없이 추론해왔으며 항상 우리는 우리가 의식하는 온갖 다양한 종류의 감각과 사유를 하나의 개별적인 마음 내지 자아에게 귀속시킨다.

그러나 우리가 어떤 논리규칙을 사용하여 이런 추론을 행하는지, 실로 우리의 감각과 생각이 어떻게 우리에게 마음이나 능력에 관한 개념이나 인식을 줄 수 있는지를 보여주기란 불가능하다. 후각능력은 후각의 실제 감각과 전혀 다르다. 아무런 후감각도 갖지 않을 때도 후각능력은 유지될 수 있다는 것을 보면 말이다. 이와 마찬가지로 마음은 후각능력과 다르다. 후각능력이 상실되었을 때도 마음은 계속해서 동일한 개별적인 존재자이기 때문이다. 그럼에도 후감각은 우리에게 하나의 능력과 하나의 마음을 시사한다.[22] 후감각은 단지 이것들의 개념을 시사할 뿐만 아니라 더 나아가 이것들의 존재 믿음도 만들어낸다. 이는 후감각과 후각능력을, 후감각과 마음을 묶는 아무런 끈이나 연계도 이성에 의해 발견될 수 없음에도 그러하다.

그럼 우리는 무어라고 말할 것인가? 우리가 말할 것은 둘 중 하나다. 한편 우리는 우리가 감각에서 이끌어내는 추론, 즉 마음의 존재와 마음에 속하는 힘 내지 능력의 존재는 철학이나 교육에서 제공된 편견이거나 마음의 단순한 허구에 불과하다고 말할 수 있다. 현자라면 마치 요정에 대한 믿음을 떨쳐버려야 하듯이 마땅히 이런 추론 역시 떨쳐버려야 한다. 다른 한편 우리는 이런 추론은 자연의 판단이며 이런 판단은 관념들을 비교하여 일치나 불일치를 발견함으로써 얻어지는 것이 아니라 우리의 본성상 직접 마음 안으로 불어넣어진다고 말할 수 있다.

만약 후자의 경우가 내가 이해하고 있듯이 사실이라면, 그러한 견해를 떨쳐버리기란 우리로서는 불가능하다. 아무리 그 견해를 없애기 위해 힘들게 분투해도 우리는 결국 그에 복종해야만 한다. 만약 우리가 고

---

22) '시사한다'(suggest)는 리드 인식론에서 매우 중요한 용어다. a가 b를 시사한다는 것은 a가 b의 개념 내지 b의 존재에 대한 믿음을 아무런 매개도 거치지 않고 곧바로 알려준다는 뜻이다.

집을 굽히지 않고 본성의 원리를 떨쳐버릴 수 있다면, 이는 우리가 철학자로서 행동하는 것이 아니라 바보나 광인으로서 행동하는 것이다. 그러한 견해가 자연원리가 아니라고 생각하는 이들은 다음과 같은 입증 부담을 진다. 첫째, 우리가 마음과 마음의 능력에 관한 개념을 어떻게 다른 방법으로 얻을 수 있는지를 입증해야 하고, 그다음에는 어떻게 우리가 자기기만을 통해 감각하는 존재자 없는 감각은 있을 수 없다는 견해를 갖게 되는지를 입증해야 한다.

관계개념은 관계되는 관념들을 비교함으로써만 획득된다는 것이 철학자들의 기존 이론이다. 그러나 지금의 경우는 기존 이론의 반박 사례라고 생각된다. 우리가 먼저 마음의 개념과 감각의 개념을 갖고 나서 이것들을 비교하여 마음이 주체 내지 기체(基體)[23] 관계를, 감각이 행위 내지 작용의 관계를 가진다는 사실을 지각하는 것은 아니다.[24] 이와는 반대로 관련항 중 하나인 감각이 우리에게 상대 관계항과 관계를 시사해준다.

내가 아는 한 마음이 지닌 이 힘을 표현하기에 가장 적합한 단어는 '시사'다. 앞으로는 이 단어를 사용하기로 하겠다. 이 마음의 힘은 이제까지는 철학자들의 주의를 전혀 받지 못했던 것 같다. 이 힘에게 우리는 믿음의 많은 본래적 원리를, 감각도 관념도 아닌 많은 단순 개념을 빚지고 있다. 내가 '시사한다'는 단어로 무엇을 뜻하고자 하는지를 예를 들어 보여주겠다. 우리들은 모두 어떤 종류의 소리가 거리를 지나가는 마차를 마음에 시사하는지를, 단지 마차 한 대가 지나가고 있다는 상상만이 아니라 마차 한 대가 실제로 지나가고 있다는 믿음 또한 산출하는지

---

23) 기체(substratum): 그리스어로는 'hypokeimenon'이라 하며 '아래에 놓여 있는 것'이란 뜻이다. 본래 아리스토텔레스 철학에서는 변화를 설명하는 데 동원되는 용어였지만 여기서는 바로 앞에 나온 '주체'와 같은 의미로 쓰였다.

24) 우리가 마음의 개념과 감각개념을 가진 뒤 이들이 맺는 관계를 고찰하여 마음이 감각의 주체라고 생각하는 것이 아니라는 지적이다. 리드에 따르면, 어떤 한 감각개념 안에는 그 감각이 마음을 주체로 한 감각이라는 내용이 이미 포함되어 있다.

를 알고 있다. 하지만 이때 이 믿음을 산출하기 위해 관념 간의 비교가 있거나 관념 간의 일치나 비일치에 관한 지각이 있는 것은 아니다. 우리가 듣는 소리와 우리가 지나간다고 상상하고 믿는 마차 간에는 최소한의 유사성도 없다.

사실 위의 예에서 등장하는 시사는 자연적이거나 본래적인 시사는 아니다. 예의 시사는 경험과 습관의 결과다. 그러나 나는 내가 이제까지 말한 바에서 자연적 시사가 있다는 사실이 분명해졌다고 생각한다. 자연적 시사의 구체적인 면면을 보면, 우선 감각은 현재 존재의 개념과 우리가 지각하거나 느끼는 것이 지금 존재한다는 믿음을 시사한다. 기억은 과거 존재의 개념과 우리가 기억하는 바가 과거에 존재했다는 믿음을 시사한다. 우리의 감각과 생각은 마음의 개념과 마음의 존재에 대한 믿음을, 마음이 우리의 생각과 맺는 관계에 대한 믿음을 시사한다. 자연계에서 발생하는 존재의 시작과 변화가 우리에게 원인개념을 시사하는 것이나 원인에 관한 믿음을 강제하는 것도 마찬가지의 자연원리에 의해서다. 또 우리가 뒤에 촉각을 다루면서 볼 것처럼, 우리의 본성상 촉감각은 마찬가지의 방식으로 우리에게 연장과 고체성, 운동을 시사한다. 연장과 고체성, 운동은 비록 여태껏은 감각과 혼동되어왔지만 이것들은 결코 감각도 아니고 감각과 비슷하지도 않다.

제8절 물체에는 물체의 냄새라고 불리는 성질 내지 힘이 있다. 어떻게 상상을 통해 이 힘이 감각과 연결되는가

이제까지 우리는 감각, 느낌 또는 마음에 각인된 인상을 의미하는 것으로서의 냄새를 고려했다. 이런 의미에서의 냄새는 마음 내지 감각하는 존재자 안에만 있을 수 있다. 그러나 분명한 것은 인류는 '냄새'라는 단어를 더욱 흔하게는 외부에 있다고 생각하는 어떤 것에게, 물체의 성질이라고 생각하는 것에게 부여한다는 점이다. 우리는 '냄새'라는 단어로 마음 따위는 전혀 암시하지[25] 않는 무엇인가를 뜻한다. 우리는 사람의 발길이 한 번도 닿지 않은 아라비아의 사막이나 어느 무인도의 꽃 향기로 가득한 대기를 생각하는 데 아무런 어려움도 겪지 않는다. 아무리 날품팔이 일꾼이라고 해도 지각 있는 자라면 자신의 존재에 대해 갖는 개념만큼이나 분명하게 그러한 꽃 향기로 가득한 대기에 대한 개념을 가질 것이고, 자신의 존재에 대해 갖는 확신만큼이나 완전하게 그런 대기가 있을 수 있는 가능성에 대한 확신을 가질 것이다. 또 자신의 존재를 의심할 수 없는 것과 마찬가지로 이런 공기가 있을 수 있다는 가능성을 의심할 수 없을 것이다.

이제 이자가 현대 철학자를 만났다고 해보자. 이자는 식물에 있는 냄새의 정체가 과연 무엇인지에 관해 철학자에게 배우고 싶어한다. 철학자는 이자에게 냄새는 식물에 없다, 냄새는 마음 아닌 어떤 것에도 없다, 냄새가 마음 아닌 다른 것에 있는 것은 불가능하다, 이 모든 점은 현대 철학에 의해 논증적으로 입증되었다 등을 말한다. 분명히 우리의 범인은 철학자의 말이 농담이라고 생각할 것이다. 하지만 철학자가 진지하게 말하고 있다는 것을 알게 되는 순간 이자는 이 철학자는 미쳤다, 미친 것이 아니라면 철학은 마치 마술과도 같아서 사람을 새로운 세계로 입문시켜 일상인들의 능력과는 전혀 다른 능력을 주는 것인가 보다 등으로 결론을 내릴 것이다. 그리하여 철학과 상식은 서로 상충하게 된다. 그러나 이런 상충에 대해 비난받아야 하는 자는 누구인가? 내가 생각하기에 비난받아 마땅한 자는 철학자다. 만약 그가 '냄새'라는 말로 인류의 나머지 사람들이 가장 상식적으로 의미하는 바를 의미하고자 하는 것이라면, 그는 미쳤음이 틀림없다. 그러나 만약 그가 이 단어를 다른 의미로 쓰고 있는 것이라면, 그러면서도 이 다른 의미에 관해 스스로에게도 고백하지 않았고 다른 이들에게도 경고하지 않은 것이라면, 그는 언어를 남용하는 것이고 진리에 아무런 기여도 하지 못하면서 철학을 욕되게 하는 것이다. 그는 마치 순박하기 이를 데 없는 이웃을 상대

---

25) '암시한다'는 'infer'를 옮긴 것이다. 앞에 나온 'suggest'와 같은 뜻이다.

로 하여 '딸'과 '소'의 의미를 바꿔 쓰면서 자신의 소가 자신의 딸이고 자신의 딸이 자신의 소임을 증명하려드는 사람과도 같다.

나는 지각 있는 범인에게는 명백한 부조리로 여겨지지만 철학에 숙달한 이에게는 심오한 발견으로 통용되는 수많은 관념철학의 궤변에 그런 사람의 지혜보다 더 많은 지혜가 담겨 있다고는 생각하지 않는다. 결심컨대 나 자신은 늘 상식의 가르침에 심대한 주의를 기울일 것이고 절대 불가피한 경우가 아닌 이상 상식의 가르침에서 떠나지 않을 것이다. 그리하여 나는 기꺼이 다음과 같이 생각한다. 장미나 백합에는 일반인이 '냄새'라고 일컫는 것이, 냄새 맡아지지 않을 때도 계속 존재하는 어떤 것이 실제로 있다. 이제 다음에서는 그럼 이 어떤 것이 무엇이고 우리가 어떻게 해서 이 어떤 것에 대한 개념[26]을 얻게 되는지를, 냄새의 이 성질 내지 힘과 후감각——후감각은 별도의 명칭이 없는 관계로 이 성질 내지 힘과 동일하게 불린다——은 어떤 관계를 맺고 있는지를 탐색해보기로 하겠다.[27]

앞서의 예에서처럼 후각을 막 사용하기 시작한 사람의 경우를 상정해보자. 이자는 약간의 경험만으로도 코가 후각기관이며 공기나 공기 중의 무엇인가가 후각의 매개물임을 발견할 것이다. 경험이 더욱 진전되면 이자는 장미가 가까이 있을 때는 일정 감각을 갖게 되고 장미가 치워지면 이 감각이 사라짐을 발견한다. 이제 그는 장미와 이 감각 간에 자연적 연결이 있다는 사실을 발견한다. 장미는 원인 내지는 기회,[28] 감각

---

26) '개념'은 'notion'을 옮긴 것이다. 'notion'은 'conception'과 마찬가지로 다의적인데, 리드는 정확히 말해 '개념'이라기보다는 '생각' '견해' '신념'의 의미로 쓴다.

27) 한국어에서나 영어에서나, 예를 들어, '장미 냄새' 내지 'a smell of a rose'는 후각기관을 통해 향유되는 감각을 가리키기도 하고 실제 장미 냄새를 가리키기도 한다.

28) 기회(occasion)와 원인(cause) 간에는 전자는 결과를 직접적으로 야기한다는 함축을 지니고 있지 않음에 반해 후자는 그렇다는 차이가 있다. "a가 b의 기회다"라는 말은 양자 간의 인과관계에 대한 함축 없이 단지 a가 발생하는 기회에

의 선행물로 간주되고 감각은 장미의 결과 내지는 후행물로 간주된다. 이 둘은 마음 안에서 연합되어 상상을 통해 항상 함께 연결된 채로 등장한다.

그러나 여기서 우리가 주목해야 할 점은 비록 이 장미 냄새의 감각이 장미보다 감각 주체로서의 마음이나 감각기관으로서의 코와 더 가깝게 관계되는 것으로 보일 수 있다 해도 장미 냄새 감각이 마음이나 코와 맺는 연결은 장미 냄새 감각이 장미와 맺는 연결만큼 그렇게 강력하게 상상에 작용하지는 못한다는 점이다. 그 까닭은 장미 냄새 감각과 마음의 연결은 장미 냄새 감각과 장미의 연결보다 일반적이어서 장미 냄새 감각을 다른 냄새와 맛이나 소리 등과 같은 다른 종류의 감각과 구분시켜 주지 못하기 때문이다. 장미 냄새 감각과 코의 연결 역시 마찬가지로 일반적이어서 장미 냄새 감각을 다른 냄새와 구분시켜주지는 못한다. 그러나 장미 냄새 감각과 장미의 연결은 특수하고 불변하는 것이어서 장미 냄새 감각과 장미는 이 연결을 통해 마치 천둥과 번개, 냉기와 추위의 경우처럼 상상 안에서 거의 분리될 수 없을 정도로 결합한다.

제9절 인간본성에는 물체의 온갖 자연적인 힘 개념과 원인 개념이 이끌어지는 원리가 있다[29]

우리가 어떻게 '냄새'라고 불리는 성질이나 힘이 장미에 있다고 생각하게 되는지, 과연 이 냄새는 무엇인지를 좀더 진전된 수준에서 설명하기 위해서는 다음을 고려하는 것이 적절하다. 마음은 자신의 능력을 발

---

b가 발생했다는 것만을 뜻한다.

29) 이 절의 원제는 직역하면 "인간본성 안에는 이런 견해와 다른 모든 자연적 힘 내지 원인이 도출되는 한 원리가 있다"(That there is a principle in human nature, from which the notion of this, as well as all other natural virtues or causes, is derived)이다. '이런 견해'란 "장미 안에는 장미 냄새를 야기하는 성질이 있다"는 견해를 가리킨다. 의미전달을 명확하게 하기 위해 의역을 택했다.

휘할 수 있도록 해주는 지도 원리들을 매우 일찍부터 갈망하기 시작한다. 장미 냄새는 마음의 감정 내지 느낌이다. 그런데 이 느낌은 항상 있지 않고 수시로 오가는 것이어서 우리는 언제 어디서 이 느낌을 기대할 수 있는지를 알기 원한다. 눈앞에 놓여 있음으로써 이 느낌을 가져오고 치워짐으로써 이 느낌을 없애는 사물을 발견하기 전까지 마음은 편치 않다. 마침내 이 사물이 무엇인지가 발견되면 우리는 이 사물을 이 느낌의 '원인'이라고 부른다. 그러나 이때의 원인은 마치 이 느낌이 이 원인에 의해 실제로 영향받거나 산출된다는 식의 엄격한 철학적인 의미에서가 아니라 대중적인 의미에서다. 이 느낌과 이 사물 간에 불변하는 연계가 있다는 것을 발견하고 나면 마음은 이로써 만족해하지만 엄격한 철학적 의미에서의 원인이란 실제로는 바로 자연법칙이기 때문이다. 마음은 이 냄새가 항상 장미와 결합한다는 것을 발견하고 나면 이 결합이 실제하는 작용력(efficiency) 덕택인지 여부에 대해서는 전혀 탐구하지 않은 채 그만 휴식을 취한다. 이런 탐구는 인간 삶과는 무관한 철학적인 탐구이기 때문이다. 이에 반해 불변하는 결합에 관한 발견은 실제로 삶에서 중요하며 그리하여 마음은 이 발견에서 강한 인상을 받는다.

　우리는 우리가 관찰할 수 있는 모든 것이 각각 원인이나 기회로서의 다른 어떤 것과 연결되어 있다는 사실을 발견하기를 열정적으로 바라는 나머지 정말이지 사소한 근거를 갖고도 이런 연결이 있다고 허투루 상상하고는 한다. 이런 결함은 실제 자연적으로 정립되는 연결에 대해서는 전혀 무지한 이들에게서 더욱 두드러진다. 한 사람이 1년 중 어느 날 불행한 일을 겪는다. 자신의 불운에 어떤 원인이 있는지를 알지 못하는 그는 달력에 표시된 그 날짜에 필시 불행한 무엇인가가 있다고 허투루 생각한다. 만약 그가 똑같은 연결을 다음번에도 발견한다면, 그는 이 미신을 더욱 강하게 확신할 것이다. 내 기억에 수년 전 어마어마하게 큰 흰 황소 한 마리가 국내에 들어왔다. 사람들은 먼 거리를 마다 않고 와서 황소를 보았다. 그런데 몇 달 후 임산부 사망률이 비상하게 치솟는 일이 발생했다. 연이은 이 두 가지 비상한 사건들이 연관성을 갖고 있을 지도 모른다는 의심이 생겨났고 사골사람들 사이에서는 흰 황소가 임산부가 사망하는 원인이라는 생각이 널리 퍼졌다.

시골사람들의 이런 생각이 어리석고 우스꽝스러운 것이라고 해도 그것은 인간본성에 내재한 뿌리에서 생겨난 것이었다. 그리고 바로 이 뿌리에서부터 모든 자연철학, 즉 사물 간의 연결을 발견하고자 하는 열망, 그리고 지나간 과거에 관찰되었던 연결이 앞으로의 미래에서도 지속할 것으로 믿고자 하는 자연적이고 본래적이고 설명될 수 없는 성향이 자라난다. 흉조와 길조, 행운과 불운, 손금보기, 점성술 등 온갖 종류의 예언술, 해몽술, 자연철학에서의 거짓 가설과 거짓 이론, 참된 원리——이것들은 모두 인간본성에 내재한 동일한 토대에 건립되어 있다. 이것들 간의 구분은 지나치게 적은 수의 사례로부터 성급한 결론을 내리는가, 아니면 충분한 귀납을 거쳐 조심스럽게 결론을 내리는가에 따라 성립할 뿐이다.

우리는 오직 경험을 통해 자연적 원인과 결과 간의 연결을 발견한다. 그리고는 더 이상 탐구는 진행하지 않은 채 산출력이라는 모호하고 불명확한 개념을 원인에게 귀속시킨다. 많은 경우 원인과 결과를 다른 이름으로 부르는 것은 삶의 영위라는 목표를 위해서는 불필요하다. 그리하여 다음과 같은 일이 생긴다. 즉 원인과 결과가 상상을 통해 밀접하게 연결되어 있는 경우, 양자는 서로 비슷하지 않음에도 하나의 이름으로 명명되고 이 이름은 일상대화에서 둘 중 더 많은 주의를 받는 것에게 더 자주 적용된다. 그 결과 많은 단어에서 애매성이 야기되는데, 모든 언어에서 같은 원인 때문에 발생하는 이런 애매성은 모든 언어에 공통적인 것이어서 철학자에 의해서도 쉽게 간과되기 쉽다. 아래에서는 이 점을 몇 가지 사례를 통해 예증하고 확인해보기로 하겠다.

'자력'은 철이 자석에 끌리는 성향을 의미하기도 하고, 이 성향을 산출하는 자석의 힘을 의미하기도 한다. 만약 자력이 철의 성질인지 자석의 성질인지를 질문하면, 우리는 아마도 처음에는 당황해할 것이다. 그러나 조금만 주의를 기울이면 우리는 우리가 자석에 있는 어떤 힘을 원인으로 생각하고 있고 철에 있는 어떤 움직임을 결과로 생각하고 있다는 사실을 발견할 것이다. 이 힘과 움직임은 정말 상이한 것들임에도 우리의 상상을 통해 연합되어 있고 그리하여 우리는 '자력'이라는 이름을 양자 모두에게 준다. '중력'에 대해서도 마찬가지로 말할 수 있다. '중력'은 때로는 물체가 지구에 끌리는 성향을 의미하고 때로는 우리가 이런 성향의 원인으로 생각하는 지구의 인력을 의미한다. 우리는 뉴턴 경이 내린 몇 가지 정의나 조어에서도 이런 종류의 애매성을 발견할 수 있다. 뉴턴은 '절대량'(absolute quantity), '가속량'(accelerative quantity), '원동력량'(motive quantity), '구심력'이라는 네 단어 각각에 대해 정의를 내리면서 이것들 각각이 무슨 뜻으로 쓰이고 있는지를 매우 명확히 설명한다. 하지만 '구심력'은 첫 번째 정의에서는 우리가 중심이나 중심부의 물체에 있는 힘이라고 생각하는 원인을 의미하고 나머지 두 정의에서는 이 원인이 속도를 산출하거나 구심운동을 산출할 때 나타나는 원인의 결과를 의미한다.

　'뜨거움'은 하나의 감각을, '차가움'은 이와 반대되는 또 다른 감각을 의미한다. 그러나 '뜨거움'은 또 물체의 성질 내지 상태를 의미하기도 하는데, 이 성질 내지 상태에는 반대란 없고 단지 상이한 정도만이 있을 뿐이다.[30] 한 사람이 똑같은 물에 대해 한 손으로는 뜨겁다고 느끼고 다른 손으로는 차갑다고 느낄 때, 이는 이자에게는 자신의 느낌과 물체의 뜨거움을 구분하는 좋은 기회가 된다. 그는 두 감각이 상반된 것들임을 알고 있지만 그렇다고 그가 동일한 물체가 동시에 상반된 성질을 지닐 수 있다고 상상하는 것은 아니다. 아프거나 건강할 때 동일한 물체에서 각각 다른 맛을 느끼는 경우 그는 비록 자신이 물체에서 얻는 감각은 상반된 것일 수 있지만 물체에 있는 '맛'이라고 불리는 성질은 여전히 똑같다는 점을 어렵지 않게 확신한다.

　흔히 철학자는 일반인을 비난하기를, 어리석게도 일반인은 장미 안에

---

30) 이 경우 차가움은 뜨거움의 반대가 아니라 낮은 정도의 뜨거움이게 된다.

있는 냄새를 후감각과 닮은 어떤 것으로 상상한다는 것이다. 그러나 내 생각에 이 비난은 부당하다. 일반인들이 장미 안에 있는 냄새와 후감각, 이 둘에게 동일한 수식어를 붙이는 것도 아니고 이것들에 관해 동일한 방식으로 추론하는 것도 아니다. 장미 안에 있는 냄새는 무엇인가? 이 냄새는 장미의 성질 아니면 우리가 후각을 통해 지각하는 장미에서 오는 어떤 것이다. 이것이 우리가 알고 있는 전부다. 그러나 냄새 맡는다는 것은 무엇인가? 이는 일종의 마음의 행위로서 마음의 성질이라고는 결코 상상되지 않는 것이다. 또 후감각은 마음 내지 감각하는 존재자를 필수적으로 암시한다[31]고 생각되지만, 장미 안에 있는 냄새는 이런 것들을 암시하지 않는다. 또 우리는 "이 물체는 달콤한 냄새가 난다"고, "저 물체는 역한 냄새가 난다"고 말하지만 "이 마음은 달콤한 냄새가 난다"거나 "저 마음은 역한 냄새가 난다"고는 말하지 않는다. 따라서 장미 안에 있는 냄새와 이 냄새가 야기하는 감각은 비록 동일한 이름을 갖고 있기는 하지만 일반인에 의해서도 같은 종류의 것들로는 생각되지 않는다.

이제까지 말해진 것에서 우리는 장미 냄새는 두 가지를 의미한다는 것을 알 수 있다. 첫 번째, 장미 냄새는 감각을 의미하는데, 이 감각은 지각되는 순간 말고는 존재할 수 없으며 오직 감각하는 존재 내지 마음 안에서만 존재할 수 있다. 두 번째, 장미 냄새는 장미 안에 있거나 장미로부터의 발산물에 있는 힘이나 성질을 의미한다. 이것은 불변적으로 존재하며[32] 마음으로부터 독립적이고 그 본성상 우리 안에 감각을 산출한다. 우리는 본래적인 본성상 감각을 낳는 불변하는 원인이 있다고 믿게끔 되는 동시에 이 원인을 탐색하게끔 촉발된다. 그리하여 우리는 경험을 통해 이 원인을 장미에 두게끔 된다. 모든 냄새와 맛과 소리의 명칭은 뜨거움이나 차가움의 이름과 마찬가지로 모든 언어에서 동일한 애

31) 이 책, 109쪽 주 25) 참조.
32) 물론 영원히 존재한다는 것이 아니라 마음에 의식되는 동안에만 존재하는 감각에 비해 장기적으로 존재한다는 뜻이다.

매성을 보여준다. 그러나 우리가 주의할 것은 이런 이름들은 일상어에서는 아주 드물게만 감각을 의미하는 데 쓰인다는 점이다. 대부분의 경우 이름은 감각을 통해 의미된 외부 성질[33]을 뜻한다.

나는 이런 현상의 원인을 다음과 같이 이해하고자 한다. 감각의 강렬함의 정도는 매우 다양하다. 어떤 감각은 너무 자극적이고 생생하여 우리에게 상당한 즐거움이나 불쾌감을 준다. 이런 경우 우리는 감각 자체에 주의를 기울여 감각을 사유와 대화의 주제로 삼게끔 강제된다. 우리는 감각에게 이름을 부여하고, 이 이름은 오로지 감각만을 의미한다. 그리고 이 경우 우리는 이름이 의미하는 바는 오직 마음에만 있고 외부 사물에는 있지 않다는 사실을 쉽게 인정한다. 각종 다양한 고통과 통증, 식욕, 기타 욕구의 감각이 바로 이런 경우에 해당한다.

그러나 감각이 사유의 주제로 삼을 만큼 그렇게 흥미로운 것이 아닌 경우, 본성상 우리는 감각을 감각과 불변적 연계를 갖는 외부 사물을 의미하는 기호로서만 고려하게끔 된다. 우리는 감각이 의미하는 것을 발견하고는 이것에게 이름을 부여한다. 고유한 이름을 갖지 못하게 된 감각은 이제 감각이 의미하는 사물에 부속하는 것으로 격하되고 사물과 같은 이름으로 불리게 되어 그만 양자는 혼동된다. 이 경우 이름은 실로 감각에도 적용될 수 있음에도 가장 적절하고도 흔하게는 감각이 의미하는 사물에만 적용된다. 냄새, 맛, 소리, 색 등의 감각은 그것들 자체로서보다는 기호나 표식으로서 훨씬 더 중요하다. 이는 마치 우리가 언어에서 단어 자체의 소리보다는 단어의 의미에 주의를 기울이는 것과 마찬가지다.

---

33) '외부 성질'은 'external qualities'를 옮긴 것이다. 마음의 성질이 아니라 마음 외부 사물의 성질이라는 의미에서 '외부'라는 수식어가 덧붙여졌다.

제10절 감각에서 마음은 능동적인가 수동적인가

이 장에서 검토할 마지막 질문이 남아 있다. 후감각과 그밖의 감각에서 마음은 능동적인가 수동적인가? 아마도 이는 단순히 언어상의 문제이거나 매우 사소한 문제로 보일 것이다. 그러나 이 물음에 대한 탐구로 인해 우리가 마음의 작용에게 평상시보다 정확하게 주의를 기울이게 된다면 이것만으로도 전혀 아무런 소득이 없지는 않을 것이다. 내가 보기에 현대 철학자들은 마음이 감각에서 전적으로 수동적이라는 견해를 갖고 있는 것 같다. 감각하고자 하는 의지를 갖는다고 해서 이 의지만으로는 마음에 아무 감각도 야기되지 않는다는 점에 비추어보면 이 견해는 의심할 바 없이 참이다. 더구나 대상이 눈앞에 있을 때 감각하기를 피한다는 것은 거의 불가능한 일로 생각된다. 그러나 어느 정도의 주의가 감각에 주어지는지에 따라 감각이 더 잘 기억되거나 덜 기억된다는 것도 참이다. 우리 모두가 알고 있듯이 아무리 강렬한 고통이 있다 해도 갑작스러운 기습과도 같이 마음을 완전히 뺏기는 일이 생기면 마음의 주의는 고통에서 멀어질 수 있다. 진지한 대화에 몰입하고 있을 때 울리는 자명종 소리는 우리의 귀를 자극하지만 들리지는 않는다. 아니, 들렸다고 해도 우리는 적어도 다음 순간에는 소리를 들었다는 사실을 기억하지 못한다. 도시의 소음과 소동은 대규모의 상업도시에서 내내 살아온 사람의 귀에는 들리지 않지만 평화롭고 한적한 곳에 살다 막 새로 이사해온 사람의 귀에는 멍해질 만큼의 큰 소리로 들린다. 그럼 과연 마음이 순전히 수동적으로 작용하는 감각이 있을 수 있는지에 대해서는 따로 말하지 않기로 하겠다. 다만 나는 우리가 어떤 한 감각을 기억하는 경우 비록 그 감각은 지나간 것이기는 하지만 우리는 우리가 감각에 주의를 기울였다는 사실을 의식한다고 생각한다.

매우 강렬하고 흔치 않은 충동에 주의를 기울이지 않는 것은 격심한 통증을 느끼면서 울음을 참거나 갑작스러운 공포에 사로잡히는 것을 참는 것만큼이나 어려운 일임이 틀림없다. 그러나 우리는 이 두 경우 모두에서 굳은 결심과 훈련을 통해 가늠키 어려울 정도로 상당한 참을성을 획득할 수 있다. 이런 점에서 보면, 능동지성이니 수동지성[34]이니 하는 소요학파의 가정들이 아무런 온당한 근거 없는 것이었다고 해도——주의(注意)는 의지의 행위로 충분히 설명될 수 있다——감각과 관련하여 마음은 수동적인 면도 있고 능동적인 면도 있다고 본 점에서 소요학파는 마음은 순전히 수동적이라고 단언하는 현대 철학자보다는 훨씬 더 진실에 근접했다. 전 시대를 통틀어 일반인들은 감각, 상상, 기억, 판단을 마음의 능동적 행위들로 간주해왔다. 이는 이들 작용들이 각각의 언어에서 표현되는 방식에서도 드러나는데, 우리는 이런 작용들에 몰입할 때 마음이 매우 '능동적'이라고 말한다. 만약 관념철학이 강조하듯이 이 작용들이 그렇게 한갓 인상에 불과한 것이라면, 지금 내가 글을 쓰고 있는 종이가 여러 글자를 수용한다고 해서 종이에게 능동성을 귀속시키려는 사람은 아무도 없을 것이므로[35] 우리는 마음은 매우 수동적이라고 말해야 하겠지만 말이다.

후감각, 즉 냄새 감각이 냄새의 기억과 냄새의 상상, 그리고 마음 내지 주체와 맺는 관계는 그밖의 모든 감각, 아니 마음의 모든 작용에도 공통적으로 성립하며 후감각이 의지와 맺는 관계 역시 모든 지성 능력에서 공통적으로 성립한다. 또 후감각이 후감각에 의해 가리켜지는 물체에 있는 성질 내지 힘과 맺는 관계는 미감각이나 청감각, 색감각,

---

34) 아리스토텔레스 인식론에는 능동지성(nous poietikos)과 수동지성(nous pathetikos)의 구분이 있다. 『영혼에 관하여』(De Anima) 3권 5장에서 양자의 관계는 일종의 형상과 질료의 관계로 설명된다. 수동지성은 능동지성에 의해 추상화된 형상을 받아들여 관념적으로(ideally) 대상이 된다는 것이다. 또 능동지성은 아무런 잠재태도 없이 다른 것과 분리되어 끊임없이 활동하는 영원한 존재로 묘사하기도 한다. 이는 중세 스콜라주의자에게 능동지성을 신의 이성과 동일시할 수 있는 해석의 여지를 제공해주었다. 이 책, 103쪽 주 18) 참조.
35) 종이가 글자를 수용한다(receive)고 해서 종이가 어떤 행동을 한다고 하지는 않는 것처럼 관념론자들이 주장하는 것처럼 감각이나 상상이나 판단이 단순히 일정 관념을 보유하는 것에 불과하다면 우리는 아무도 이런 것을 두고 마음이 행하는 능동적인 작용이라고 하지는 않을 것이라는 주장이다.

냉·온감각 등에서도 공통적으로 성립한다. 따라서 이상에서 우리가 후각에 관해 말한 내용은 다른 감각들과 그밖의 마음의 작용들에도 쉽게 적용될 수 있을 것이다. 희망컨대 후각이라는 주제에 관해 이토록 오랫동안 천착한 것이 이 점에서 변명될 수 있을 것이다.

제3장 미각

앞서 후각에 관해서 말한 바의 상당 부분은 미각과 청각에 쉽사리 적용되므로 이 적용은 전적으로 독자의 판단에 맡기기로 하겠다. 이로써 우리는 지루한 논의의 반복이 주는 수고스러움에서 벗어날 수 있을 것이다.

짐작건대 미각에 영향을 미치는 온갖 물질은 타액에 상당 정도는 용해 가능할 것이다. 각종 온갖 물질이 어떻게 해서 그토록 쉽고 자연스럽게 혀와 구개,[1] 구협[2]에 있는 작은 구멍들로 스며드는지는 만약 물질들이 구멍들에 항상 가득 고여 있는 액체와 어떤 화학적 친화성을 갖지 않는다면 이해할 수 없는 현상이다. 따라서 미각기관이 무엇이나 용해할 수 있는 액체로 항상 축축하게 젖어 있다는 것은 자연의 경이로운 고안물이라고 할 수 있다. 이 액체는 생리적 능력 면에서나 치료용 연고(軟膏) 면으로서나 이제껏 검토되었던 것보다 더욱 상세하게 검토할 만한 가치를 지닌다. 개 같은 동물은 타액을 치료용 연고로 사용하는 법을 자연적으로 배우며, 미각과 소화에 소용되는 타액의 용도는 생리적 능력상의 효용을 잘 보여준다.

미각기관이 소화도의 입구에 자리 잡고 있는 것은 후각기관이 기도의 입구에 자리 잡고 있는 것과 함께 자연의 명백한 의도가 반영된 합당한

---

1) 구개(口蓋): 비강과 구강의 경계로 경구개와 연구개로 나뉜다.
2) 구협(口峽): 구강에서 인두에 이르는 부분을 말한다.

일일 것이다. 위장으로 들어가는 모든 물질이 이 두 감각의 검사를 거치도록 미각기관과 후각기관의 위치가 정해져 있다는 사실에서 우리는 자연이 이 두 기관을 건강에 좋고 나쁜 음식을 구분할 의향으로 만들었음이 명백하다는 것을 알 수 있다. 동물은 음식 선택의 수단으로 이 두 감각기관만을 갖고 있으며 인류도 야만상태에서는 그러했을 것이다. 호사스럽거나 조악한 식습관으로 후각과 미각을 훼손시키지 않는 이상 후각과 미각은 우리로 하여금 자연의 산물 중 잘못된 음식을 택하게끔 이끌지는 않으며 설령 그러한 일이 생긴다고 해도 매우 드물 것이다. 물론 세련되고 호사스러운 요리법이나 화학기술, 조제술을 거친 인공 합성물이 후각과 미각을 기만하여 건강에는 해로우나 냄새나 맛은 좋게 느껴지는 음식을 만들어내는 경우가 종종 있기는 하다. 또 인간이 사회를 이루고 살아가면서 흔히 취하게 되는 부자연스러운 삶의 방식으로 인해 후각과 미각이 훼손되어 본연의 직무를 수행하기에 덜 적합하게 될 수도 있다.

후각과 미각은 그밖의 감각은 구분하지 못하는 물질들을 구분해내며 또 물질의 변화를——많은 경우 물질의 변화는 미각과 후각에 의해 제일 먼저 지각된다——분간하는 데도 매우 유용하다. 시장이나 음식점, 선술집, 약종상에 있는 대다수의 물건은 오직 냄새와 맛으로만 그것이 무엇이며 나쁜 종류인지 좋은 종류인지가 가려진다. 감각을 수단으로 하는 사물 판단이 냄새나 맛 등의 감각 성질상의 미세한 차이에 얼마나 세심한 주의를 기울이는지에 따라 얼마나 많이 개선될 수 있을지는 가늠하기조차 어려울 정도다. 일찍이 뉴턴 경은 그 위대한 천재성을 고상하게 발휘하여 물체를 구성하는 투명한 미소 부분의 크기를 불투명한 물체의 색을 단서로 발견하고자 했다. 우리가 색 말고도 다른 제2성질들을 충분히 검토했을 때 또 어떤 자연철학 영역이 조명될 수 있을지는 그 누구도 예단할 수 없다.

어떤 맛이나 냄새는 신경을 자극하고 생기를 불러일으킨다. 하지만 이렇게 인위적으로 정신이 고양된 다음에는 자연법칙상 으레 우울증이 뒤따라온다. 우울증에서 벗어나는 방법은 시간의 경과를 기다리거나 유사 자극을 반복 사용하는 것인데, 후자의 경우 유사 자극의 반복 사용은 자극에 대한 욕구를 만들어낸다. 이런 식으로 발생하는 욕구는 자연적으로 생기는 욕구와 매우 유사하여 우리에게 자연적 욕구와 동일한 힘을 행사한다. 코담배나 토바코, 독주, 아편 등에 대한 욕구가 생기는 것도 바로 이런 경위를 통해서다.

실로 우리가 미각과 후각을 통해 획득할 수 있는 즐거움과 고통은 매우 협소한 범위로 제한되어 있는데, 이는 우리가 이들 감각을 행복의 원천으로 삼는 것을 방지하기 위한 자연의 의도라고 생각된다. 냄새나 맛 중에서 우리가 그것들에게 습관적으로 노출되지만 끝내 견딜 수 없이 불쾌하게 느껴질 정도로 기분 나쁜 것은 거의 없으며, 우리가 늘 접하지만 그 향취가 그대로 지속될 정도로 기분 좋은 것도 없다. 미각이나 후각상의 즐거움과 고통은 교대로 발생하며, 심한 즐거움 다음에는 심한 고통이, 심한 고통 다음에는 심한 즐거움이 발생한다. 성인(聖人) 소크라테스가 보여준 아름다운 알레고리, 즉 즐거움과 고통은 본성상 반대되는 것들이어서 서로 다른 쪽을 바라보고 있기는 하지만 제우스는 이것들을 함께 묶어 어느 하나를 손에 넣은 자는 동시에 다른 하나도 자신 쪽으로 잡아당기고 있는 것이라는 알레고리는 이들 감각에 적용될 수 있다.

냄새들은 매우 다양하여 각각의 냄새는 겉으로는 단순하고 비복합적이어서 서로 전혀 유사하지 않았을 뿐 아니라 심지어 서로 반대되기도 한다. 맛의 경우도 똑같이 말할 수 있다. 맛들이 서로 다른 것은 마치 맛과 냄새가 서로 다른 것에 못지않은 듯하다. 그리하여 이런 질문을 제기할 수 있다. 어떻게 해서 냄새와 맛은 상이한 종류의 것들로 간주되는가? 양자 간에는 어떤 종적(種的) 차이가 성립하는가? 단지 냄새의 기관이 코이고 맛의 기관이 구개라는 점만 다른 것인가? 아니면 감각들 자체에 감각기관과 분리된 무엇인가가 있어서, 즉 냄새들에 공통된 무엇인가가 있고 맛들에 공통된 무엇인가가 있어서 이에 의해 양자가 구분되는 것인가? 후자일 가능성이 가장 농후하다. 각각의 감각은 비록 겉으로는 매우 단순한 것으로 보이지만 어쩌면 복합적인 무엇인가가 그 안에 있는 것일 수 있다.

만약 우리가 이 문제를 추상적으로만 고려한다면, 우리는 완전하게 단순하고 비복합적인 감각 등의 개별적인 것들은 유와 종으로 분류될 수 없다는 결론에 도달할 것이다. 동일한 종에 속하는 개별자들은 그것 들을 다른 종에 속하는 개별자들과 구분시켜주는데 각각의 종에 독특하 면서 종 전체에 공통적인 무엇인가를 갖고 있어야만 할 것이기 때문이 다. 동일한 유에 속하는 종들에 대해서도 마찬가지로 말할 수 있다. 여 기서 공통적인 무엇인가가 일종의 합성을 뜻하는 것인지의 여부는 형이 상학자의 판단에 맡기기로 하겠다.[3]

실로 후감각이나 미감각은 말로 표현할 수 없을 만큼 매우 다양하다. 500개의 포도주를 검사해보면 정확히 똑같은 맛을 지닌 포도주는 한 쌍 도 발견되지 않을 것이다. 치즈나 그밖의 많은 것에서도 마찬가지다. 하 지만 치즈나 포도주의 500개 맛 중에서 우리가 한 번도 그 맛을 본 적 없는 사람에게 말로 맛을 묘사하여 이자가 묘사만을 듣고 맛에 관한 분 명한 개념을 갖도록 하는 것이 가능한 맛은 채 열 가지도 안 된다.

현명하고 근면한 박물학자 그루[4] 박사는 1675년 왕립협회에서 발표 한 한 논문에서 최소한 서로 다른 열다섯 가지 단순한 맛이 있다는 것을

---

3) 리드가 제기한 문제는 일련의 단순감각들이 하나의 이름으로 불리기 위해서는 공통점이 있어야 할 터인데 그렇다면 이는 단순감각의 정의에 어긋난다는 것이 다. 예를 들어, 우리가 달콤함의 감각을 단순감각이면서 동시에 다른 미각과 공 통된 어떤 것을 갖고 있는 것으로 간주한다면 이는 달콤함의 감각에 달콤함의 감각과 다른 어떤 것이 복합되어 있다는 것을 뜻하는 것이고 더 이상 달콤함의 감각은 단순한 감각이지 않게 된다.

4) 그루(Nehemiah Grew, 1641~1711/1712): 영국의 식물학자 겸 의사. 식물해 부학의 창시자로 꼽힌다. 1677년에 영국왕립협회 부회장을 지냈고, 1682년에 『식물해부학』(Anatomy of Plants)을 출판했다. 그루는 '비교해부학'(compa-rative anatomy)이란 용어를 처음으로 사용했고, 식물의 수분(受粉), 콩과 씨 앗의 구조, 세포 존재에 관한 많은 연구를 행했다.

입증하고자 했는데, 그는 이 열다섯 가지의 맛을 하나하나 열거했다. 조합이론에 익숙한 사람이라면 두서넛의 단순한 맛들의 다양한 조합으로 얼마나 많은 수의 복합적인 맛들이 만들어질 수 있는지를 쉽게 알 수 있을 것이다. 이들 각각의 맛은 다양한 강약의 정도를 지닌다. 다수의 맛에서 발견되는 또 다른 다양성을 보면,[5] 어떤 맛은 빨리 지각되지만 어떤 맛은 느리게 지각되고, 어떤 맛은 오래도록 그 감각이 남지만 어떤 맛은 금방 사라지고, 어떤 맛은 일정한 간격을 두고 물결치듯 밀려오거나 되돌아오지만 어떤 맛은 균일하다.[6] 입술이나 혀의 끝, 혀의 뿌리, 구개, 목젖, 목구멍 등 다양한 미각기관 중 몇몇은 주로 영향을 받는 고유한 맛을 갖고 있다. 그루 박사는 맛에서 발견되는 이 모든 다양성과 그밖의 다양성을 여러 사례를 들어 세심하게 설명한다. 만약 우리가 냄새에 대해서도 이처럼 세심하게 검토한다면, 실로 냄새도 맛만큼이나 다양하다는 점이 드러날 것이다.

---

5) 앞서 나온 강도의 다양성 이외의 다양성을 말한다.
6) 미각의 어떤 부분에서 느껴지는지에 따라 달라지는 맛의 다양성을 말한다.

제4장 청각

제1절 소리의 다양성:
　　추론 없이 습관에 의해 학습되는 소리의 장소와 거리

　소리의 경우에도 맛이나 향기에 못지않은 다양한 변양이 있을 가능성이 높다. 그 이유는 첫째, 소리는 그 음조에서 서로 다르다. 사람의 귀는 400개나 500개의 다양한 음조를 지각할 수 있는데, 아마도 똑같은 수의 다양한 강도를 지각할 수 있을 것이다. 이제 이것들을 조합해보면, 각각의 음조를 완전한 음조로 가정했을 때, 음조나 강도에서 서로 다른 단순 소리가 2만 가지 이상 있게 된다. 다른 한편, 완전한 음조가 되는 데는 탄성적인 공기의 수많은 균등한 파동, 즉 균등한 지속과 파장을 지니고 있으면서 완전히 규칙적으로 연속하는 수많은 파동이 필요하다. 이때 각 파동은 공기의 수많은 입자의 전진과 후퇴로 이루어지고 이 운동은 방향과 힘과 시간에서 모두 다 균일하다. 그리하여 우리는 같은 음조라 해도 놀랍도록 다양하다는 사실을 쉽게 알 수 있다. 이 다양성은 공명체(共鳴體)의 구조나 형태나 위치나 공기와 공명체의 충돌 방식, 탄성 매질의 구성이나 그밖의 운동으로 야기되는 매질의 혼잡, 소리 인상이 만들어지는 귀 자체의 구조 등으로 야기되는 불규칙성에 기인한다.

　플루트나 바이올린, 오보에, 프렌치 호른은 똑같지만 쉽게 구분되는 음조를 낼 수 있다. 실로 20명의 사람이 같은 강도를 지닌 같은 음조의 목소리를 낼 수 있다 해도 차이는 여전히 있다. 고유한 특성을 유지하는 같은 목소리라 해도 질병의 유무나 노소, 비만 정도, 신체 상태의 양호 여부에 따라 여러 방식으로 다양하게 나타난다. 같은 단어라 해도 외국인이 말하는지 내국인이 말하는지에 따라, 실로 같은 나라 안에서라고 해도 어떤 지역의 사람이 말하는지에 따라 구분할 수 있다.

후감각이나 미감각, 청감각에 있는 이와 같은 심대한 다양성이 우리에게 괜히 주어진 것이 아니다. 이들 감각은 우리가 외부 사물을 인지하고 구분하는 기호며, 기호가 기호에 의해 의미된 사물의 다양성에 상당 부분 상응할 정도로 다양한 것은 합당한 일이다.

우리가 사물의 장소와 본성을 사물의 소리를 수단으로 하여 구분해내는 법을 학습하는 것은 습관을 통해서인 것 같다. 이러저러한 소음이 거리에 있고 또 다른 소음이 위층 방에 있고, 이 소리는 내 방문을 노크하는 소리이고 저 소리는 누군가가 층계를 걸어 올라가고 있다는 것은 아마도 경험을 통해 학습될 것이다. 기억을 더듬어보면, 나는 한번은 침대에 누워 공포에 질려 내 심장 박동 소리를 들었던 적이 있다. 그러나 나는 그 소리를 누군가가 방문 두드리는 소리로 생각했다. 소리가 내 심장에서 난다는 것을 발견하기 전까지 나는 몇 번인가 일어나서 방문을 열었다. 아마도 어떤 소리가 드럼소리인지 벨소리인지 마차소리인지 소리를 경험하기 전까지는 거의 알 수 없는 것과 마찬가지로 우리는 경험하기 전까지는 소리가 오른편에서 나는지 왼편에서 나는지, 위에서 나는지 아래에서 나는지, 멀리서 나는지 가까이서 나는지를 거의 알지 못할 것이다. 자연의 작용은 검약하다. 자연은 우리가 인간본성의 일반원리를 수단으로 하여 머지않아 경험을 통해 얻게 될 지식을 특별한 본능이라는 대가를 치르면서 별도로 우리에게 부여하지는 않았을 것이다.[1]

왜냐하면 본성상 우리는 비록 적은 경험을 통해서일지라도 자연적으로는 연결되어 있지 않았던 사물들을 상상을 통해서뿐만 아니라 믿음을

---

1) 자연은 우리로 하여금 소리가 들려오는 장소를 경험을 통해 알게 하면서 동시에 본능적으로 알게 하지는 않았을 것이라는 뜻이다.

통해서도 묶게 되기 때문이다.[2) 나는 이러저러한 소리를 듣는 순간 즉시 아무런 추론 없이 마차가 지나갔다는 결론을 내린다. 이 결론이 어떤 전제들이 있어서 이들로부터 논리적 규칙을 통해 도출되는 것은 아니다. 이 결론은 우리와 야수에 공통된 자연 원리가 낳은 결과다.

우리가 화음과 멜로디를 지각하여 음악이 주는 모든 매력을 향유할 수 있는 것이 청각을 통해서인 것은 사실이지만, 이러한 향유에는 좀더 고차원적인 능력, 즉 우리가 '음악적 귀'(musical ear)라고 부르는 것이 필요한 것 같다. 이 능력은 똑같이 완벽한 청각을 지닌 사람들에게서도 매우 다르므로, 이 능력은 외부감각이 아닌 좀더 고차적 유형의 감각으로 분류되어야 할 것이다.

제2절 자연언어

소리의 가장 고귀한 용도 중 하나가 언어라는 점에는 의심의 여지가 없다. 언어가 없다면 인류는 야수 수준을 넘어선 진보는 이루어낼 수 없었을 것이다. 흔히 언어는 인간이 순수하게 고안해낸 것이라고 본다. 즉 인간은 본성적으로는 야수와 매한가지로 언어가 없지만 대신 우월한 창의력과 이성을 지니고 있어서 이 덕택에 자신의 생각과 목표를 표현하는 인위적 기호를 창안할 수 있었고 또 공동의 동의를 통해 이 기호를 정립할 수 있었다는 것이다. 그러나 언어의 기원은 이보다 더욱 조심스럽게 탐구되어야 한다. 이 탐구는 언어의 개선을 위해 중요할 뿐 아니라 더 나아가서는 현재의 논의 주제와 유관한 인간본성의 제1원리들을 드러낼 것이기 때문이다. 따라서 나는 이 주제에 관한 몇 가지 고찰을 제시하고자 한다.

내가 '언어'로 뜻하는 것은 인간이 타인에게 자신의 생각과 의향, 목

---

2) 단지 하나를 떠올리고 이에 따라 기계적으로 다른 하나가 떠올려질 뿐만 아니라 양자 간에 일종의 연관성이 있는 것으로 믿어지기도 한다는 것을 말한다.

적과 욕망을 전달하기 위해 사용하는 모든 기호다. 이러한 기호는 두 가지 종류로 생각할 수 있다. 첫째, 기호를 사용하는 사람들 사이의 계약이나 동의에 의해 부착된 의미 외에는 다른 아무런 의미도 갖고 있지 않는 기호다. 이런 기호는 인위적인 기호다. 둘째, 계약이나 동의 이전에 모든 사람이 스스로의 본성적 원리에 의해 그 의미를 이해하는 기호다. 나는 언어가 인위적 기호로 이루어진 경우에는 '인위적 언어'라고, 자연적 기호로 이루어진 경우에는 '자연언어'라고 부르기로 하겠다.

이상의 정의를 전술하고 나서 이제 다음을 증명할 수 있다. 즉 만약 자연언어를 갖고 있지 않았다면, 인간은 아무리 이성과 재능을 사용한다고 해도 결코 인위적 기호를 고안해낼 수 없었을 것이다. 그 이유를 보면, 모든 인위적 언어는 기호에게 의미를 부착시키는 계약이나 동의를 가정하므로 인위적 기호의 사용 이전에 계약이나 동의가 있어야만 한다. 그러나 기호 내지 언어 없이는 그 어떤 계약이나 동의도 있을 수 없다. 따라서 인위적 언어가 고안되기 이전에 앞서 자연언어가 있어야 한다는 것이 증명된다.

만약 언어 일반이 마치 쓰기나 인쇄처럼 인간의 고안물이었다면, 짐승처럼 언어를 갖고 있지 않은 다수의 민족이 발견되어야만 할 것이다. 그러나 실제로는 짐승조차도 스스로의 생각과 감정과 욕망을 표현하고 다른 짐승의 생각과 감정과 욕망을 이해하는 자연적인 기호를 갖고 있다. 병아리는 알에서 깨어나자마자 어미닭이 모이를 먹으라고 부르거나 위험 경보를 주기 위해 사용하는 여러 가지 다른 소리를 이해한다. 개나 말은 사람의 목소리가 언제 자신을 달래고 언제 위협하는 것인지를 본성적으로 이해한다. 하지만 우리가 아는 한 짐승에게는 계약개념이나 서약개념도, 계약과 서약을 지켜야 한다는 도덕적 의무개념도 없다. 만약 자연이 짐승에게 이런 개념들을 주었다면, 아마도 자연은 이 개념들을 표현하기 위한 자연적 기호도 함께 주었을 것이다. 자연이 이런 개념들을 주지 않았을 때 짐승들이 그 개념들을 인위적으로 얻는다는 것은 눈먼 이가 색에 관한 개념을 인위적으로 얻는다는 것만큼이나 불가능하다. 어떤 짐승은 명예나 불명예를 지각하고 분노를 느끼기도 하며 보은(報恩)의 마음을 지니기도 한다. 그러나 우리가 아는 한 그 어떤 짐승도 본성상 계약개념이나 서약개념을 갖고 있지는 않다. 그리하여 짐승은 약속을 행할 수도 자신의 신의를 맹세할 수도 없다. 만약 인류가 본성적으로 계약개념이나 서약개념을 갖고 있지 않았다면, 이 개념들을 표현할 자연적인 기호들을 갖고 있지 않았다면, 인류는 자신들의 모든 지력과 재능을 동원해서도 결코 언어를 창안해내지 못했을 것이다.

인류가 지닌 이 자연언어의 요소들이나 우리가 우리의 생각을 자연스럽게 표현하는 기호들은 세 가지 유형으로 분류할 수 있다. 목소리의 억양, 몸짓, 얼굴 표정이 그것들이다. 공통의 인위적인 언어를 갖지 못한 두 야만인도 이 기호들을 수단으로 하여 서로 대화할 수도 있고 생각을 그런대로 괜찮게 전달할 수도 있다. 이들은 요구하고 거절하고, 긍정하고 부정하고, 위협하고 애원할 수 있으며, 거래하고 서약하고 신의를 맹세할 수 있다. 이 점은, 만약 필요하다면, 확실하게 믿을 만한 역사적 사실에 의해 확증될 수 있다.

이렇듯 본성상 인류는 비록 자연적인 필요에만 부응하는 빈약한 언어이긴 하지만 공통의 언어를 지니고 있으므로 인류가 자연언어의 불충분함을 보완하기 위해 인위적 기호를 부가하고 그럼으로써 자연언어를 개선하는 데 많은 재능이 소용되는 것은 아니다. 인위적인 기호는 삶의 방식에 따라 지식이 개선됨에 따라 늘어난다. 모든 기호 중 목소리의 분절음이 인위적 언어에는 가장 적합한 기호라고 생각되는데, 인류가 분절음을 인위적 언어라는 용도를 위해 보편적으로 사용해왔다는 점에 비추어 본다면, 우리는 분절음을 인위적 언어라는 용도로 사용되도록 하는 것은 자연의 의도였다고 합당하게 판단할 수 있다. 그러나 아마도 자연은 우리가 자연적 기호를 더 이상 사용하지 않기를 의도하지는 않았을 것이다. 인위적 기호의 사용은 자연적 기호의 결함을 보완하는 정도로 충분하다. 항시 마차를 타고 다니는 이가 점차 다리의 사용법을 잊어버리듯이 인위적 기호만을 사용하는 이는 자연적 기호에 관한 지식과 사용법을 잊어버린다. 언어장애인은 다른 이들보다 자연적 기호를 더 많이 유지하는데, 이는 자연적 기호의 사용이 필요에 의해 강제되기 때문이다. 같은 이유로 야만인들은 문명화된 민족보다 많은 자연적 기호를 보유한다. 언어를 힘 있게 하고 박력 있게 하는 것은 주로 자연적 기호를 통해서다. 자연적 기호를 적게 보유할수록 언어는 덜 표현적이게 되고 덜 설득적이게 된다. 예를 들어, 쓰기는 읽기보다 덜 표현적이고, 읽기는 책을 보지 않고 말하기보다 덜 표현적이다. 같은 말하기라고 해도 목소리에 아무런 적절하고 자연스러운 억양이나 힘, 변화도 주지 않은 채 행해진다면 이런 말하기는 이러한 것들을 동반하는 언어와 비교했을 때 얼어붙은 죽은 언어라고 할 수 있다. 또 말하기는 눈짓이나 얼굴 표정의 언어가 덧붙여질 때 더욱 표현적이 된다. 더 나아가서 말하기에 몸짓의 힘이 덧붙여지면 비로소 언어의 완전하고도 자연스러운 상태, 즉 적절한 박력을 갖춘 상태가 된다.

자연스러운 말하기는 목소리와 폐만을 사용하는 것이 아니라 신체의 모든 근육을 사용하는 것이다. 벙어리인 사람이나 야만인의 말하기가 바로 이 경우에 해당하는데, 이들의 언어는 더욱 자연적이므로 더욱 표현적이고 더욱 쉽게 배워진다.

문명화된 삶이 지닌 세련됨은 자연언어의 결함을 보완한다. 그러나 이와 동시에 이 세련됨이란 것이 자연언어를 송두리째 뽑아내어 그 자리에 대신 무표정한 음성의 지루하고도 생기 없는 분절음을 심어놓거나 시시껄렁한 철자로 씌인 낙서 따위를 심어 놓는다는 것은 실로 딱한 일이 아닌가? 흔히 생각하기를 언어의 완성이란 인간의 생각과 정서를 이런 지루한 기호를 통해 명확히 표현하는 것이라고 한다. 그러나 만약 이 것이 인위적 언어의 완성이라면, 이는 확실히 자연언어의 타락이기도 하다.

인위적 기호는 의미하지만 표현하지는 않는다. 인위적 기호는 대수학 (代數學) 부호가 그러한 것처럼 지성에게 말을 건넨다. 반면 정념, 감정, 의지는 인위적 기호에게는 귀 기울이지 않는다. 정념, 감정, 의지는 우리가 이것들 모두가 경청하고 복종하는 자연의 언어로 말 걸기 전까지는 잠든 채 활성화되지 않은 상태로 남아 있다.

표현적이라는 면에서만 보았을 때 음악가나 화가, 배우, 연설가의 기예들—물론 이 기예들을 알기 위해서는 세련된 취향과 정밀한 판단력, 많은 공부와 연습이 필요하지만—은 자연의 언어에 다름 아님을 쉽게 알 수 있다. 우리는 이 자연의 언어를 지닌 채 태어났지만 사용하지 않은 결과 그 사용법을 터득하지 못했고 그리하여 자연언어를 회복하는 데는 아주 많은 어려움이 뒤따른다.

1세기 동안만이라도 인류에게 분절음 사용을 폐지하고, 쓰기를 폐지해보라. 그러면 모든 이가 화가나 배우, 연설가가 될 것이다. 이 방안이 실천 가능하다거나 실천 가능하다고 해도 이익이 꼭 손실을 벌충할 것이라고 말하려는 것은 아니다. 다만 내가 말하려는 것은 사람들이 그 자연적 본성과 삶의 필요에 따라 의사를 상호 전달하게끔 될 때 이들은 자신을 이해시키기 위해 능력에 닿는 모든 수단을 사용하고자 할 것이라는 점, 그리고 만약 이때 인위적 기호를 사용할 수 없다면 사람들은 가능한 한 모든 자연적 기호를 동원하여 자신을 이해시키고자 할 것이고 자연적 기호의 사용법을 완전히 이해한 자는 모든 표현기술에 관한 가장 훌륭한 판단자가 될 것이라는 점이다.

제5장 촉각

제1절 뜨거움과 차가움

이제까지 우리가 고려했던 감각은 매우 단순하고 단일한 감각들이었다. 이 감각들 각각은 한 종류의 감각만을 나타내고 따라서 물체의 한 성질만을 가리킨다. 우리는 귀를 통해 소리만을 지각할 뿐 다른 것은 지각하지 못하며, 구개(口蓋)로는 맛만을, 코로는 향기만을 지각한다. 이 성질들은 모두 다 한 가지 종류, 즉 제2성질에 속한다. 이에 반해 촉각을 통해 우리는 한 가지 성질만을 지각하는 것이 아니라 많은 성질을 지각하고 이 성질들은 매우 다른 종류의 것들이다. 이 성질들 중 주요한 것이 뜨거움과 차가움, 단단함과 말랑함, 거침과 매끈함, 형태, 고체성, 운동 그리고 연장이다. 이것들을 차례로 고찰하기로 하자.

뜨거움과 차가움에 관해 보면, 이것들이 제2성질들이고 냄새와 맛, 소리 등과 같은 종류라는 점은 쉽게 인정될 것이다. 따라서 이미 냄새에 관해 말한 바는 쉽게 적용될 수 있다. 다시 말해서 '뜨거움'과 '차가움'이란 단어는 각각 두 가지 의미를 갖는다. 이 단어들은 때로는 마음의 감각들을 의미하는데, 이들 감각은 느껴지지 않을 때는 존재할 수 없고 마음 내지 감각하는 존재자 이외의 것 안에는 존재할 수 없다. 그러나 이 단어들은 좀더 빈번하게는 물체 안에 있는 성질들, 즉 자연법칙에 의해 우리 안에 뜨거움이나 차가움의 감각을 야기하는 원인인 성질들을 의미한다. 이들 성질은, 비록 마음의 습관을 통해 감각과 너무나 긴밀히 연결되어 있어서 우리가 양자를 분리하긴 어렵지만, 감각들과는 조금도 닮지 않았으며 감각들이 전혀 없더라도 계속해서 존재할 수 있다.

뜨거움의 감각이나 차가움의 감각은 그것이 무엇인지 완전히 알려져 있다. 이것들은 우리가 느끼는 바와 다르지 않으며 다를 수도 없기 때문이다. 그러나 물체 안에 있는 성질들, 즉 우리가 '뜨거움'이나 '차가움'이라고 부르는 것은 그것이 무엇인지 알려져 있지 않다. 그저 이것들 각각은 동명(同名)으로 불리는 감각의 알려지지 않은 원인이나 기회라고만 생각될 뿐이다. 그러나 상식은, 비록 이들 성질의 본성에 관해서는 아무것도 말하지 않지만, 이 성질들의 존재는 분명하게 명령한다. 뜨거움과 차가움은 우리에게 느껴지지 않을 때도 존재할 수 있다는 점을 부정하는 것은 반박할 가치도 없는 터무니없는 궤변에 불과하다. 온도계를 지켜보는 이가 아무도 없다면 온도계 눈금은 오르거나 떨어질 수 없다고 말하는 것보다, 거주하는 이가 아무도 없다면 기니 해안[1]이 노바 젬블라[2]만큼이나 추울 것이라고 말하는 것보다 더한 궤변이 있을 수 있겠는가?

물체에 있는 뜨거움과 차가움이 과연 무엇인가를 적절한 실험과 귀납을 통해 연구하는 것은 철학자의 일이다. 뜨거움이란 것이 자연에 널리 퍼져서 물체 안에 집적되는 입자인지 아니면 물체의 부분들의 진동인지, 뜨거움의 감각과 차가움의 감각이 서로 반대된다는 데 대해서는 의문의 여지가 없으므로 그렇다면 뜨거움과 차가움 역시 반대되는 성질들인지 아니면 뜨거움만이 한 성질이고 차가움은 뜨거움의 결여인 것인지, 이런 질문들은 철학의 영역에 해당한다. 상식은 가부간의 그 어느 쪽 편도 들지 않기 때문이다.

그러나 우리는 우리가 '뜨거움'이라고 부르는 물체에 있는 성질이 그

---

1) 기니 해안(Coast of Gunea): 아프리카 대서양의 라이베리아 해안에서 가봉까지 걸쳐 있는 해역. '노예해안'이나 '상아해안'의 지명으로 더 잘 알려져 있다.

2) 노바 젬블라(Nova Zembla): 북극의 일부. 1596년 바렌츠(W. Barents)가 이끄는 17명의 네덜란드 선원들에 의해 최초로 탐험되었다.

본성이 어떻든지 간에 뜨거움의 감각과 전혀 닮지 않았음을 확실하게 알고 있다. 뜨거움의 감각과 뜨거움의 성질 간에 유사성을 상정하는 것은 통풍[3]의 고통이 사각형이나 삼각형을 닮았다고 상정하는 것에 못지 않게 부조리하다. 아무리 단순한 사람이라고 해도 상식을 지닌 자라면 뜨거움의 감각이나 이 감각을 닮은 어떤 것이 불에 있다고는 상상하지 않을 것이다. 그는 다만 자신을 위시한 다른 감각하는 존재자들로 하여금 뜨거움을 느끼게 만드는 무엇인가가 불 안에 있다고 상상할 뿐이다. 그러나 일상어에서 '뜨거움'이란 단어는 좀더 빈번하고 적합하게는 불 안에 있는 이 알려지지 않는 성질을 의미하므로——이 성질이 기회가 되어 야기되는 감각을 의미하기보다는——이런 상식인으로서는 뜨거움이 불 안에 있음을 부인하는 철학자를 비웃는 것은 정당하다. 그가 생각하기에 철학자는 상식에 반하는 것을 말하고 있는 것이다.

제2절 단단함과 말랑함

다음으로 단단함과 말랑함을 고찰하자. 우리는 항상 '단단함'이나 '말랑함'이라는 말로 우리가 그에 관한 분명한 개념을 갖고 있는 물체의 실제 속성이나 성질을 이해한다.

우리는 물체의 부분들이 확고하게 응집되어 있어 쉽사리 그 형태를 변형할 수 없는 경우 물체가 '단단하다'고 말하고 부분들의 위치가 달라질 수 있는 경우 물체가 '말랑하다'고 말한다. 이것이 바로 모든 인류가 갖고 있는 단단함과 말랑함의 개념이다. 단단함이나 말랑함은 감각이 아니며, 그 어떤 감각과도 유사하지 않다. 이것들은 촉각에 의해 지각되기 이전에 이미 실제 성질들이었고 지각되지 않아도 계속하여 여전히 실제 성질들이다. 만약 누군가가 다이아몬드는 다듬어지기 이전까지는

---

3) 혈액 내에 요산이 쌓여 발생하는 관절염. 엄지발가락이나 발등, 복사뼈 등이 붓고 몹시 아프다. 근대 서양철학서에서 신체 고통의 대표 사례로 왕왕 등장한다.

단단하지 않다고 주장하려든다면 그 누가 이자를 설득할 것인가?

우리가 그에 의해 물체를 단단하다거나 말랑하다고 지각하게 되는 감각이 존재한다는 점에는 의심의 여지가 없다. 단단함의 감각은 쉽게 얻을 수 있다. 한쪽 손을 테이블에 갖다 대고 이에 의해 유발되는 느낌에 주의를 기울일 때, 그리고 이때 탁자나 탁자의 성질, 그밖의 외부 사물에 관해 우리가 갖고 있는 모든 생각을 제쳐놓는다면, 우리는 단단함의 감각을 얻는다. 그러나 감각을 갖는다는 것과 감각에 주의를 기울여 반성의 명확한 대상으로 삼는다는 것은 별개의 일이다. 전자는 매우 쉽지만 후자는 대부분의 경우 극도로 힘들다.

우리는 촉감각을 기호로 사용하여 이 기호가 의미하는 단단함으로 곧장 나아가는 데 너무나 익숙해 있다. 그리하여 촉감각은 일반인에 의해서건 철학자에 의해서건 간에 단 한 번도 사유의 대상이 된 적이 없었다. 또 그 어떤 언어에서도 촉감각에게 부여된 별도의 이름은 없다. 더 이상 명확하고 빈번하게 발생하는 감각이 없는데도 촉감각은 주의를 기울이지 않은 채 순식간에 마음을 통과하여 우리 본성의 법칙에 따라 물체 안에 있는 성질을 우리에게 시사해주고 전해주는 데만 봉사한다.

실로 물체의 단단함에 의해 야기된 감각에 주의를 기울이는 일이 조금도 어렵지 않은 몇몇 경우가 있기는 하다. 예를 들어, 감각이 너무나 격렬하여 상당한 정도의 고통을 야기할 때 자연은 우리에게 감각에 주의를 기울일 것을 요청한다. 이때 우리는 이 감각이 단순한 감각이며 감각하는 존재자 안에만 있을 수 있다는 점을 인정한다. 만약 누군가가 머리를 세게 기둥에 부딪힌다면, 나는 이자에게 과연 그가 느끼는 고통이 돌의 단단함과 닮은 것인지, 그가 자신이 느끼는 바와 유사한 어떤 것이 무생물인 물질 조각에 있다고 생각할 수 있는 것인지 여부를 물어보겠다.

이자의 경우 마음의 주의는 전적으로 고통스러운 느낌에게로 향해 있다. 인류의 일상언어를 사용하여 말하면, 이자는 돌에서는 아무것도 느끼지 않지만 머리에서는 격렬한 고통을 느낀다. 그러나 그가 머리를 부드럽게 기둥에 기대는 경우에는 이와 전혀 다르다. 그는 자신이 머리에서는 아무것도 느끼지 않지만 돌에서는 단단함을 느낀다고 말할 것이다. 그는 이 경우 앞서와 마찬가지로 감각을 갖고 있지 않은가? 확실히 그는 감각을 갖고 있다. 그러나 이때의 감각은 돌에 있는 어떤 것을 가리키는 기호로서 자연에 의해 의도된 감각이며 그는 이 의도에 따라 자신의 주의를 기호에 따라 의미된 것에 즉시 고정한다. 그가 감각에 의해 의미되는 단단함과 구분되는 것이 있음을 확신할 수 있을 정도로 감각에 많은 주의를 기울이는 데는 상당한 어려움이 뒤따른다.[4]

그러나 그러한 덧없는 감각에 주의를 기울이는 것이, 그 재빠른 운행을 중단시켜 단단함이라는 외부 성질로부터——감각은 곧잘 이 성질의 그늘 아래로 재빨리 숨어버린다——분리하는 것이 제아무리 어렵다고 해도, 이는 철학자가 노고와 연습을 통해 얻어내야만 하는 것이다. 노고와 연습을 통하지 않고는 철학자는 지금 우리가 논의하고 있는 주제에 관해서 정당한 논증을 펼 수도 없고 심지어 여기서 말한 바를 이해할 수도 없을 것이다. 이러한 성격의 주제에서 우리가 마지막으로 호소할 곳은 각자가 자신의 마음 안에서 느끼고 지각하는 것이어야만 하기 때문이다.

우리가 단단한 물건을 만질 때마다 매번 갖게 되고, 우리가 원할 때마다 가질 수 있고, 원하는 동안만큼 지속시킬 수 있는 하나의 감각이, 그 밖의 감각만큼이나 명확하고 확고한 하나의 감각이 그런데도 그 정체가 잘 알려져 있지 않아서 결코 사유와 반성의 대상으로 된 적이 없었고 어떤 언어에서도 독자적인 이름을 갖는 명예를 누리지 못했다는 점, 그리고 철학자 역시 일반인과 마찬가지로 이 감각을 전혀 무시했거나 아니면 우리가 단단함이라고 부르는 단단함의 감각과는 조금도 닮지 않은 물체의 성질과 혼동했다는 점은 실로 기이한 일이라고 하겠다. 이제 그

---

4) 단단함의 감각이 존재한다는 확신이 들 정도로 단단함의 감각 자체에 주의를 기울이는 것은 대단히 어렵다는 뜻이다.

렇다면 우리는 인간능력에 관한 우리의 지식이 한갓 유아 단계에 있다고 결론 내릴 수 있지 않겠는가? 아직도 우리는 우리가 살아가면서 매 순간 의식하는 마음의 작용에 주의를 기울이는 법을 배우고 있다고? 매우 일찍 획득되어 다른 습관과 마찬가지로 극복하기 어려운 부주의 습관이 있다고? 내가 이렇게 생각하는 이유는 다음 가능성이 있기 때문이다. 즉 촉감각의 신기함은 처음에는 어린아이의 주의를 끌지만 어린아이는 이 감각 자체에서는 아무런 재미도 느끼지 못하여 익숙해지자마자 이 감각을 무시하게 되고 자신의 주의를 이 감각이 의미하는 것에게로만 향하게 되는 것일 수 있다. 마치 우리가 언어를 배우는 중에는 발음에 주의를 기울이지만 일단 언어에 통달하고 나면 표현하고자 하는 것의 의미에만 주의를 기울이는 것처럼 말이다. 만약 이 가능성이 실제 경우라면, 그리고 우리가 철학자이고자 한다면, 우리는 다시금 작은 어린아이처럼 되어야만 한다. 우리는 우리가 생각하기 시작한 이래 힘을 얻어온 이 부주의 습관을——비록 우리가 습관으로부터 얻는 유익함은 철학자가 인간마음의 제1원리를 발견하는 데 겪는 어려움을 일상적 삶에서 보상하는 것이기는 하지만——극복해야만 한다.

소리를 내는 물체의 진동과 내가 듣는 소리가 유사하지 않은 것처럼 물체의 부분들 간의 견고한 응집은 내가 물체가 단단하다고 지각하게 되는 감각과 유사하지 않다. 또 나는 양자 간의 그 어떤 연결도 이성을 통해 지각할 수 없다. 만약 물체 진동이 냄새 감각을 주고 물체의 발산물이 우리 귀에 영향을 미치는 것이 조물주를 기쁘게 하는 일이었다면 왜 이런 일이 일어날 수 없는 것인지에 대한 이유를 댈 수 있는 자는 아무도 없다. 마찬가지로 왜 냄새감각이나 맛감각, 소리감각 등은 우리의 본성상 단단함을 가리키도록 되어 있는 촉감각처럼 단단함을 가리킬 수 없는지에 대한 이유를 댈 수 있는 자는 아무도 없다.

실로 어느 한 감각을 물체의 알려진 어느 한 성질과 닮은 것으로 생각할 수 있는 자는 아무도 없다. 또 제아무리 훌륭한 논증을 동원한다고 해도 만약 물체도 성질도 없었다면 우리의 모든 감각이 지금과는 달랐을 것임을 입증할 수 있는 자는 아무도 없다.

그렇다면 여기서 인간본성의 한 가지 현상이 해명된다. 우리는 물체의 단단함을 자연의 그 어떤 것만큼이나 명확하게 개념화하고 또 그 존재를 확고하게 믿는다. 우리가 이런 개념과 믿음에 도달하는 방도는 단단함과 전혀 닮지 않은 촉감각 말고는 없으며, 또 우리는 그 어떤 추론규칙에 의해서도 촉감각에서 단단함을, 단단함에서 촉감각을 추론해낼 수 없다. 그렇다면 질문은 어떻게 해서 우리는 이런 개념과 믿음에 이르게 되는가 하는 것이다.

첫 번째, 단단함의 개념부터 보면, 우리는 이것을 '감각관념'이라고 불러야 하는가, '반성관념'이라고 불러야 하는가? 후자라고 하지는 못할 것이다. 우리가 그 어떤 감각과도 닮지 않은 것을 감각관념이라고 부르지 않는 이상 전자라고 할 수도 없다. 따라서 우리는 단단함의 관념의 기원을, 우리가 지니고 있는 가장 흔하고 분명한 관념 중 하나인 이 관념의 기원을 현존하는 마음에 관한 그 어떤 이론에서도 발견할 수 없다. 이는 모든 관념을 감각과 반성에서 이끌어내고자 심대한 노력을 기울이는 이론들에서도 마찬가지다.

그러나 두 번째, 이제 단단함의 개념을 얻었다고 가정한다면, 우리는 어떻게 해서 단단함의 믿음을 얻게 되는가? 물체의 단단함이라는 성질이 존재하지 않는다면 단단함의 감각은 느껴질 수 없다는 것이 관념들 간의 비교에서 자명하게 드러나는가? 그렇지 않다. 그러면 이 믿음은 개연적 논증이나 확실한 논증[5]에 의해 증명될 수 있는가? 아니, 그럴 수 없다. 그럼, 우리는 이 믿음을 전통이나 교육, 경험에 의해 획득하는가? 아니, 이 믿음은 이들 방식 중 그 어떤 것에 의해서도 획득되지 않는다. 그럼, 우리는 이 믿음이 이성에 아무런 토대도 갖고 있지 않다고 해서 이 믿음을 버려야 하는가? 천만에! 이 믿음은 우리의 능력을 벗어나 있다. 이 믿음은 이성에 승리를 거두고 철학자의 모든 논증을 비웃는

---

5) '개연적 논증'이란 귀납논증을, '확실한 논증'이란 연역논증을 가리킨다.

다. 심지어 『인간본성론』의 저자도——비록 그는 이 믿음을 가져야 하는 아무런 이유도 발견하지는 못한 채 이 믿음을 반박하는 이유만을 제시했지만——사변적이고 고독한 순간에서조차 이 믿음을 정복하지 못했으며 다른 때[6]는 이 믿음에 깨끗하게 굴복했다. 이 저자는 이 굴복이 자신에게는 불가피한 일이었노라고 고백한다.

그렇다면 이렇게 설명 불가능하고 추적 불가능한 개념과 믿음에 관해 우리는 무어라고 말해야 하는가? 내가 보기에 이제 우리가 해야 할 일은 어떤 하나의 촉감각이 우리 본성의 본래적인 원리에 따라 우리 마음에 단단함의 개념을 시사해주고 단단함의 믿음을 만들어내는 것이라고, 달리 말해서 촉감각은 단단함의 자연기호라고 결론 내리는 것이다. 다음에서 이를 더욱 상세하게 설명하기로 하겠다.

제3절 자연적 기호

인위적 기호의 경우 기호와 기호에 의해 의미된 것 간에 아무런 유사성도, 사물의 본성상 필연적으로 발생하는 아무런 연결도 없는 경우가 종종 있는데, 이는 자연적 기호에서도 마찬가지다. '금'이라는 단어는 이 단어가 의미하는 물질과 아무런 유사성도 없으며 다른 물질 아닌 바로 현재 의미하고 있는 물질을 의미하는 데 본성상 딱히 더 적합한 것도 아니다. 하지만 그럼에도 '금'은 습관과 관습을 통해 현재 의미하고 있는 물질을 시사하며 다른 물질은 시사하지 않는다. 이와 마찬가지 방식으로 어떤 하나의 촉감각은 비록 단단함과는 아무런 유사성도 없고 또 우리가 아는 한에서 아무런 필연적 연결도 없지만 단단함을 시사해준다. 이 두 기호 간의 유일한 차이는 단지 전자에서는 시사가 습관과 관습의 결과인 데 반해 후자에서는 습관의 결과가 아니라 마음의 본래적 본성의 결과라는 점이다.

---

6) 철학적 사색의 시간이 아닌 때, 예를 들어 친구들과 어울리는 때를 말한다.

앞서 언어에 관해 말했던 바에서 다음과 같은 점들이 분명하다. 즉 인위적 기호가 있듯이 자연적 기호도 있다. 예를 들어, 생각이나 의도, 성향을 나타내는 자연적 기호는 얼굴 표정이나 목소리의 억양, 신체의 움직임과 자세다. 만약 이들 기호와 기호에 의해 의미된 것들 간의 연결에 관한 자연적 지식이 없었다면 언어는 결코 인간에 의해 창안될 수도 없었고 정립될 수도 없었을 것이다. '인류의 자연언어'라고 부를 수 있는 바로 이 연결에 모든 기예의 토대가 놓여 있다. 이제 다음에서는 감각과 감각을 통해 의미된 것 간의 관계에 관한 이해를 살펴보고 우리가 외부 사물의 기호를 '감각'이라고 칭함으로써 무엇을 뜻하는지에 관한 이해를 돕기 위해 자연적 기호에 다양한 종류가 있다는 점을 고찰해보고 자연적 기호의 다양한 유형을 지적해보기로 하겠다.

자연적 기호의 첫 번째 유형은 기호와 기호가 의미하는 사물과의 연결이 자연적으로 정립되기는 하지만 경험을 통해서만 발견되는 기호다. 진정한 철학 전체는 바로 이러한 연결을 발견하고 이를 일반규칙으로 환원하는 데 성립한다. 위대한 베룰람 경(卿)[7]은 이를 두고 '자연의 해석'[8]이라고 칭했는데, 그는 자연의 해석이 무엇인지를 완전히 파악하고 있었다. 이제까지 그 누구도 철학이라는 기예의 본성과 토대를 베룰람 경보다 분명하게 이해하거나 적절하게 표현하지 못했다. 우리가 역학과 천문학, 광학에서 알고 있는 모든 것은 자연에 의해 정립되고 경험과 고

---

7) 베룰람 경: 베이컨(Francis Bacon, 1561~1626)의 별칭. 영국의 철학자 겸 정치가로 1584년 23세의 나이로 국회의원이 되었고 제임스 1세 치하에서 '베룰람의 남작'이라는 칭호를 부여받았다. 베이컨의 학문 목표는 스콜라의 문헌 주석적 방법이나 아리스토텔레스의 삼단논법 대신 실험과 관찰에 토대를 둔 귀납법을 제창하는 것이었다. 주저 중 하나인 『노붐 오르가눔』(*Novum Organum*, 1620)의 제목은 아리스토텔레스의 일련의 논리학 저술들이 '오르가눔'이라고 일컬어졌던 데 기인한 것으로 전통적인 학문 방법론으로부터의 단절을 상징한다.
8) 베이컨은 '자연의 추측'과 '자연의 해석'을 구분했다. 전자는 미미한 근거를 바탕으로 한 손쉬운 일반화를 가리키며, 후자는 사물에 대한 다양하고 정확한 정보에 근거하여 내려지는 것으로 손쉽지는 않지만 자연을 분석하는 가장 안정된 방법이다.

찰을 통해 발견되는 이러한 연결, 그리고 이 연결에서 연역되는 결론이 아니었던가? 농학이나 정원학, 화학, 의학의 모든 지식도 동일한 토대 위에 서 있다. 만약 인간마음에 관한 철학이 '과학'이라고 부를 만큼 진전된다면——이는 결코 포기되어서는 안 되는 목표다——이 진전은 사실들을 관찰하고 이 사실들을 일반규칙으로 환원하고 이 일반규칙에서 결론을 올바르게 연역해내는 작업을 통해 이루어질 것임이 틀림없다. 흔히 우리가 자연적 '원인'이라고 부르는 것은 더욱 적합하게는 자연적 '기호'라고 불릴 수 있으며, '결과'라고 부르는 것은 이러한 기호가 의미하는 사물이라고 불릴 수 있다. 우리가 알고 있는 한에서 원인은 고유한 효능이나 인과성은 갖고 있지 않다. 우리가 확실하게 말할 수 있는 전부는 다음이다. 즉 자연은 우리가 '원인'과 '결과'라고 부르는데 사물 간에 항상 성립하는 일정한 연계를 정립했고 인류에게는 이 연결을 고찰하여 그 지속성을 신뢰하면서 지식의 개선과 힘의 증진을 위해 사용하고자 하는 성향을 주었다.

두 번째 유형은 기호와 기호에 의해 의미된 사물 간의 연결이 자연적으로 정립되었을 뿐만 아니라 이 연결이 추론이나 경험 없이 자연적 원리에 의해 발견되는 기호다. 이 종류에 속하는 것 중 하나가 바로 인간의 생각이나 목적, 욕구를 나타내는 자연적 기호다. 이 기호는 앞서 인류의 자연언어로서 언급되었다. 우리는 화난 안색으로 갓난아기를 겁에 질리게 할 수도 있고 미소와 어르기로 달랠 수도 있다. 훌륭한 '음악적 귀'를 갖고 있는 어린아이는 음악의 변조(變調)로써 잠들거나 춤출 수도 있고 즐겁거나 슬프게 될 수도 있다. 예술의 원리나 이른바 세련된 취향의 원리는 모두 다 이 종류의 연결로 분류될 수 있다. 세련된 취향은 추론과 경험을 통해 개선될 수 있다. 그러나 만약 취향의 제1원리가 자연에 의해 우리 마음에 심어져 있지 않다면 세련된 취향은 결코 얻어질 수 없을 것이다. 실로 우리가 자연적 기호를 사용하지 않고 대신 그 자리에 인위적 기호를 대체함으로써 이런 유형의 지식을 상당량 잃어버렸다는 점은 앞서 이미 밝혀졌다.

자연적 기호의 세 번째 유형에는 우리가 결코 이전에는 갖고 있지 않았던 기호에 의해 의미된 사물의 인식과 개념을 일종의 자연적 마술에 의해 시사하거나 환기하는 기호들이 속한다. 이 기호들은 우리에게 기호에 의해 의미된 사물에 관한 개념을 주고 또 그에 관한 믿음을 창조해낸다. 나는 앞서 우리의 감각은 우리에게 하나의 감각하는 존재자 내지 감각이 속한 마음, 즉 비록 감각들은 덧없이 잠시 동안 지속되지만 그 자신은 불변적인 존재를 갖고 있는 존재자, 감각과 마음의 그밖의 작용이 수만 번 바뀌어도 여전히 동일한 존재자, 우리가 의식하고 있거나 기억해낼 수 있는 무수하게 다양한 생각과 의도, 행위, 감정, 즐거움, 고민, 이 모든 것과 동일한 관계를 지니는 존재자를 시사한다는 점을 보여주었다. 마음 개념은 감각관념도 반성관념도 아니다. 이 개념은 우리 감각 중 그 어느 것과도 닮지 않았고 우리가 의식하는 그 어느 것과도 닮지 않았기 때문이다. 마음 개념과 마음의 [존재에 관한] 믿음, 그리고 마음이 우리가 의식하거나 기억하는 모든 것과 유지하는 공통 관계에 관한 개념 등은 우리가 알지 못하는 방식으로 모든 생각하는 존재자에게 시사된다.

물체에 있는 단단함에 관한 개념과 믿음 역시 이와 유사한 방식으로 얻어진다. 즉 단단함의 개념과 단단함의 [존재에 관한] 믿음은 우리가 단단한 물건을 감촉할 때 지니게 되는 감각과 우리 본성의 본래적인 원리를 통해 연계되어 있다. 이 감각은 너무나 자연스럽고 불가피하게 단단함의 개념과 믿음을 전달해주며, 그리하여 여태껏 이 감각은 인간본성의 원리에 관한 가장 예리한 탐구에서조차 단단함의 개념이나 믿음과 혼동되어왔다. 정밀하게 반성해보면 이 감각과 단단함의 개념이나 믿음은 서로 다른 것들일 뿐만 아니라 마치 고통이 칼끝과 닮지 않은 것처럼 전혀 닮지 않은 것들임이 드러나지만 말이다.

자연적 기호의 첫 번째 유형이 참된 철학[9]의 토대이고, 두 번째 유형

9) '참된 철학'(true philosophy)은 흄에게서도 발견되는 용어다. 흄은 이성만으

이 예술 내지 취향의 토대라면, 마지막 세 번째 유형은 상식(common sense), 이제까지 결코 설명된 적이 없었던 인간본성의 일부인 상식의 토대라고 말할 수 있다.

나는 다음을 당연한 사실로 전제한다. 즉 우리의 기억력이 미치는 범위 내에서 보았을 때 단단함의 개념과 믿음은 단단함을 불변적으로 시사하는 개별 감각을 수단으로 최초로 얻어지며, 만약 우리가 이런 감각을 갖지 않았다면 우리는 아무런 단단함의 개념도 갖지 않았을 것이다. 내 생각에 다음도 명백하다. 즉 우리는 감각으로부터의 추론을 통해서는 사물의 존재를 결론으로 가질 수 없으며 사물의 성질에 대해서는 더욱 그러하다. 이 점은 클로인의 주교와 『인간본성론』의 저자가 제시한 논박 불가능한 논증으로 증명된 바이기도 하다. 다음 사실도 명백하다. 즉 외부 존재자에 대한 우리의 감각과 외부 존재자에 대한 우리의 개념이나 믿음이 갖고 있는 이러한 연결은 습관이나 경험, 교육 또는 철학자가 인정해온 그 어떤 인간본성의 원리에 의해서도 산출될 수 없다. 이때 감각과 외부 존재자의 개념이나 믿음이 불변적으로 연결되어 있다는 것 역시 사실이다. 따라서 올바른 추론규칙에 의거하여 우리는 다음과 같은 결론을 내려야 한다. 즉 우리는 이러한 연결을 설명하는 더욱 일반적인 원리를 발견하기 전까지는 이 연결을 우리 본성의 결과이자 인간본성의 본래적 원리로 간주해야 한다.

로 독자적으로 수행되는 반성의 산물로서의 철학은 인간 인식발전의 한 단계에 지나지 않다고 생각했고 이 단계에 머무르는 철학을 '거짓된 철학'(false philosophy)이라고 명명했다. 거짓된 철학은 일상적 믿음에 내재하는 오류를 깨닫는다는 점에서는 일상성을 넘어서지만 인식의 최종 단계는 아니다. 최종 단계인 참된 철학은 인식주체가 모든 믿음의 본성을 깨닫게 됨에 따라 성립한다. 흄에게 참된 철학은 형이상학적 교설의 체계가 아니라 일상적 믿음을 정당화의 시도 없이 그대로 받아들이고자 결의하는 하나의 철학적 태도를 말한다. 흄이 제안한 학문의 토대로서의 '인간학'(Science of Man)은 이러한 참된 철학의 한 양태다. 양선숙의 박사학위 논문 「흄의 회의주의 연구」(서울대학교, 1999), 제4장 참조.

제4절 단단함과 그밖의 제1성질들

더 나아가서 나는 다음을 고찰한다. 즉 우리는 단단함이라는 성질에 대해 다른 그 어떤 성질에 대해서보다 더욱 분명하고 명확한 개념을 갖고 있다. 물체의 부분들에서 힘의 정도 차이를 두고 관찰되는 응집은 비록 그 원인은 완전하게 파악되지 않아도 그 자체는 완전하게 파악된다. 우리는 응집이란 것이 무엇이고 어떻게 촉각에 영향을 미치는가를 알고 있다. 따라서 단단함은 우리가 앞서 주목한 제2성질과는 매우 다른 종류의 성질이다. 우리는 제2성질에 관해 우리에게 모종의 감각을 불러일으키는 데 적합하다는 점 이상을 알지는 못한다. 만약 단단함이 제2성질과 같은 종류의 것이었다면, '물체 안에 있는 단단함이란 무엇인가'는 철학자의 고유한 탐구 주제가 되었을 것이고 그리하여 색이나 뜨거움의 경우처럼 단단함에 관한 다양한 가설이 있게 되었을 것이다.

그러나 분명히 이들 가설은 우스꽝스럽게 보였을 것이다. 만약 누군가가 물체 안에 있는 단단함이란 부분들의 진동이라고 말하거나 단단함이란 우리의 촉각에 영향을 미치는 물체가 방출하는 발산물이라고 말한다면, 이런 가설들은 상식에 충격을 안겨줄 것이다. 우리는 모두 물체의 부분들이 강하게 응집한다면 물체는——발산물을 방출하거나 진동하지 않아도——단단하다는 사실을 알고 있기 때문이다. 그러나 만약 단단함이 촉각에 영향을 미치는 현재의 감각 방식이 조물주를 기쁘게 하는 일인 것과 마찬가지로 이러한 발산물이나 부분들의 진동이 촉각에 영향을 미치는 감각 방식 역시 조물주를 기쁘게 하는 일이었다면 실제로도 그렇게 되었을 것임을 부정할 수 있는 사람은 아무도 없다. 하지만 만약 이들 가설들[10]이 냄새, 맛, 소리, 색, 뜨거움 등과 같은 제2성질을 설명하는 데 적용된다면 아무런 부조리도 발생하지 않는 것처럼 보인다.

제1성질과 제2성질의 구분은 몇 번의 변전을 겪었다. 데모크리토스[11]

---

10) 단단함을 부분들 간의 진동이나 발산물로 환원시키는 학설들을 말한다.

와 에피쿠로스, 그리고 이들의 추종자들은 이 구분을 지지했으며 아리스토텔레스와 소요학파는 이 구분을 없앴다. 그 후 데카르트와 말브랑슈, 로크가 이 구분을 부활시켰는데, 이들은 이 구분을 가장 분명하게 해명했던 사람들로 간주된다. 이에 반해 버클리 주교는 기존 관념론의 지지자조차 설득할 수 있을 게 틀림없는 논증을 제시하여 다시금 이 구분을 배척했다. 그러나 결국 이 구분은 우리 본성의 원리에 그 진정한 토대가 있는 것으로 드러난다.

단단함에 관해 이제까지 말한 바는 단단함의 반대물인 말랑함뿐만 아니라 거침이나 매끈함, 형태나 운동에도 매우 쉽게 적용될 수 있으므로 단순한 반복에 불과할 이러한 적용은 생략해도 무방할 것이다. 이들 모든 성질 각각은 상응하는 촉감각을 수단으로 하여 마음에 실제하는 외부 성질인 것으로 나타나며, 이런 성질에 대한 개념과 믿음은 인간본성의 본래적 원리에 의해 그에 상응하는 감각과 불변적으로 연결되어 있다. 이런 성질의 감각에 따로 이름을 부여하는 언어는 없다. 이런 감각은 일반인만이 아니라 철학자에게도 간과되어왔으며, 설령 조금이라도 주목된 경우라 해도 감각이 시사하는 외부 성질과 혼동되어왔다.

제5절 연장(延長)

더 나아가 고찰컨대, 단단함과 말랑함, 거침과 매끈함, 형태와 운동은 모두 다 연장을 상정한다. 이것들은 연장 없이는 개념화될 수 없다. 하지만 나는 만약 우리가 단단하거나 말랑한 것, 거칠거나 매끈한 것, 형태를 지녔거나 운동하는 것 등을 전혀 감촉하지 않는다면 우리는 결코

---

11) 데모크리토스(Democritos, 기원전 460~기원전 370): 고대 그리스의 원자론자. 로이키푸스의 원자설을 확대시켜 물체의 무한분할 불가능성을 근거로 불가분의 원자 존재를 주장했고, 그 외에 빈 공간의 존재나 운동의 영원성 주장, 제1, 2성질의 구분, 그리고 이에 기초한 인식론과 윤리학은 에피쿠로스에게 계승되어 고대 유물론적 세계관의 형성에 큰 영향을 미쳤다.

연장개념을 가질 수 없을 것이라는 점이 인정되어야 한다고 본다. 따라서 마치 연장개념이 다른 제1성질의 개념보다 먼저 올 수 없다고 믿는 데 훌륭한 근거가 있는 것처럼 연장개념이 다른 제1성질의 개념보다 나중에 올 수 없다는 것 역시 확실하다. 연장개념은 모든 다른 제1성질의 개념 안에 필연적으로 함축된다.

따라서 연장은 앞서 언급된 대로 우리에게 연장 아닌 다른 성질들을 시사해주는 바로 그 감각, 즉 촉감각에 의해 시사되는 성질로 보인다. 손으로 공을 잡을 때 나는 공이 단단하고 형태를 지니고 있고 연장되어 있다는 것을 한꺼번에 지각한다. 이 느낌은 매우 단순하며 물체의 그 어떤 성질과도 전혀 닮지 않았다. 그럼에도 이 감각은 서로 완전히 구분될 뿐만 아니라 감각 자체와도 완전히 구분되는 세 가지 다른 제1성질들을 시사한다. 탁자를 따라 손을 움직일 때 갖게 되는 느낌은 너무나 단순하여 나는 이 느낌을 각기 다른 본성을 지닌 여러 감각으로 분류하기 어렵다는 것을 발견한다. 하지만 이 감각은 단단함과 말랑함, 연장, 움직임 같은 매우 다른 본성을 지닌 것들을 즉시 시사하는데, 이것들은 모두 이것들을 시사해주는 촉감각만큼이나 선명하게 구분되어 이해된다.

흔히들 철학자는 이렇게 말한다. 물체의 한계선을 따라 감촉함으로써 우리는 연장관념을 얻는다고. 마치 이러한 식으로 연장관념을 얻는 데 전혀 아무런 어려움이 없는 듯이 말이다. 하지만 고백건대 나는 어떻게 연장관념이 촉각을 통해 얻어질 수 있는지를 알아내려고 무던히도 노력을 기울였지만 모두 다 수포로 끝나고 말았다. 물론 연장개념은 우리가 갖고 있는 가장 명료하고 선명한 개념 중 하나다. 인간지성이 그토록 긴 분량의 일련의 논증적인 추론을 진행할 수 있는 대상은 연장개념밖에 없다.

우리는 연장개념이란 갓난아이였을 때부터 우리와 너무나 친숙한 개념이고 우리가 보고 느끼는 모든 것에 너무나 늘 침투해 있는 것이어서 연장개념이 어떻게 우리 마음에 들어오는지가 분명하다고 생각하기 쉽다. 그러나 찬찬히 검토해보면, 우리는 연장개념의 기원이 전혀 설명될 수 없다는 사실을 발견한다. 우리에게 매 순간 연장을 마음에 나타내는 느낌이 있다는 것은 맞는 말이지만 이 느낌이 어떻게 해서 이런 것인지는 실로 의문이다. 이런 느낌은 연장과 닮지 않았는데, 이는 마치 이 느낌이 정의나 용기를 닮지 않은 것과 마찬가지다. 또 연장된 사물의 존재 역시 이 감각으로부터는 그 어떤 추론 규칙을 통해서도 추론될 수 없다. 결국 우리는 촉각을 통해 갖는 느낌을 동원해서는 어떻게 하여 우리가 연장개념을 얻고 연장된 사물의 존재에 관한 믿음을 갖게 되는지를 설명할 수 없다.

이 문제에 관해 철학자들을 기만했던 것은 아무런 이름도 갖고 있지도 못하고 반성되어본 적도 없었는데 제1성질을 시사하는 촉각의 느낌이다. 이 느낌은 순간적으로 마음을 통과한다. 이 느낌은 우리의 본성상 이 느낌과 연결되어 있는 외부 사물에 관한 개념과 믿음을 우리에게 전달해주는 데만 봉사한다. 이 느낌은 자연적 기호며, 마음은 이 기호에 대해서는 전혀 반성하지 않거나 이런 기호가 있다는 사실을 고찰해보지 않고서 이 기호에 의해 의미된 것에게로 곧바로 나아간다. 그리하여 다음을 당연시하는 일이 발생한다. 즉 소리나 냄새의 감각이 귀와 코를 통해 마음에 들어오는 것과 같이 연장관념과 형태관념, 운동관념은 촉각을 통해 마음에 들어오는 감각관념이라는 것이다. 우리의 본성상 촉감각은 연장개념과 형태개념, 운동개념과 연결되어 있고 그 결과 철학자들은 촉감각과 이들 개념들을 혼동하여 이것들이 서로 구분될 뿐만 아니라 전혀 닮지 않다는 사실을 식별해낼 수 없었던 것이다. 하지만 만약 우리가 이 주제에 관해 명확하게 추론하고자 한다면, 우리는 촉각의 이 느낌에 독자적인 이름을 주어야 하고 이 느낌에 주의를 기울이고 반성하는 데 익숙해져야만 한다. 그렇게 되면 우리는 촉각의 느낌을 이 느낌에 의해 의미되거나 시사되는 성질과 분리하여 느낌과 성질, 이 둘을 상호 비교할 수 있게 될 것이다.

이런 반성의 습관은 노고와 연습 없이는 획득되지 않으며, 우리는 이 습관을 획득하기 전까지는 이 주제에 관해 명확하게 생각하고 옳게 판단할 수 없을 것이다.

누군가가 한 손으로 탁자를 누른다고 하자. 그는 탁자가 단단하다고 느낀다——이 명제의 의미는 무엇인가? 의심할 바 없이 그가 어떤 하나의 촉각의 느낌을 갖고 있다는 것, 그리고 그가 이로부터 아무런 추론이나 관념들 간의 비교 없이 외부의 어떤 것, 그 모든 부분이 서로 굳게 붙어 있어서 상당한 힘이 가해지지 않고는 부분들의 위치 이동이 불가능한 어떤 것이 실제로 존재한다고 결론짓는다는 것이다.

여기 하나의 느낌이 있고, 이 느낌으로부터 이끌어지거나 이 느낌에 의해 모종의 방식으로 시사되는 하나의 결론이 있다. 이 둘을 비교하기를 원한다면 우리는 이것들을 서로 분리해낸 다음 이것들이 어떤 끈으로 연결되어 있었으며 어떤 점에서 닮았는지를 고려해야 한다. 지금 탁자의 단단함이 이러한 결론이고 느낌이 우리를 이 결론으로 이끄는 매개물이다. 누군가가 이 매개물과 이 결론 각각에 따로따로 주의를 기울인다고 해보자. 그는 이 둘이 마치 자연적으로 생겨난 두 개의 사물이 유사하지 않은 만큼이나 유사하지 않다는 사실을 깨달을 것이다. 하나는 마음의 감각이다. 이 감각은 감각하는 존재자 말고는 다른 존재자 안에서는 존재할 수 없으며, 느껴지는 시간보다 한순간이라도 더 길게 존재할 수 없다. 다른 하나는 탁자에 있다. 우리는 이것이 우리가 이것을 느끼기 전에도 탁자에 있었고 우리의 느낌이 지나간 후에도 계속 있을 것이라고 결론짓는 데 아무런 어려움도 없다. 하나는 아무런 연장도 부분도 응집도 함축하지 않으며, 다른 하나는 이것들을 모두 함축한다. 실로 양자 모두는 정도의 차이를 허용한다. 하지만 일정 정도를 넘어선 느낌은 일종의 고통인 데 반해 단단함은 비록 금강석과 같은 정도라고 해도 아무런 고통도 함축하지 않는다.[12]

촉각의 느낌이 단단함과 조금도 유사하지 않다면, 우리의 이성은 이

---

12) 앞서의 예를 들어보면, 머리를 세게 기둥에 부딪히는 경우 발생하는 강렬한 감각은 고통이다. 하지만 물건의 단단한 성질은 아무리 그 단단함의 정도가 높다 해도 고통은 아니다. 물질적인 사물은 어떤 감각도 느낄 수 없다.

둘 간의 어떤 끈이나 연결도 일절 지각할 수 없다. 제아무리 논리학자라 해도 왜 우리가 이 느낌으로부터 말랑함이 아닌, 그 어떤 다른 성질이 아닌 단단함을 결론지어야 하는 것인지에 대해서는 아무런 이유도 대지 못할 것이다. 실상 그 본성상 모든 인류는 이 감각으로부터 단단함을 결론짓도록 이끌어지지만 말이다.

뜨거움의 감각이나 딱딱한 물건을 누를 때 우리가 갖게 되는 감각이나 모두 똑같은 느낌들이다. 단지 추론을 통해서라면 우리는 이들 중 하나에서 이끌어낼 수 있는 결론을 다른 나머지에서도 얼마든지 이끌어낼 수 있다. 그러나 본성상 우리는 전자에서는 불분명하거나 비밀스러운 성질——우리가 이 성질에 관해 갖고 있는 것은 다만 이 성질은 우리 안에 뜨거움의 감각을 불러일으키는 데 적합하다는 상대적인 개념뿐이다——을 결론짓고, 후자에서는 우리가 명료하고 선명한 개념을 갖는 성질, 즉 물체의 단단함을 결론짓는다.

제6절 앞 주제의 계속

이 문제를 달리 조명하는 적절한 방법은 연장, 형태, 운동, 공간 등의 개념을 감각만으로 얻을 수 있는지 여부를 시험해보는 것이다. 나는 다음을 당연한 사실로 간주하겠다. 즉 눈먼 사람 역시 그렇지 않은 사람이 갖고 있는 것과 동일한 연장개념과 형태개념, 운동개념을 갖고 있다. 예를 들어, 손더슨 박사는 뉴턴 경이 갖고 있는 것과 동일한 원추형 개념과 실린더 개념, 구개념, 천체 운동개념, 거리개념을 갖고 있었다.

따라서 이들 개념들을 획득하는 데 시각은 필요치 않으므로 이 개념들의 최초 기원에 대한 탐구에서 시각은 전혀 논외로 치기로 하자. 우리는 다음을 가정할 것이다. 어떤 눈먼 이가 이상한 병에 걸려 그만 촉각을 통해 얻은 모든 경험과 습관, 개념을 잃어버렸다고 하자. 그는 자신의 신체나 그밖의 물체에 관한 존재개념과 형태개념, 크기개념, 연장개념은 전혀 갖고 있지 않다. 그러나 감각능력과 추론능력은 온전하게 남아 있으며, 그가 외부 사물에 관해 갖는 모든 지식은 이 능력들을 수단으로 하여 새로이 얻어진 것이다.

첫 번째, 이자의 신체가 한 장소에 움직일 수 없게 고정되어 있으며 우리가 그의 신체에 다른 물체를 갖다 댔을 때 그는 촉각의 느낌만을 가질 수 있다고 가정해보자. 먼저 그는 핀으로 찔린다. 의심할 바 없이 이 일로 해서 그에게는 쑤시는 감각이 있을 것이다. 다시 말해 그는 고통을 느낀다. 그러나 그가 이 고통에서 무엇을 추론할 수 있는가? 확실히 그는 핀의 존재나 형태에 관해서는 아무것도 추론할 수 없다. 그는 이러한 종류의 고통으로부터는 아무것도 추론할 수 없다. 이는 마치 그가 통풍이나 좌골신경통에서 아무것도 추론할 수 없는 것과 마찬가지다. 상식은 그로 하여금 이 고통은 원인을 갖고 있다고 생각하게끔 이끌 것이다. 그러나 그는 지금 그가 갖고 있다고 가정되는 그 어떤 원리에 의거해서도 이 원인이 신체인지 정신인지, 연장되어 있는 것인지 연장되어 있지 않은 것인지, 형태를 지닌 것인지 아닌 것인지에 대해서는 전혀 아무것도 추정할 수 없다. 만약 그가 사전에 물체개념이나 연장개념을 갖고 있지 않다면, 핀으로 찌르기는 그에게 아무런 개념도 줄 수 없다.

이번에는 끝이 뾰족하지 않은 뭉툭한 물체를 이자의 신체에 갖다 대고 점차 세게 눌러 마침내 그의 피부가 상할 지경에까지 이르게 되었다고 가정해보자. 이때 그가 얻는 것은 앞서의 경우와 마찬가지로 아무런 결론도 이끌어낼 수 없는 또 다른 하나의 감각이나 일련의 감각들 말고는 아무것도 없다. 신체 내부의 경화종(硬化腫)이 근처 조직을 압박하는 것도 신체 표면을 압박하는 것과 동일한 종류의 감각을 줄 수는 있겠지만 이 압박 역시 연장과는 전혀 닮지 않은 고통개념 말고는 다른 어떤 개념도 전달해주지 않는다.

세 번째로 앞서의 경우와 동일한 물체를 이자의 신체 일부에 갖다 댄다고 가정하자. 물론 이때 신체 일부는 일정 크기를 지니고 있다. 하지만 이 일이 이자에게 물체의 연장개념이나 크기개념을 줄 수 있겠는가? 내가 보기에 이는 불가능하다. 만약 그가 자신의 신체 크기개념과 형태

개념을 이미 갖고 있어서 이것들을 크기를 재는 척도로 삼지 않는 이상 그가 이 일로 인해 연장개념이나 크기개념을 갖게 되기는 불가능하다. 두 손으로 물건의 경계선을 감촉할 때 만약 내가 두 손이 30센티미터 거리쯤 떨어져 있다는 사실을 알고 있다면 나는 물건은 30센티미터라고 쉽게 결론 내릴 것이다. 만약 두 손이 150센티미터 거리쯤 떨어져 있다는 사실을 알고 있다면, 나는 물건이 150센티미터라고 결론 내릴 것이다. 그러나 만약 손들 간의 거리가 얼마인지 모른다면, 나는 손들이 잡고 있는 대상의 길이를 알지 못할 것이고, 만약 사전에 손에 관한 개념을 전혀 갖고 있지 않거나 손들 간의 거리 개념을 갖고 있지 않다면, 손이 물체에 닿아도 이런 개념들을 얻을 수 없을 것이다.

이제 어떤 물체가 이자의 손과 얼굴을 따라서 끌어지고 있고 그의 손과 얼굴은 가만히 있다고 가정해보자. 이 일이 그에게 공간개념이나 운동개념을 줄 수 있는가? 이 일이 그에게 어떤 새로운 느낌을 줄 것이라는 데는 의심의 여지가 없다. 그러나 어떻게 해서 이 일로 인해 사전에 공간개념이나 운동개념을 갖고 있지 않았던 자가 이들 개념들을 전달받을 수 있을지는 나로서는 도시 감이 안 잡힌다. 혈액은 동맥과 정맥을 따라 운동하며 이 운동은 격렬한 경우 우리에 의해 느껴진다. 그러나 그 누군가가 이 느낌을 통해 공간개념이나 운동개념을 얻을 수 있다는 것은, 만약 그가 사전에 공간개념이나 운동개념을 갖지 않았다면, 나로서는 상상할 수 없는 일이다. 혈액 운동은 마치 산통(疝痛)[13]처럼 일련의 연속된 느낌들을 줄 수는 있겠지만 이 느낌 중 그 어떤 것도 느낌들의 그 어떤 연합체도 공간이나 운동과 닮을 수는 없다.

다음으로 이자가 머리나 손을 흔들려는 본능적인 노력을 하지만 외부 저항이나 신체 마비로 인해 아무런 운동도 일어나지 않는다고 가정해보자. 과연 사전에 공간개념이나 운동개념을 갖고 있지 않았던 자가 이러한 노력으로 이런 개념들을 가질 수 있는가? 확실히 그럴 수 없다.

---

13) 산통(colic): 복부 통증으로 주기적으로 나타나는 경우가 많다.

마지막으로 이자가 공간개념이나 운동개념을 사전에 갖고 있지 않으면서 본능적으로 사지를 움직인다고 해보자. 이 경우 그는 관절 굴신(屈伸)과 근육 팽창에 동반하는 새로운 감각을 얻는다. 그러나 어떻게 해서 이 감각이 그의 마음에 공간개념과 운동개념을 전달할 수 있는지는 여전히 전적으로 신비롭고 불가해한 일이다. 심장 운동과 폐 운동 모두 다 근육 수축을 통해 수행되지만 이런 운동들은 아무런 공간개념도 운동개념도 주지 못한다. 자궁 내 태아도 이런 운동들은 빈번히 행한다. 태아는 운동에 동반하는 느낌도 가질 것이다. 하지만 태아는 아무런 공간개념도 운동개념도 갖고 있지 않을 것이다.

결국 다음이 드러난다. 철학자들은 외부 존재자에 대해 우리가 갖고 있는 개념, 즉 공간이나 운동, 연장 등 물체의 제1성질——우리는 제1성질에 관해 가장 명료하고 선명한 개념을 지니고 있다——의 개념의 기원을 감각에서 이끌어낸다고 자칭함으로써 스스로를 기만해왔고 우리를 기만해왔다. 제1성질은 이제까지 개진되어왔던 인간능력에 관한 그 어떤 학설과도 전혀 들어맞지 않는다. 제1성질은 우리 마음의 그 어떤 감각이나 작용과도 닮지 않았고 따라서 감각관념이거나 반성관념일 수 없다. 제1성질의 개념은 지성에 관한 우리의 모든 철학이론이 주장하는 원리와 조화될 수 없으며, 제1성질에 관한 믿음 역시 그러하다.

제7절 물질세계의 존재

언제 어떤 이치에 따라 우리가 제1성질에 관한 개념들을 얻게 되는가를 말하는 것은 우리의 능력을 넘어서는 일이다. 기억과 반성이 데려가는 대로 과거로 되돌아가서 마음의 작용을 추적해보면, 우리는 제1성질의 개념들이 이미 우리의 상상과 믿음을 지배하고 있고 마음은 이미 제1성질의 개념들에 익숙해 있다는 점을 발견한다. 그러나 마음이 어떻게 해서 맨 처음 이들 개념을 획득하게 되고 무엇이 이 개념들로 하여금 우리의 믿음을 그토록 강하게 장악하도록 만드는 것인지, 이 개념들은 우리에게 어떤 존경을 받아 마땅한 것인지 등이 인간본성에 관한 철학의 주요 문제라는 데는 의심의 여지가 없다.

과연 그렇다면, 우리는 클로인의 주교 편을 들어 관념론의 법령을 근거로 삼아 제1성질의 개념들에게 심문영장[14]을 발부해야 하는가? 그리하여 이 개념들을 철학의 법정에서 심리해야 하는가? 실로 이 개념들은 이런 심리(審理)에서 처량하기 짝이 없는 신세로 전락했던 것으로 보인다. 물론 이들에게는 데카르트나 말브랑슈, 로크와 같이 법에 정통한 매우 유능한 변호인단이 있었고 변호인단은 고객을 위해 할 수 있는 모든 것을 법정에서 주장했다. 하지만 이들이야말로 이단의 조력자이자 교사자라고 믿었던 클로인의 주교는 기세 좋게 이들을 기소했다. 그는 모든 변론 사항을 남김없이 반박했고, 그리하여 가장 고매한 변호인단을— 지난 반세기 동안 모든 논박을 사절했던 것으로 보아 이들 변호인단은 스스로의 변론의 힘을 믿는 대신 배심원의 호의를 믿었던 것 같다— 침묵에 잠기게 했다.

결국 철학의 지혜는 인류의 상식에 대립되는 것으로 정립된다. 철학의 지혜는 자신이 다음과 같은 것을 선험적으로 논증[15]한다고 자부한다. 즉 물질세계와 같은 것은 있을 수 없으며, 해와 달과 별과 지구와 동식물은 마음 안에 있는 감각이나 기억과 상상에 있으며 감각의 이미지 이외의 다른 것일 수 없으며, 이 이미지는 고통이나 기쁨과 매한가지로 생각되지 않는 때는 존재할 수 없다. 하지만 상식은 철학자의 이런 견해를 형이상학적 광기라고밖에는 달리 생각할 수 없다. 상식은 이런 결론을 내린다. 지나친 학식은 사람을 미치게 만든다. 이런 믿음을 진지하게 향유하는 자는 마치 자신이 유리로 만들어졌다고 믿는 사람이 능히 그

---

14) 심문영장(Quo Warranto): 특별영장의 일종. 직권남용이나 특권남용의 혐의가 있는 개인이나 법인을 상대로 어떤 권리나 권위에 근거해서 공무를 집행하고 특권을 부여했는지를 해명하기를 요구하는 영장이다.

15) '선험적으로'(a priori) 행해지는 논증이란 경험사실에 대한 조회 없이 행해지는 연역논증을 뜻한다.

럴 수 있듯 다른 점에서는 매우 훌륭한 사람일 것이다. 하지만 이자의 머리는 부분적으로 손상되었다. 확실히 이자는 지나친 사색 때문에 고통받고 있다.

철학과 상식 간의 이러한 대립은 철학자 자신에게 매우 불행한 결과를 낳기 쉽다. 철학자는 인간본성을 기이하고 비우호적이며 굴욕적인 시각에서 본다. 철학자는 자신을 위시하여 같은 종에 속하는 나머지 모든 이가 무수한 부조리와 모순을 믿을 수밖에 없게끔 태어났고 단지 이 불행한 사태를 발견하는 데 충분할 정도의 변변치 않은 이성만을 부여받은 채 태어났다고 생각한다. 이것이 철학자의 심오한 사변이 맺는 열매의 전부다.

만약 이런 것을 두고 지혜라고 한다면, 나는 차라리 일반인과 함께 기만당하는 편을 택하겠다. 나는 나 자신 안에서 이런 지혜에 반발하면서 인간 종에 관하여, 우주의 섭정(攝政)[16]에 관하여 좀더 경건한 견해를 고취하는 무엇인가를 발견한다. 상식과 이성은 모두 다 동일한 저자, 전능한 저자를 갖고 있다. 이 저자의 그밖의 모든 작품에서 우리는 우리의 지성을 매혹시키고 기쁘게 하는 일관성과 균일성과 아름다움을 발견한다. 따라서 그의 솜씨로 만들어진 다른 작품에서처럼 인간능력에도 질서와 일관성이 있을 것임이 틀림없다. 자신이 속한 종을 경건하게 생각하고 참된 지혜와 철학을 존경하는 이라면, 그처럼 기이하고 궤변적인 의견에는 호감을 갖지 않을뿐더러 실로 매우 의심쩍게 생각할 것이다. 그러한 의견은 만약 거짓이라면 철학에 불명예를 가하는 것이 될 터이고, 만약 참이라면 인간 종의 품위는 격하되어 우리가 스스로의 본성을 부끄러워한다 해도 부당한 일이 아니게 될 터다.

대체 무슨 의도로 철학은 현안에서나 다른 문제에서 상식에 반하는 판정을 내리는 것인가? 물질세계에 대한 믿음은 철학의 그 어떤 원리보

---

16) '우주의 섭정'(universal administration)이란 조물주가 행하는 보편적 지배를 뜻한다.

다도 더 오래되고 많은 권위를 지니고 있다. 이 믿음은 이성의 법정을 사절하고 논리학자의 모든 포술(砲術)을 비웃는다. 이 믿음은 철학의 모든 포고령에도 불구하고 스스로의 최고 권위를 견지한다. 이성은 이 믿음이 내리는 명령에 몸을 굽혀야만 한다. 심지어 우리가 지니고 있는 것처럼 외부 물질세계에 관한 개념들의 권위를 인정치 않는 철학자들[17]조차 자신들이 이들 개념이 지닌 힘에 불가피하게 복종하노라고 고백한다.

따라서 내 생각에는 불가피성을 미덕으로 삼는 편이 더 나을 것 같다.[18] 우리는 외부 세계에 관한 일반인의 개념과 믿음을 제거할 수는 없다. 따라서 우리로서는 우리의 이성을 일반인의 개념이나 믿음과 가능한 한 최대로 화해시키는 편이 더 나을 것이다. 이유인즉, 이성은 상식이라는 멍에 때문에 고민하고 끙끙 앓지만 이 상식이라는 멍에를 벗어던질 수는 없기 때문이다. 만약 철학이 상식의 하녀가 될 수 없다면 철학은 상식의 노예가 되어야 한다.

따라서 이 문제에서 이성과 상식을 화해시키기 위해 나는 철학자에게 다음 두 가지를 고려할 것을 제안한다. 첫 번째, 물질세계의 존재에 관한 이 모든 논쟁에서 양편 모두 당연한 가설로 간주해왔던 것이 있다. 즉 물질세계는, 도대체 물질세계란 것이 존재한다면, 감각의 정확한 이미지이고, 우리는 마음 안에 있는 감각과 유사하지 않은 물질적 사물에 관한 아무런 개념도 가질 수 없으며, 특히 촉감각은 연장이나 단단함, 형태, 운동 등의 이미지라는 것이다. 클로인의 주교가 제시한 것이든 『인간본성론』의 저자가 제시한 것이든 간에 물질세계의 존재에 반대하여 제시된 모든 논증은 바로 이러한 가설을 전제했다. 만약 이 가설이 참이라면 이들의 논증은 결정적이고 논파될 수 없는 것이지만, 다른 한

---

17) 흄과 버클리를 가리킨다.
18) "불가피성을 미덕으로 삼는다"(make a virtue of necessity)는 것은 해야 할 일을 불평 없이 행하면서 불만족한 상황을 참는다는 뜻이다. 리드는 우리가 외부 세계 존재에 관한 믿음을 불가피하게 가질 수밖에 없는 상황이라면 이 믿음을 인정하는 편이 부질없이 거부하려 드는 것보다 더 낫다고 말한다.

편 만약 이 가설이 참이 아니라면 이들의 논증은 전혀 아무것도 아닌 것이 되고 만다. 그렇다면 이들 철학자들은 이 가설에 관한 그 어떤 견고한 증명이라도 제시했던 것인가? 그토록 이상한 학설의 무게 전체가 실려 있는 이 가설에 관한 증명을? 아니, 그들은 제시하지 않았다. 이들은 이 가설을 증명하려는 시도조차 하지 않았다. 이들은 고·현대의 철학자들이 이 가설에 관해 의견이 일치해왔다는 이유로 이 가설을 당연한 사실로 간주했다.

그러나 권위에 의존하는 것은 철학자에게는 걸맞지 않는 일, 권위 따위는 제쳐놓기로 하자. 고통과 〔이 고통을 야기하는〕 칼날의 끝이 유사한지의 여부를 아리스토텔레스와 로크에게 문의할 필요는 없다. 나는 칼날의 끝에 관한 개념만큼이나 분명한 연장개념이나 단단함의 개념, 운동개념을 갖고 있다. 노력과 연습을 통해 나는 고통에 관한 개념만큼이나 분명한 개념을 촉감각에 관해서도 갖고 있다. 이제 내가 연장개념이나 단단함의 개념, 운동개념 등을 촉감각과 비교하면, 전자는 후자와 아무런 친족관계도 갖고 있지 않으며 모든 면에서 후자를 닮지 않았다는 점이 내게는 한낮의 태양만큼이나 분명하게 드러난다. 이것들이 확실하고도 명백하게 서로 유사하지 않기는 마치 고통이 칼날의 끝과 유사하지 않은 것과 같다. 아마 촉감각을 통해 우리가 물질세계와 맨 처음 대면하게 된다는 것은 참일 터이고 물질세계가 촉감각을 동반하지 않고는 거의, 아니 결코 드러나지 않는다는 것 역시 참일 터다. 그러나 그럼에도 불구하고 연장개념이나 단단함의 개념, 운동개념이 촉감각과 서로 유사하지 않기는 마치 분노의 정념이 분노의 정념에 수반하는 얼굴 표정과 유사하지 않은 것과 같다.

따라서 이들 철학자들이 물질세계에 대해 내린 판결에는 피고 지정에서의 잘못[19]이 있다. 이들의 증명은 물질이나 물질의 성질에 대해서는

---

19) 피고 지정에서의 잘못(error personae): 소송에서 피고인을 잘못 지정하는 것을 말한다.

전혀 건드리지 않는다. 이들의 증명은 순전히 자신들의 상상이 만들어낸 우상에 대해서만, 한번도 존재했던 적도 없고 존재할 수도 없는 세계인 관념과 감각으로 만들어진 물질세계에 대해서만 타격을 가할 뿐이다.

두 번째, 연장개념이나 형태개념, 운동개념의 존재야말로 물질세계를 심리하고 탄핵했던 관념론 전체를 전복시킨다. 이 개념들은 감각관념도 반성관념도 아니기 때문이다. 따라서 이 판결에는 법리상의 잘못[20]도 있었다.

다음은 로크의 매우 훌륭하고도 정당한 고찰이다. 인간의 기예로는 단 하나의 물질 입자도 창조해낼 수 없으며, 우리가 물질세계에 대해 행사하는 힘이란 것이 기껏해야 우리 손에 들어오는 물질을 복합하고 연합하고 분리하는 것이듯 사유의 세계에서도 모든 질료는 자연에 의해 만들어지는 것이며, 우리가 할 수 있는 일이라고는 질료를 다양하게 연합하고 분리하는 것에 불과하다. 따라서 이성을 통해서든 편견을 통해서든 간에, 참된 철학을 통해서든 거짓된 철학을 통해서든 간에, 자연의 작품도 아니고 우리 본성의 결과물도 아닌 단순 인식이나 단순 개념은 단 하나도 산출될 수 없다. 연장개념이나 운동개념, 물질의 그밖의 속성에 관한 개념이 오류나 편견에서 온 것일 수 없으며 이 개념들은 자연의 작품임이 틀림없다. 또 우리가 이 개념들을 획득하는 능력은 이제까지 설명되어온 인간마음의 그 어떤 능력과도 다른 것임이 틀림없다. 이 능력은 감각도 반성도 아니기 때문이다.

그리하여 나는 관념론이 유지되어야 하는지 붕괴되어야 하는지를 판가름할 십자가의 시험[21]을 겸허하게 제안한다. 이 시험은 사안을 더욱

---

20) 법리상의 잘못(error juris): 말 그대로 법률 해석을 잘못하거나 하여 법적용을 잘못한 것을 뜻한다. 여기서는 모든 유의미한 개념은 감각이나 반성에서 온 것이라는 관념론의 주장 자체가 잘못되었다는 뜻이다. 리드가 보기에 연장개념이나 형태개념, 운동개념은 유의미한 것임에도 감각관념도 아니고 반성관념도 아니다.

21) 십자가의 시험(experimetum crucis): 아무런 이의도 제기할 수 없을 정도로 결정적인 시험을 가리킨다.

간결하게 할 것인데, 시험 대상으로 연장이나 형태, 운동 중 하나가 취해질 수도 있고 이것들 전부가 취해질 수도 있다. 시험의 내용은 연장이나 형태, 운동은 감각관념이거나 감각관념이 아니다. 만약 이것 중 그 어떤 것이라도 감각관념임이 입증될 수 있거나 감각과 조금이라도 닮았다는 것이 입증될 수 있다면, 나는 더 이상 왈가왈부하지 않을 것이다. 나는 현 사안에서 이성을 상식과 화해시키겠다는 모든 공언을 포기할 것이고 관념론적인 회의주의가 거두는 승리를 감내할 것이다. 하지만 반대로 만약 연장이나 형태, 운동이 감각관념이 아니라면, 이것들이 그 어떤 감각과도 유사하지 않다면, 관념론은 사상누각임이 밝혀질 것이다. 또 그렇게 되면 물질세계에 대항하고 인상과 관념 이외의 것이 존재한다는 사실에 대항하는 모든 무리한 회의적인 철학 논증은 거짓된 가설을 전제로 하여 진행되는 것이라는 사실 역시 밝혀질 것이다.

만약 마음에 관한 우리의 철학[22]이 가장 분명하고 단순하고 친숙한 사유 대상에 관해 우리가 갖고 있는 개념의 기원에 대해서나 이러한 개념이 이끌어지는 능력에 대해서 이토록 결함 있는 것이라면, 과연 우리는 이 철학이 우리의 의견과 믿음의 기원에 관해 제공하는 설명에서는 완전하기를 기대할 수 있겠는가? 이 점과 관련하여 우리는 이미 우리의 철학이 불완전하다는 것을 입증하는 몇 가지 사례를 보았다. 아마도 감각이나 마음의 작용과 전혀 유사하지 않은 것들에 관해 생각할 수 있는 힘을 우리에게 준 자연은 이러한 것들에 관한 믿음 역시 마련해주었을 것이다. 그리고 이는 이제까지는 설명되어본 적이 없는 우리 본성의 어떤 부분을 통해서였을 것이다.

버클리 주교는 우리가 추론을 통해서는 감각으로부터 물질존재를 도출할 수 없음을 논박의 여지없이 증명했다. 또 『인간본성론』의 저자는 우리가 추론을 통해서는 감각들로부터 우리 자신의 존재나 다른 마음의 존재를 이끌어낼 수 없다는 것을 이에 못지않게 분명히 증명했다. 그러

---

22) 관념론을 말한다.

나 그렇다면 우리는 추론을 통해 증명될 수 없는 것은 허용할 수 없는 것인가? 허용할 수 없는 것이라면, 우리는 실로 회의주의자여야 하고 전혀 아무것도 믿지 않아야 한다. 『인간본성론』의 저자는 내게는 단지 절반쯤의 회의주의자로 보일 뿐이다. 그는 자신의 원리가 이끄는 만큼 그렇게 멀리까지는 나아가지 않았다. 비할 바 없이 대담하고 성공적으로 일반인의 편견들과 일대 접전을 치르고 난 후 이제 가격할 단 하나의 상대만을 남겨놓은 상태에서 그의 용기는 그를 배반한다. 그는 깨끗하게 무장해제를 하고는 스스로를 일반인이 지닌 모든 편견 중 가장 상식적인 편견, 즉 인상과 관념이 존재한다는 믿음의 포로로 내어주고 만다.

그리하여 나는 회의론에 무엇인가를 덧붙일 수 있는 명예를 간청한다. 내 생각에 회의론은 이것 없이는 아귀가 들어맞을 수 없다. 단언컨대, 인상과 관념의 존재에 관한 믿음은 마음과 물체의 존재에 관한 믿음과 마찬가지로 이성을 통해서는 거의 지지되지 못한다. 그 누구도 인상과 관념의 존재에 대한 믿음에 근거를 주지 않았으며 줄 수도 없었다. 데카르트는 자신이 생각하고 있으며 감각과 관념을 갖고 있다는 것을 당연한 사실로 간주했다. 그의 모든 추종자 역시 마찬가지였다. 심지어 회의주의의 저 영웅조차도 이 사실을, 감히 말하건대, 무기력하고도 경솔하게 인정했다. 내가 이렇게 말하는 이유는 확신컨대 그의 철학의 그 어떤 원리도 이러한 양보를 강요하지는 않기 때문이다. 모든 것을 정복해버리는 철학이 인상과 관념에 있는 무엇이 그토록 무서워서 그밖의 존재자에 대해 승리를 거둔 후 이런 것들에 경의를 표하는 것인가? 더욱이 이 양보는 위험하다. 믿음이란 만약 당신이 조금이라도 뿌리를 남겨두면 뻗어나가려고 하기 때문이다. "인상과 관념의 존재를 당신에게 넘겨주노라. 그러나 당신은 더 이상 아무것도 공언하지 못하리라"라고 말하는 것보다는 "그대는 여기까지 올 수 있었으나 더 이상은 못 가노라"라고 말하는 것이 믿음의 걸음걸이를 더욱 쉽게 완전히 멈추게 하는 방법이다. 따라서 철두철미하고 일관적인 회의주의자라면 결코 인상과 관념의 존재를 양보하지 않을 것이다. 그가 이 존재를 손에 쥐고 양보하지 않는 한 당신은 그에게 다른 것을 인정하라고 강요할 수 없다.

　이런 식의 회의주의자라면 나로서 달리 할 말은 없다. 그러나 나는 청컨대 절반쯤의 회의주의자들에 대해서는 왜 그들이 인상과 관념의 존재를 믿는지 알고 싶다. 내가 보기에 그들이 이 존재를 믿는 진정한 이유는 그들로서는 그렇게 믿을 수밖에 없기 때문이다. 이자들은 같은 이유로 해서 다른 많은 것 역시 믿게끔 이끌어질 것이다.

　모든 추론은 제1원리들로부터 이끌어져 나와야만 한다. 또 제1원리들을 옹호할 수 있는 유일한 근거는 우리는 본성상 불가피하게 제1원리에 주의를 기울이도록 되어 있다는 것뿐이다. 제1원리들은 사유능력 못지않게 우리 본성의 일부를 차지한다. 이성은 제1원리들을 만들어내거나 파괴할 수 없으며 제1원리들 없이는 아무것도 할 수 없다. 이성은 망원경과 유사하다. 망원경은 눈을 지닌 인간을 도와 더 멀리 보게 할 수는 있지만 눈이 없다면 망원경은 아무것도 보여줄 수 없다. 수학자는 공리의 참을 증명할 수 없으며 공리를 당연한 것으로 간주하지 않는 이상 아무것도 증명할 수 없다. 우리는 우리 마음의 존재를 증명할 수 없으며 심지어 생각과 감각의 존재마저도 증명할 수 없다. 역사학자나 목격자는 기억과 감각이 신뢰될 만하다는 것을 당연한 사실로 간주하지 않는 이상 아무것도 증명할 수 없다. 자연철학자는 자연의 경로가 불변하고 균일하다는 것을 당연한 사실로 간주하지 않는 이상 아무것도 증명할 수 없다.

　나는 어떻게, 언제 내가 나의 모든 추론을 정립하는 토대인 이러한 제1원리들을 획득했는지 알지 못한다. 기억할 수 있기 이전에 나는 제1원리를 가졌기 때문이다. 그러나 나는 제1원리들이 내 본성의 일부이며 떨쳐버릴 수 없음은 확신한다. 결국 우리의 생각과 감각이 우리 자신이라고 불리는 하나의 주체를 갖고 있음이 틀림없다는 것은 추론을 통해 얻어지는 견해가 아니라 자연적 원리다. 촉감각이 외부에 있는데 연장되어 있고 형태가 지워져 있으며 단단하거나 말랑한 어떤 것을 의미한다는 것은 이성이 연역을 통해 내리는 결론이 아니라 자연의 원리다.

이 외부의 어떤 것에 관한 믿음과 개념은 모두 다 똑같이 우리 본성의 일부다. 만약 우리가 우리 본성에 의해 기만당하는 것이라면, 우리는 우리를 만든 신에 의해 기만당하는 것이고 이런 기만에는 아무런 치유책도 없다.

촉감각이 아예 처음부터 우리가 다 자라 어른이 되었을 때 시사받게 되는 물체나 물체의 성질 개념을 시사한다고 말하려는 것은 아니다. 아마도 자연은 그밖의 작용에서 검약(儉約)하듯이 이 경우에도 검약할 것이다. 이성에서 느끼는 아름다움은 사랑의 정념이나 사랑에 동반하는 모든 감정과 욕구를 자연스럽게 시사하지만 인생의 어떤 시점에 이르기 이전까지는 같은 아름다움의 느낌이라 해도 사랑이라는 다정한 정념을 시사하지 않는다. 어린아이에게 가해지는 구타는 슬픔과 울음만을 불러일으키지만 다 자란 성인에게 가해지는 구타는 자연스러운 분노를 일으키고 저항을 야기한다. 아마 자궁 내 태아 상태에서나 출생 후 잠시 동안에도 인간은 단순히 감각 존재자일 것이다. 그가 외부 세계를 지각하는 능력이나 자신의 생각이나 존재, 자신과 그밖의 것들과의 관계 등에 관해 반성하는 능력은 다른 추론능력이나 도덕능력과 마찬가지로 점차 전개되며, 그리하여 여러 가지 상식의 원리는 적당한 시기에 도달해서야 사랑과 분노의 정념과 더불어 그에게 불어넣어지는 것일 것이다.

제8절 철학자의 감각 이론

감각이나 감각의 대상에 관한 모든 철학자의 이론은 하나의 암초─느껴지지 않는 순간에는 존재할 수 없는 감각과 이러한 감각이 시사하는 것을 적절히 구분하지 못하는 데서 오는 하나의 암초를 만나 산산조각 나고 만다. 이제껏 철학적 탐문에 종사했던 그 누구보다도 분별력 있는 두뇌의 소유자였던 아리스토텔레스조차 이 둘을 혼동했다. 그는 감각을 감각적으로 지각되는 사물이 지닌 물질 없는 형상으로 규정한다. 그는 생각하기를, 밀납에 찍힌 봉인(封印)의 인상이 봉인의 형상은 갖고 있지만 밀납이라는 물질은 갖고 있지 않는 것과 마찬가지로 감각이란 마음에 찍힌 인상으로서 지각되는 외부 사물의 이미지와 형상, 외부 사물과의 유사성은 갖고 있지만 외부 사물이 지닌 물질은 갖고 있지 않다는 것이다. 그에 따르면, 색과 소리와 냄새는 물질의 다양한 형상이다. 우리의 감각은 이들 형상이 마음에 찍힌 인상들이고, 이들 인상들은 지성에서 지각된다. 이로부터 분명히 드러나는 사실은 아리스토텔레스는 데모크리토스나 에피쿠로스나 그밖의 고대인이 행했던 구분, 즉 사물의 제1성질과 제2성질의 구분을 행하지 않았다는 점이다.

데카르트와 말브랑슈, 로크는 제1성질과 제2성질의 구분을 부활시킨다. 그러나 이들은 제2성질을 한갓 감각으로, 제1성질을 감각의 유사물로 만들었다. 이들은 색이나 소리, 뜨거움이 물체 안에 있지 않고 마음에만 있는 감각들이라고 주장하면서 동시에 물체의 특정 구성이나 변양이 이들 감각을 야기하는 원인 내지 이들 감각이 야기되는 기회〔원인〕임을 인정했다. 그러나 이들은 이 변양에 아무런 이름도 주지 않았다. 반면 이미 설명된 것처럼, 일반인은 색이나 뜨거움, 소리 등의 이름들을 아주 드물게만 감각에 적용하며 가장 흔하게는 감각의 알려지지 않은 미지(未知)의 원인에 적용한다. 우리 본성의 구조는 우리로 하여금 감각 자체가 아니라 감각에 의해 의미된 것에 주의를 기울이게끔 하고 이것에 이름을 주게끔 한다. 이제 우리는 제2성질과 관련하여 철학자들이 일반인이나 상식과 한편이 되어 생각했음을 발견한다. 철학자들이 말하는 이론들은 단순한 언어 남용일 뿐이다. 철학자들은 뜨거움이 불 안에 있는 것이 아니라는 발견을 두고 마치 현대의 주요 업적인 양 주장하지만 이들은 이미 누구나 알고 있는 사실, 즉 불은 뜨거움을 느끼지 못한다는 사실을 말하고 있는 데 지나지 않기 때문이다.

이들 철학자들은 제1성질들과 관련해서는 더욱 조야한 오류를 저질렀다. 이들은 실로 제1성질들이 존재한다고 믿었지만 제1성질들을 시사하는 감각들에는 전혀 주의를 기울이지 않았으며, 독자적인 이름을 갖고 있지 않은 이러한 감각들은 마치 존재하지도 않는 양 거의 아무런 고려의 대상도 되지 못했다. 철학자들은 형태와 연장, 단단함이 촉감각을 수단으로 하여 지각된다는 점을 깨달았는데, 이로부터 내린 결론은 촉감각이란 형태나 연장, 단단함의 이미지이고 이것들의 유사물이라는 성급한 것이었다.

기존의 관념 가설은 철학자들로 하여금 이런 결론을 내리게끔 자연스레 유도했다. 실로 관념 가설은 다른 결론과는 양립할 수 없는데, 왜냐하면 이 가설에 따르자면 외부 사물은 마음 안에 있는 이미지를 수단으로 하여 지각되는 것이고 마음 안에 있는 외부 사물의 이미지란 우리가 외부 사물을 지각하는 수단인 감각 말고 다른 것일 수 없기 때문이다.

그러나 이는 사실에 반(反)하는 가설로부터 결론을 도출해내는 것이었다. 실로 우리가 감각이 무엇인지, 감각이 무엇과 유사한지를 알기 위해 가설에 의지할 필요는 없다. 우리는 적절한 정도의 반성과 주의를 통해 감각을 완전히 이해할 수 있으며, 치통이 삼각형과 유사하지 않다는 것을 확신하듯 감각은 물체의 그 어떤 성질과도 유사하지 않다는 것을 확신할 수 있다. 하나의 감각이 어떻게 해서 순간적으로 우리로 하여금 감각과 전혀 유사하지 않은 외부의 한 사물의 개념을 갖도록 하고 믿도록 하는지를 나 스스로 알고 있다고 하는 것은 아니다. 감각이 외부 사물의 존재를 시사한다고 말할 때 내가 이 감각과 사물 간의 연결 방식을 설명하려는 것은 아니다. 나는 단지 한 가지 사실, 누구나 의식할 수 있는 한 가지 사실을 표현하고자 할 뿐이다. 즉 외부 사물에 대한 개념과 존재에 관한 믿음은 우리의 본성상의 원리를 통해 감각에 불변적으로, 그리고 즉각적으로 뒤따라온다는 사실이다.

버클리 주교는 다음을 보여줌으로써 이 주제를 새로이 조명했다. 즉 물질이라고 이해되는 무생명의 사물이 지닌 성질은 감각과 닮을 수 없으며, 우리 자신의 마음이 지닌 감각과 유사하다고 생각할 수 있는 유일한 것은 다른 마음이 지닌 감각뿐이라는 점이다. 이는 스스로의 감각에 적절한 주의를 기울이는 이라면 누구나 동의할 견해일 터이지만, 버클리 주교의 시야에 포착되기 전까지는 모든 철학자의 주의를 벗어나 있던 생각이었다. 심지어 스스로의 마음의 작용에 관해 그토록 많이 반성한 영리한 로크마저도 이 점을 깨닫지 못했다. 우리 자신의 느낌에 적절한 주의를 기울인다는 것은 그만큼 힘든 일인 것이다. 우리의 느낌은 관찰되지 않은 채 마음을 통과하여 자연이 느낌으로 하여금 의미하도록 의도했던 것에 너무나 익숙하게 즉각 길을 내주며, 우리가 이런 느낌을 멈춰 세워 차근차근 검사하기란 극도로 어려운 일이다. 우리가 이렇게 할 수 있는 힘을 획득했다고 생각할 때조차도 아마도 마음은 여전히 감각과 감각에 연합된 성질 사이에서 동요하여 감각과 성질을 함께 섞을 것이고 그리하여 양자가 복합되어 이루어진 어떤 것을 상상에 제시할 것이다. 이는 마치 반대 면이 전혀 다른 색으로 칠해진 구(球)나 실린더를 천천히 돌릴 때는 색들이 완전히 구분되어 그 차이가 확연히 드러나지만 재빨리 돌릴 때는 구분이 상실되어 한 가지 색으로만 보이는 것과 같다.

촉감각의 대상이 되는 성질과 이 성질에 자연스럽게 연합된 촉감각이 연속하여 오는 속도는 그 어떤 연속에 비할 나위 없이 빠르다. 그러나 누군가가 일단 이들 성질과 감각을 분리하여 서로 구분된 사유 대상들로 삼는 법을 터득한다면, 그는 위에 언급된 버클리 주교의 준칙이 자명하며 그리하여 촉감각과 물체의 제1성질은 마치 얼굴표정과 얼굴표정이 의미하는 정념이 유사하지 않은 것만큼이나 유사하지 않다는 점을 명확하게 깨달을 것이다.

그러나 버클리 주교가 이 중요한 발견을 어떻게 사용했는지를 생각해 보기로 하자. 놀랍게도 주교는 이런 결론을 내렸다. 즉 우리는 이른바 물질이라고 이해되는 무생명의 실체에 관하여 아무런 개념도 형성할 수 없으며 이는 이런 실체의 성질에 관해서도 마찬가지다. 자연 안에는 마음이나 감각이나 관념 이외의 다른 것은 존재하지 않는다고 믿을 만한 강력한 근거가 있다. 만약 다른 종류의 존재자가 있다 해도 이런 존재자는 우리가 아무런 개념도 갖고 있지 않거나 가질 수 없는 것들이다──하지만 이런 결론들은 어떻게 해서 귀결되는 것인가? 하필 왜 이런 결론들이? 우리는 우리 마음 안에 있는 감각이나 관념을 닮은 것 이외의 다른 아무것에 관해서도 개념을 가질 수 없다. 그런데 우리 마음 안에 있는 감각과 관념은 다른 마음 안에 있는 감각과 관념만을 닮을 수 있을 뿐이다. 따라서 결론은 명백하다. 우리가 보듯이 이 논증은 두 명제에 의존하고 있다. 저 영리한 저자[23]는 그가 제시하는 추론을 이해하고 또 자기 자신의 감각에 주의를 기울일 수 있는 모든 이에게 이 두 가지 명제 중 두 번째는 명백히했지만 첫 번째에 대해서는 아무런 증명도 시도하지 않았다. 첫 번째 명제는 철학자들에게 보편적으로 수용되어 아무런 증명도 필요치 않다고 생각되는 관념론 학설에서 취해진 것이다.

우리는 여기서 다시금 우리의 명민한 저자가 사실에 위배되고 인류의 상식에 위배되는 가설에서 논증을 출발시키고 있음을 깨닫는다. 우리가 어떤 것에 관한 개념을 갖기 위해서는 마음 안에 그것과 닮은 인상이나 감각, 관념이 있어야 한다는 것은 실로 철학자들에게는 매우 일반적으로 수용된 견해다. 그러나 결코 이 견해는 자명하지 않으며 그렇다고 명백히 증명된 것도 아니다. 따라서 우리로서는 물질세계를 배척함으로써 철학을 모든 상식인의——이들은 상식을 형이상학의 제물로 삼지는 않을 자들이다——조롱거리로 만들 것이 아니라 철학자들의 이러한 관념론 학설에 의문을 제기하는 것이 더욱 합당한 일이다.

그러나 공평을 기하기 위해 우리가 인정해야 할 것이 있다. 클로인의 주교와 『인간본성론』의 저자의 결론들은 그토록 널리 수용된 관념론 학설에서 올바르게 도출되었다는 점이다. 또 버클리 주교의 인품이나 주교의 선구자격인 데카르트와 로크, 말브랑슈의 인품에 비추어서나 우리는 감히 이렇게 말할 수 있다. 즉 만약 이들이 관념론 학설의 모든 귀결을 앞서 언급된 저자[24]처럼 분명히 깨달았다면 이들은 관념론 학설을 강하게 의심했을 것이고 그들이 그랬다고 생각되는 것보다는 더 조심스

---

23) 버클리 주교를 가리킨다.
24) 흄을 말한다.

레 관념론을 검토했을 것이다.

관념론은 트로이의 목마[25]처럼 순진하고 아름다워 보인다. 그러나 만약 이들 철학자들이 모든 학문과 상식에 대한 죽음과 파괴가 목마의 뱃속에 숨겨져 있다는 것을 알았더라면 이들은 목마의 벽을 부서뜨렸을 것이고 아예 성안에 들이지도 않았을 것이다.

우리가 연장이나 형태, 운동처럼 물체가 지니고 있는 감각도 아니고 감각과 유사하지도 않은 성질에 관해 명료하고 선명한 개념을 갖고 있다는 것은 우리가 우리 자신이 감각을 갖고 있음을 확신할 수 있는 것만큼이나 확신할 수 있는 하나의 사실이다. 또 모든 인류가 외부 물질세계에 관한 확고한 믿음을 지니고 있고 이 믿음은 추론이나 교육을 통해 얻어지는 것이 아니며, 우리는 심지어 우리가 이 믿음에 반하는 강력한 논증을 갖고 있는 것으로 생각되고 더 나아가 이 믿음을 옹호하는 논증은 그 그림자 비슷한 것조차도 전혀 갖고 있지 않은 것으로 생각되는 때에서조차 이 믿음을 떨쳐버릴 수 없다는 것 역시 또 하나의 사실로서 우리는 이에 대해 사물의 본성이 허용하는 최대한의 명증성을 갖고 있다. 이들 두 가지 사실은 인간본성의 현상들이다. 우리는 이 두 가지 사실을 출발점으로 삼아 모든 가설을, 그것이 제아무리 일반적으로 수용된 가설이라고 해도, 정당하게 반박할 수 있다. 사실에 위배되는 가설을 출발점으로 삼아 논증하는 것은 참된 철학의 규칙에 반한다.

---

25) 트로이의 목마(Trojan Horse): 그리스 신화의 트로이 전쟁에서 그리스군(軍) 이 병사를 몰래 숨겨 트로이 진지에 잠입시켰던 목마.

제6장 시각

제1절 시각의 탁월성과 위엄

광학 분야에서 전·현 세기에 걸쳐 이루어진 발전, 그중에서도 특히 뉴턴 경의 발견은 철학의 명예는 물론이거니와 인간본성의 명예 또한 드높인다. 뉴턴 경의 업적은 마음의 능력들에 대해 그것들은 우리를 부조리와 모순으로 이끄는 것 말고는 다른 아무것에도 적합하지 않다고 묘사함으로써 인간지성을 평가절하하고 진리를 구하는 이들의 의욕을 좌절시키려드는 현대 회의주의자들의 천박한 시도에 영원한 부끄러움을 안길 것이다.

이른바 오감(五感)이라고 불리는 능력 중에서 시각이 가장 고귀한 능력이라는 점에는 의문의 여지가 없다. 시각을 보조하는 광선은 매우 놀랍고 경이로운 무기물로서 광선 없이 작동하는 시각이란 우리로서는 생각조차 할 수 없는 일이다. 우리가 왜 광선을 대견스레 여겨야 하는지는 광선과 관련한 다음과 같은 점들을 고려해보면 알 수 있다. 광선의 크기는 얼마나 미소한가? 광선의 속도는 상상조차 할 수 없을 정도로 얼마나 빠른가? 광선에 의해 얼마나 규칙적으로 다채로운 색이 드러나는가? 또 광선은 반사나 변조, 굴절 등의 현상에서 불변하는 법칙들의 적용을 받아 그 본래 속성은 전혀 아무런 변화도 겪지 않으면서 다른 사물들에 의해서는 영향을 받는 식으로 작용하지 않는가? 또 광선은 고농도의 물체나 고밀집의 재질을 아무런 저항도 겪지 않고서, 그렇다고 재질을 뒤섞지도 혼동하지도 않는 방식으로, 가장 가벼운 물체에도 아무런 뚜렷한 충격도 가하지 않고 용이하게 투과할 수 있지 않은가?

눈의 구조나 눈에 부착된 각종 장치들의 구조, 눈의 각종 다양한 내외 운동의 수행을 위해 자연이 만들어낸 경이로운 고안물, 각종 동물의 다양한 본성과 삶의 방식에 따라 다르게 나타나는 눈의 다양성 등을 보면 분명히 눈은 자연이 지어낸 걸작품이다. 눈과 광선은 최고의 지혜가 동원되어 완전한 광학 기술을 통해 서로 조응하도록 만들어졌다. 이 점을 심각하게 의심하는 사람이 있다면, 이자는 우리 인간이 눈을 통해 어떤 것을 발견해왔는지를 전혀 모르고 있는 자이거나 매우 유별나게 작동하는 지성의 소유자일 것이다.

인간의 능력 중 시각만 제외하고 나머지 모두를 갖춘 존재자를 상정해보자. 촉각에서 오는 굼뜬 정보에만 익숙한 이런 존재자에게는 2.5센티미터 지름의 구(球)와 소켓으로 이루어진 감각기관이 덧붙여짐으로써 우리가 장소 이동을 하지 않고도 군대 전체의 진열과 전열, 웅장한 궁전의 모습 등 각종 다양한 전망을 일별할 수 있다는 것이 얼마나 믿을 수 없는 일로 여겨지겠는가? 만약 이런 존재자 중 어느 하나가 촉감각만을 통해 테네리페 만(灣)[1]이나 로마의 성(聖) 베드로 성당[2]의 형상을 식별해낼 수 있다면, 이는 그의 일생일대의 업적이 될 것이다.

만약 이들 존재자들에게 저토록 작은 기관이 다른 감각의 한계를 훌쩍 뛰어넘어 이루어낼 수 있는 발견에 관해 이야기해준다면, 이들은 더욱 믿으려 하지 않을 것이다. 우리가 이 기관을 수단 삼아 길 없는 대양에서도 항로를 찾아낼 수 있고, 지구를 횡단하여 지구의 형태와 크기를 알아낼 수 있고, 지구 구석구석을 묘사할 수 있으며, 행성 궤도도 잴 수

---

1) 테네리페(Teneriffe): 에스파냐 카나리아 제도 중 가장 큰 섬. 아프리카 북서쪽 해안과 마주보고 있는 대서양에 있다. 테네리페 만은 이 섬에서 3분의 2를 차지하는 돔 형태의 티드 피크(Teide Peak) 근처를 가리킨다.
2) 성 베드로 성당(Saint Peter's Basilica): 로마 소재 성당으로 1506년에 건립되기 시작하여 1615년에 완공되었다.

있고 항성 천체도 탐색할 수 있다는 것을 듣게 된다면 말이다.

하지만 이들 존재자들은 만약 우리가 이 기관을 수단으로 삼아 인간 동족의 기질이나 성향, 정념이나 감정을 본인들이 정말 숨기고 싶어하는 경우에도 알아챌 수 있다는 것을 알게 된다면 더더욱 놀라워하지 않겠는가? 세 치 혀를 놀려 매우 교묘하게 거짓말할 줄 아는 자라고 해도 분별력 있는 눈앞에서는 그 안색을 통해 스스로의 위선을 드러낸다는 것을 안다면? 우리가 종종 이 기관에 의해 신체의 곧고 굽음뿐만 아니라 마음의 곧고 굽음도 알아챌 수 있다는 것을 안다면? 실로 눈먼 이가 그렇지 않은 이의 말을 신뢰하여 받아들이려면 믿는 셈치고 넘어가야 할 신비로운 일들이 얼마나 많겠는가? 모르긴 몰라도 선량한 기독교 신자에게 요구되는 정도의 강한 신심이 필요할 것이다.

따라서 시각능력을 다른 감각보다 더욱 고귀할 뿐만 아니라 더욱 우월한 본성을 간직하고 있다고 간주하는 것은 부당한 일이 아니다. 우리는 이성의 증거를 '본다'라고는 하지만 '감촉한다'거나 '냄새 맡는다'거나 '맛본다'고는 하지 않으며 우리에게 있는 가장 완벽한 종류의 앎의 방식으로서의 예지적인 앎의 방식을 흔히 '본다'고 표현한다.

제2절 시각이 행하는 발견 중에서 맹인이 파악할 수 없는 것은 거의 없다: 그 이유

시각의 위엄과 우월한 본성에 관한 이상의 고찰에도 불구하고 시각을 통해 얻어지는 지식 중에서 선천성 맹인에게 전달될 수 없는 지식은 별로 없다는 사실은 우리가 눈여겨봐야 할 점이다. 한 번도 빛을 본 적이 없는 사람일지라도 학습을 통해 과학의 전 분야의 지식, 심지어 광학의 지식을 가질 수 있고 철학의 전 분야에서 새로운 사실을 발견해낼 수 있다. 또 천체의 배열과 질서, 운동뿐만 아니라 빛의 본성과 반사법칙, 굴절법칙을 다른 이들과 꼭같이 이해할 수 있다. 또 어떻게 광선 법칙들을 통해 무지개나 프리즘 현상이 생겨나는지, 어떻게 암상자(暗箱子)[3]와 환등기가 만들어지는지, 어떻게 현미경이나 망원경의 각종 기능이 작동하는 것인지를 분명하게 이해할 수 있다. 이는 경험적으로 충분히 입증된 사실이다.

이 사실의 연유를 알기 위해서는 먼저 우리는 대상의 눈에 보이는 외양과 이 외양에 의해 시사되는 것을 구분해야 하고 또 대상의 시각적 외양 중에서 색 외양과 연장, 형태, 운동 등의 외양들을 서로 구분해야 한다. 첫 번째, 물체의 형태, 운동, 연장 등의 외양들에 대해 보면, 선천성 맹인 역시 이런 것들에 관한 분명한 개념들을, 만약 이것들 자체에 관한 개념이 아니라면 최소한 이것들과 매우 유사한 것들에 관한 분명한 개념들을 갖고 있다. 그가 다음과 같은 것들을 생각하게끔 될 수는 없는 것인지 고려해보자. 눈에서 정면으로 멀어지거나 다가오는 운동을 하는 사물은 마치 정지한 듯이 보일 수 있다는 것을? 그 운동이 눈에서 얼마나 가깝고 먼지에 따라, 얼마나 직각 방향으로 또 얼마나 비스듬히 행해지는지에 따라 빠르거나 느리게 보일 수 있다는 것을? 또 그는 이런 것들을 생각하게끔 될 수는 없는 것인가? 보는 위치에 따라 평면이 직선으로 보일 수도 있고 평면의 위치나 눈의 위치가 변화함에 따라 평면상의 시각적 형태 역시 변한다는 것을? 또 비스듬한 방향에서 봤을 때 원은 타원으로 그리고 정사각형은 사다리꼴이나 직사각형으로 보일 수 있다는 것을? 손더슨 박사는 구의 투영법(投影法)과 원근법의 일반규칙을 이해했다. 그런데 손더슨 박사가 이런 것들을 이해했다면 그는 위에서 언급한 점들을 모두 이해했음이 틀림없다.[4] 만약 그가 이런 것들을 이

---

3) 암상자(Camera Obscura): 빛의 직진과 반사법칙을 응용한 기계장치의 일종. 밝은 날 어두운 방에 가서 창문 커튼에 작은 구멍을 만들고 맞은편 벽을 들여다 보면 바깥세상이 축소되어 거꾸로 보인다. 이런 현상이 나타나는 이유는 물체에서 반사된 빛이 얇은 재질에 뚫린 구멍을 통과하는 경우 빛은 흩어지지 않고 교차되어 구멍과 평행되게 놓인 면에 역상(逆像)을 형성하기 때문이다. 암상자는 후에 제도용 휴대 상자로 개선되어 감광지가 덧붙여지면서 사진용 카메라로 발전했다.

4) 리드는 전건긍정(Modus Ponens) 형식을 빌려 논증하고 있다. 전건긍정이란

해했다는 것에 대해 조금이라도 의심을 품는 이가 있다면, 그가 대화 중에 했던 말을 소개해보겠다. 그는 자기로서는 "구의 원들 간의 각은 구를 입체 투영시켰을 때 그 대응물 간의 각과 같다"는 명제에 관한 핼리 박사[5]의 증명을 이해하기가 상당히 어려웠지만 핼리 박사의 증명을 제쳐놓고 나서 명제를 자기 방식대로 고려하자 그 참을 분명히 알게 되었다고 말했다. 수학 문제와 관련하여 확실한 신망을 얻고 있는 식견 있는 또 한 명의 신사가 이 대화에 참여했는데, 이 신사 역시 손더슨 박사의 말을 똑똑히 기억하고 있다.

색 외양에 대해 보면, 이 경우 맹인은 앞서의 경우보다 난처할 것임이 틀림없다. 그는 색과 닮은 아무런 지각도 갖고 있지 못하기 때문이다. 하지만 그는 일종의 유추를 통해 이 결함을 부분적으로 보완할 수 있다. 눈이 보이는 이에게 분홍색은 물체의 미지(未知)의 성질, 즉 그가 잘 숙지하고 있고 자주 보아왔던 외양을 눈에 만들어내는 미지의 성질을 의미한다. 이에 반해 맹인에게 분홍색은 그가 숙지하고 있지 못하는 외양을 눈에 만들어내는 미지의 성질을 의미한다. 그러나 맹인은 마치 코가 다양한 냄새에 의해 영향받고 귀가 다양한 소리에 의해 영향받듯이 눈 역시 다양한 색에 의해 다양하게 영향받는 것이라고 생각할 수 있다. 그리하여 그는 트럼펫 소리가 드럼 소리와 다르고 오렌지 냄새가 사과 냄새와 다르듯이 분홍색은 파란색과 다르다고 생각할 수 있다. 분홍색이 나와 다른 사람에게 동일한 외양을 갖는 것인지의 여부를 알기는 불가능하다. 또 각기 다른 사람들이 갖는 분홍색의 외양이 마치 색이 소리와 다른 만큼이나 다르다 하더라도 이들은 결코 이 차이를 발견할 수 없다.

"만약 p면, q다"와 "p다"라는 두 전제에서 "q다"를 결론으로 도출해내는 논증 형식이다.

5) 핼리(E. Halley, 1656~1742): 영국의 천문학자 겸 수학자. 1687년에 행성궤도 연구를 시작하여 1758년에는 그의 이름을 따서 '핼리혜성'이라고 불리는 혜성의 출현을 정확히 예측했다. 그 외 자기력, 무역풍, 몬순에 관한 연구를 행했고 자기력의 변화에 관한 해상지도를 작성했다. 뉴턴에게 『프린키피아』의 출판비를 대준 것으로도 유명하다.

결국 어떻게 해서 맹인이 색에 관해 분명하고도 적절하게 장시간 이야기할 수 있는지가 분명해진다. 주변을 어둡게 한 상태에서 맹인에게 색의 본성과 구성, 아름다움에 관해 질문을 던진다면 그는 시각 장애가 드러나지 않을 정도로 잘 대답할 수 있을 것이다.

이상에서 우리는 맹인이 사물의 외양에 관한 지식을 어느 정도까지 얻을 수 있는지를 보았다. 이제 외양에 의해 시사되는 것이나 외양에서 추론되는 것에 대해 보면, 맹인은 비록 이런 것들을 독자적으로 발견할 수는 없을지라도 다른 사람이 알려주는 정보를 통해 완벽하게 이해할 수는 있다. 또 눈을 통해 우리 마음 안으로 들어오는 온갖 종류의 것은 귀를 통해 그의 마음 안으로 들어올 수 있다. 그리하여, 예를 들어, 그는 스스로의 감각능력이 주는 지침만으로는 빛이 무엇인지 전혀 감도 못잡겠지만 우리가 빛에 관해 알고 있는 모든 정보를 제공받을 수는 있다. 그는 빛이 얼마나 미세하고 재빠른지, 얼마나 다양하게 굴절하고 반사하는지 등 이 경이로운 물질이 지닌 모든 마술과도 같은 힘에 관해 우리만큼이나 분명하게 사고할 수 있다. 그는 결코 태양, 달, 별 같은 물체가 있다는 사실을 스스로 발견할 수는 없겠지만 이것들의 운동과 이 운동을 규제하는 자연법칙에 대한 천문학자들의 온갖 고귀한 발견에 관한 정보를 제공받을 수는 있다. 결국 눈을 통해 얻어지는 지식 중 눈을 지니고 있지 않은 사람들에게 언어를 통해 전달될 수 없는 것이란 별로 없다는 점이 드러난다.

만약 우리가 선천적으로 눈 먼 사람의 경우에서와 같이 본다는 것이 우리에게 흔한 일이 아니라고 가정한다면, 이 희귀한 선물을 가진 이들은 그렇지 않은 다른 많은 이에게는 예지력을 갖추고서 영감을 얻은 스승쯤으로 보이지 않겠는가? 영감을 준다는 것은 새로운 능력을 주는 것이 아니라 어떤 것을 새로운 방식으로 일상적이지 않은 수단으로 전달해주어 영감을 받은 자로 하여금 이를 다른 이들에게 일상적인 방식으로 전달하게 하고 그리하여 나머지 전 인류가 일상적인 능력을 통해 파악할 수 있도록 하는 것을 말한다. 이제 우리의 가정에서 맹인들에게 시각은 영감과 매우 흡사한 것으로 여겨질 것이다. 시각이라는 선물을 받은 소수의 사람들은 시각을 통해 자신들의 지식을 시각을 갖고 있지 않은 이들에게 전달할 수 있을 것이기 때문이다. 실로 이들 소수의 사람들이 자신들이 지식을 얻는 방식에 관한 분명한 개념을 맹인들에게 전해줄 수는 없을 것이다. 맹인들에게 구(球)와 소켓은 그토록 다양하고 광범위한 지식을 얻는 것과 관련하여 마치 꿈이나 망상과도 같은 부적절한 수단으로 여겨질 것이다. 맹인은 맹인 아닌 이가 눈이라는 수단을 통해 그토록 많은 것을 판별해내는 방식을 이해할 수 없다. 이는 흡사 우리가 전능한 신에 의해 누군가에게 영감을 통해 지식이 불어넣어지는 방식을 이해할 수 없는 것과 마찬가지다. 그러나 그렇다고 해서 맹인이 시각이라는 선물에 관한 그 모든 이야기를 검토해보지도 않고 사기로 치부해야만 하는 것인가? 만약 그가 솔직하고 온건한 자라면 실제로 다른 이들이 이런 선물을 갖고 있다는 것을 보여주는 합당한 증거를 발견할 수 있지 않겠는가? 그리하여 이 선물에서 커다란 유익을 얻어낼 수 있지 않겠는가?

우리가 시각 대상의 시각적 외양과 이 외양에 의해 시사되는 것 간에 행한 구분은 우리에게 눈을 부여한 자연의 의도를 올바르게 파악하는 데 필수적이다. 이 능력의 사용에서 행해지는 마음의 작용에 적절한 주의를 기울이면 우리는 대상의 시각적 외양이 주목을 거의 받지 못하고 있다는 사실을 깨닫게 된다. 시각적 외양은 전혀 사유나 반성의 대상이 되지 않는다. 시각적 외양은 오직 다른 어떤 것을, 볼 수 없는 이들도 분명하게 생각할 수 있는 어떤 것을 마음에 도입하는 기호로만 쓰일 뿐이다.

예를 들어, 방에 놓인 물건들의 시각적 외양은 날씨가 맑은지 흐린지에 따라, 태양이 동쪽에 있는지 남쪽에 있는지 서쪽에 있는지에 따라, 방 안 어느 곳에서 물건들을 보는지에 따라 매시간 변한다. 그러나 나는 이 변화들을 아침과 낮과 밤, 맑은 날씨와 흐린 날씨의 기호로서밖에는 생각하지 않는다. 책과 의자는 거리와 위치에 따라 상이한 외양으로 보이지만 우리는 책과 의자를 여전히 동일한 책과 의자로 간주한다. 우리는 물체의 시각적 외양은 무시한 채 즉각적으로[6] 물체의 실제 형태와 거리, 위치를 파악한다. 물체의 시각적 외양이나 원근법적 외양은 물체의 실제 형태와 거리, 위치를 나타내는 기호이자 징표다.

내가 누군가를 약 9미터 떨어져서 볼 때와 나중에 약 90미터 떨어져서 볼 때 이 사람의 시각적인 외양은 그 길이나 폭, 그밖의 선형상(線形上)의 비율에서 후자가 전자보다 열 배 더 작다. 하지만 그럼에도 나는 이런 시각적 형태의 축소로 인해 사람이 다만 2.5센티미터라도 줄어들었다고는 생각하지 않는다. 정말이지 나는 이 시각적 형태의 축소에는 전혀 주의를 기울이지 않는데, 이는 심지어 내가 시각적 외양의 축소를 근거로 사람이 더 멀리 있다는 결론을 내리게 되는 경우에도 마찬가지다. 왜냐하면 전제들[7]이 마음에 도입되었음을 전혀 깨닫지 않으면서 결론을 내리는 것이야말로 마음이 행하는 작용의 미묘함이기 때문이다. 이와 같은 사례들은 수천 건이라도 더 열거할 수 있다. 이런 사례들은 모두 자연이 대상의 시각적 외양을 한갓 기호나 표지로서만 의도했다는 것, 마음은 기호에 대해서는 조금도 반성해보지 않은 채, 아니 기호 따위가 있다는 사실조차 깨닫지 못한 채 기호가 의미하는 것에게 순식간에 움직여간다는 것을 보여준다. 이는 마치 우리가 말을 배울 때 일단 말에 익숙해진 후에는 음성은 무시하고 오직 음성이 의미하는 것에만 주의를 기울이는 것과 유사하다.

따라서 클로인의 주교가 행한 고찰, 즉 대상의 시각적 외양은 우리에게 대상의 거리와 크기와 형태를 알려주기 위해 자연이 사용한 일종의 언어라는 고찰은 올바르고도 중요하다. 이 영리한 저자는 이 고찰을 매우 적절히 적용하여 그전까지만 해도 광학의 대가들을 당황케 했던 몇 가지 현상을 해명했다. 더 나아가서 이 고찰은 현명한 스미스 박사를 통

---

6) '즉각적으로'(immediately)는 '무매개적으로'라는 뜻이다. 대상의 실제 형태와 거리, 위치는 시각적 외양을 의식적 매개항으로 삼아 인지되는 것이 아니라 그 것들 자체로 즉각 인지된다.

7) 시각적 외양이 주는 정보를 말한다.

해 더욱 진전되었는데, 그는 『광학』에서 이 고찰을 천체의 외양상 형태와 망원경과 맨눈으로 관찰된 대상의 외양상 거리와 크기를 설명하는데 동원했다.

이들 탁월한 저자들의 주장의 반복을 가급적 피하기 위해 우리는 앞으로 이들이 설정했던 대로 자연이 시각언어에서 사용하는 기호와 이 기호가 의미하는 것 간의 구분을 그대로 사용하기로 하겠다. 시각에 관한 나머지 절에서 가장 먼저 고찰할 것이 바로 이 기호들이다.

제3절 대상의 시각적 외양

이 절에서 우리가 다룰 것은 비록 거의 매순간 마음의 현전함에도 결코 반성의 대상은 되지 않는 것이다. 자연은 이것을 오직 기호로서만 의도했고 이것은 그 탄생에서 소멸까지 이르는 삶의 전체 경로에서 다른 쓰임새는 갖고 있지 않다. 마음은 이것을 부주의하게 대하는 완고하고도 뿌리 깊은 습관을 익혀왔는데, 이는 마음에 이것이 나타나는가 싶으면 어느새 이것에 의해 의미되는 것이 번개처럼 빨리 연이어 나타나서 그만 우리의 모든 주의를 앗아가버리기 때문이다. 이것에는 이름이 없다. 이것이 마음을 통과하는 순간 우리가 이것을 의식하게 되더라도 그 통과는 너무나 빠르고 익숙하여 이것에게 주의를 기울이는 일 따위는 절대로 발생하지 않는다. 또 이것은 기억이나 상상에 흔적을 남기지 않는다. 바로 촉감각이 이런 것에 해당한다는 점은 앞 장에서 보았다. 대상의 시각적 외양도 이에 못지않게 이런 것에 해당한다.

그리하여 나는 눈에 보이는 대상의 외양과 시각을 통해 내려지는 대상의 색과 거리, 크기, 형태 등에 관한 판단을 서로 구분하는 습관——이 습관은 노고와 훈련을 통해 익혀진다——을 갖지 않은 독자가 내 이야기를 이해할 수 있으리라고는 기대하지 않는다. 이런 구분을 행하는 것이 필수적인 생업은 유일하게 화가라는 직업뿐이다. 화가는 시각적 대상과 관련하여 추상(抽象)을 행할 기회를 갖는데, 이때의 추상은 지금 우리가 언급하고 있는 구분과 상당히 유사하다. 실로 추상은 미술에서 가장 어려운 부분이다. 만약 화가가 대상의 시각적 외양을 이 외양에 의해 의미된 것과 혼동하지 않으면서 자신의 상상력 안에 고정할 수 있다면, 그에게는 실물을 직접 눈으로 보고 그리면서 각 형태에 적절한 농담(濃淡)과 입체성, 원근법적 비율을 입히는 작업이 복사물을 보고 그리는 것만큼이나 쉬운 일이 될 것임이 분명하다. 사물을 원근법적으로 조망하고 농담과 입체성을 부여하고 색칠하는 일이란 눈에 보이는 사물의 외양을 복사하는 일에 다름 아니다. 따라서 우리는 시각적 외양이라는 현안의 주제를 해명하는 단서를 미술에서 빌려올 수 있다.

이제 누군가가 책과 같은 익숙한 물체를 상이한 거리와 위치에서 주시한다고 해보자. 이때 이자는 자신의 시각이 주는 증언에 기대어 이렇게 단언할 수는 없는가? 30센티미터 거리에서 보이든 300센티미터 거리에서 보이든 간에, 이 위치에서 보이든 저 위치에서 보이든 간에, 동일한 책이고 동일한 대상이라고. 그리고 자신의 눈이 판단할 수 있는 한에서 말하건대 색이 동일하고 부피도 동일하고 형태 역시 동일하다고. 확실히 우리는 다음 사실을 인정해야 한다. 즉 동일한 개별 대상이 마음에 현전하는 것이고 다만 대상이 상이한 거리와 위치에 놓인 것일 뿐이다. 그렇다면 이제 내가 물을 것은 이것이다. 대상은 상이한 거리에서 동일한 외양으로 나타나는가? 답은 절대 그렇지 않다.

그렇지 않은 첫 번째 이유는 색이 동일하다는 우리의 판단이 아무리 확실한 판단이라고 해도 색이 상이한 거리에서 동일한 외양을 갖는 것은 아니기 때문이다. 눈과 대상과의 거리가 상당히 멀리 떨어지게 되면 그 결과 대상의 색은 자연스럽게 점차 흐려지고 미세 부분들은 서로 뒤섞여 불분명하게 된다. 이는 화가나 회화 비평가가 아닌 사람들은 간과하는 사실인데, 이들은 대상의 색이 30센티미터 거리와 300센티미터 거리에서 서로 다른 농담의 외양을 지니고 있음을 쉽게 납득할 수 없다. 그러나 미술에 숙달한 이들은 하나의 같은 캔버스 위에 그려져서 눈과 동일한 거리를 유지하는 형태들을 통해 상이한 거리에 있는 대상들을 재현하는 방법을 알고 있다. 이 방법은 색을 점차 흐리게 하고 미세 부분을 뒤섞는 것이다. 이들은 어떻게 거리나 농담에 따른 상이한 색을 써서 대상이 동일한 색을 지니고 있는 것으로 나타나게 하는지 알고 있다.

두 번째, 원근법에 익숙한 이라면 책 형태의 외양이 상이한 위치에 따라 변한다는 사실을 알고 있다. 그러나 그럼에도 만약 당신이 원근법 따위에 대해서는 전혀 생각해보지 않은 사람에게 책의 형태가 온갖 상이한 위치에서 동일하게 보이지 않느냐고 묻는다면 그는 양심껏 답하기를 그렇다고 할 것이다. 그는 위치의 상이함에서 발생하는 시각적 형태의 다양성을 인정하고 이 다양성으로부터 적절한 결론을 이끌어내는 법을 배웠다. 하지만 그는 이 결론을 너무나 쉽게 습관적으로 이끌어내어 그만 결론이 이끌어지는 전제들을 시야에서 놓쳐버리게 되고 그리하여 대상의 시각적 외양이 동일하게 유지되어왔다고 생각하면서 그러한 결론을 내리게 된다.

세 번째, 예(例)의 책이 지닌 외양상 크기나 부피를 고려해보자. 30센티미터 거리에서 보든 300센티미터 거리에서 보든 간에 책은 약 18센티미터 길이에 13센티미터 너비, 2.5센티미터 두께로 보인다. 나는 눈으로 이 크기들을 거의 정확하게 판단하며 이 크기들이 30센티미터 거리에서 보든 300센티미터 거리에서 보든 동일하다고 판단한다. 하지만 그런데도 30센티미터 거리에서 보았을 때의 책의 시각적 길이와 너비는 확실히 300센티미터 거리에서 보았을 때의 길이와 너비보다 10배쯤 크고 표면적은 100배쯤 넓다. 하지만 외양상 크기에서 나타나는 이런 큰 변화는 간과되며 우리 모두는 책이 두 거리에서 동일한 크기로 보인다고 상상하는 데 익숙해져 있다. 또 우리가 책을 볼 때 분명히 책은 길이, 너비, 두께라는 3차원을 지니고 있는 것으로 보인다. 그러나 확실히 시각적 외양은 2차원 이상이 아니며 길이와 너비만을 지닌 캔버스 위에 정확하게 재현 가능하다.

마지막으로, 그러나 누구나 시각을 통해 책과 눈과의 거리를 지각하는 것이지 않은가? 그리하여 지금은 책이 30센티미터보다 멀리 있지 않지만 다른 때는 300센티미터 거리에 있다고 확실하게 단언하는 것이 아닌가? 그러나 대상과 눈의 거리가 시각의 직접적 대상이 아니라는 점은 확실한 것 같다. 시각적 외양에 포함되어 있는 것이 있는데, 바로 눈과의 거리를 나타내는 기호다. 나중에 보게 될 것처럼, 우리는 이 기호를 근거로 일정 범위에 있는 거리에 관해 판단하는 법을 경험을 통해 배운다. 이에 반해 선천성 맹인이었다가 어느 날 갑자기 볼 수 있게 된 사람은 처음에는 대상과 눈의 거리를 판단할 수 없다는 것에는 확실히 아무런 의심의 여지도 없다. 체셀든[8]에게 백내장 수술을 받은 젊은이의 예를 들면, 이자는 처음에는 눈에 보이는 온갖 것이 눈에 닿는다고 생각했다. 그는 시각적 대상의 거리에 대해 판단하는 법을 오직 경험을 통해서만 배울 수 있었다.

이상의 상세한 서술은 대상의 시각적 외양과 경험이 시각을 통해 우리에게 가르쳐주는 대상 개념은 극도로 다르다는 점을 보여주기 위한 것이었고, 독자로 하여금 시각적 사물을 볼 때 색이나 형태, 연장의 시각적 외양에 주의를 기울이게끔 하기 위한 것이었다. 비록 시각적 외양은 흔한 사유 대상은 아니지만 시각 철학에 입문하려는 이나 장차 시각에 관해 말해지는 바를 이해하려는 사람이라면 시각적 외양에 조심스럽게 주의를 기울여야만 할 것이다. 대상의 시각적 외양은 개안(開眼)으로 새로이 볼 수 있게 된 사람에게나 우리에게나 동일할 것이지만 전자의 사람은 대상의 실제 크기에 관해서는 전혀 아무것도 볼 수 없을 것이다. 그는 시각만을 사용해서는 대상의 길이와 너비와 두께가 몇 센티미터인지에 관한 아무런 추정도 행할 수 없을 것이다. 그는 대상의 실제 형태를 거의, 아니 전혀 지각할 수 없을 것이고 무엇이 정사각형이고 구형인지 무엇이 원추형이고 실린더형인지를 분간할 수 없을 것이다. 그의 눈은 그에게 대상들의 원근에 관해 아무것도 알려주지 못할 것이다. 우리

---

8) 체셀든(W. Cheseldon, 1688~1752): 영국의 외과의사 겸 해부학자. 18세기 중반에 들어서야 마취제가 사용되었던 관계로 당시 외과수술은 매우 빠른 속도로 행해졌는데 체셀든은 방광에서 54초 만에 결석을 뽑아낸 것으로 유명하다.

눈에는 이리저리 접혀 있고 농담이 있는 단색으로 보이는 옷이 그의 눈에는 접혀져 있는 것으로도 농담이 있는 것으로도 보이지 않을 것이고 다만 다양한 색으로만 보일 것이다. 한마디로 그의 눈은 비록 온전하기는 하지만 처음에는 외부 사물에 관한 정보를 거의 주지 못할 것이다. 실로 사물은 그에게나 우리에게나 동일한 외양을 제시할 것이고 동일한 언어로 말할 테지만 이 언어는 그로서는 모르는 언어이고 그리하여 그는 기호의 의미는 모르는 채 기호에게만 주의를 기울일 것이다. 이에 반해 이 언어는 우리로서는 완전히 친숙한 언어이고 그리하여 우리는 기호에는 주목하지 않는 대신 기호의 의미에만 주의를 기울인다.

제4절 색은 마음의 감각이 아니라 물체의 성질이다

현대 철학의 가르침을 받지 않은 모든 사람이 색이라고 알고 있는 것은 지각되지 않을 때는 존재할 수 없는 마음의 감각이 아니라 보이든 보이지 않든 간에 계속하여 동일하게 존재하는 물체의 성질 내지 변양이다. 내 앞에 놓여 있는 진홍색 장미는 내가 눈을 감아도, 보는 눈이 없는 한밤중에도 여전히 분홍색 장미다. 이 색은 외양이 사라진 후에도 유지되고 외양이 변한다 해도 동일하게 유지된다. 초록색 안경을 쓰고 장미를 보면 장미 외양은 변하겠지만 그렇다고 내가 장미색이 변했다고 생각하는 것은 아니다. 황달에 걸린 이에게 장미는 또 다른 외양으로 보이겠지만 이자는 대상의 색이 변한 것이 아니라 자신의 눈이 변한 것임을 쉽게 납득할 것이다. 장미는 상이한 빛의 각도 때문에 상이한 외양을 갖게 되고 완전한 어둠 속에서는 모든 외양을 잃어버리지만 장미색에는 조금의 변화도 없다. 우리는 다양한 광학실험을 통해 색 외양과 마찬가지로 형태 외양이나 크기 외양도 변화시킬 수 있다. 우리는 물체가 열 배나 더 큰 외양을 지니게 할 수 있다. 그러나 사람들은 확대경이 실제로 1기니[9]를 10기니로 만드는 것이 아니며 현미경이 실제로 1기니를 4.5킬로그램 경화로 만드는 것이 아님을 믿는다. 따라서 색안경이 대상의 색 외양을 변화시킬 때 안경을 통해 보이는 대상의 실제 색이 변하는 것은 아니다.

　인류의 일상언어는 우리가 고정되고 불변하는 성질로 물체에 있다고 생각되는 물체의 색과 이 색의 시각적 외양, 즉 빛이나 매질, 눈 자체의 변양을 통해 수천 가지 방식으로 다양해질 수 있는 색의 시각적 외양을 구분해야 한다는 것을 분명하게 보여준다. 물체에 있는 불변적인 색은 다양한 빛의 종류와 반사각, 중간 투명체를 매개로 온갖 다양한 외양을 산출하는 원인이 된다. 색을 지닌 물체가 현전할 때 눈 내지 마음에는 이제까지 '색 외양'(appearance of colour)이라고 불러왔던 영상(apparition)이 있게 된다. 로크는 이를 '관념'(idea)이라고 부르는데 실로 이 명명은 대단히 온당하다 하겠다. 이 관념이라고 하는 것은 지각될 때 외에는 존재할 수 없다. 관념은 일종의 생각이고 지각자 내지 생각하는 존재자의 행위로서만 있을 수 있다. 본성상 우리는 관념을 외부 사물의 기호로 생각하게끔 이끌려지며 이 기호의 의미를 배우고 싶어 조바심을 낸다. 어린아이는 이 의미를 배우기 위한 수천 가지의 시험을 날마다 행하는데, 이 시험들은 이성의 사용이 있기 전에 행해진다.

　어린아이는 물건을 주시하고 손으로 이리저리 만져보며 온갖 상이한 위치와 거리와 빛 아래에 놓아본다. 이러한 시험들을 거쳐 시각관념은 자신과 전혀 유사하지 않은 외부 물건과 연합되어 이 외부 사물을 쉽게 시사하게끔 된다. 특히 우리가 '색 외양'이라고 불렀던 관념은 관념을 유발하는데 물체에 있는 미지의 성질에 관한 개념과 믿음을 시사하며 우리는 관념에게가 아니라 바로 이러한 성질에게 '색'이라는 이름을 부여한다. 다양한 색은 본성상으로는 다 똑같이 미지의 것들이지만 우리가 생각하거나 말할 때는 색들에 의해 야기되는 관념들과 연합됨으로써 쉽게 구분할 수 있다. 이는 마치 중력, 자력, 전기력이 비록 모두 미지의

---

9) 기니(guinea): 영국의 옛 화폐 단위. 금화로 21실링(현재의 1.05파운드)에 상당한다. 1663년부터 1813년까지 사용되었다.

성질이기는 하지만 서로 다른 결과들을 통해 구분되는 것과 마찬가지다. 우리가 어른으로 성장함에 따라 마음은 시각관념을 지나쳐 이 관념에 의해 시사되는 외부 사물에게 재빨리 나아가는 습관을 익히고 그리하여 시각관념은 거의 아무런 주목도 받지 못하고 일상어에서 아무 이름도 부여받지 못하게 된다.

우리가 일정 색에 관해 생각하거나 말할 때 상상에 떠오르는 색 개념은 비록 아무리 단순하게 보일지라도 실제로는 어느 정도 복합적이다. 색 개념에는 미지(未知)의 원인과 기지(旣知)의 결과가 함께 담겨 있다. 실로 '색'이라는 이름은 원인에만 속하지 결과에는 속하지 않는다. 그러나 이 원인은 미지의 원인이므로 우리는 원인과 기지의 결과와의 관계를 통하지 않고는 원인에 관한 아무런 분명한 개념도 형성할 수 없다. 따라서 색 개념의 원인과 결과는 상상 안에서 함께 나타나고 너무나 밀접하게 연관되어 있는 덕택에 그만 사유의 단순한 대상으로 잘못 간주된다. 내가 '분홍'과 '파랑'이라고 불리는 색들을 생각할 때 만약 내가 이 색들을 미지의 성질로 생각한다면 나는 분홍색과 파란색 간의 아무런 구분점도 지각할 수 없다. 그리하여 이 구분을 위해 나는 상상 안에서 이 색들 각각에 일정 결과나 특수 관계를 덧붙인다. 가장 명백한 구분의 징표는 두 색 각각의 외양이다. 그리하여 외양은 상상 안에서 '분홍'이라 불리는 성질과 아주 밀접하게 연합되고 그 결과 외양과 성질은, 비록 실제로는 너무나 다르고 유사하지 않은 것들이어서 하나는 마음에 있는 관념이고 다른 하나는 물체에 있는 성질임에도, 동일한 하나의 사물인 것으로 쉽사리 잘못 간주된다.

내가 내리는 결론은 이러하다. 색이란 감각이 아니라 우리가 이미 설명했던 의미에서의 물체의 제2성질이고 색이란 환한 대낮에 스스로의 외양을 눈에 드러내는 물체에 있는 어떤 힘이며 이 힘이 드러내는 외양은 우리로서는 매우 익숙한 것이지만 이름을 갖고 있지 않다. 색이 그밖의 제2성질과 다른 점은 그밖의 제2성질에서는 성질의 이름이 때로 감각에게, 즉 성질을 의미하며 성질에 의해 야기되는 감각에게 부여되는 반면, 내가 판단할 수 있는 한에서 보건대, 우리는 '색'이라는 이름을 감각에게는 부여하지 않고 오직 성질에게만 부여한다는 것이다. 이런 까닭은 아마도 동일한 색의 외양이라고 해도 빛과 매질, 눈의 상이한 변양에 따라 너무나 다양하고 변화무쌍하여 언어가 이 외양 모두에게 이름을 조달해줄 수 없기 때문일 것이다. 실로 이 외양들은 거의 아무런 흥미의 대상도 아니어서 결코 주의가 기울여지지 않는다. 이 외양들은 자신들이 지시하는 것들을 도입하는 기호로만 쓰일 뿐이다. 너무나 빈번하고 친숙한 외양들이 아무 이름도 갖고 있지 못한다거나 사유 대상이 되지 못한다는 점은 놀랄 것이 없다. 앞서 우리는 색 외양 못지않게 빈번하고 친숙한 수많은 촉감각 경우도 마찬가지임을 보여주었다.

제5절 이상으로부터의 추론

이상 색에 관해 말해진 바로부터 우리는 다음 두 가지를 추론해낼 수 있다. 첫 번째, 위대한 발견으로 널리 존중되어온 현대 철학의 가장 언급할 만한 궤변 중 하나는 그 뿌리에서부터 검토되고 보면 실상 언어 남용에 다름 아니라는 점이 드러난다. 여기서 궤변이란 색은 물체의 성질이 아니라 마음에 있는 관념일 뿐이라는 주장이다. 우리는 일반인이 사용하는 '색'이라는 단어는 마음에 있는 관념이 아니라 물체의 불변적인 성질만을 지시할 수 있음을 보여주었다. 또 우리는 이 단어의 통상적인 사용법에 정확하게 부합하는 물체의 불변적인 성질이 있음을 보여주었다. 이 성질이 일반인이 '색'이라는 이름을 부여하는 바로 그것이라는 점을 이보다 더 강력하게 입증할 수 있겠는가? 만약 누군가가 우리가 '색'이라는 이름을 부여하는 이 성질은 일반인에게는 미지의 것이고 따라서 일반인들은 이 성질에 대해 아무런 이름도 가질 수 없다고 말한다면, 나는 이 성질은 그 결과를 통해서만 알려진다고 답하겠다. 다시 말해서 이 성질은 우리에게 일정 관념을 야기함으로써 알려진다. 오직 결과를 통해서만 알려짐에도 불구하고 이름을 부여하는 것이 필요하다고 인정하는 수많은 성질이 있지 않은가? 우리는 이런 사례들을 의학이라는 분야에서만도 수백 건은 찾아낼 수 있다. '수렴제' '마취제' '발포제' '부식제' 등의 수많은 단어는 동물 신체에 끼치는 영향을 통해서만 알려지는 성질들을 의미하지 않는가? 그러나 그렇다면 왜 일반인들은 자신들의 눈을 통해 매순간 그 결과를 확인하는 성질에게 이름을 부여해서는 안 된다는 것인가? 따라서 '색 관념'이라고 철학자가 일컫는 바의 것을 야기하는 물체의 성질에게 일반인이 '색'이라는 이름을 적용하는 것에는 사물의 본성상 인정되는 근거가 있다. 또 물체의 존재를 인정하는 철학자들 모두는 이 성질이 물체에 있음을 인정한다. 철학자는 일반인이 '색'이라고 부르는 성질에는 아무런 이름도 부여하지 않으면서 사유나 반성의 대상이 되지 않는 까닭에 일반인이 아무런 이름도 부여하지 않는 관념이나 외양에는 이름을 부여하는 것이 합당하다고 생각해왔다. 이제 다음과 같은 점이 드러난다. 철학자가 색은 물체가 아닌 마음에 있다고 단언하고 일반인이 색은 마음이 아닌 물체의 성질이라고 단언할 때 서로의 의견 차이는 사물의 본성과 관련된 것이 아니라 단어의 의미에 관련된 것일 뿐이다.

일반인은 자신들이 날마다 대면하는 것들에게 이름을 부여할 수 있는 의문의 여지없는 권리를 갖고 있다. 만약 철학자가 아무 경고도 없이 일상어의 의미를 바꾼다면, 우리는 이들을 언어 남용의 죄목으로 정당하게 기소할 수 있을 것이다.

생각은 철학자의 방식으로 하고 말은 일반인의 방식으로 하는 것이 좋은 준칙이라면 일반인의 방식으로 생각하는 경우에는 일반인의 방식으로 말하는 것이, 그리하여 철학적인 역설 따위로 일반인에게 충격을 주지 않는 것이 올바른 일임이 틀림없다. 이때의 철학적 역설이란 일상어로 바꾸어놓고 보면 인류의 상식만을 표현하는 데 지나지 않는다.

만약 당신이 철학자가 아닌 자에게 색이 무엇이냐고 묻는다면, 또 무엇으로 인해 일정 물체는 흰색으로 보이고 다른 물체는 분홍색으로 보이냐고 묻는다면, 그는 아무런 답도 할 수 없을 것이다. 그는 이런 문제들에 대한 탐구는 철학자의 몫으로 남겨놓을 것이고 이 문제와 관련하여 단 하나의 가설만 빼고 나머지 모든 가설을 용인할 수 있을 것이다. 그 단 하나의 가설이란 바로 색은 물체에 있는 것이 아니라 오직 마음에만 있다는 현대 철학자들의 가설이다. 일반인은 자신이 날마다 대면하는 것들에게 이름을 줄 수 있는 의심할 수 없는 권리를 갖고 있다. 철학자가 아무런 주의도 주지 않은 채 일상어의 의미를 바꾼다면, 철학자는 언어 남용의 죄목으로 정당하게 비난받을 수 있다고 보인다.

위의 철학자가 아닌 자의 이해에서는 시각적 물체에는 아무런 색도 없으며 색은 시각적이지 않다고 생각되는 것에 있는 것이라는 주장보다 더 충격적인 궤변은 없다. 그러나 그럼에도 이 기이한 궤변은 널리 보편적으로 수용되고 있을 뿐 아니라 현대 철학의 가장 고귀한 발견으로 간주되기까지 한다. 영리한 에디슨[10]은 『스펙테이터』(*Spectator*) 제14권 413호에서 이 궤변에 관해 언급한다. "여기서 나는 현재 모든 자연철학 탐구자가 보편적으로 인정하고 있는 저 위대한 현대 철학의 발견을 숙지한 독자를 가정하기로 하겠다. 즉 상상에 의해 파악된 것으로서의 빛이나 색은 오직 마음에만 존재하는 관념이고 물질에 존재하는 성질이 아니라는 발견이다. 이 발견은 많은 현대 철학자에 의해 논박의 여지없이 증명된 진리이고 실로 철학에서 행해진 가장 세련된 성찰 중 하나다. 만약 영어권 독자가 이 주장에 대한 상세한 설명을 보기를 원한다면 로크의 『인간지성론』 제2권 8장을 참조하기 바란다."

로크와 에디슨은 인류에게 혁혁한 공을 세운 저자들인 만큼 만약 누군가가 자신의 의견이 이들과 다르다는 것을 발견한다면 이자는 이 때문에 마음이 상당히 불편해질 것이다. 그리하여 이자는 이들 저자들의 모든 공적을 본인들 스스로 그토록 높게 평가하는 그러한 발견에 돌리고자 할 것이다. 실로 제2성질이라는 주제와 관련하여 로크를 위시한

---

10) 에디슨(Joseph Addison, 1672~1719): 영국 문인. 스틸(Richard Steele)과 함께 잡지 『스펙테이터』를 창간했다.

그밖의 현대 철학자들이 마음에 있는 감각과 이 감각을 야기하는 물체의 구성 내지 성질을 이전 누구보다 더욱 정확하게 구분했던 공적만큼은 정당하게 인정되어야 한다. 이들은 양자가 구분될 뿐만 아니라 전혀 유사하지도 않다는 점을 분명하게 보여주었다. 향기로운 물체의 발산물과 냄새 감각 간에나 소리 나는 물체의 진동과 소리감각 간에는 아무런 흡사함도 없으며, 뜨거움의 느낌과 이 느낌을 야기하는 뜨거워진 물체의 구성 간에나 색 있는 물체의 눈에 보이는 외양과 이 외양을 야기하는 물체의 구성 간에는 아무런 유사성도 없다.

마음에 있는 감각과 물체에 있는 성질을 정확히 구분한 것은 적지 않은 위업이었다. 아무리 본성상 다르고 유사하지 않다고 해도 양자는 마치 두 얼굴을 지닌 하나의 형체이기라도 하듯이 상상에서는 항상 연합되어왔고 그 이중적 본성 때문에 정당하게 물체의 것일 수도 마음의 것일 수도 없었다. 물체와 마음에 각각의 정당한 몫을 할당하는 일은 상상에서 하나로 연합되어 있는 이 형체를 그 구성 부분들로 적합하게 구분하기 전에는 불가능한 일이었다. 고대 철학자 중 그 누구도 이 구분을 행하지 않았다. 데모크리토스와 에피쿠로스의 추종자들은 뜨거움의 형상, 소리 형상, 색 형상은 오직 마음에만 있는 것임에도 우리 감각은 이런 것들을 물체에 있는 것으로 거짓되게 재현한다고 생각했다. 소요학파는 이런 형상들이 실제로 사물에 있어서 그 이미지들이 감각을 통해 마음 안으로 전달되는 것이라고 상상했다.

전자의 이론, 즉 데모크리토스와 에피쿠로스의 이론은 감각을 본성상 허위적이고 기만적인 것으로 만들었고, 후자의 이론, 즉 소요학파의 이론은 사물의 성질을 마음의 감각과 유사한 것으로 만들었다. 위에서 언급된 그러한 구분을 행치 않고 제3의 이론을 찾아내기란 가능한 일이 아니었는데, 실로 우리는 이 구분을 통해 고대의 두 이론이 범한 오류를 피해갈 수 있다. 즉 우리는 한편으로는 감각이 물체의 성질과 유사하다고 어렵사리 믿지 않아도 되고, 다른 한편으로는 신이 우리에게 우리를 기만하는 능력을 주면서 동시에 속임수를 간파해내는 능력을 주었다고 어렵사리 믿지 않아도 된다.

그리하여 우리는 색과 그밖의 제2성질에 관련한 로크와 다른 근대철학자들이 주장했던 학설의 진가를 기꺼이 인정하고 그 정당한 공적을 기린다. 하지만 우리는 이들이 학설을 표현하는 데 사용했던 언어는 비난하고자 한다. 우리 눈에 보이는 색 외양과 이 외양을 자연법칙에 따라 만들어내는 유색(有色) 물체의 양태 간의 구분을 설명하고 정립했을 때, 이들이 당면한 문제는 '색'이라는 이름을 원인에 부여할 것인지 결과에 부여할 것인지였다. 이들은 이 이름을 결과에 부여함으로써 철학과 상식을 선명하게 대립시켰고 철학을 일반인의 조롱거리로 만들었다. 그러나 만약 이들이 '색'이라는 이름을 원인에 부여했다면——이들은 마땅히 그랬어야만 했다——이들은 일반인과 같은 편이 되어 색은 물체의 성질이고 마음에는 색도, 색 비슷한 것도 없다고 말했을 것이다. 이들의 언어는 이들의 생각이 그렇듯이 인류의 상식적 이해와 완전히 일치했을 것이고 그리하여 참된 철학은 상식과 제휴했을 것이다. 결코 로크는 상식의 적(敵)이 아니었으므로 우리는 그가 몇 가지 다른 경우들에서처럼 이 경우에도 기존 가설에 현혹되었던 것이라고 짐작할 수 있다. 그리고 이 짐작이 옳다는 것이 다음 절에서 드러날 것이다.

제6절 감각 중 물체의 성질과 유사한 것은 없다

두 번째 추론은 비록 색은 물체의 성질이지만 그럼에도 색과 유사한 관념이나 감각에 의해 마음에 재현되는 것이 아니며 오히려 정반대로 전혀 유사하지 않은 관념에 의해 시사된다는 것이다. 이 추론은 색만이 아니라 우리가 검토했던 물체의 모든 성질에게 적용 가능하다.

오감의 작용과 오감을 통해 발견되는 물체의 성질에 관한 이제까지의 분석에서 주목할 점이 한 가지 있다. 즉 이 분석에서는 물체의 성질과 닮은 감각의 단 하나의 사례도, 그 이미지나 유사물이 감각을 수단으로 마음에 전달되는 물체의 성질과 유사한 감각의 단 한 사례도 등장하지 않았다.

  마음과 외부 세계 간에 수행되는 상호작용보다 더 설명 불가능한 자연현상은 없다. 또 철학자들이 그 탐구와 해명에서 이보다 더 큰 열정을 보여준 자연현상도 없다. 마음과 외부 세계의 상호작용이 감각을 수단으로 수행된다는 것에 모든 사람은 동의하며 일반인의 호기심은 이 수준에서 만족된다. 그러나 철학적 호기심은 만족되지 못한다. 철학자들은 이론을, 우리의 감각이 어떻게 우리로 하여금 외부 사물을 숙지하게 만드는지를 보여주는 이론을 가져야 한다. 이를 위해 인류의 창의력은 그 대단한 다산성(多産性)에도 불구하고 단 하나의 가설을, 단 하나라는 이유로 인해 보편적으로 수용되어온 가설을 산출해왔다. 이 가설에 따르면, 마음이란 감각을 수단으로 하여 외부로부터 사물의 이미지를 흡사 거울과도 같이 받아들이며 따라서 감각의 용도란 사물의 이미지를 마음 안으로 전달하는 것이다.

  우리가 마음에 있는 이들 외부 사물의 이미지들에게 소요학파의 예를 따라 '감각형상'(sensible form)이나 '감각상'(感覺像, sensible species)[11]이라는 이름을 부여할 것인지, 아니면 로크의 예를 따라 '감각 관념'(ideas of sensation)[12]이라는 이름을 부여할 것인지, 이도저도 아니면 후대 철학자의 예를 따라 감각기관에 의해 즉시 전달되는 감각과 기억, 상상에 보유되는 감각의 희미한 복사물인 감각관념을 구분할 것인지 등은 단지 말의 차이에 불과하다. 내가 언급한 가설은 이 모든 상이한 이론에 공통된다.

  이 가설에서 이끌어지는 불가피하고 당연한 결론은 우리는 이미지가 감각에 의해 마음 안으로 전달되기 전까지는 아무런 물질적 사물도 아무런 물질적 사물의 성질도 생각하거나 사유 대상으로 삼을 수 없다는 것이다. 우리는 이 가설을 나중에 상세히 검토할 터인데, 여기서는 다만

---

11) 아리스토텔레스의 인식론에 대해서는 이 책, 103쪽 주 18), 119쪽 주 34) 참조.
12) 로크는 관념을 기원에 따라 둘로 나눈다. 하나는 외부감각에서 오는 관념이고 다른 하나는 반성에서 오는 관념이다. 이 책, 87쪽 주 1) 참조.

우리가 이 가설의 결론들로 자연스럽게 예견할 수 있는 다음과 같은 논점들을 언급하기로 하겠다. 즉 우리가 알거나 생각할 수 있는 것처럼 물체의 각 성질과 속성에는 각기 하나의 감각이 상응한다. 그리고 이 감각은 상응하는 성질의 이미지이자 유사물이고 물체 내지 물체의 성질과 전혀 근사하지도 유사하지도 않은 감각은 우리에게 물질세계의 개념이나 물질세계에 속한 것에 관한 개념을 주지 못한다 등.

우리는 이 절과 앞서의 절들에서 색과 뜨거움, 차가움, 소리, 맛, 냄새, 그리고 연장이나 형태, 고체성, 운동, 딱딱함, 거칠음에 관해 고찰했다. 우리는 인류 전체가 이러한 것들을 물체의 성질들로 생각해왔던 것은 우리의 본성과 구성이 우리로 하여금 그렇게 생각하도록 이끌어서임을 보여주고자 노력했다. 또 우리는 우리가 오감을 통해 갖게 되는 다양한 감각을 매우 주의 깊게 검사했다. 우리는 감각 중에서 물체의 이미지나 물체의 성질의 이미지인 것은 단 하나도 발견할 수 없었다.

그렇다면 철학자들이 주장하는 이른바 물체의 이미지나 물체의 성질의 이미지는 대체 어떻게 해서 마음 안으로 들어오게 되는 것인가? 이 문제의 해결은 철학자들에게 맡기기로 하자. 내가 말할 수 있는 전부는 감각을 통해 오게 되는 것은 아니라는 점이다. 확신컨대 적절히 주의를 기울이고 숙고함으로써 나는 나 자신의 감각을 알 수 있다. 나는 내 감각이 무엇을 닮았고 닮지 않았는지를 확실하게 말할 수 있다. 나는 내 감각을 낱낱이 검토했고 물질이나 물질의 성질과도 대조했다. 나는 내 감각 중에서 물질이나 물질의 성질과 닮았노라고 고백하는 감각은 하나도 발견하지 못했다.

감각은 물질의 이미지도 아니고 물질의 성질의 이미지도 아니라는 것처럼 명백한 진리가 위에서 언급된 가설에——이 가설이 아무리 고색창연하고 철학자들에게 보편적으로 수용된 것이라고 해도——굴복해서는 안 될 일이다. 또 이 진리와 그러한 가설 간에는 아무런 우호적인 연합도 있을 수 없다. 이 점은 감각과 연관된 고 · 근대의 철학사조에 대해 약간만 반성해보아도 분명하게 드러난다.

소요학파가 지배했던 당시 감각은 세밀하고 정확하게 검사되지 않았다. 철학자들은 일반인과 마찬가지로 감각이 의미하는 것에게 주의를 기울였고 우리가 외부 사물에서 갖게 되는 모든 감각은 외부 사물의 형상이거나 이미지라는 주장은 그러한 공통된 가설의 결론으로서 당연시되었다. 이렇게 하여 우리가 언급했던 진리는 그러한 가설에 전폭적으로 굴복했고 가설에 의해 전적으로 억압되었다.

데카르트는 우리의 주의를 마음 안으로 돌려 감각들을 정밀하게 검토하는 고귀한 사례를 보여주었고 현대 철학자들, 특히 말브랑슈, 로크, 버클리, 흄은 데카르트의 사례를 매우 훌륭하게 뒤따랐다. 그리고 그러한 정밀한 검토 결과에 앞서 언급된 진리, 즉 마음의 감각은 감각능력 없는 불활성 실체——우리가 물질이라고 생각하는 것이다——의 성질 내지 속성과 닮지 않았다는 진리가 점차 발견되었다. 그러나 이 가치 있고 유용한 발견은 불행하게도 여러 단계를 거치면서도 여전히 고대의 가설과 결합되어왔으며, 본성상 서로에게 매우 비우호적이고 부조화스러운 견해[13]들의 이 불운한 결혼으로부터 근대철학에 대한 너무도 정당한 비난의 근거를 제공하는 괴물들, 즉 궤변과 회의주의가 탄생했다.

로크는 우리가 미각, 후각, 청각을 통해 갖게 되는 감각이 색이나 뜨거움이나 차가움의 감각과 마찬가지로 물체에 있는 그 어떤 것과도 닮지 않았다는 사실을 분명하게 깨달았고 이를 반박의 여지없이 입증했다. 이런 사실을 인정한다는 점에서 그는 데카르트와 말브랑슈와 생각이 일치했다. 이제 이런 로크의 견해를 저 고대의 가설과 연결시키면, 다음과 같은 것들이 필연적으로 귀결된다. 우선, 오감 중 셋은 우리에게 물질세계에 관한 정보를 주는 직무를 맡기에는 전혀 부적당하고 이런 직무와는 차단되어 있다. 마치 분노나 고마움 등의 감정이 물체와 하등의 연관성도 있을 수 없듯이 냄새와 맛, 소리는 색이나 뜨거움과 마찬가

---

13) 마음 안의 감각과 물질의 성질은 서로 닮지 않았다는 견해와 고대의 가설을 말한다.

지로 물체와 하등의 연관성도 있을 수 없다. 따라서 분노나 고마움이 물체의 성질로 불리면 안 되는 것처럼 냄새나 맛, 소리는 그것들이 제1성질이든 제2성질이든 간에 물체의 성질로 불리면 안 된다. 왜냐하면 우리가 그러한 가설을 전제로 삼아 다음과 같이 논증하는 것은 자연스럽고 명백한 일이었기 때문이다. 만약 뜨거움, 색, 소리가 물체의 실제 성질이라면, 우리가 이 성질을 지각하는 감각은 이 성질의 유사물임이 틀림없다. 그러나 이 감각은 유사물이 아니다. 따라서 물체의 실제 성질이 아니다.

이제 우리는 제2성질의 관념이 성질의 유사물이 아니라는 사실을 발견했던 로크가 모든 철학자에게 공통적으로 수용된 가설에서 어떤 압박을 받아 제2성질이 물체의 실제 성질임을 부인하도록 되었는지 알 수 있다. 하지만 그가 이런 부인 이후에도 왜 제2차 성질의 관념을 '제2성질'이라고 불러야 했는지에 대한 근거를 대는 것은 한층 더 어려운 일이다. '제2성질'이라는 이름은, 만약 내가 잘못 알고 있는 것이 아니라면, 로크 자신이 고안해낸 것이었기 때문이다. 확실히 그는 제2성질이 마음의 제2성질이라고는 생각하지 않았다. 그가 제2성질의 관념은 전혀 물체의 성질이 아니라는 사실을 발견한 후 제2성질의 관념을 물체의 제2성질로 불렀던 데 어떤 연유가 있었는지, 이런 호칭에 어떤 허용 가능한 재량권이 있는 것인지 나로서는 알 수 없는 노릇이다.

내가 보기에 로크는 이 대목에서 그만 상식에게 희생당한 것 같다. 그는 상식의 권위에 의해 자신의 가설과 정반대 방향으로 이끌려진 것 같다. 그 자신의 원리와 논증에 의거하면 전혀 물체의 성질들이 아닌 것들을 이 철학자로 하여금 물체의 '제2성질'로 부르게끔 이끌었던 여왕은 우리의 의견을 관장하는 여왕이기도 하다. 그녀는 전(全) 시대의 일반인뿐만 아니라 철학자, 심지어 로크의 신봉자들도 제2성질의 관념이 물체의 실제 성질이라고 믿게끔 이끌었다. 그녀는 로크의 신봉자들로 하여금 색과 소리와 뜨거움의 본성들을 실험을 통해 물체 안에서 탐색하게끔 이끌었다. 만약 이런 본성들이 사물에 있지 않았다면, 이 탐색은 응당 소득이 없어야 했을 것이다.[14) 그러나 반대로 이 탐색은 자연철학의 매우 중요한 부분을 이루는 아주 고귀하고 유용한 것을 발견했다. 만약 자연철학이 한낱 꿈이 아니라면, 물체에는 우리가 '색'이나 '뜨거움' '소리'라고 부르는 어떤 것이 있다. 그리고 만약 이것이 사실이라면, 이와 반대되는 결론이 이끌어지는 가설은 거짓임이 틀림없다. 일정한 논증이 거짓된 결론에 이르게 된 경우 그 논증은 거짓된 결론이 이끌어지는 가설 쪽으로 반동하여 자신의 힘을 후진해서 진행하는 법이기 때문이다.[15) 만약 물체의 성질이 오직 성질을 닮은 감각을 통해서만 우리에게 알려지는 것이라면, 색이나 소리, 뜨거움은 물체의 성질일 수 없다. 그러나 이것들은 물체의 실제 성질이고, 따라서 물체의 성질은 성질과 닮은 감각을 수단으로 해서만 알려지는 것이 아니다.

그러나 이야기는 더 진행된다. 로크가 후각이나 미각, 청각을 통해 우리가 갖게 되는 감각과 관련하여 입증한 바를 버클리 주교는 우리의 모든 그밖의 감각과 관련하여 로크에 못지않게 반박의 여지없이 입증했다. 그는 우리의 모든 그밖의 감각 중 그 어느 것도 무생명의 감각능력 없는 존재——우리가 물질이라고 생각하는 것이다——의 성질을 닮지 않았다는 견해를 증명했다. 흄은 버클리의 이 견해를 자신만의 권위와 논증을 통해 확증했다. 확실히 버클리의 견해는 그 오랜 가설에는 해로운 측면을 지니고 있는 것처럼 보인다. 하지만 그럼에도 그 가설은 여전히 보유되어왔고 이러한 견해와 결합되어왔다. 아, 이 결합에서 어떤 괴

---

14) 상식이라는 여왕의 손에 이끌린 철학자들이 제2성질의 관념의 본성을 물체에서 찾아내고자 했지만 제2성질의 관념은 물체에 있는 것이 아니므로 이들의 연구는 별 소득이 없는 것으로 끝나야 했다. 하지만 실상은 그렇지 않았다는 뜻이다.

15) 리드가 말하는 것은 귀류법의 타당성이다. 즉 논증이란 결론의 정립이 목표이고 따라서 한 논증의 힘은 얼마나 수용할 만한 결론을 산출하느냐에 달려 있는 것인데, 만약 어떤 논증이 거짓된 결론을 낳는다면 이 논증은 결론을 정립시키는 힘을 발휘하는 것이 아니라 오히려 결론이 도출된 전제 중 일부나 전부가 거짓임을 입증하는 데 이바지하게 된다는 것이다.

물들이 한배로 태어났는지!

이 결합이 낳은 첫 번째 자손은 아마도 가장 순진무구한 괴물일 터인데, 물체의 제2성질은 단지 마음의 감각이라는 것이다. 이 자손이 말브랑슈의 생각, 즉 마음이라는 섬에는 단 한 명의 낯선 이도 발을 들여놓지 못하므로 우리는 모든 것을 신의 마음 안에서 본다는 말브랑슈의 생각[16]을 거쳐 그다음 나온 것이 버클리의 이론이다. 이 이론에 따르면 연장과 형태, 딱딱함, 운동, 그리고 대지나 바다, 집, 우리 자신의 신체,[17] 또 아내와 자식과 친구의 신체는 모두 마음의 관념에 지나지 않고 자연에는 마음과 관념 외에 아무것도 없다.

이들을 뒤따라오는 후손은 한층 더 가공(可恐)할 만하다. 이 후손의 탄생을 돕는 산파역을 도맡아하고 길러내어 이윽고 이 세상에 입회시키는 용기를 지닌 이가 있을 수 있다는 것이 놀라울 정도다. 이 이론에 따르면, 자연에는 아무런 원인도 결과도, 물질적이건 정신적이건 간에 아무런 실체도, 심지어 수학적인 증명에서도 아무런 명증성도 아무런 자유도 아무런 능동적인 힘도 없다. 다시 말해 아무것도 존재하지 않는다. 또 자연에 존재하는 유일한 것은 연속하는 인상과 관념뿐이고 이것들은 시간도 장소도 주체도 갖고 있지 않다——확실히 결코 이제까지 그 어떤 시대에서도 이런 견해들로 구성된 이론이 산출된 적은 없었다. 이 이론은 보편적으로 수용된 한 가지 원리에서 매우 정확하고 명쾌하게 우아하고 정당하게 연역되었다. 우리가 언급했던 그러한 가설이야말로 이들 견해들 모두의 아버지이고, 우리의 감각과 느낌이 외부 사물과 닮지 않았다는 주장은 이들 견해 대부분을 낳은 순진무구한 어머니다.

때로 산술 계산에서는 계산상의 두 오류가 서로를 상쇄하여 결국 계산 결과가 오류들 때문에 거의, 아니 전혀 아무런 영향도 받지 않는 일이 발생한다. 만약 이 경우 두 오류 중 하나만이 교정되고 다른 하나는

---

16) 이 책, 67쪽 주 16) 참조.
17) 우리말에서 신체와 물체는 구분되지만 영어에서는 둘 다 'body'다.

그대로 남는다면, 이때의 계산 결과는 오히려 두 오류가 함께 있을 때보다 정답에서 거리가 더 멀다. 바로 이런 일이 감각과 관련하여, 현대 철학과 비교컨대, 소요학파의 철학에서 발생했던 것 같다. 소요학파 철학자들은 두 가지 오류를 저질렀다. 그러나 이들의 두 번째 오류는 첫 번째 오류를 교정하여 부드럽고 온화한 종류로 만드는 역할을 수행했고, 그 결과 이들의 이론은 회의주의로 기울어지지 않았다. 현대 철학자들은 이 오류 중 첫 번째 오류는 보유했지만 점차 두 번째 오류의 존재를 탐지해내어 이를 교정시켰다. 그 교정 결과 우리가 찾아낸 빛은 어둠을 산출하게 되고 회의주의와 지식이 손을 잡았다. 회의주의는 처음에는 물질세계에 그리고 마지막에 가서는 자연 전체의 형국(形局)에 우수에 찬 어둠을 드리운다. 이 어둠의 현상은 그 원인이 숨겨져 있는 동안에는 빛과 지식을 사랑하는 이들에게마저 금방이라도 비수를 들이댈 듯하다. 그러나 일단 그 원인이 탐지된다면, 이는 이 어둠이 영원하지는 않을 것이며 결국 더욱 영원한 빛에게 자리를 내줄 것이라는 희망을 낳는 계기가 될 수도 있을 것이다.

제7절 시각적 형태와 연장

비록 우리가 '색'이라고 부르는 물체에 있는 성질과 이 성질의 눈에 보이는 외양 간에는 아무런 유사성도 없고 우리가 아는 한 아무런 필연적 연계도 없지만 물체의 형태나 크기의 경우는 전혀 다르다. 물체의 시각적 형태, 크기와 실제 형태, 크기 간에 유사성과 필연적 연계가 있다는 점은 확실하다. 분홍색이 왜 하필 현재의 방식으로 눈에 영향을 끼치는지에 대한 이유를 댈 수 있는 사람은 아무도 없으며, 분홍색이 다른 사람의 눈에 영향을 끼치는 것과 같은 방식으로 자신의 눈에 영향을 끼친다고 확신할 수 있는 사람은 아무도 없다. 그러나 우리는 눈과 비스듬한 방향에 놓인 원이 왜 타원형으로 보이는지에 대한 이유는 댈 수 있다. 우리는 시각적 형태나 크기, 위치를 실제 형태와 크기, 위치로부터 수학적 추론을 통해 연역해낼 수 있으며, 동일 조건에 놓인 선명하고 완벽한 시력을 지닌 모든 눈은 주어진 물체를 다른 형태가 아닌 이러저러한 형태를 지닌 것으로, 다른 크기가 아닌 이러저러한 크기를 지닌 것으로, 다른 위치가 아닌 이러저러한 위치에 있는 것으로 본다는 사실을 논증해낼 수 있다. 감히 단언컨대, 선천성 맹인이라 해도 만약 수학을 배운다면, 물체의 실제 크기와 거리, 위치가 주어졌을 때 물체의 시각적 형태를 판정할 수 있게 된다. 손더슨 박사는 구(球)의 투영법과 원근법을 이해했다. 맹인이 물체의 시각적 크기를 판정할 수 있기 위해서는 속이 비어 있는 구——이 구의 중심에 눈이 있다——의 표면으로 주어진 물체의 윤곽선을 투사하는 데 필요한 것 이상의 지식은 필요치 않다.[18] 이 투사체가 바로 맹인이 필요로 하는 시각적 형태다. 이 투사체와 시각 작용 중 망막에 투사되는 형태는 동일하다.

맹인이라 해도 대상의 각 지점에서 눈의 중심까지 그어져 일정한 각을 형성하는 선들을 개념화할 수 있다. 또 그는 대상의 길이는 그 길이가 눈에 대해 이루는 각에 비례하여 크거나 작게 보인다는 사실을 개념화할 수 있다. 마찬가지로 그는 대상의 폭, 일반적으로 말해 대상의 임의 지점으로부터 임의의 다른 지점까지의 거리는 이 폭이나 거리가 눈에 대해 이루는 각에 비례하여 크거나 작게 보인다는 사실을 개념화할 수 있다. 그는 마치 구면상의 투영체나 원근법적으로 그려진 설계도가 그러하듯이 시각적 외양도 두께를 갖고 있지 않다는 사실을 쉽게 이해할 수 있다. 또 그는 경험의 도움을 받기 전까지는 눈이 어떤 한 대상을 다른 한 대상보다 더 가깝게 있다거나 더 멀리 있는 것으로 표상하지 못한다는 정보를 제공받을 수 있다. 아니, 아마도 그는 이 사실을 혼자 힘으로 추측해낼 수 있을 것이고 광선이란 먼 거리에서 오든 가까운 거리

---

18) 속이 비어 있는 구(球)란 안구의 모형으로 삼을 수 있는 구를 말한다. 리드는 어떤 형태가 눈에 보일 때 우리가 보는 시각적 형태는 그 형태가 구 표면에 투사되어 그려지는 형태와 동일하고 이 시각적 형태는 구의 투사법을 통해 원래 형태로부터 수학적으로 계산 가능하다는 점을 말하고 있다.

에서 오든 간에 눈에 동일한 인상을 만든다는 사실을 쉽게 생각해낼 수 있을 것이다.

이상의 것들이 맹인 수학자가 갖고 있으리라고 우리가 상정하는 원리들의 전부다. 확실히 맹인 수학자는 이 원리들을 정보와 반성을 통해 얻을 수 있다. 또 이에 못지않게 확실한 것은 일정 물체의 실제 형태와 크기가 주어지고, 대상의 위치와 대상과 눈의 거리가 주어졌을 때, 맹인 수학자는 이 원리를 근거로 물체의 시각적 크기와 형태를 발견해낼 수 있다는 점이다. 그는 이 원리를 근거로 모든 물체의 시각적 형태는 속이 비어 있는 한 구——이 구의 중심에 눈이 놓여 있다——의 표면에 투영되어 나타나는 투영체와 동일하다는 사실을 일반적인 수준에서 논증할 수 있다. 또 그는 물체의 시각적 크기는 물체의 투영체가 구 표면을 많게 차지하느냐 적게 차지하느냐에 따라 크거나 작다는 사실을 논증해낼 수 있다.

이 문제를 좀더 다른 측면에서 해명하기 위해 눈과 관련한 대상의 '위치'(position)와 눈과 대상의 '거리'(distance)를 구분하기로 하자. 눈의 중심에서부터 그어진 동일 직선상에 있는 대상들은 눈과의 거리가 아무리 달라도 동일한 위치를 갖는다. 이에 반해 눈의 중심에서부터 그어진 상이한 직선들에 있는 대상들은 상이한 위치를 가지며, 이때의 위치 차이는 이 직선들이 눈과 이루는 각의 크기에 비례하여 크거나 작다. 눈과 관련한 대상의 위치가 의미하는 바를 이렇게 정의하고 나면, 이제 다음과 같은 점들이 분명해진다. 즉 물체의 실제 형태가 물체의 부분들의 상호 관련적인 위치에서 성립하는 것처럼, 물체의 시각적 형태는 물체의 부분들이 눈과 관련하여 갖는 위치에서 성립한다. 또 물체의 부분들이 상호 관련하여 갖는 위치에 관해 명확한 개념을 갖고 있는 사람은 물체의 실제 형태에 관한 명확한 개념을 갖고 있음이 틀림없듯이, 물체의 부분들이 눈과 관련하여 갖는 위치를 명확하게 개념화하는 사람은 물체의 시각적 형태에 관한 명확한 개념을 갖고 있음이 틀림없다. 이제 맹인이 물체의 부분들이 눈과 관련하여 갖는 위치에 관한 명확한 개념을 갖지 못하게 방해할 것은 없다는 점은 확실하다. 이는 그가 물체의 부분들이 상호 관련하여 갖는 형세에 관한 명확한 개념을 갖는 것을 방해할 것이 없는 것만큼이나 확실하다. 따라서 나는 결론짓건대, 맹인도 물체의 시각적 형태에 관한 명확한 개념을 획득할 수 있다.

우리는 이상 제시된 논증이 맹인도 물체의 시각적 연장과 형태에 관한 개념을 가질 수 있다는 것이 참임을 입증하는 데 충분하다고 생각한다. 하지만 그럼에도 이 진리에 반대하는 편견을 제거하기 위해서는 맹인 수학자가 스스로 형성할 수 있는 시각적 형태의 개념과 시각작용 중에 눈에 현전하는 시각적 형태의 개념을 비교하여 이 개념들이 어떤 점에서 다른지를 고찰하는 것이 유용할 것이다.

첫 번째, 시각적 형태는 색과 연합하지 않고는 결코 눈에 현전하지 않는다. 비록 시각적 형태와 색은 본성상 아무런 연계도 없지만 그런데도 불변적으로 함께 동반하며 그 결과 우리는 이것들을 상상 안에서조차 분리할 수 없다. 이 분리 불가능의 어려움은 우리가 시각적 형태를 사유 대상으로 삼는 데 결코 익숙하지 않다는 사실에 의해 더 강력하게 배가된다. 시각적 형태는 기호로만 쓰이며 이 용도에 봉사하고 난 후에는 아무런 흔적도 남기지 않고 사라진다. 제도사나 화가의 직무는 바로 이 도망 잘 가는 형태를 추적하여 복사물을 만드는 것인데, 오랜 시간 기예를 익히느라 고생한 후에도 이들은 자신의 직무가 여전히 대단히 어렵다고 생각한다. 만약 이들이 이런 고생 끝에 결국 상상 안에서 시각적 형태를 고정하여 그림이 다 마쳐질 때까지 가만히 유지하는 법을 습득할 수 있게 된다면, 이는 이들로서는 매우 행복한 일이라 아니 할 수 없다. 그렇게 되면 분명히 이들은 복사물을 보고 그리는 것과 똑같이 정확하게 실물을 보고 그릴 수 있기 때문이다. 그러나 이런 정도의 완벽함에 도달하는 사람은 매우 극소수의 저명한 회화의 달인(達人)만이다. 그렇다면 이제 우리가 이러한 시각적 형태를 그 불변의 연합체에서 분리하여 개념화하기란 매우 어렵다고 해서 놀랄 것은 없다. 이 형태를 개념화하는 것조차 이토록 어려운 일이니 말이다. 그러나 우리의 맹인은 색에 관한 아무런 개념도 갖고 있지 않으므로 그의 시각적 형태 개념은 색과는 연합되어 있지 않을 것이나 아마도 그가 촉각을 통해 숙지하고 있는 딱딱함이나 부드러움과는 연합되어 있을 것이다. 이 다양한 연합은 우리를 기만하여 실제로는 동일한 것들을 다른 것들로 보이게 하기 쉽다.

두 번째, 눈멀지 않은 이가 아무런 수고도 들이지 않고 아무런 추론을 통하지 않고 일종의 '영감'(靈感)이라고 부를 만한 작용을 통해 시각적 형태를 단번에 자신의 눈에 재현하는 데 반해, 맹인은 사유를 통해, 그리고 수학적 원리를 동원한 추론을 통해 시각적 형태의 개념을 형성한다. 비록 포물선이나 사이클로이드의 작도된 모습이나 윤곽선을 한 번도 본 적이 없는 이라고 해도 이것들에 관한 수학적 정의를 근거로 각 형태의 개념을 스스로 형성할 수 있고, 거꾸로 수학적 정의에 관해서는 전혀 아무것도 모르는 이라고 해도 종이에 그려지거나 나무에 새겨진 형태들을 보거나 손으로 느끼거나 할 수는 있다. 이로써 이 두 사람은 모두 이 형태들에 관한 선명한 개념을 가질 것인데, 전자는 수학적 추론을 통해서이고 후자는 감각을 통해서다. 맹인이 시각적 형태의 개념을 형성하는 방식은 전자의 사람이 한 번도 본 적이 없는 포물선이나 사이클로이드의 개념을 형성하는 방식과 동일하다.

세 번째, 눈멀지 않은 이는 시각적 형태에 의해 실제 형태의——시각적 형태는 이 실제 형태의 기호다——개념으로 곧장 안내된다. 그러나 맹인의 사유는 반대 방향으로 움직인다. 이 사람은 맨 처음에는 물체의 실제 형태와 거리, 상황을 알고 이로부터 천천히 수학적 추론을 통해 시각적 형태를 추적해내야 하기 때문이다. 맹인이 스스로의 본성 때문에 시각적 대상을 기호로 생각하게끔 되는 것은 아니다. 만약 그가 시각적 대상을 기호로 생각한다면, 이는 그 자신의 이성과 상상을 통해 만들어진 창작물이다.

제8절 시각적 형태와 관련된 질문과 답

그럼 이 시각적 형태는 어떤 종류의 것인지를 질문할 수 있다. 시각적 형태는 감각인가 관념인가? 만약 관념이라면, 어떤 감각으로부터 복사되는 것인가? 이 질문들은 자연에 있는 모든 것이 불려나가 심문에 답해야 하는 법정, 일단의 현대철학자들이 설정한 심문 법정이 있음을 알지 못하는 이에게는 사소하거나 부적절한 것으로 보일 수 있다. 이 법정의 심문 문항의 수는 실로 적지만 그 결과는 가공할 만하다. 심문 문항은 오직 이것들뿐이다. 이 죄수는 인상인가 관념인가? 만약 관념이라면 어떤 인상으로부터 복사되었는가? 이제 만약 죄수가 인상도 아니고 그렇다고 어떤 인상으로부터 복사된 관념도 아닌 것으로 보인다면, 판결 저지를 위한 아무런 제안도 허용되지 않은 채 곧바로 판결이 내려진다. 판결의 내용인즉, 죄수는 존재 세계에서 축출되어 앞으로는 한갓 공허하고 무의미한 소리 내지 사자(死者)의 혼령쯤으로 간주되어야 한다는 것이다.

이 가공할 법정에서 원인과 결과, 시간과 장소, 물질과 정신 등이 심문받았고 패소했다. 그럼 이제 시각적 형태와 같이 불쌍하고 연약한 형체가 과연 얼마나 잘 버텨낼 수 있겠는가? 시각적 형태는 유죄시인(有罪是認)에 이르게 되고 자신은 인상도 아니고 관념도 아니라고 자백한다. 과연 이렇게 되는 연유는 무엇인가? 아! 주지하다시피 시각적 형태는 길이와 폭으로 연장되어 있고, 그리하여 길거나 짧을 수 있고 넓거나 좁을 수 있으며 삼각형이거나 직사각형이거나 원형일 수 있다. 따라서 만약 관념과 인상이 연장되어 있지도 않고 형태 지워져 있지도 않은 것들이라면, 시각적 형태는 관념과 인상의 범주에 소속될 수 없다.

만약 그렇다면 시각적 형태는 존재의 어떤 범주에 속하는지가 잇달아 질문된다면? 나로서는 이에 대한 답으로 몇 가지 징표만을 줄 수 있을 뿐이다. 존재자의 범주에 관해 나보다 더 잘 숙지하는 이들은 이 징표들을 수단으로 하여 시각적 형태의 소속처를 발견할 수 있을 것이다. 앞서 말했듯이, 시각적 형태는 물체의 부분들이 눈과 관련하여 갖는 위치이고 이 위치들이 여럿이 함께 놓이는 경우 실제 형태가 만들어진다. 이 실제 형태는 그 자체로서는 길이와 폭에서 연장되어 있지만 그럼에도 길이와 폭과 두께에서 연장되어 있는 형태를 재현한다. 마찬가지로 구의 투영체는 실제 형태이고 길이와 폭을 지니고 있지만 그럼에도 3차원의 구를 재현한다. 구의 투영체나 궁전의 원근법적 조감도는 시각적 형태가 재현물인 것과 동일한 의미에서 하나의 재현물이다. 투사체나 조감도의 거주처가 재현물이라는 범주에 있다고 한다면, 시각적 형태는 바로 그 옆집에 기거하고 있다고 할 수 있다.

더 나아가서 다음을 질문할 수 있다. 과연 시각적 형태는 시각적 형태에게 고유한 어떤 감각이 있어서 이 감각을 통해 시각작용 중에 시사되는 것인가? 그런 것이 아니라면 시각적 형태는 무엇을 수단으로 하여 마음에 현전하는 것인가? 이 질문은 촉감각 능력에 관한 선명한 개념을 갖기 위해 상당히 중요하다. 촉감각의 모든 것을 가능한 최대로 밝혀내기 위해서는 촉감각과 그밖의 감각들을 비교하여 전혀 상이함에도 불구하고 혼동되기 쉬운 감각들을 구분하기 위한 전제들을 마련하는 것이 필요하다.

우리에게 거리가 떨어진 것에 관한 정보를 주는 세 가지 감각이 있다. 후각, 청각, 시각이 그것들이다. 우리는 냄새 맡고 소리 들으면서 감각이나 마음에 찍힌 인상을 갖게 되고, 본성상 이 감각이나 인상을 외부 사물을 의미하는 기호라고 개념화한다. 그러나 이때 이 외부 사물의 감각기관과 관련한 위치가 이런 감각이나 인상과 함께 마음에 현전하는 것은 아니다. 마차 소리를 들을 때 내가 소리 나는 물체가 위에 있는지 아래에 있는지, 오른편에 있는지 왼편에 있는지를 경험에 앞서[19] 판정할 수는 없다. 청감각은 일정 외부 대상을 자신의 원인이나 기회로 시사

---

19) 여기서 경험이란 일회적 감각경험, 예를 들어 지금 내가 마차 소리를 듣는 경험이 아니라 소리를 듣고 대상의 위치를 알아내는 법을 배우는 일련의 감각경험 과정을 말한다.

하지만 대상의 위치를, 즉 대상이 이쪽에 있는지 저쪽에 있는지를 시사하지는 않는다. 이는 후감각과 관련해서도 마찬가지로 말할 수 있다. 그러나 시각의 경우는 상당히 다르다. 내가 대상을 볼 때 대상의 색이 만들어내는 외양은 '감각'으로 불릴 수 있는데, 이 감각은 외부 사물을 자신의 원인으로 시사한다. 하지만 이 외양은 또 자신의 원인인 외부 사물이 눈과 관련하여 갖는 특정 방향과 위치도 시사한다. 나는 이 외양의 원인인 외부 사물이 다른 어떤 방향이 아닌 바로 이 방향에 있다는 것을 안다. 동시에 나는 '감각'이라고 불릴 수 있는 것 따위는 의식하지도 않지만 색감각은 의식한다. 색 있는 물체의 위치는 감각은 아니지만 이 위치는 그 어떤 다른 감각의 덧붙임 없이도 내 본성적 법칙에 의해 색과 함께 마음에 현전한다.

다음과 같이 가정해보자. 지금과 달리 우리의 눈이 대상의 점에서부터 오는 광선들이 망막의 한 지점에 모아지지 않고 대신 망막 전체로 흩어지게끔 그렇게 구성되었다고 해보자. 눈의 구조에 대해 알고 있는 자라면 이렇게 가정된 눈은 지금 우리의 눈과 마찬가지로 물체의 색은 보여주지만 지금 우리 눈과는 달리 물체의 형태나 위치는 보여주지 못할 것임을 분명히 깨달을 것이다. 이렇게 가정된 눈의 작용은 청각이나 후각의 작용과 정확하게 유사하다. 이런 눈의 작용은 형태나 연장의 지각은 주지 않을 것이고 오직 색 지각만을 줄 것이다. 우리의 가정이 전혀 가상적인 것은 아니다. 백내장을 앓고 있는 대부분의 사람이 바로 이 경우에 해당한다. 새필든 박사가 고찰했듯이 이런 사람의 수정체는 광선을 전적으로 배척하는 것은 아나 광선을 망막 위로 분산시키며 그 결과 환자는 사물을 마치 부서진 젤리로 만든 안경을 쓰고 보는 것처럼 보게 된다. 환자는 대상의 색은 지각하지만 형태나 크기는 전혀 지각하지 못한다.

이제 다시 다음과 같이 가정해보자. 냄새나 소리가 대상으로부터 그어진 직선을 따라 운반되어 우리의 청감각이나 후감각이 대상의 정확한 방향이나 눈과 관련한 대상의 위치를 시사해준다고 해보자. 이 경우 청각과 후각작용은 시각작용과 유사하게 될 것이다. 우리는 현재 우리가 형태를 보는 것과 같은 의미로 대상의 형태를 냄새 맡고 듣게 될 것이고, 현재 우리의 경우에서 색이 그러하듯이 냄새와 소리는 상상 안에서 일정한 형태와 연합할 것이다.

광선이 망막에 인상을 만든다고 믿는 것은 우리로서는 이유 있는 일이다. 그러나 우리가 이 인상을 의식하는 것은 아니다. 해부학자나 철학자도 망막 인상의 본성과 효과를 알아낼 수 없었다. 즉 그 인상이 신경 내부의 진동을 산출하는 것인지, 아니면 신경 내부에 담겨져 있는 어떠한 미묘한 유동액의 운동을 산출하는 것인지, 아니면 이 둘과는 다른, 우리가 명명할 수 없는 어떤 것을 산출하는 것인지를 알아낼 수 없었다.

이 인상의 본성이 무엇이든 이 인상을 '물질적 인상'(material impression)이라 부르기로 하자. 그리고 이 인상이 신체가 아닌 마음에 찍힌 인상이라는 점, 이 인상은 감각이 아니라는 점, 마치 형태나 운동이 사유와 유사할 수 없듯이 이 인상은 감각과 유사할 수 없다는 점을 조심스레 기억해두기로 하자. 이제 망막의 일정한 지점에 만들어진 이 물질적 인상은 우리 본성의 법칙상 마음에 두 가지를 시사한다. 일정한 외부 대상의 색, 그리고 이 대상이 눈과 관련하여 갖는 위치. 왜 일정 인상이 눈과 관련한 대상의 위치는 시사하면서도 대상의 소리, 냄새, 또는 이 둘 모두를 시사하지는 않는 것인지에 대해 이유를 댈 수 있는 사람은 아무도 없다. 이 인상이 색과 위치를 시사하고 그밖의 것은 시사하지 않는다는 사실을 우리는 오직 우리 본성에 비추어서만, 우리를 만든 조물주의 의지에 비추어서만 해명할 수 있다. 이 물질적 인상에 의해 시사된 양자[20] 간에는 아무런 필연적 연계도 없으므로 이 물질적 인상은 이 둘 중 하나만을 시사하면서 다른 하나는 시사하지 않을 수도 있었을 것이다. 만약 이렇게 하는 것이 창조주에게 기쁜 일이었다면 말이다.

그렇다면 이제 우리의 눈이 우리에게 눈과 관련한 대상의 위치는 시

---

20) 대상의 색과 대상이 눈과 관련하여 갖는 위치다.

사하지만 색이나 다른 어떤 성질은 시사하지 않게끔 만들어졌다고 가정해보자. 이는 분명히 있을 수 있는 일이다. 그럼 이 가정에서 무엇이 귀결되는가? 명백한 것은 이런 눈을 부여받은 자는 마음에 만들어진 감각이나 인상 없이도 물체의 시각적 형태를 지각할 것이라는 점이다. 그가 지각하는 형태는 전혀 외적인 형태이고, 따라서 이 형태는 조야한 언어 남용이 범해지지 않는 한 마음에 만들어진 '인상'이라고 불릴 수 없다. 만약 형태의 지각은 형태의 인상이 마음에 있지 않는 한 불가능하다고 주장된다면, 청컨대 나는 이 불가능성을 증명 없이는 인정하지 않아도 좋을 재량권이 내게 주어지기를 바란다. 실로 나는 이 불가능성에 대한 아무런 증명도 발견하지 못했다. 또 나는 마음에 만들어진 형태 인상이 무엇을 의미하는지를 개념화할 수도 없다. 나는 왁스와 같이 인상을 받아들이기에 적합한 물체에 찍혀진 형태 인상은 개념화할 수 있지만 마음에 만들어진 형태 인상은 실로 나로서는 이해할 수 없는 것이다. 나는 형태에 관한 최대한 선명한 개념은 형성하지만 아무리 일일이 조사해봐도 마음에 만들어진다는 형태 인상은 발견할 수 없다.

마지막으로, 눈이 색을 지각하는 힘을 되찾게 되었다고 가정해보자. 그렇다면 이제 눈은 이전과 동일한 방식으로 형태를 지각할 것이지만 다만 지금은 항상 색이 형태와 결합하여 나타난다는 것이 이전과의 유일한 차이점일 것이다.

이제 앞서 제기된 질문에 대해 답을 하자면, 시각적 형태에 고유한 감각 내지 시각적 형태를 시사하는 직무를 가진 감각은 없다고 생각된다. 시각적 형태는 감각기관에 만들어지는데 우리가 의식하지 않는 물질적 인상에 의해 직접 시사된다. 도대체 왜 망막에 있는 물질적 인상이 시각적 형태를 시사할 수 없겠는가? 마치 공을 잡으면 손에 만들어지는 물질적 인상이 실제 형태를 시사하는 것과 같지 않겠는가? 전자에서는 물질적 인상이 색과 시각적 형태를 시사하고, 후자에서는 똑같은 물질적 인상이 딱딱함이나 뜨거움, 차가움, 실제 형태 등을 한꺼번에 시사한다.

주제와 관련된 또 다른 질문을 검토하는 것으로 이 절을 끝맺기로 하

자. 물체의 시각적 형태는 눈에게는 실제하는 외부 대상이다. 이는 물체의 촉각적 형태가 촉각기관에는 실제하는 외부 대상인 것과 마찬가지다. 그렇다면 이런 질문이 가능하다. 어떤 연유에서 시각적 형태에 주의를 기울이기는 어려운 반면 촉각적 형태에 주의를 기울이기는 쉬운가? 확실히 시각적 형태가 눈에 현전하는 것은 촉각적 형태가 촉감각 기관에 현전하는 것보다 더욱 그 횟수가 잦다. 시각적 형태는 촉각적 형태만큼이나 선명한 고정된 대상이며, 그 본성에서도 사변에 적합한 대상으로 보인다. 그럼에도 시각적 형태에게는 너무나 적은 주의가 기울여져 왔고, 그리하여 시각적 형태는 버클리 주교가 촉감각의 대상인 촉각적 형태로부터 구분키 위해 따로 이름을——우리는 주교의 예를 따라 이 이름을 사용하고 있다——부여하기 이전까지 그 어떤 언어에서도 이름을 갖지 못했다.

대상의 시각적 형태에 주의를 기울여 사유의 주제로 삼는 일의 어려움은 우리가 감각에 주의를 기울이는 데서 발견하는 어려움과 흡사하다. 아마도 양자의 원인은 유사할 것이다. 자연은 시각적 형태를 물체의 촉각적 형태와 상황을 나타내는 기호로 의도했으며 시각적 형태를 일종의 본능을 통해 항상 이런 용도로만 사용하도록 우리를 가르쳤다. 그리하여 마음은 시각적 형태를 재빨리 지나쳐서 시각적 형태에 의해 의미된 사물에게 주의를 기울인다. 시각적 형태에 멈추어 주의를 기울인다는 것은 마음으로서는 부자연스러운 일이다. 이는 마치 구형의 물체가 경사면에서 멈추는 것이 부자연스러운 것과 매한가지다. 마음을 항상 앞쪽으로만 향하게 하는 내적 원리가 있고 이 원리는 반대되는 힘[21]에 의하지 않고는 극복될 수 없다.

자연이 기호의 용도로 마련해놓은 또 다른 외부 사물들이 있다. 이것들에서 발견되는 공통점은 마음에는 이것들을 간과하고 오직 이것들이

---

21) '반대되는 힘'이란 시각작용의 자연스러운 진행을 막는 노력과 습관을 의미한다.

의미하는 것들에만 주의를 기울이고자 하는 성향이 있다는 점이다. 실례로, 인간의 얼굴에는 표정이 있는데 이 표정은 마음의 현재 기분을 나타내는 자연기호다. 이 기호의 의미는 누구나 이해하지만 이 기호 자체에 주의를 기울인다거나 기호에 관하여 알고 있는 이는 백에 하나도 없다. 얼굴의 비율에 관련해서는 아무것도 모르고 정념의 표현 방식을 묘사하지도 진술하지도 못하지만 탁월한 실무능력을 갖춘 관상가(觀相家)가 많이 있을 수 있는 것도 바로 이런 연유에서다.

탁월한 화가나 조각가는 잘생긴 얼굴의 비율뿐만 아니라 각각의 정념이 얼굴 표정에 어떤 변화를 만들어내는지도 분간해낼 수 있다. 이런 분간 능력은 이들의 기예에 있는 중요한 신비로운 능력 중 하나이고 이를 습득하기 위해서는 훌륭한 재능뿐만 아니라 무한한 노고와 주의가 요구된다. 하지만 이들이 그들의 기예를 실행하여 일정 정념을 이 정념의 고유한 기호를 통해 훌륭하게 표현해내면 이때에는 누구나 기예나 반성 없이도 이 기호의 의미를 이해한다.

회화에 대한 이상의 이야기는 그밖의 종류의 예술에도 쉽게 적용될 수 있다. 무릇 예술의 어려움이란 누구나 다 그 의미를 이해하는 자연기호를 알아내어 이 기호에 주의를 기울이는 데 있다.

자연적 충동에 의해 기호에서 기호가 의미하는 사물에게로 지나쳐가기는 쉽지만 의미된 사물에서 기호로 되돌아가는 것은 노고가 요구되는 어려운 일이다. 그리하여 자연이 시각적 형태를 기호로 삼는 경우 우리는 시각적 형태가 의미하는 것에게 곧장 지나쳐가게 되어 시각적 형태라는 기호에 쉽게 주의를 되돌릴 수 없게 된다.

수학추론이 촉각적 형태와 연장에 적용 가능한 것만큼이나 시각적 형태와 연장에 적용 가능한 것인데도 시각적 형태와 연장이 수학자의 관심에서 전적으로 벗어나 있다는 사실은 우리에게 시각적 형태와 연장에게 주의를 기울이려고 하지 않은 성향이 있음을 명백하게 보여준다. 촉각의 대상인 촉각적 형태와 연장은 지난 2천 년 동안 오만 가지 방식으로 괴롭힘을 당해왔고 이것들로부터는 매우 고고한 과학이론이 이끌어졌다. 하지만 이에 반해 시각의 직접적인 대상인 시각적 형태와 연장에 관해서는 우리는 단 한 줄의 명제도 발견할 수 없다!

기하학자가 최대의 정확성을 기해 도형을 작도한 후 긴 호흡의 추론을 거쳐 자신이 작도한 도형의 부분들 간의 관계에 관해 논증하면서 자신이 작도한 도형에 눈을 고정시킬 때 그는 자신의 눈에 현전한 시각적 형태는 단지 한 촉각적 형태의 재현물이고 자신은 이 재현물에 온갖 주의를 집중하고 있는 것이라고는 생각하지 않는다. 그는 시각적 형태와 촉각적 형태가 정말로 다른 속성을 지니고 있어서 자신이 어느 한쪽에 대해 참이라고 증명한 것이 다른 쪽의 경우에서는 참이 아니라고는 생각하지 않는다.

아마도 이상의 고찰은 수학자에게조차도 너무나 황당한 궤변으로 보일 것이고 사람들은 이 고찰을 믿기 전에 먼저 그것이 사실임을 입증하는 논증을 요구할 것이다. 만약 독자가 시각적 형태에 관한 수학적 고찰 ──앞으로 이 수학적 고찰을 '시각기하학'(geometry of visible)이라 부르기로 하자──에 입문하는 약간의 인내심만 가진다면 이는 전혀 어렵지 않은 논증이다.

제9절 시각기하학

시각기하학의 점과 선(직선과 곡선), 각(예각, 직각, 둔각), 원에 대한 정의는 통상의 기하학에서와 같다. 수학에 조예가 있는 독자라면 다음에서 개진될 몇 가지 자명한 원리에 충분한 주의를 기울임으로써 시각기하학의 신비(神秘)로 쉽게 입문할 수 있을 것이다.[22]

1. 눈이 한 구(球)의 중심에 놓여 있다고 상정하자. 그렇다면 모든 구

---

22) 리드의 시각기하학은 구면기하학의 일종이라고 할 수 있다. 구면기하학에서 대원은 평면상의 직선, 대원의 호는 평면상의 선분과 같으며, 평행선 공리는 부정되어 두 직선은 반드시 만난다. 이 책, 38~39쪽 참조.

의 대원(大圓)[23]은 눈에게는 직선으로 보일 것이다. 눈의 정면에 놓인 원의 곡률은 눈에는 지각되지 않기 때문이다. 같은 이유로 구의 대원의 평면[24]에 그어진 모든 선은, 실제로 굽었든지 직선이든지 간에, 눈에는 직선으로 보일 것이다.

2. 각각의 시각적 직선은 구의 한 대원과 일치하는 것으로 보일 것이고, 대원의 원주가 자신에게 복귀하는 경우[25] 이 원주는 눈에게는 하나의 시각적 직선의 연장으로 보일 것이다. 이때 이 직선의 각 부분은 눈의 정면에 있는 것으로 보인다. 이런 현상이 나타나게 되는 까닭은 이러하다. 즉 눈은 대상이 자신과 관련하여 갖게 되는 위치만을 지각하지 눈과 대상의 거리는 지각하지 않는다. 눈은 자신과 관련하여 동일한 위치를 가진 점들은 아무리 이 점들이 대상과 상이한 거리에 있다 해도 동일한 시각적 장소에 있다고 본다. 이제 눈과 주어진 시각적 직선, 이 양자를 통과하는 한 평면은 구의 대원의 평면이 될 것이므로, 주어진 시각적 직선의 각 점은 대원의 각 점과 동일한 위치를 가질 것이다. 따라서 시각적 선의 각 점과 대원의 각 점은 눈에 동일한 시각적 장소를 가진 것으로, 즉 합치하는 것으로 보일 것이고, 대원의 전체 원주가 자신에게 복귀하는 경우 원주 전체는 한 동일한 시각적 직선의 연장으로 보이게 된다.

이상으로부터 다음이 귀결된다.

3. 모든 시각적 직선은 눈과 정면에서 연장되는 경우, 아무리 멀리까지 연장되어도, 중심에 눈이 놓여 있는 구의 한 대원에 의해 재현될 것이다. 그리하여,

4. 두 시각적 직선이 이루는 시각적 각의 크기는 이 직선들을 재현하

---

23) 대원(Great Circle): 구심을 지나는 평면과 구면이 이루는 원. 예를 들어, 지구에서 대원은 양극을 지나는 원이나 적도다. 구면기하학에서 대원은 유클리드 기하학에서의 직선과 같다.
24) 구심을 지나는 평면을 말한다.
25) 원주가 연장되어 대원이 되는 경우를 말한다.

는 두 대원이 이루는 구면상의 각의 크기와 같다. 이유는 이러하다. 시각적 선들은 대원들과 합치하는 것으로 보일 것이므로 시각적인 선들이 이루는 시각적인 각은 대원들이 이루는 시각적인 각과 일치할 것임이 틀림없다. 그런데 수학자들도 알고 있듯이, 두 대원이 이루는 시각적 각은 중심에서 보았을 때 대원들이 실제로 이루는 구면상의 각과 동일한 크기다. 따라서 두 시각적 선이 이루는 시각적 각의 크기는 이 시각적 선들을 재현하는 구의 두 대원이 이루는 각의 크기와 같다.

5. 이로부터 명백히 드러나는 사실은 직선으로 이루어진 모든 시각상의 삼각형의 모든 부분은 구면상의 삼각형과 합치한다는 점이다. 전자의 변의 길이는 후자의 변의 길이와 같은 것으로 보일 것이고, 전자의 각의 크기는 후자의 각과 같은 것으로 보일 것이다. 따라서 전자의 삼각형 전체의 크기는 후자의 삼각형 전체의 크기와 같을 것으로 보일 것이다. 한마디로 말해서 이 삼각형들은 눈에는 동일한 것으로, 동일한 수학적 속성을 갖고 있는 것으로 보일 것이다. 그리하여 직선으로 이루어진 시각적인 삼각형의 속성은 평면상의 삼각형의 속성과 동일한 것이 아니라 구면상의 삼각형의 속성들과 동일하다.

6. 구의 모든 소원(小圓)[26]은 구의 중심에 놓인 눈에는——우리가 이제까지 내내 상정해왔듯이——하나의 원으로 나타날 것이다. 그리고 다른 한편 모든 시각적 원은 구의 소원과 합치하는 것으로 보일 것이다.

7. 더 나아가서 구의 전체 표면은 시각 공간 전체를 재현할 것이다. 각 시각적 점은 구 표면의 한 점과 합치하고 또 이 점과 동일한 시각적 장소를 가지므로 구 표면의 모든 부분의 합은 모든 가능한 시각적 장소, 즉 시각적인 장소 전체를 재현할 것이기 때문이다. 이로부터 마지막으로 다음이 귀결된다.

8. 각 시각적 형태는 이 형태가 투사되는 구——눈은 이 구의 중심에 있다——표면의 부분에 의해 재현될 것이다. 그리고 바로 이런 시각적

---

26) 구의 중심을 지나지 않는 구면상의 원을 말한다.

형태들 각각이 공간 전체에 대해 차지하는 비율은 이 형태들 각각을 재현하는 구 표면의 부분이 전체 구 표면에 대해 차지하는 비율과 같다.

희망컨대, 수학에 조예가 있는 독자라면 매우 쉽게 이상의 원리들에 입문할 것이다. 또 우리가 단지 하나의 견본으로 제안하는 것처럼 시각적 형태와 시각적 장소에 관한 다음 명제들이 이상의 원리들에서 수학적으로 추론될 수 있으며 이 명제들이 촉각적 형태에 관한 유클리드의 명제만큼이나 분명하다는 점을 쉽게 깨달을 것이다.

명제

1. 각 직선은 결국 자신에게 복귀한다.
2. 자신에게 복귀하는 직선이 가장 긴 직선이다. 모든 다른 직선은 이 직선과 유한 비례관계에 선다.
3. 자신에게 복귀하는 직선은 시각 공간 전체를 같은 크기의 두 부분으로 나눈다. 이 두 부분은 자신에게 복귀하는 직선에 의해 둘러싸일 것이다.
4. 시각 공간 전체는 이 직선의 어떤 부분과도 유한한 비율을 지닌다.
5. 모든 두 직선은 두 점에서 만날 것이고, 서로를 이등분할 것이다.
6. 만약 두 선이 평행하다면, 즉 각 부분에서 등거리에 있다면, 이 선들 모두가 직선일 수는 없다.
7. 임의의 직선이 주어졌을 때, 주어진 직선의 모든 점과 등거리에 있는 한 점을 발견할 수 있다.
8. 한 원은 한 직선과 평행할 수 있다. 즉 원의 모든 부분이 직선과 등거리일 수 있다.
9. 세 변이 직선인 닮은 삼각형은 그 면적도 같다.
10. 세 변이 직선인 삼각형의 세 각의 합은 두 직각보다 크다.
11. 세 변이 직선인 삼각형의 각은 모두 직각이거나 둔각일 수도 있다.
12. 원의 면적은 원의 지름을 한 변으로 하는 사각형의 면적과 다르지 않으며 원주의 크기는 지름의 크기와 비례하지 않는다.

이상은 시각기하학의 하찮은 하나의 견본으로서 독자로 하여금 시각을 통해 마음에 현전하는 형태와 연장에 관해 명료하고 선명한 개념을 갖게 하고 또 우리가 앞서 확언한 바가 참임을 논증하기 위해 소개되었다. 우리가 앞서 확언한 바를 보면, 시각의 직접적 대상인 형태와 연장은 통상의 기하학이 적용되는 형태와 연장이 아니다. 기하학자가 도형을 보면서 명제를 논증하는 동안 그의 눈에는 단지 어떤 한 촉각적 형태의 기호이자 재현물인 한 형태가 현전한다. 기하학자는 이 형태에게는 전혀 아무런 주의도 기울이지 않으며 대신 촉각적 형태에게만 주의를 기울인다. 이 두 가지 형태[27]는 상이한 속성을 지닌 것들이어서 기하학자가 어느 하나에 대해 논증하는 바는 다른 것에 대해서는 참이 아니다.

　그러나 언급해둘 것이 있다. 마치 구 표면의 작은 일부는 평면과 다름없는 것으로 감각되듯이 시각적 연장의 작은 일부는 촉각의 대상인 연장과 길이와 폭에서 거의 다르지 않다는 점이다. 마찬가지로 언급해둘 것은 인간의 눈은 한눈에 선명하게 들어오는 대상이 시각 공간의 작은 부분만을 차지할 수 있는 방식으로 만들어져 있다는 점이다. 그 까닭은 우리는 시축(視軸)에서 상당한 거리에 떨어져 있는 것은 결코 선명하게 보지 못하며, 따라서 커다란 대상을 한눈에 보기 위해서는 우리의 눈이 대상과 아주 멀리 떨어져 있어서 대상이 시각 공간의 작은 일부만을 차지하게끔 되어야 하기 때문이다. 이상의 두 고찰[28]에서 다음이 귀결된다. 즉 평면상의 형태가 한눈에 보이고 이 형태가 놓인 평면이 눈에 비스듬하지 않고 정면으로 있을 때, 이 형태는 눈에 현전하는 시각적 형태와 거의 다르지 않다는 점이다. 이 경우 촉각적 형태의 선들 간의 비율은 시각적 형태의 선들 간의 비율과 거의 같고, 촉각적 형태와 시각적 형태의 각들은 비록 수학적으로는 엄격히 다르지만 거의 같다고 할 수

---

27) 시각적 형태와 촉각적 형태를 말한다.
28) 앞서의 두 가지 고찰을 가리킨다. 즉 (1) 작은 시각 연장 부분은 촉각의 대상인 연장과 길이와 폭에서 거의 다르지 않다. (2) 인간의 눈은 한번에 선명하게 보이는 대상이 시각 공간의 작은 일부만을 차지하는 방식으로 형성되어 있다.

있다. 따라서 비록 앞서 우리는 의미된 사물과 전혀 닮지 않은 자연기호의 많은 사례를 발견했지만, 시각적 형태는 이런 경우에 해당하지 않는다. 모든 경우에서 시각적 형태가 형태에 의해 의미된 것에 대해 갖는 유사성은 마치 평면도나 종단도가 재현되는 대상에 대해 갖는 유사성과 같다. 또 몇몇 경우에는 이 시각적 형태라는 기호와 이 기호가 의미하는 사물은 동일한 형태와 동일한 비율을 지닌다. 만약 우리가 시각만을 부여받아서 그밖의 외부감각은 갖고 있지 않지만 자신이 본 것을 반성하고 추론할 수 있는 존재자를 발견할 수만 있다면, 우리는 순전히 시각을 통해 갖게 되는 지각과 다른 감각을 기원으로 갖는 지각을 구분하는 어려운 일을 행하는 데 있어 이러한 존재자가 갖고 있는 개념들과 철학적 사색들에서 도움을 얻을 수 있을 것이다.

그럼 이제 이런 존재자를 가정하여 이자가 시각적 대상에 관해 어떤 개념을 가질 것인지, 그리고 그가 시각적 대상에서 어떤 결론을 연역할 것인지를 생각해보기로 하자. 우리는 이 존재자가 마치 우리처럼 본성상 시각적 외양을 다른 어떤 것의 기호로 고려하게끔 되어 있다고 생각해서는 안 된다. 그에게 시각적 외양은 기호가 아니다. 왜냐하면 그의 경우 시각적 외양을 통해 의미되는 것이 없기 때문이다. 따라서 우리는 그가 마치 우리가 물체의 촉각적 형태와 연장에게 주의를 기울이게끔 되어 있듯이 물체의 시각적 형태와 연장에게 주의를 기울이게끔 되어 있다고 가정해야 한다.

만약 이자의 감각에 다양한 형태가 현전한다면, 그가 이 형태들을 상호 비교할 것이고 그리하여 형태들이 어디에서 일치하고 그렇지 않은지를 지각하게 될 것임은 확실하다. 아마도 그는 시각적 대상이 길이와 폭을 지니고 있다는 것도 지각할 것이다. 그러나 마치 우리가 4차원 개념을 가질 수 없는 것과도 같이 그는 3차원 개념을 가질 수 없을 것이다. 모든 시각적 대상의 경계선은 그에게는 직선 아니면 곡선으로 나타날 것이고, 동일한 시각적 선으로 외곽선이 구성되는 대상은 동일한 장소를 차지하는 것으로, 즉 시각 공간의 동일한 부분을 차지하는 것으로 나타날 것이다. 그로서는 한 대상이 다른 한 대상의 뒤에 있다거나 한 대상은 가깝게 있고 다른 한 대상은 멀리 있다고 생각하는 것이 불가능하다.

3차원을 개념화하는 우리에게서 일정한 선은 직선으로 또는 한 차원에서는 굽었고 다른 차원에서는 직선인 것으로 또는 두 차원 모두에서 굽은 것으로 개념화할 수 있다. 이제 상하로 그어진 선을 하나 상정해보자. 이 선의 길이는 하나의 차원을 지닌다. 우리는 이 차원을 '상하차원'으로 부를 것이다. 그럼 이제 상정된 선이 그에 맞추어 똑바르거나 굽을 수 있는 두 차원이 남아 있다. 우선, 선은 오른쪽이나 왼쪽으로 굽을 수 있다. 만약 선이 오른쪽으로도 왼쪽으로도 굽지 않았다면, 이 선은 현재 차원, 즉 상하차원에서의 직선이다. 하지만 선이 좌우차원에서의 직선이라고 상정한다면, 선이 그 안에서 굽을 수 있는 또 다른 차원이 남아 있다. 즉 선은 앞이나 뒤로 굽을 수 있다. 촉각적 직선을 생각할 때 우리는 이 두 차원에서의 굽어 있음은 배제한다. 그리고 포함된다고 개념화되는 것이 개념화되어야 하듯이 배제된다고 개념화되는 것 역시 개념화되어야 하므로 다음이 귀결된다.[29] 즉 직선에 대해 우리가 갖는 개념에는 이 세 차원 모두가 다 포함된다. 즉 선의 길이가 한 차원이고, 다른 두 가지 차원에서의 선의 똑바름이나 굽어 있음은 선의 개념에 포함되거나 개념에서 배제된다.

앞서 우리가 상정했던 존재자는 두 차원——선의 길이는 이 두 차원 중 하나다——너머의 차원에 대해서는 아무런 개념도 갖고 있지 않으므로, 이자로서는 선이 1차원 너머의 차원에서 똑바르다거나 굽었다고 생각하는 것이 불가능하고 따라서 직선에 관한 그의 개념에서는 좌우로의 굽어 있음이 배제된다. 그러나 상하로의 굽어 있음은 배제될 수 없는데, 왜냐하면 이자는 이러한 굽어 있음에 대한 개념은 갖고 있지도 않고 가질 수도 없기 때문이다. 그리하여 우리는 왜 눈에는 직선으로 보이는 선

---

29) a가 b에 포함되거나 b로부터 배제된다는 생각을 갖기 위해서는 우리는 포함되거나 배제되는 a의 개념을 가져야 한다는 뜻이다.

이 자신에게로 복귀할 수 있는 것인지의 이유를 알 수 있다. 이런 선이 눈에는 직선으로 보인다는 것은 단지 한 차원에서의 똑바름을 함축하며, 한 차원에서 똑바른 선은 그렇지만 다른 차원에서는 굽을 수 있고 그리하여 자신에게로 복귀할 수 있기 때문이다.

세 가지 차원을 개념화하는 우리에게 표면은 길이와 폭을 지니고 있으면서 두께를 배제한 것이다. 표면은 3차원에서 평평하거나 굽을 수 있고, 따라서 평면에 대한 우리의 개념 안에는 3차원에 대한 우리의 개념이 포함된다. 우리가 면을 평평한 면과 굽은 면으로 구분할 수 있는 것은 오직 이 3차원을 통해서만이기 때문이다. 평평한 면이든 굽은 면이든 3차원을 개념화하지 않고는 개념화될 수 없다.

우리가 가정했던 존재자는 3차원에 대한 개념은 갖고 있지 않으므로, 실로 그의 시각적 형태는 길이와 너비는 지니지만 이 형태의 개념에 두께는 포함되지도 않고 배제되지도 않는다. 이자는 두께에 대한 아무런 개념도 갖고 있지 않기 때문이다. 따라서 이자의 시각적 형태는 면이 그러하듯이 길이와 너비를 지니고 있기는 하지만 그렇다고 평평한 면도 아니고 굽은 면도 아니다. 굽은 면이란 3차원에서의 굽어 있음을 함축하고 평평한 면이란 3차원에서의 굽어 있음의 결여를 함축하는데, 가정상의 존재자는 3차원에 대한 개념을 갖고 있지 않으므로 3차원에서의 굽어 있음도 굽어 있지 않음도 생각할 수 없기 때문이다.

더 나아가서 이 존재자는 비록 일정 각을 이루는 두 선의 경사도(傾斜度)에 대한 분명한 개념을 갖고 있다고 해도 평면상의 각이나 구면상의 각을 개념화할 수는 없다. 심지어 점에 대한 그의 개념마저도 우리의 점 개념보다 상당히 덜 규정적이다. 우리는 점 개념에서 길이와 너비와 두께를 배제하는 데 반해, 그는 길이와 너비는 배제하지만 두께는 배제할 수도 포함시킬 수도 없다. 그는 두께에 대한 관념을 갖고 있지 않기 때문이다.

이상에서 우리는 우리가 가정했던 존재자가 수학적인 점과 선, 각, 형태에 대해 어떤 개념들을 형성할 수 있는지를 보았다. 이제 이 존재자가 이 개념들을 상호 비교하고 추론하여 개념 간의 관계를 발견할 것이고 또 이 관계들에서 자명한 원리를 기초로 한 기하학적 결론을 이끌어낼 수 있을 것이라는 점은 쉽사리 예상된다. 마찬가지로 그가 우리가 갖고 있는 것과 동일한 수(數) 개념을 가질 수 있고 그리하여 산술이론을 형성할 수 있으리란 것도 의심할 바 없는 사실이다. 그가 어떤 순서를 밟아 이런 것들을 발견할 수 있는지, 또 그가 얼마나 많은 시간과 노고를 들여 이런 것들을 발견할 수 있는지를 말하는 것은 중요하지 않다. 중요한 것은 이 존재자가 이성과 창의력을 동원하여 그밖의 감각이 제공해주는 재료 없이 오직 시각이 제공해주는 정보만으로 무엇을 발견할 수 있는지를 말하는 것이다.

하지만 발견 가능한 낱낱의 것들에게 주의를 기울이기는 미미한 권위로 뒷받침된 사실에게 주의를 기울이기보다 어려운 일이므로, 나는 장미십자회원[30] 철학자 아네피그라푸스[31]의 여행기를 인용하기로 하겠다. 아네피그라푸스는 비밀스러운 과학을 깊이 연구하여 월하(月下)의 여러 장소로 신체를 위치 이동하는 법[32]이나 다양한 유형의 지성과 교우하는 법을 터득했던 자인데, 그는 모험 도중에 바로 위에서 가정한 유형의 존재자들과 조우했다.

---

30) 장미십자회(Rosicrucians): 17~18세기 유럽에서 활동한 비밀단체. 그리스도 부활과 구속을 뜻하는 십자가와 장미 문장이 그려진 깃발을 사용했기 때문에 '장미십자회'란 이름을 얻었다. 17세기 초 독일에서 『신앙공동체』(*Confessio Fraternitatis*)라는 책에 언급됨으로써 그 실체가 알려지게 되었는데, 이 책에는 전설적인 인물인 로젠크로이츠(Rosenkreutz)가 등장한다. 그는 동방에 가서 아랍인의 지혜와 명철을 배운 후 고향에 돌아와 마술과 연금술을 가르쳤고, 그에게서 배운 이들이 결성한 반(反)가톨릭적인 기독교 비밀단체가 바로 장미십자회라는 것이다. 당시 유럽에서는 장미십자회를 소재로 한 많은 공상소설이 발표되었다.

31) 요하네스 루돌푸스 아네피그라푸스(Johannes Rudolphus Anepigraphus)는 리드가 만들어낸 가공의 인물이다. 이자에 대한 리드의 묘사는 장미십자회의 창시자라고 일컫는 로젠크로이츠에 대한 묘사와 일치한다.

32) 일종의 축지법을 말하는 듯하다.

아네피그라푸스는 이런 유형의 존재자들이 어떻게 서로 감정을 교류하고 자신이 어떤 방법으로 이들의 언어에 숙달하게 되었고 이들의 철학에 입문하게 되었는지 등 독자의 호기심을 충족시키는 동시에 아마도 그의 이야기에 신빙성도 부여했을 법한 그밖의 많은 것에 대해 우리에게 알려주는 것은 부적절한 일로 생각했다. 이런 것들은 오직 전문가가 알기에만 적합한 것들이기 때문이다.

아네피그라푸스의 설명은 다음과 같다.

이도메니안[33]들은 많은 이가 사색에 풍부한 소질이 있고 또 많은 시간을 사색에 할애한다. 이들은 수학, 기하학, 형이상학, 물리학에서 매우 정교한 이론을 갖고 있다. 특히 형이상학과 물리학에서는 실로 매우 미묘한 수준의 많은 논쟁을 행했고 다양한 학파로 갈라져 있다. 하지만 수학과 기하학에서는 우리 인간들이 행하는 만장일치에 못지않은 만장일치를 이루어낸다. 수와 산술에 관련된 이들의 원리는 표기법만을 제외하고는 우리의 것과 전혀 다르지 않다. 그러나 이들의 기하학은 우리의 기하학과 상당히 다르다.

이도메니안들의 기하학에 관한 저자의 설명은 우리가 앞서 견본을 준 시각기하학과 전적으로 일치하므로 생략하기로 하자. 이야기는 계속된다.

이들은 색, 연장, 형태를 사물의 본질적 속성들로 생각한다. 매우 비중 있는 학파의 주장에 따르면, 색은 물체의 본질이다. 만약 색이 없다면, 이들은 말하기를, 지각이나 감각은 없다. 색은 우리가 물체에 고유한 것으로 지각하거나 개념화할 수 있는 모든 것이다. 이에 반해

---

33) '이도메니안'(idomenian)은 '관념'(idea)과 '열광자'(maniac)의 합성어로 보인다.

연장과 형태는 물체와 빈 공간 모두에게 공통된 양상이다. 일정한 물체가 절멸된다고 가정할 때, 색은 절멸될 수 있는 물체에 있는 유일한 것이다. 왜냐하면 물체의 장소는 남아 있어야 하고 따라서 장소의 형태와 연장 역시 남아 있어야 하며,[34] 이러한 것들이 존재하지 않는다는 상상은 할 수 없기 때문이다. 이 학파의 철학자들은 공간은 모든 물체의 장소로서 이동할 수도 없고 파괴할 수도 없다고 주장한다. 공간은 형태가 없으며 공간의 부분들은 모두 닮았다. 공간은 증가하거나 감소할 수 없지만 측량 불가능하지는 않다. 공간의 가장 작은 부분이라 해도 공간 전체에 대비하여 유한(有限)한 비율을 지니고 있기 때문이다. 따라서 이들에게는 공간 전체의 크기야말로 길이와 너비를 지닌 사물들의 자연적인 공통 단위다. 각 물체의 크기와 각 형태의 크기는 이것들이 우주의 그러한 부분[35]임을 통해 표현된다. 이와 비슷하게, 길이의 자연적인 공통 단위는 무한직선이다. 이 무한직선은, 앞서 우리가 고찰했듯이, 자신에게로 복귀하고 무한하지만 다른 모든 선과 유한한 비례를 지니고 있다.

이들의 자연철학에 관하여 말하자면, 이들 중 가장 현명한 이들은 자연철학이 누대(累代)에 걸쳐 매우 저급한 수준이었음을 인정했다. 자연철학자들은 물체들이 색, 형태, 크기에 있어서만 서로 다를 수 있다는 사실을 고찰했는데, 이러한 고찰이 있고 나자 물체의 이런 본질적인 속성들[36]에서 물체의 모든 개별 성질이 발생한다는 것이 당연한 사실로 간주되었다. 그리하여 상이한 물체들에서 이 세 가지 성질이 어떻게 다양하게 조합하여 자연의 온갖 현상을 산출하는지를 보여주는 것이 자연철학의 목표로 간주되었다. 이 목표를 위해 고안된 여러

---

34) 장소와 형태, 연장은 물체의 절멸 뒤에도 남아 있어야 하므로 색만이 절멸 뒤에 남아 있지 않고 사라질 수 있는 유일한 것이라는 뜻이다.
35) '우주의 그러한 부분'이란 전체 공간에 대비하여 유한비율을 지닌 일부 공간을 말한다.
36) '본질적인 속성들'이란 앞에 나온 색과 형태, 크기를 가리킨다.

이론과 누대에 걸쳐 행해진 논쟁을 나열한다는 것은 끝없는 일이 될 것이다. 각 이론의 추종자들은 상대 이론의 약점을 폭로하면서 자신의 이론의 약점은 교묘하게 포장했다.

결국 끝없이 이어질 것 같은 논쟁에 진력이 나고 허점투성이의 이론을 이곳저곳 수선하여 유지하는 일에 지겨움을 느낀 경박한 인물들 몇몇이 자연의 미묘함에 대해 불평을 늘어놓기 시작했다. 이들은 물체의 형태와 색, 크기가 보여주는 무한한 변화에 대해, 그리고 이 외양을 설명하는 어려움에 대해 불평했고, 이와 같은 어려움을 사물의 원인에 관한 탐구 전부를 헛되고 무익한 것으로 간주하여 포기하는 데 대한 변명으로 삼았다.

이들 재사(才士)들은 웃고 떠들면서 조롱할 풍부한 먹잇감을 철학자들의 이론에서 발견했다. 이들은 이론을 정립하고 유지하기보다는 끌어내리기가 더 쉬우며 철학 학파들은 서로서로를 파괴할 수 있는 무기와 보조 물자를 갖고 있어서 이로부터 도움을 얻을 수 있다는 사실을 발견했다. 이들의 세(勢)는 저돌적으로 확산하기 시작했고 커다란 성공을 연이어 거두었다. 이리하여 철학이 회의주의와 아이러니에게 길을 내주고 누대에 걸친 업적으로 식자들의 존경을 받아왔던 여러 이론이 그만 일반인의 농담거리가 되는 사태가 발생했던 것이다. 일이 이렇게 된 데는 그동안 철학이 논쟁과 언쟁만을 산출해왔던 까닭에 오랫동안 일반인의 의구심을 자아내왔고 그 결과 일반인마저 이러한 대(對)철학 승리에 기꺼이 한몫 거들었기 때문이기도 했다.

이제 이들 재사들은 커다란 명성을 얻었고 자신들의 성공에 의기양양했다. 이들은 모든 지식에 대한 참칭(僭稱)이 전복되지 않고는 자신들의 승리가 불완전하다고 생각하기 시작했다. 그리하여 이들은 수학과 기하학에 공격을 가하기 시작했고 이 공격은 심지어 무학(無學)의 이도메니안들이 지닌 상식적인 개념들에게까지 감행되었다. 어디쯤에서 그만 두어야 하는지를 깨닫는 일은 위대한 정복자들에게는 항상 어려운 일이었다.

한편 자연철학은 위대한 천재[37]의 영도 하에 잿더미에서 부활하기 시작했다. 이 천재는 이도메니안의 본성을 능가하는 것을 갖고 있다고 여겨졌다. 그는 이도메니안의 능력은 사색을 위해 고안된 것이며 이 능력에 걸맞은 더욱 고귀한 사색 대상은 이론상의 오류나 학자의 실수가 아니라 자연의 작품이라고 주장했다. 하지만 그는 자연 사물의 원인을 발견하기란 어려운 일임을 깨닫고 있었다. 그리하여 그는 자연현상을 정확하게 관찰하여 현상의 발생 규칙을 발견해낼 것을, 하지만 이 규칙의 원인에 대한 탐구는 행하지 않을 것을 제안했다. 이 발견에서 그는 스스로도 상당한 진보를 이루어내었거니와 추종자들을 위해서도 많은 일을 계획했다. 이들 추종자들은 자신들을 '귀납철학자'(inductive philosopher)라고 일컬었다. 회의주의자들은 이 신생학파를 질시 어린 눈초리로 바라보았는데, 이는 이 학파가 자신들의 명성을 갉아먹고 있고 머지않아 자신들의 제국의 영토를 위협할 것으로 생각해서였다. 그러나 회의주의자들은 귀납학파를 무슨 수로 공격해야 하는지에 대해서는 속수무책으로 어쩔 줄 몰라했다. 일반인은 귀납학파를 존경하기 시작했는데, 이는 이 학파가 유용한 발견을 산출한다고 생각해서였다.

모든 이도메니안은 두 개 이상의 물체가 같은 장소를 차지할 수 있다고 확고하게 믿고 있다. 이들은 이 믿음을 지지하는 감각 증거를 갖고 있는데, 이들은 마치 자신들이 지각을 갖고 있다는 것을 의심할 수 없는 것과 마찬가지로 이 증거를 의심할 수 없다. 이들은 두 물체가 만나 같은 장소에서 합체하고는 다시 분리되는 현상을 종종 본다. 이 침투 현상에서 물체들은 아무런 감각 성질의 변화를 겪지 않는다. 두 물체가 만나 같은 장소를 차지하는 경우 흔히는 한 물체만이 장소에 나타나고 다른 물체는 사라진다. 지속적으로 나타나는 물체는 '제압한다'(overcome)고 말하고 사라지는 물체는 '제압당한다'라고 말

---

37) 여기서 '천재'는 베이컨과 뉴턴을 합친 인물로 추정된다.

한다.[38]

　이도메니안들은 물체의 저러한 성질에게 이름을 부여했다고 하는데, 저자에 따르면 이 이름에 대응하는 단어는 인간 언어에는 없다. 그리하여 저자는 긴 변명을 행한 후——이 변명은 생략하기로 하자——물체의 이 성질을 '제압성질'로 부르자고 제안한다. 저자는 우리에게 다음과 같이 확언한다.

　　제압성질이라는 단 하나의 성질에 관련하여 제안된 사색이나 이 성질을 설명하기 위해 고안된 가설은 많은 수의 책을 채우고도 남을 만큼 충분했다. 또 이도메니아 철학자들은 크기와 형태의 변화를 설명하기 위해 이에 못지않게 많은 수의 가설을 고안했는데, 이들 철학자들은 대부분의 운동 중인 물체의 크기와 형태는 지속적으로 동요한다고 생각했다. 그러나 귀납학파의 창시자는 이런 현상[39]들의 실제 원인을 찾는 것은 이도메니안의 능력 범위를 넘어서는 일이라고 믿었다. 그는 현상들이 어떤 법칙에 의해 함께 연결되는지를 관찰을 통해 발견하는 데 심혈을 기울였고, 물체의 운동과 크기, 형태, 제압성질 등에 관한 많은 수학적 비례식과 관계식을 발견했다. 이 비례식과 관계식은 불변의 경험이 확증해주는 것들이었다. 그러나 귀납학파의 반대자들은 현상을 지배하는 실제 법칙들을 인정하기보다는 현상의 허구적인 원인에 만족하고자 했다. 이 법칙들은 더 이상은 설명 불가능하다고 공식적으로 언명되는 것들로서 그들의 자부심을 훼손하는 것들이었다.

---

38) 앞서 리드가 제안한 시각기하학을 가진 이도메니안들은 3차원 개념을 갖고 있지 않으므로 눈과 관련하여 동일한 위치에 있는 대상들을 동일한 장소에 겹쳐 있는 것으로 본다. 이 장 7절 참조.
39) 앞에서 말한 제압성질이나 운동 중인 물체의 크기와 형태 변화를 말한다.

여기까지가 아네피그라푸스의 이야기다. 나로서는 이 아네피그라푸스가 보리치우스나 파브리키우스나 그밖의 사람들이 기록하는 대로 아직 그 저술이 출판되지 않은 그리스 연금술 작가 중의 한 인물과 동일인물인지를 판가름 짓고 싶은 마음은 없다. '아네피그라푸스'라는 이름과 이 인물의 이름이 동일인을 의미하고 이들의 연구가 유사하다는 것을 보여주는 적지 않은 논증이 있지만 아직 절대적으로 확정적이지는 않다. 또 나는 이 학식 깊은 여행가의 이야기를 신뢰의 외적 징표에 의해 판단하는 일도 하지 않겠다. 나는 비평가들이 '신뢰의 내적 징표'라고 부르는 것들에만 한정하여 판단할 것이다.[40] 심지어 이도메니안들이 실제 존재자들인지, 아니면 단지 관념상의 존재자들인지 여부를 묻는 것 역시 별반 중요하지 않을 것이다. 이런 질문은 우리와 더욱 밀접하게 연관되어 있는 사물들과 관련해서도 학자들 간에서 논박되고 있는 문제이기 때문이다.[41] 중요한 문제는 위에서 주어진 설명이 이도메니안들의 기하학과 철학에 관한 정당한 설명인가다. 우리는 이들이 지닌 모든 능력과 함께 이들이 갖고 있지 않은 다른 능력도 갖고 있다.

따라서 우리는 우리가 시각을 통해 갖게 되는 지각이나 우리가 시각 지각에 관해 행하는 추론을 그밖의 지각이나 추론과 분리시킴으로써 이들의 철학과 기하학에 관해 판단할 수 있다. 이렇게 내가 조심스레 검토하여 판단하건대, 이도메니안들의 기하학은 틀림없이 아네피그라푸스가 기술한 그대로다. 물론 우리가 여기서 여행자들 특유의 자유분방함이나 이들이 부지불식간에 저지르기 쉬운 오류를 적절히 고려해야 한다는 것은 틀림없지만, 이도메니안들의 철학에 관한 아네피그라푸스의 설

---

40) 신뢰의 외적 징표를 근거로 판단한다는 것은 주장의 외적 사항, 즉 주장의 발생적 기원이라든가 주장자의 인적 사항을 들어 주장의 신뢰성을 결정한다는 것이고 신뢰의 내적 징표를 근거로 판단한다는 것은 주장 내용 자체를 검토하여 그 신뢰성을 결정한다는 뜻이다.

41) 리드는 관념론자들이 우리를 둘러싼 외부 사물들에 대해 이것들이 실제로 존재하는 것인지 아니면 단지 관념들에 불과한 것인지를 물었던 점을 언급하고 있다.

명에는 그 어떤 명백한 기만의 징표도 없다.

제10절 눈의 평행운동

이상에서 우리는 할 수 있는 한 최대한으로 분명하게 시각적 형태를 설명했고 시각적 형태와 시각적 형태가 의미하는 것 간의 연계를 보여주었다. 그렇다면 이제 우리가 마땅히 다음으로 생각해볼 것은 눈과 시각의 현상들이다. 이 현상들은 보통은 습관으로 설명되거나 해부학적이거나 기계적인 원인에 조회되어 설명된다. 그러나 생각건대 이 현상들은 인간마음의 본래적 능력과 원리로 환원되어야 하며 따라서 이 현상들은 이 책의 적합한 탐구 대상이라 할 수 있다.

생각해볼 첫 번째 현상은 눈의 평행운동이다. 한쪽 눈이 오른쪽으로거나 왼쪽으로, 위쪽으로거나 아래쪽으로 회전하거나 정면을 보고 앞쪽으로 회전할 때 다른 쪽 눈 역시 항상 함께 같은 방향으로 회전하는 것은 바로 이 평행운동 덕택이다. 우리는 우리가 두 눈을 다 뜨고 있을 때 두 눈이 마치 하나의 운동에 의해 움직여지기라도 하듯이 항상 같은 방향으로 회전된다는 것을 잘 알고 있다. 만약 우리가 한쪽 눈을 감은 후 이 눈 위에 손을 올려놓고 다른 쪽 눈은 이리저리 여러 방향으로 회전시켜보면, 우리는 감겨 있는 눈도 동시에 회전되는 것을 느낀다. 이는 우리가 의지하든 그렇지 않든 마찬가지다. 이 현상이 놀라운 이유는 모든 해부학자가 인정하고 있듯이 두 눈을 움직이는 근육[42]과 신경은 완전히 다른 것들이고 서로 연결되어 있지 않기 때문이다. 만약 우리가 태어나면서부터 눈의 평행운동 그대로의 방식으로 한 손이 움직일 때 언제나 다른 한 손도 움직이는 사람을 목격한다면, 그래서 손을 항상 평행하게

---

42) 사람의 눈은 네 개의 직근과 두 개의 사근으로 움직인다. 사근은 물체와의 거리에 따라 안구 중앙부에 압력을 가하며 사근이 죄어지면 안구는 전후로 길어진다. 반대로 직근이 죄어지면 안구는 전후로 짧게 두터워지는데, 눈의 회전운동은 직근에 의해서다.

유지하는 사람을 목격한다면, 이는 매우 놀랍고 불가사의한 일로 여겨질 것이다. 하지만 그럼에도 이 사람이 행하는 팔 운동의 신체상 원인을 발견하기란 눈의 평행운동을 낳는 원인을 발견하는 것보다 더 어렵지 않을 것이다. 후자는 전자와 전적으로 유사하다.

이제까지 눈의 평행운동을 낳는 원인으로 거론되어왔던 유일한 것이 습관이다. 사람들은 말하기를, 대상을 주시하게 되기 시작하면서 우리는 선명한 시각을 갖기 위해서는 두 눈을 같은 방향으로 회전하는 것이 필요하다는 점을 경험으로 발견한다. 그리하여 우리는 항상 이런 방식으로만 눈을 회전하는 습관을 머지않아 획득하고 일단 이 습관이 획득된 다음에는 다른 방식으로 눈을 회전하는 능력을 점차 약화시킨다.

하지만 이런 문제 설명은 불충분하게 여겨진다. 습관이란 단번에 얻어지는 것이 아니기 때문이다. 습관을 획득하여 몸에 배게 하는 데는 시간이 소요된다. 만약 눈의 평행운동이 습관을 통해 얻어지는 것이라면, 마치 팔다리를 각기 다른 방향으로 움직이거나 한쪽 팔다리는 움직이면서 다른 쪽 팔다리는 움직이지 않을 수 있는 것과 마찬가지로 양쪽 눈을 각기 다른 방향으로 움직이거나 한쪽 눈은 움직이면서 다른 쪽 눈은 움직이지 않는 사례가 갓 태어난 어린아이에게서 관찰되어야 할 것이다. 내가 알기로 어떤 이들은 어린아이가 이런 식으로 눈을 움직일 수 있다고 단언한다. 그러나 나 자신의 관찰에 비추어보면, 나는 어린아이의 이런 식의 안구 운동 사례를 관찰하고자 했고 만약 이런 식의 사례가 실제로 발생했더라면 관찰할 수 있었을 좋은 기회를 갖기도 했겠지만, 나는 그러한 단언이 진리임을 발견하지 못했다. 나는 경험이 풍부한 산파, 아기 엄마, 간호사들에게도 자문을 구했다. 내가 알 수 있었던 것은 경련이나 그밖의 초자연적 원인이 있다고 의심할 만할 경우가 아닌 한 어린아이의 눈에서 그런 식의 비정상적인 증상은 발견되지 못한다는 데 이들이 의견을 같이한다는 점이다.

따라서 우리로 하여금 양쪽 눈을 항상 같은 방향으로 회전하도록 지도하는 자연적인 본능 같은 것이 습관으로 형성되기 이전에 이미 우리의 본성 안에 깃들어 있을 개연성이 매우 높다.

우리는 마음이 어떻게 신체에 작용하고 어떤 힘에 의해 근육이 수축되고 이완되는지를 알지 못한다. 그러나 우리는 이 근육을 움직이는 힘이 발휘됨으로써 비자발적인 행동에서와 마찬가지로 자발적인 행동에서도 수많은 근육이 서로의 물질적 끈이나 연결 없이도 힘을 합쳐 조화롭게 작용하며 각각의 근육은 맡은 역할을 적시에 적확하게 수행하도록 가르쳐진다는 점을 알고 있다. 일련의 숙련된 연주가들이 모여 극장 공연을 하거나 탁월한 능력의 음악가들이 함께 콘서트 연주를 할 때, 멋진 댄서들이 함께 컨트리 댄스를 출 때, 이들은 공조(共助)하여 맡은 역할을 수행함으로써 단일한 결과의 산출에 기여하지만 이들이 보여주는 규칙성과 질서는 많은 동물적 기능의 운동과 자발적인 행동에서 다수의 근육이 보여주는 규칙성과 질서에는 미치지 못한다. 더 나아가 우리는 이러한 운동들이 어린아이의 경우나 자신이 이런 근육들을 갖고 있는지조차 모르는 사람의 경우에도 노련하고도 규칙적으로 수행되며 이때의 노련함과 규칙성은 매우 노련한 해부학자나 생리학자가 수행하는 동일한 근육운동의 경우에서보다 결코 덜하지 않음을 알고 있다.

대체 그 누가 음식물 섭취나 호흡, 자연적 배출에 쓰이는 근육에게 이처럼 질서 있고 적확하게 각자의 할 바를 행하라고 가르친 것인가? 확실히 습관은 아니다. 이를 가르친 자는 인간의 신체구조를 만들고 마음이 신체의 각 부분에 작용하는 법칙들을 확정하여 이 법칙들이 의도한 목적에 신체가 부응하도록 만든 전능하고 현명한 존재다. 상호 연결되지 않은 일련의 근육들이 습관의 도움 없이 그토록 멋지게 힘을 합쳐 기능을 수행하는 현상이 많은 그밖의 사례에서 목격된다는 점을 고려해보면, 습관의 도움 없이 눈의 근육들이 양쪽 눈이 평행되게 방향을 취하게끔——이렇게 방향을 취하지 않고는 눈은 스스로의 목적에 부응하지 못한다——공조한다는 사실은 하등 이상할 것이 없다.

이와 유사한 근육 간의 공조를 우리는 동공을 수축하는 근육에서도, 대상의 거리에 따라 눈의 배치를 다르게 하는 모종의 근육에서도 목격한다.

그러나 언급되어야 할 것은 비록 두 눈이 항상 같은 방향으로 회전되는 것이 자연적인 본능에 의해서인 것으로 보인다고 해도 습관의 몫으로 남겨진 재량권이 있다는 점이다.

위에서 눈의 평행운동에 관해 우리가 말한 바가 마치 자연은 우리에게 두 시축을 항상 정확히 수학적으로 상호 평행하게 유지하라고 가르친다는 식으로 엄격히 이해되어서는 안 된다. 실로 비록 항상 눈이 거의 평행하다고 해도 결코 정확하게 평행한 것은 아니다. 대상을 볼 때 두 시축은 대상에서 만나 일정한 각(角)을 형성한다. 이 각은 비록 항상 작지만 그래도 대상의 원근에 따라 더하거나 덜하다. 아주 현명하게도 자연은 눈의 평행 정도를 변화시키는 힘을 우리에게 약간은 남겨 놓았다. 그리하여 우리는 눈이 멀리나 가까이에 그 초점을 맞추도록 할 수 있다. 이런 것이 습관을 통해 학습된다는 것은 확실한데, 어린아이가 오랜 시간이 흐른 후에야 이 습관을 완벽하게 획득하는 것으로 목격되는 것도 바로 그래서다.

자연스러운 경우 눈의 평행 정도를 변화시키는 힘은 그 목적에 충분한 것 이상이지 않다. 하지만 이 힘은 많은 연습과 훈련을 거쳐 증대될 수 있다. 그리하여 우리는 목격하기를, 마치 신체를 비틀어 부자연스러운 자세를 취할 수 있는 능력을 지니게 된 사람들이 있듯이 눈을 비틀어 부자연스러운 방향으로 회전시킬 수 있는 능력을 지니게 된 사람들이 있다.

눈의 회전과 관련하여 시력을 상실한 이들은 대개 습관을 통해 갖게 된 것은 잃어버리지만 자연적으로 갖고 있던 것은 그대로 보유한다. 즉 이들의 두 눈은 비록 항상 함께 움직이기는 하지만 두 눈 중 시력이 상실된 눈은 대상을 주시할 때 종종 대상에서 약간 비껴간다. 이 점은 피상적인 관찰자는 잘 깨닫지 못하지만 이런 문제에 관해 정확히 관찰하는 데 익숙한 이라면 분별해낼 수 있는 사항이다.

제11절 우리는 역상(逆像)을 통해 정립된 대상을 본다

철학자를 당혹스럽게 했던 또 다른 시각현상은 망막에 있는 대상의 이미지 내지 상이 역전된 것임에도 우리가 대상을 정립되게 본다는 점이다.

현명했던 케플러[43]는 시각적 대상의 선명하지만 역전된 상이 망막에 형성된다는 중요한 사실을 처음으로 발견했다. 이 위대한 철학자는 이 상이 어떻게 형성되는지를 광학법칙을 동원하여 논증적으로 보여주었다. 케플러에 따르면, 우선 대상의 한 점에서 온 광선들이 동공의 여러 곳에 닿는다. 그다음 이 광선들은 각막과 수정체를 통해 망막의 한 점에서 다시 만나게끔 반사된다. 그렇게 되면 이 반사된 광선들은 이 망막의 한 점 위에 대상의 점, 즉 자신이 떠나왔던 대상의 점의 색을 그린다. 대상의 여러 점에서 오는 광선은 망막에 이르기 전에 상호 교차하고 그리하여 이들이 형성하는 상은 역상이게 된다. 즉 대상의 위쪽 부분은 망막의 아래쪽에 그려지고 대상의 오른쪽 부분은 망막의 왼쪽에 그려진다. 대상의 나머지 부분도 이런 식으로 역전된다.

케플러는 우리가 역상을 수단으로 정립된 대상을 본다고 생각했는데, 그 이유는 우리는 대상의 여러 점에서 오는 광선들이 망막에 닿기 전에 교차한다는 것을 근거로 하여 망막의 아래쪽에서 느껴지는 자극은 대상의 위쪽에서 오는 것이고 망막의 위쪽에서 느껴지는 자극은 대상의 아래쪽에서부터 오는 것이라는 결론을 내린다는 것이다.

이후에 데카르트는 상의 역전 현상에 관해 케플러와 동일한 해명을 제시했다. 그는 이러한 현상을 우리가 팔짱낀 팔이나 교차된 두 개의 막

---

43) 케플러(J. Kepler, 1571~1630): 독일의 천문학자. 주요 저서로 『신(新)천문학』『굴절광학』(*Dioptrice*)이 있다. 행성운동에 관한 타원궤도의 법칙과 면적속도 일정의 법칙을 발표하여 코페르니쿠스의 지동설을 발전시켰다. 또 운동의 원인으로 태양 자전에 따른 자기 추진력을 제안했고 케플러식 망원경의 원리를 내놓기도 했다.

대기로 대상을 감촉할 때 대상의 위치에 관해 내리는 판단의 예를 들어 설명했다.

그러나 우리는 이러한 해명에 만족할 수 없다. 그 이유는 첫 번째, 우리가 사물을 정립된 것으로 보는 것은 직접적인 지각으로 보이는데, 이에 반해 이 해명에서는 일정 전제들로부터 이끌어진 이성적인 연역의 결론으로 상정되고 있기 때문이다. 두 번째, 모든 인류가 그러한 결론을 이끌어낸다고 상정되고 있는 전제들은 대다수 인간의 마음에는 결코 떠오르지 않는 것들이거니와 절대로 알려지지 않는 것들이기 때문이다. 우리는 망막 상에 대한 느낌이나 지각을 갖고 있지 않다. 케플러나 데카르트의 원리에 따르면, 우리는 대상을 정립된 것으로 보기 위해 광선이 대상에서부터 직진하여 눈에 닿는다는 것을 사전에 알고 있어야 하며, 대상의 여러 곳에서 오는 광선이 망막에 상을 형성하기 전에 상호 교차한다는 것도 알고 있어야 하고, 마지막으로 이 상이 실제로 역전되었다는 것을 알고 있어야 한다. 하지만 이 모든 전제는 비록 그것들이 참이고 철학자들에게는 알려진 것들이라 해도 대다수 사람에게는 절대로 알려지지 않은 것들이다. 이 전제들에 관해 아무것도 모르는 이들이 이것들로부터 출발하는 추론을 행하여 결론을 내린다는 것은 가능하지 않다. 시각적 대상은 무학자(無學者)에게나 학식을 갖춘 자에게나 모두에게 정립된 것으로 나타나므로 정립된 대상 현상이 무학자의 마음에는 떠오르지 않은 전제들로부터 이끌어지는 결론일 수는 없다. 물론 앞서 우리는 마음을 재빠르게 통과하여 결코 반성의 대상이 될 수 없는 전제들로부터 원초적 원리나 습관을 통해 이끌어지는 결론의 사례들을 여럿 고찰했다. 그러나 마음에 결코 떠오르지 않은 전제들에서 결론을 이끌어내는 일이 가능하다고 생각하는 사람은 확실히 아무도 없을 것이다.

버클리 주교는 케플러와 데카르트의 해명을 정당하게 배격한 후 그 자신의 원리에 입각한 심오한 해명을 제시했다. 다음에서는 주교가 자신의 광학 저술[44]에서 어떻게 현명한 스미스 박사[45]의 예를 따랐는지를 개진하고 검토하기로 하겠다.

이 독창적인 저자는 시각관념은 촉각관념과 전혀 다르다고 생각한다. 우리가 일정 대상에 대해 이 두 가지 감각을 통해 갖게 되는 개념들이 전혀 닮지 않았다는 사실에 비추어보면, 우리가 두 감각이 무엇을 통해 어떤 방식으로 서로 영향을 주고받는지를 배우는 것은 오직 경험으로부터다. 형태나 위치, 심지어 수(數)조차 촉각의 대상에서는 촉각관념이다. 비록 이 촉각관념과 시각관념 간에 아무런 유사성도 없지만, 우리는 삼각형과 사각형이 각각 어떤 특정 방식으로 시각에 영향을 주는지를 경험에서 배운다. 즉 우리는 시각에 이러저러한 방식으로 영향을 주는 것은 삼각형과 사각형이라고 판단한다. 마찬가지로 동일한 대상이 정립되어 있을 때는 이러저러한 방식으로 눈에 영향을 주고 거꾸로 놓였을 때는 이러저러한 방식으로 눈에 영향을 준다는 사실을 경험으로 배움으로써 우리는 대상이 눈에 영향을 주는 방식을 보고 대상이 정립되어 있는지 그렇지 않은지를 판단하는 법을 배운다.

한마디로 시각관념은, 이 저자에 따르면, 촉각관념의 기호다. 마음은 이 기호로부터 기호가 의미하는 대상에게 나아가는데, 이는 양자 간에 성립하는 그 어떤 유사성에 의해서도 아니고 그 어떤 자연원리에 의해서도 아니다. 우리가 이렇게 하는 것은 마치 언어에 소리와 이 소리가 의미하는 사물이 연결되어 있듯이 기호와 대상이 경험 중에 항상 연결되었다는 것을 발견함으로써다. 따라서 만약 망막에 있는 이미지가 항상 정립된 것이었다면, 이 정립된 이미지는 마치 현재의 정립된 이미지가 대상을 역전되어 있는 것으로 보여주듯이 대상을 정립된 것으로 보여줄 것이다. 실로 만약 우리가 지금 역전된 대상에게서 얻는 시각관념이 애초부터 대상의 정립된 위치와 연합되었다면, 이 시각관념은 현재

---

44) 1709년에 발표된 버클리의 『신(新)시각론』(An Essay Towards a New Theory of Vision)을 가리킨다.

45) 『광학론』(A Complete System of Optiks: A Popular, a Mathmatical, and a Philosophical Treatise, 1738)을 쓴 스미스(R. Smith)를 가리키는 것으로 추정된다.

의 시각관념이 역전된 위치를 지시하는 것만큼이나 선뜻 정립된 위치를 지시할 것이다. 만약 1실링 동전의 시각적 외양이 애초부터 1실링 동전의 촉각관념과 연결되었다면, 이 외양은 두 개의 대상을 의미하는 것만큼이나 자연스럽게 선뜻 하나의 대상을 의미했을 것이다.

확실히 버클리의 견해는 매우 독창적이다. 만약 이 견해가 정당한 것이라면, 이 견해는 현재 우리가 고려하고 있는 현상을 해명하는 데만 유용할 뿐 아니라 우리가 다음에 생각해볼 두 눈으로 한 대상을 보는 양안단시(兩眼單視) 현상을 해명하는 데도 유용할 것이다.

버클리의 해명에서는 분명히 다음이 상정되고 있다. 우리가 본래적으로 사물을 정립되었거나 역전된 것으로, 이러저러한 형태를 지닌 것으로, 하나라거나 둘로 보지는 않는다는 것이다. 이는 습관을 획득하기 전에는 발생하지 않는다. 우리는 대상의 촉각적 위치나 형태, 수 등을 시각적 기호에 따라 판단하는 법을 경험에서 배운다.

물론 시각의 직접적이고 자연스러운 대상과 우리가 이것으로부터 이끌어내는 데 소싯적부터 익숙해져 있는 결론을 구분하기란 극도로 어려운 일이라는 점은 인정되어야만 한다. 버클리 주교는 양자를 구분하여 그 경계를 찾아내고자 한 최초의 사람이었다. 만약 그가 이 경계의 오른쪽이나 왼쪽으로 조금 더 밀고 나아가서 탐구를 진행했더라면, 이는 전혀 새롭고 대단히 미묘한 주제에서 기대될 수 있었을 진전을 이루어내는 계기가 되었을 것이다. 버클리의 그러한 구분에 의해 시각의 본성에 관한 많은 점이 밝혀졌고 예전에는 결코 설명될 수 없는 것처럼 보였던 많은 광학현상이 명료하고 선명하게 해명되었다. 철학에서 중요한 발견을 이룬 사람이 그 발견을 본래의 구역을 넘어 조금 더 밀고 나가 본래의 구역에는 들어오지 않는 현상을 해명하는 데 적용하는 것은 자연스럽기도 하거니와 거의 불가피한 일이기도 하다. 심지어 그 위대한 뉴턴조차도 보편적인 중력법칙의 발견을 통해 얼마나 많은 자연현상이 중력법칙이나 그밖의 인력과 척력법칙에 의존하는지를 고찰하고 난 다음 물질계의 모든 현상이 물질입자에 있는 인력과 척력에 의존할 것이라는 추측을 표명하지 않을 수 없었던 것이다. 나는 독창적인 클로인의 주교 역시 많은 시각현상이 시각관념과 촉각관념 간의 불변적인 연합으로 환원될 수 있다는 사실을 발견하고 난 다음 이 원리를 그 정당한 한계를 넘어 진전시켰던 것은 아닌가 하는 생각을 하고 있다.

클로인의 주교가 실제로 그랬는지를 가능한 한 최대한 잘 판정하기 위해 다음과 같이 가정하자. 손더슨 박사의 경우에서처럼 한 맹인이 맹인으로서 가질 수 있는 모든 지식과 능력을 갖고 있다가 어느 날 갑자기 완벽하게 볼 수 있게 되었다. 이자는 시각관념에 좀더 친숙해지기 전까지는 시각관념과 촉각관념을 연합시키는 기회를 부여받지 못했다. 다시 말해서, 이자는 새로운 대상으로 인해 유발된 처음의 놀라움이 사라지고 나서야 비로소 대상을 검토하여 자신이 이전에 촉각을 통해 가졌던 개념과 비교할 시간을 갖게 된다. 그가 비교하는 것 중에는 특히 현재 그의 눈이 현전시키고 있는 시각적 연장과 그가 이전에 숙지했던 길이와 폭을 지닌 연장이 포함될 것이다.

앞서 우리는 맹인이라 할지라도 물체의 시각적 연장, 형태에 관한 개념을 형성할 수 있다는 것을 입증하고자 했다. 이 형성은 시각적 연장과 형태가 촉각적 연장과 형태와 갖는 관계를 기반으로 한 것이었다. 하물며 이제 시각적 연장과 형태가 눈에 현전하는 상황에서 맹인이었던 자가 이것들을 촉각적 연장과 형태와 비교하여 전자가 후자와 마찬가지로 길이와 너비를 가졌고 직선이나 곡선으로 경계 지워져 있다는 사실을 깨달을 수 있을 것임은 물론이다. 그리하여 그는 촉각적 원, 촉각적 삼각형, 촉각적 사각형, 촉각적 다각형이 있듯이 시각적 원, 시각적 삼각형, 시각적 사각형, 시각적 다각형이 있음을 깨달을 것이다. 비록 하나는 색칠되어 있고 하나는 그렇지 않지만 시각적 형태와 촉각적 형태는 동일한 형태를 지닐 수 있다. 이는 마치 촉각의 두 대상이 비록 하나는 뜨겁고 하나는 차갑지만 동일한 형태를 지닐 수 있는 것과 마찬가지다.[46]

우리는 시각적 형태의 속성은 이것이 재현하는 평면상의 형태의 속성과 다르다는 점을 논증했다. 그러나 이와 함께 우리는 한눈에 선명하게 보일 수 있을 만큼 크기가 작은 대상이 눈에 정면으로 놓일 때 이 대상의 시각적 형태와 촉각적 형태 간의 차이는 감각을 통해 지각되기에 너무 작다는 점도 살펴보았다. 예를 들어, 평면상의 삼각형에서 세 각의 합은 두 직각과 같은 데 반해 시각적 삼각형의 경우 세 각의 합은 두 직각보다 크다. 그러나 시각적 삼각형의 크기가 작은 경우 세 각의 합은 거의 두 직각에 가깝고 감각은 이 차이를 느낄 수 없다. 마찬가지로 크기가 다른 시각적 원들은 평면상의 원들의 경우와 달리 둘레와 직경은 비례하지 않는다. 하지만 크기가 작은 시각적 원들의 경우에는 평면상의 원들과 마찬가지로 둘레는 직경에 거의 비례하고 직경은 둘레에 거의 비례한다.

따라서 크기가 작은 시각적 형태들은(이런 것들만이 한눈에 선명하게 보일 수 있다) 동일한 이름의 평면상의 촉각적 형태와 유사할 뿐만 아니라 모든 감각에서 같다는 점이 드러난다. 만약 손더슨 박사가 볼 수 있게 되어서 유클리드의 『기하학』 1권의 형태를 주의 깊게 보게 된다면, 그는 이 형태가 자신이 이전에 촉각에 의해 그토록 잘 숙지하고 있었던 바로 그 형태임을 만져보지 않고도 사색과 숙고를 통해 깨달을 수 있을 것이다.

평면에 그려진 형태의 시각적 형태는 비스듬히 보일 때가 정면으로 보일 때보다 그 촉각적 형태와 더 많은 차이가 난다. 입체적인 형태의 재현은 이보다 더 불완전하다. 시각적 연장은 3차원이 아닌 2차원만을 갖고 있기 때문이다. 하지만 그럼에도 만약 어떤 사람에 대한 정확한 그림이 그 사람과 전혀 유사하지 않다거나 집의 조감도가 집과 전혀 유사하지 않다고 말할 수 없는 것이라면, 한 사람의 시각적 형태나 집의 시각적 형태가 재현하는 대상과 전혀 유사하지 않다고 말할 수도 없다.[47]

---

46) 예를 들어, 두 손을 각각 뜨거운 물과 차가운 물에 넣었다가 꺼낸 다음 한 물체를 만지면 이 물체는 한쪽 손에는 차갑게 다른 쪽 손에는 뜨겁게 느껴질 것이지만 동일한 하나의 물체이므로 형태는 하나일 것이다.

따라서 버클리 주교는 커다란 오류에 근거하여 논의를 진행시켰던 셈이다. 즉 그는 우리가 보는 연장이나 형태, 위치가 우리가 촉각을 통해 지각하는 연장과 형태, 위치와 전혀 유사하지 않다고 그릇되게 가정했다.

더 나아가서 우리는 물질적 사물과 관련한 버클리 주교의 이론이 틀림없이 그로 하여금 대상의 정립된 외양의 문제를 그의 물질 이론을 채택하지 않은 이들과는 전혀 다른 시각에서 보게끔 만들었다고 말할 수 있다.

실로 버클리 주교는 시각이론에서는 외부 세계가 있다고 인정하는 듯하다. 그러나 그는 이 외부 세계가 오직 촉각적일 뿐이며 시각적이지는 않다고, 시각의 고유한 대상인 시각적 세계는 외부에 있는 것이 아니라 마음 안에 있다고 믿는다. 만약 버클리 주교의 이런 주장이 맞는다고 한다면, 자신은 사물을 정립된 것으로, 즉 역전되지 않은 것으로 본다고 단언하는 자는 '위'와 '아래'와 '오른쪽'과 '왼쪽'이 자신의 마음 안에 있다고 단언하는 셈이 된다. 고백건대 나는 이 단어들이 마음에 적용되었을 때 갖게 될 의미를 확정할 수 있을 만큼 마음의 지형(地形)을 잘 숙지하고 있지 못하다.

그리하여 우리는 다음을 사실로 인정하고자 한다. 만약 시각적 대상이 우리 외부에 있지 않고 마음에만 있을 뿐이라면, 시각적 대상은 아무런 형태도 위치도 연장도 가질 수 없게 될 것이고 대상이 정립되었다거나 역전되었다고 단언하는 것이나 시각적 대상과 촉각의 대상이 유사하다고 단언하는 것은 부조리한 일이 되고 말 것이다. 그러나 왜 대상이 역전되어 있지 않고 정립되어 있는 것으로 보이는가라는 질문을 제기할 때, 우리는 우리 자신이 버클리 주교가 말하는 관념들의 세계가 아니라 상식의 가르침에 복종하는 사람들이 거주한다고 믿는 세계 안에 존재한다는 것을 당연한 사실로 간주해야 한다. 다시 말해서, 우리는 시각과

---

47) 정확한 초상화나 조감도가 대상과 정확히 유사하다면 비록 정도의 차이는 있을지언정 시각적 형태도 대상과 대충 유사하다고 말할 수 있다는 뜻이다.

촉각의 대상이 우리 외부에 있으며 모종의 형태를 갖고 있고 상호 관련적으로 규정되는 위치를 갖고 있다는 것을, 특히 우리의 신체와 관련한 위치를——우리가 이 위치를 지각하든 지각하지 않든 간에——갖고 있다는 것을 당연한 사실로 간주해야 한다.

손으로 지팡이를 바로 세워 잡고 바라볼 때 나는 내가 보는 대상과 만지는 대상이 동일하다는 것을 당연한 사실로 간주한다. "나는 지팡이가 바로 세워져 있음을 손으로 느낀다"고 말할 때 이 말의 의미는 지팡이 머리가 지평선에서 떨어져 있고 끝은 지평선을 향해 있음을 손으로 느낀다는 것이다. 그리고 내가 "나는 지팡이가 정립되어 있는 것으로 본다"고 말할 때 내가 의미하는 바는 지팡이 머리가 지평선에서 떨어져 있고 끝이 지평선으로 향해 있음을 본다는 것이다. 나는 지평선을 시각과 촉각의 고정된 대상으로 생각한다. 대상은 이 지평선과 관계하여 높다거나 낮다고 또는 정립되었다거나 역전되었다고 말해진다. 왜 나는 대상이 역전되어 있지 않고 정립되어 있다고 보는가라는 질문은 다음 질문들과 동일하다. 왜 나는 대상이 그 실제 위치에 있다고 보는가? 왜 눈은 대상의 실제 위치를 보여주는가? 왜 눈은 대상을 역전된 위치에 있는 것으로 보여주지 않는가? 우리가 보통의 천문 망원경을 통해 대상을 볼 때 대상은 역전되어 보이지 않는가? 또 눈을 해부했을 때 망막에 있는 것으로 나타나는 대상의 상도 역전되어 보이지 않는가?

제12절 앞 절과 같은 주제

왜 나는 대상이 역전되어 있지 않고 정립된 것으로 보는가라는 질문에 대해 시각작용 중에 성립하는 자연법칙을 지적하는 것 말고는 달리 만족할 만한 답을 주기란 불가능하다. 시각현상은 이 법칙들에 의해 통제되기 때문이다.

이제 나는 다음과 같이 답하겠다. 첫 번째, 자연법칙상 광선은 대상의 각 지점에서 출발하여 직진해서 눈의 동공에 도달한다. 두 번째, 대상의 한 점에서부터 와서 동공의 여러 부분에 도달하는 광선들은 자연법칙 상 망막의 한 점에서 다시 만나게끔 반사된다. 대상의 여러 점에서 오는 광선들은 먼저 상호 교차한 다음에는 망막의 여러 점에게로 전진하여 그곳에 대상의 역상을 형성한다.

여기까지가 광학 원리가 우리에게 알려주는 바다. 더 나아가 경험은 우리에게 다음을 확실하게 알려준다. 만약 망막에 그러한 역상이 없다 면 시각작용 역시 없으며, 이 역상은 대상의 색과 형태, 선명성의 정도, 밝음의 정도를 보여주는 대상의 외양이다.

따라서 명백히 망막 상은 자연법칙에 의도된 시각작용의 한 수단이 다. 그러나 이 상이 어떻게 자신의 목적을 달성하는지에 관해 우리는 전 혀 무지하다. 철학자들의 견해에 따르면, 광선에 의해 망막에 만들어진 인상은 시신경에 전달된 다음 이 시신경에 의해 감각중추라고 불리는 뇌의 일부분에 전달되고 이렇게 감각중추에 전달된 인상은 그곳에 거주 한다고 상정되는 마음에 의해 직접 지각된다고 한다. 그러나 우리는 영 혼이 어디에 있는지에 대해 아무것도 알지 못한다. 우리는 뇌 내부에서 오가는 것을 직접 지각하기는커녕 모든 신체 부분 중에서 뇌에 관해 가 장 적게 알고 있다. 실로 시신경이 망막 못지않게 시각의 필수적인 도구 이고 망막 상을 수단으로 하여 일정 인상이 시신경에 만들어지는 것일 가능성이 매우 높다. 그러나 이 인상이 어떤 종류의 것인지에 대해 우리 는 아무것도 알지 못한다.

시신경이나 뇌, 이 양자 중 하나에 대상의 상이나 이미지가 있을 가능 성이 매우 크다. 망막 상은 광선에 의해 형성된다. 우리가 일부 사람들 과 의견을 같이하여 광선이 망막에 끼치는 자극은 시신경 섬유의 진동 을 야기한다고 가정하든지 아니면 다른 일부 사람들과 의견을 같이하여 그러한 자극이 신경 내부에 담겨 있는 묽은 유동액을 움직인다고 가정 하든지 간에 시신경 섬유의 진동도 유동액의 운동도 마음에 현전한 시 각적 대상과 유사할 수는 없다. 또 마음이 망막 상을 지각할 수 있는 가 능성도 없다. 마치 뇌와 시신경이 우리의 지각 대상이 아니듯이 이 망막

상은 우리의 지각 대상이 아니다. 그 누구도 자신의 눈에 있는 상을 보지 못했으며 실로 다른 사람의 눈에 있는 상이라 해도 그 눈이 머리 밖으로 끄집어져서 적당한 조처가 가해지기 전에는 그 누구도 그 상을 보지 못한다.

전(全) 시대에 걸쳐 철학자들이 다음과 같은 견해에 동의했다는 것은 매우 기이한 일이다. 즉 외부 대상의 이미지는 감각기관을 통해 뇌에 전달되고 바로 거기서 마음에 의해 지각된다는 것이다. 이보다 더 비(非)철학적인 견해는 없다. 첫 번째, 이 견해는 그 근거를 사실과 관찰에 두고 있지 않다. 우리가 발견할 수 있는 한 모든 감각기관 중에서 유일하게 눈만이 대상의 이미지를 형성하는데, 눈을 통해 형성되는 이미지는 뇌의 내부가 아니라 눈의 기저 내부에 있을 뿐이고 이 이미지는 마음에 의해 전혀 지각되지도 느껴지지도 않는다. 두 번째, 어떻게 마음이 뇌 내부에 있는 이미지를 지각하는지를 생각하기란 어떻게 마음이 이보다 멀리 있는 사물을 지각하는지를 생각하기만큼이나 어렵다.

만약 누군가가 내게 어떻게 마음이 뇌 내부에 있는 이미지를 지각하는지를 보여준다면 나는 그에게 어떻게 마음이 이보다 멀리 있는 대상을 지각하는지를 보여주겠다. 만약 우리가 마음에게 어두운 방 깊숙한 곳에서 무엇이 오가는지를 지각할 수 있는 눈을 준다면, 우리가 이 눈을 좀더 멀리 있는 것을 볼 수 있는 시력을 지닌 것으로 만들지 못할 까닭이 없지 않은가? 눈이 더 멀리 있는 것을 볼 수 있게 된다면, 우리는 뇌 내부에 있는 이미지라는 그러한 비철학적인 허구를 만들지 않아도 좋을 것이다. 단적으로 말해서 마음의 지각 방식과 메커니즘은 우리의 이해 범위를 훨씬 넘어서 있다. 뇌 내부에 있다는 이미지를 동원하여 이를 설명하는 것은 마음과 마음의 작용들에 관한 매우 조야한 견해에 근거를 두고 있다. 뇌 내부에 이미지가 있어서 이것이 일종의 접촉을 통해 마음 내부에 대상의 인상이나 이미지를——마음은 이것들을 의식하고 있다고 상정된다——형성한다는 식의 조야한 견해 말이다.

이 탐구가 진행되는 내내 우리는 오감을 통해 마음에 만들어진 인상이 감각대상과 조금도 유사하지 않다는 사실을 보여주고자 노력했다. 이제 뇌 내부에 이미지가 있다는 것을 증명할 아무것도 알고 있지 못하는 우리로서는 이러한 이미지의 상정이 과연 철학에서 어떤 목적에 부응하는 것인지를 알 길이 없다. 망막에 있는 인상은 그 자체로서는 마음에 보이는 것도 아니고 그렇다고 마음에 보이는 인상을 뇌나 신경중추에 산출하는 것도 아니며 대상과 유사한 인상을 마음에 만드는 것도 아니므로 여전히 이런 질문이 가능하다. 어떻게 망막 상이 시각을 야기하는가?

이 질문에 답하기 전에 마땅히 언급해야 할 것이 있다. 사물의 작용과 마찬가지로 마음의 작용도 종종 우리는 일정 사물들이 함께 연결되어 있고 불변적으로 상호 연속한다는 것을 아는데, 비록 그 연결고리 자체는 모른다고 해도 만족해야만 한다는 점이다. 우리가 '자연법칙'이라고 일컫는 것이 바로 이러한 연결이다. 우리가 한 사물이 다른 한 사물을 자연법칙상 산출한다고 말할 때 이는 우리가 대중적인 언어 수준에서 '원인'이라고 부르는 한 사물이 우리가 '결과'라고 부르는 다른 한 사물에 항상 불변적으로 뒤따라온다는 것, 그리고 우리는 이것들이 어떻게 연결되어 있는지는 알지 못한다는 것 이상을 뜻하지 않는다.

예를 들어, 우리는 물체들이 인력을 통해 서로 이끌리고 이 인력은 물체들 간의 거리와 질량에 따라 수학적으로 비례하여 결정된다는 것을 하나의 사실로 알고 있다. 우리는 인력의 원인을 발견할 수 없다. 우리는 인력을 자연의 창조주의 직접적 작용이거나 우리가 이제까지는 파악할 수 없었던 모종의 종속적인 원인의 작용으로 가정한다. 그러고는 인력을 하나의 '자연법칙'이라고 부른다. 만약 나중에라도 어떤 철학자가 인력의 원인을 발견하는 행운을 갖게 된다면, 이는 물체들 간의 인력을 그 필연적인 결론으로 동반하는 더욱 일반적인 자연법칙을 발견함에 의해서일 뿐이다. 자연적 원인의 연결고리 중 최상의 링크는 자연의 제1법칙이며, 우리가 정당한 귀납에 의해 추적할 수 있는 최상의 링크는 바로 이 자연의 제1법칙이거나 이 법칙의 필연적인 결론이다. 자연현상에서 출발하여 귀납에 의해 자연법칙을 추적하는 것이 참된 철학이 겨냥하는 전부이자 도달 가능한 전부다.

마음의 작용을 규정하는 자연법칙도 있고 물질세계를 지배하는 자연법칙도 있다. 후자가 물체의 철학에서 인간능력이 도달할 수 있는 궁극적인 결론이듯이 전자는 마음의 철학에서 우리가 도달할 수 있는 궁극적인 결론이다.

이제 앞서 제기된 질문으로 돌아가보면, 이제까지 정당하게 말해진 바로부터 우리는 제기된 질문은 결국 다음 질문과 동일하다는 것을 알게 된다. 즉 내가 망막 상을 수단 내지 기회로 삼아 이 상과 동일한 형태와 색을 지니고 있으면서 상과는 반대 위치에서 눈과 일정 방향에 놓여 있는 외부 대상을 지각하게 되는 까닭은 과연 어떤 자연법칙에 의해서인가?

내가 일정 대상의 전체를 보는 것은 대상의 한 점을 볼 때와 동일한 방식과 동일한 자연법칙에 의해서라는 점은 틀림없는 사실로 인정될 것이다. 이제 나는 내가 대상을 정면으로 볼 때 대상의 각 점을 눈의 중심에서부터 점으로 그어지는 직선 방향에 있는 것으로 본다는 것이 사실임을 알고 있다. 또 나는 눈의 중심에 오는 광선이 왔던 방향과 같은 방향으로 진행하여 망막에 도달한다는 것을 광학을 통해 알고 있다. 그렇다면 여기서 드러나는 한 가지 사실은 대상의 각 점은 망막점의 상에서부터 그어져 눈의 중심을 통과하는 직선 방향에 있는 것으로 보인다는 점이다. 그리고 이는 보편적으로 불변하게 유효한 사실이므로 자연법칙이거나 더욱 일반적인 자연법칙의 필연적 결론임이 틀림없다. 우리는 철학의 정당한 규칙에 따라 이 사실을 필연적 결론을 동반하는 더욱 일반적인 법칙이 발견되기 전까지는——나는 이런 발견은 결코 행해질 수 없지 않겠는가라는 생각을 하고 있다——이 사실을 하나의 자연법칙으로 간주할 수 있다.

이제 우리는 시각현상이 어떻게 우리의 손을 잡아끌어 자연법칙 내지 우리 본성의 법칙으로 이끄는지를 목격한다. 우리가 역상을 사용하여 대상을 정립된 것으로 본다는 것은 이 자연법칙의 필연적인 결론이다. 그 까닭은 우리가 언급한 법칙으로부터 다음이 필연적으로 귀결되기 때문이다. 즉 그 상이 망막의 맨 아래쪽에 있는 대상은 눈에서 가장 높은 쪽에 있는 것으로 보이고, 그 상이 망막의 오른쪽에 있는 대상은 왼쪽에 있는 것으로 보이며, 따라서 만약 그 상이 망막에서 정립되어 있다면 우리는 대상을 역전된 것으로 볼 것이라는 것이다. 이 문제를 다루는 나의 주요 의도는 인간마음을 구성하는 일부인데 이 탐구 주제에 고유하게 속하는 자연법칙을 지적하기 위한 것이었다. 이런 까닭으로 나는 자연법칙에 관련하여 더욱 진전된 언급을 행하고자 하는데, 그전에 우리가 주의를 기울여야 마땅한 인물이 있다. 이자는 오래전에 발표한 한 의학 에세이와 최근의 눈에 관한 한 논문에서 다음을 인간본성의 제1법칙으로 지적했던 독창적인 포터필드 박사[48]다. 그는 시각적 대상은 그 이미지가 그려지는 망막점에 수직인 직선 방향에 있는 것으로 나타난다고 지적했다. 만약 눈의 중심으로부터 망막의 모든 부분에게로 그어진 선들이 망막에 수직이라면, 실상 거의 그럴 것인데, 포터필드의 지적은 우리가 언급한 법칙과 일치한다. 달리 말하면, 동일하다. 이러한 우리 본성의 법칙에 관해 더욱 선명하고 뚜렷한 개념을 갖기 위해 다음 사항들을 고찰해보자.

1. 신체의 모든 부분 중 왜 유독 망막에만 광선에 의해 상이 만들어져 시각을 야기하는 것인지에 대해 우리는 아무런 이유도 댈 수 없으므로 우리는 이를 단순히 인간본성의 법칙으로 간주해야 한다. 우리는 광학 렌즈를 사용하여 손이나 신체의 다른 부분에 그와 같은 상을 형성할 수 있지만 이 상은 느껴지지 않으며 시각과 비슷한 어떤 것도 산출하지 않는다. 망막에 있는 상은 손에 있는 상과 마찬가지로 느껴지지 않는다.

---

48) 18세기 중반 안과학의 고전인 『시각론』(*Treatise on the Eye: the Manner and Phenomenoa of Vision*, 1759)의 저자 포터필드(W. Porterfield)를 말한다.

그러나 전자는 후자와 달리 시각을 산출한다. 왜 이런지에 대해 우리가 알고 있는 이유라고는 망막은 자연의 지혜에 의해 시각 산출이라는 목적을 위해 의도되었다는 것뿐이다. 공기의 진동은 고막을 자극할 때와 같은 힘으로 눈이나 혀나 후막(厚膜)을 자극한다. 공기 진동이 고막에 만드는 인상은 소리감각을 산출하지만 눈이나 혀나 비강막(鼻腔膜)에 만드는 인상은 아무런 감각도 산출하지 않는다. 이는 모든 감각에 확대 적용할 수 있다. 각 감각은 자신만의 독특한 법칙을 갖고 있으며 각 감각기관에 만들어진 인상은 바로 이 법칙에 따라 다른 기관에 만들어진 인상은 산출할 수 없는 감각 내지 지각을 마음 안에 산출한다.

2. 각 감각에 의해 얻어지는 지각을 지배하는 법칙은 매우 상이하다고 말할 수 있다. 이는 지각되는 대상의 성격이라는 면에서도 그렇고 지각이 대상의 거리나 상황에 관해 우리에게 알려주는 정보라는 면에서도 그렇다. 모든 감각에서 대상은 외부에 있는 것으로, 우리의 지각과 독립적인 실제 존재를 갖는 것으로 생각된다. 하지만 일정 감각에서는 대상의 거리와 형태, 상황 등이 모두 마음에 현전되고 다른 일정 감각에서는 형태와 상황은 현전되지만 거리는 현전되지 않으며 또 다른 일정 감각에서는 형태도 상황도 거리도 현전되지 않는다. 상이한 감각에 의한 이러한 지각 방식의 다양성을 우리가 해부학이나 자연철학의 원리를 동원하여 설명하려고 한다면 이는 무익한 일이다. 이러한 다양성은 궁극적으로는 우리를 만든 창조주의 의지, 즉 우리의 지각능력이 어떤 한계를 갖기를 의도했으며 지각기관이나 지각기관이 작동하는 자연법칙을 당신의 현명한 목적에 적합하게 만들었던 창조주의 의지로 해명되어야 한다.

지금 우리가 흔치 않은 소리를 듣는다고 하자. 실로 이 소리감각은 우리 마음 안에 있다. 그러나 우리는 이 소리를 산출했던 무엇인가가 외부에 있음을 안다. 하지만 우리의 청각은 우리에게 소리를 내는 물체가 가까이에 있는지 멀리 있는지, 이 방향에 있는지 저 방향에 있는지는 알려주지 않는다. 그리하여 우리는 이 흔치 않은 소리를 내는 물체가 어디 있는지 알아내기 위해 주의를 둘러보게 된다.

새로운 천체 현상이 나타나는 경우 우리는 현상의 색과 외양상의 위치, 크기, 형태는 정확하게 보지만 그 거리는 보지 못한다. 이 현상은, 눈으로만 보고 결정할 수 있는 한에서는, 대기권 안에 있는 것일 수도 있고 행성 중 하나일 수도 있으며 항성의 구면에 있는 것일 수도 있다.

촉감각의 증거는 촉각기관과 접촉하는 대상에게만 유효하지만 대신 이 증거는 이런 대상과 관련해서는 다른 어떤 감각의 증거보다도 더 정확하고 결정적이다. 손으로 물체를 느낄 때 우리는 물체가 거친지 매끄러운지, 딱딱한지 말랑한지, 뜨거운지 차가운지를 알 뿐 아니라 물체의 형태와 거리와 위치까지도 안다.

촉감각과 시감각, 청감각은 모두 마음 안에 있으며 지각되는 순간 말고는 존재하지 않는다. 어떻게 이들 감각 모두는 지각되든지 지각되지 않든지 간에 존재하는 외부 대상의 개념과 믿음을 항상 불변적으로 시사하는가? 그 어떤 철학자도 이 질문에 대해 바로 그러한 것이 인간본성의 구조라는 것 말고는 달리 답할 수 없다. 어떻게 우리는 촉각의 대상이 손끝에 있고 다른 곳에는 없음을 아는가? 어떻게 우리는 시각의 대상이 일정 방향에 있고 다른 방향에는 있지 않는 것이지만 그 어떤 거리에도 있을 수 있는 것임을 아는가? 어떻게 우리는 청각의 대상이 그 어떤 거리에도 그 어떤 방향에도 있을 수 있음을 아는가?

이 모든 것을 아는 것은 습관에 의해서도 아니고 추론이나 관념비교에 의해서도 아니며 오직 인간본성의 구조에 의해서다. 어떻게 해서 우리는 광선이 자극하는 망막 부위에 수직인 직선 방향에 시각 대상이 있다고 지각하는가? 왜 우리는 공기의 진동이 자극하는 고막에 수직인 직선 방향에 청각 대상이 있다고는 지각하지 않는가? 그 까닭은 바로 이러한 것이 인간본성의 법칙이기 때문이다. 어떻게 우리는 우리 신체의 부분이 일정 고통을 겪는다고 지각하는가? 이는 경험에 의해서도 추론에 의해서도 아니며 오직 본성의 구조에 의해서다. 고통감각은 의심할 바 없이 마음 안에 있다. 고통감각이 본성상 신체의 특정 부분과 모종의 관계를 갖는다고 말할 수는 없다. 그러나 우리의 본성상 고통감각은 신체의 특정 부분에 관한 지각을, 질환으로 불편한 감각을 야기한 신체 부분에 관한 지각을 준다. 만약 그렇지 않았더라면, 이전에 통풍의 고통이나 치통을 한 번도 느껴본 적이 없는 사람은 발가락에서 처음으로 격심한 통풍의 고통을 느낄 때 이를 치통으로 오인할 것이다.

따라서 우리 본성의 구조상 각 감각은 독특한 법칙과 한계를 갖는다. 시각법칙 중 하나는 우리는 항상 대상을 망막에 있는 이미지에서부터 눈의 중심을 통과하는 직선 방향에 있는 것으로 본다는 것이다.

3. 아마도 어떤 독자는 이렇게 상상할 것이다. 망막에 있는 이미지나 눈의 시각 중심에 조회할 것이 아니라 항상 우리로 하여금 대상이 실제 장소에 있는 것으로, 실제 위치에 있는 것으로 보게 하는 자연법칙을 생각하는 것이 더욱 용이하며 자연이 설정한 목적에 부응하는 일이라고 말이다.

이에 대해 나는 이렇게 답하겠다. 사실에 반하는 것은 자연법칙일 수 없다. 자연법칙은 우리가 자연 작동에서 발견할 수 있는 가장 일반적인 사실이다. 다른 사실과 마찬가지로 자연법칙은 멋진 추측에 의해 요행수로 맞추어지는 것이 아니라 관찰에서 정당하게 연역된다. 또 다른 일반사실과 마찬가지로 자연법칙은 적은 수의 개별사실들에서 이끌어지는 것이 아니라 풍부한 수의 개별사실들에서 그리고 참을성 있고 조심스럽게 행해지는 귀납에서 이끌어진다. 항상 우리가 사물을 실제 장소와 위치에 있는 것으로 본다는 것은 사실이 아니고 따라서 이는 자연법칙이 될 수 없다. 평면거울로 몸이나 그밖의 물체를 비추어 볼 때 나는 이것들이 실제로 차지하는 장소와는 매우 다른 장소에 있는 것으로 본다. 이는 대상으로부터 오는 광선이 눈에 닿기 전에 반사되거나 굴절되는 모든 사례에서 발생하는 현상이다. 광학을 조금이라도 알고 있는 이라면 이런 사례들에서 대상은 눈의 중심에서부터 광선이 최종적으로 반사되거나 굴절되는 망막점으로 그어진 선의 방향에 있는 것으로 보인다는 점을 알고 있다. 망원경이나 현미경의 온갖 기능도 바로 이 점에 의

존한다.

　그럼 우리는 이렇게 말할 수 있는가? 대상은 눈에 닿는 광선과 같은 방향에 있거나 반대 방향에 있는 것으로 보인다는 것이 자연법칙이라고? 아니다. 이는 진리가 아니고 따라서 자연법칙이 아니다. 대상의 한 점에서 오는 광선들은 동공의 모든 부분에 도달하고 그리하여 상이한 방향들을 갖게 되기 때문이다. 그러나 우리는 대상이 이들 방향 중 오직 한 방향에 있는 것으로만 본다. 즉 우리는 대상이 눈의 중심에 오는 광선의 방향에 있는 것으로만 본다. 이는 심지어 눈의 중심을 통과하는 광선이 끊겨져서 대상이 눈의 중심을 어느 정도 떨어져서 지나쳐 가는 광선에 의해 보이는 경우에도 그러하다.

　아마도 누군가는 이렇게 상상할 수 있을 것이다. 비록 우리가 대상을 실제 장소에 있는 것으로 보게끔 만들어진 것은 아니라거나 대상을 각막에 닿는 광선의 방향에 있는 것으로 보게끔 만들어진 것은 아니지만, 우리는 대상을 눈에서의 모든 굴절을 겪은 후 망막에 닿는 광선의 방향에 있는 것으로 보게끔 만들어진 것일 수 있다고. 다시 말해 수정체에서부터 망막까지 가는 광선의 방향에 있는 것으로 보게끔 만들어진 것일 수 있다고. 그러나 이 역시 참이 아니므로 인간본성의 법칙이 아니다. 이것이 왜 참이 아닌지를 알기 위해서는 우리는 수정체에서부터 망막의 한 점까지 가는 광선들 모두가 하나의 작은 원추체를 형성한다고 생각하면 된다. 이 원추체의 밑바닥은 수정체의 뒷면에 닿아 있고 꼭짓점은 망막의 한 점에 닿아 있다. 명백히 망막의 이 한 점에 상을 형성하는 광선은 방향이 다양하다. 이는 심지어 수정체를 거친 후라도 그렇다.

　그러나 대상은 이 방향 중 오직 하나의 방향에 있는 것으로만 보인다. 다시 말해 눈 중심에서부터 오는 광선의 방향에 있는 것으로만 보인다. 이 현상이 눈 중심부를 지나는 광선들이 지닌 어떤 특별한 힘 때문이라거나 눈 중심 자체가 지닌 어떤 특별한 힘 때문인 것은 아니다. 중심부를 지나는 광선도 끊길 수 있기 때문이다. 광선이 끊기는 경우 대상의 이미지는 중심부에 있는 광선도 아니고 중심부에 있는 광선과 같은 방향도 아닌 광선에 의해 끊기기 이전과 마찬가지로 동일한 망막 점에 형성될 것이고 대상은 이전과 마찬가지로 동일한 방향에 있는 것으로 보일 것이다. 비록 이전에 오던 방향으로 오는 광선이 없는데도 말이다.

이러한 귀납을 거쳐 우리는 다음과 같은 결론을 내린다. 우리가 대상을 특정 방향에 있는 것으로 보는 것은 우리가 대상을 광선이 눈에서의 굴절을 전후로 갖게 되는 방향에 있는 것으로 보게끔 만들어져 있다는 자연법칙 덕택이 아니라 우리가 대상을 망막에 있는 대상의 상으로부터 눈의 중심으로 그어진 직선의 방향에 있는 것으로 보게끔 만들어져 있다는 자연법칙 덕택이다.

내가 이런 귀납의 근거로 삼는 사실은 포터필드 박사가 그의 『광학의 근본원리』에서 인용했고 자신의 경험을 통해 확증한 바 있는 샤이너의 흥미로운 실험들에서 취해진 것들이다. 나 역시 이 실험들을 반복해서 실행했는데, 결과는 성공적이었다. 이 실험들은 수행하기도 쉽거니와 위에서 언급된 자연법칙을 예증하고 확증해줄 수 있는 성격의 것이므로 아래에서는 최대한 간략하고 분명하게 실험들을 열거해보겠다.

실험 1. 핀 머리처럼 광택 나는 아주 작은 대상을 눈이 선명하게 볼 수 있는 시력권 내의 가장 먼 지점에 고정시켜 놓자. 대상은 근시가 아닌 젊은이의 눈에서 46센티미터쯤의 거리에 놓일 것이다. 눈은 대상을 분명하게 볼 수 있게끔 한 장소에 흔들림 없이 고정시키자. 이제 우리는 광학원리로부터 다음 사실을 알고 있다. 즉 대상의 한 점에서부터 오는 광선들은, 눈의 중심을 통과하든 그렇지 않든 간에, 또 중심에서부터 동공 폭이 허용하는 그 어떤 거리에 있든 간에, 모두 다 망막의 한 점에서 다시 한 번 합친다. 우리는 이 광선들이 눈에 닿기 이전과 수정체를 통과한 이후에 다른 방향을 갖고 있다는 사실도 알고 있다.

이제 카드에 핀으로 작은 구멍을 하나 뚫어 이 구멍을 통해 대상을 보기로 하자. 그럼 우리는 일단의 광선을 통해 그밖의 광선은 배제하면서 대상을 볼 수 있게 된다. 우리는 핀 구멍을 동공의 여러 부분 위로 움직이면서 대상을 본다. 처음에는 눈의 중심을 넘어서는 광선에 의해 대상을 보고, 다음에는 중심부 광선에 의해, 다음에는 중심 아래를 지나치는 광선에 의해, 또 중심의 오른쪽과 왼쪽을 지나쳐 가는 광선들에 의해 대상을 본다. 즉 우리는 중심부에 있는 광선과 중심부에 있지 않은 광선 그리고 각막과 망막에 닿을 때 방향이 서로 달라서 상호 다양하게 경사각을 이루는 광선에 의해 연속하여 대상을 본다. 하지만 이 모든 경우에서 우리는 항상 망막의 동일한 점에 닿는 광선에 의해 대상을 본다. 실험 결과는 무엇인가? 대상은 모든 광선을 통해 보이건 일단의 광선에 의해 보이건 간에 동일 방향에 있다고 보인다는 점이다.

실험 2. 이제 대상을 선명한 시력권 내의 가장 가까운 지점에 놓기로 하자. 근시가 아닌 눈에는 약 10센티미터 내지 13센티미터쯤 되는 거리일 것이다. 우리는 이때 대상의 한 점에서 오는 광선이 망막의 한 점에서 만나는 대신 망막에 있는 작은 원형 지점 위로 펼쳐진다는 것을 알고 있다. 중심부 광선이 이 원형의 중심을 차지하고, 중심 위를 지나는 광선은 위쪽을 차지하고, 나머지 광선도 이런 식으로 각자의 자리를 차지한다. 또 우리는 이 경우 대상이 흐릿해진다는 것도 알고 있다. 즉 대상의 각 점은 한 방향에 있는 것이 아니라 여러 방향에 있는 것으로 보인다. 이제 우리는 이 흐릿하게 보이는 것을 방지하기 위해 대상을 핀 구멍을 통해 본다. 우리가 핀 구멍을 동공의 여러 부분 위로 움직이는 동안 대상은 한 장소에 머물러 있지 않다. 대상은 반대 방향으로 움직이는 것처럼 보인다.

여기서 관찰할 수 있는 것은 핀 구멍이 동공의 위쪽으로 움직여질 때 대상의 상은 망막에서 위쪽으로 움직여지고 이와 동시에 대상은 아래로 움직여지는 것으로 보이며, 그리고 그 결과 대상은 상에서부터 눈의 중심을 통과하는 직선 방향에 있는 것으로 보인다는 점이다. 마찬가지로 관찰할 수 있는 것은 이 경우 통상의 시각에서와는 달리 망막의 위쪽과 아래쪽의 상을 형성하는 광선이 상호 교차하지 않음에도 여전히 망막의 위쪽 상은 대상을 아래쪽에 있는 것으로 보여주고 아래쪽의 상은 대상을 위쪽에 있는 것으로 보여준다는 사실이다. 마치 광선이 상호 교차할 때처럼 말이다. 이로부터 우리는 다음 사실을 간접적으로 고찰할 수 있다. 즉 우리가 대상을 망막에 있는 대상의 상의 위치와 반대되는 위치에 있는 것으로 보는 이런 현상은 케플러나 데카르트가 생각했던 것과는 달리 광선의 교차에 의존하는 것이 아니다.

실험 3. 그밖의 조건은 위 실험과 동일하게 하고 이제 카드에 핀으로 구멍 세 개를 일직선상으로 촘촘히 뚫어서 이 구멍들을 통해 대상에서부터 오는 광선이 동시에 동공 안에 들어오도록 하자. 이때 우리는 매우 흥미로운 현상을 목격한다. 구멍들을 통해 한 눈을 사용하여 대상을 보면 대상은 3중으로 보인다. 만약 동공의 너비 이내로 더 많은 구멍을 뚫는다면, 우리는 구멍 수만큼의 대상들을 보게 될 것이다. 하지만 논의의 편의를 위해 구멍이 셋이라고 가정하자. 하나는 오른쪽에, 하나는 중앙에, 다른 하나는 왼쪽에 있다. 각 구멍을 통해 우리는 세 개의 대상이 가로 그어진 직선 위에 나란히 서 있는 것을 볼 수 있다.

여기서 관찰할 수 있는 것은 망막에 세 개의 상이 있다는 점이다. 왼쪽 상은 눈의 중심의 왼쪽을 지나는 광선에 의해 형성되고, 중앙의 상은 중앙부의 광선에 의해 형성되고, 오른쪽 상은 눈의 중심의 오른쪽을 지나는 광선에 의해 형성된다. 더 나아가서 관찰될 수 있는 것은 오른쪽에 나타나는 대상은 오른쪽 구멍을 통해 보이는 대상이 아니라 왼쪽 구멍을 통해 보이는 대상이고, 마찬가지로 왼쪽 대상은 오른쪽 구멍을 통해서 보인다는 점이다. 이는 구멍들을 잇달아 막아 봄으로써 쉽게 증명된다. 따라서 오른쪽 상과 왼쪽 상을 형성하는 광선이 어떤 방향에 있는지와 무관하게 여전히 오른쪽 상은 왼쪽 대상을 보여주고 왼쪽 상은 오른쪽 대상을 보여준다.

실험 4. 대상을 선명한 시력권 너머에 놓았을 때 앞의 두 실험 결과가 어떻게 달라지는지는 쉽게 확인된다. 나는 300센티미터 거리에 놓인 촛불을 보면서 안경 초점을 카드 뒤편에 맞추었다. 이는 대상의 각 점에서 오는 광선이 망막에 닿기 전에 만나 상호 교차되도록 하기 위한 것이었다. 앞서의 실험에서처럼 이 실험에서도 촛불은 세 개의 구멍을 통해 3중으로 보였다. 하지만 오른쪽 촛불은 오른쪽 구멍을 통해 보였고, 반대로 왼쪽 촛불은 왼쪽 구멍을 통해 보였다. 광학법칙상 이 실험에서 다음이 명백했다. 즉 망막에 상을 형성하는 광선들은 망막에 닿기 직전에 서로 교차하며, 그 결과 왼쪽 상은 오른쪽 구멍을 지나는 광선에 의해 형성된다. 그리고 그 결과 상의 위치는 상이 형성되는 구멍의 위치와 반대가 되고, 그리하여 우리가 앞서 한 실험들에서 본 것처럼 대상의 위치와도 반대가 된다.

이상의 실험은 외양상의 장소와 시각적 대상이 눈과 관련하여 갖는 방향과 관련하여 통상적인 시각규칙과 정면으로 배치되는 것처럼 보이는 비통상적인 현상들을 보여준다. 동일한 직선상에 있으면서 서로 일정 거리 떨어져 있는 세 구멍을 통해 대상을 볼 때 우리는 이 구멍들을 통해 보이는 대상이 실제로 서로 거리를 두고 있기를, 또 그렇게 나타나기를 예상한다. 그러나 첫 번째 실험에서 우리는 세 구멍을 통해 같은 대상을, 대상의 같은 점을 볼 수 있다. 세 구멍 모두를 통해서 대상은 동일한 특정 위치와 방향에 있는 것으로 나타난다.

광선이 아무런 반사나 만곡이나 굴절 없이 대상에서부터 눈까지 곧장 올 때, 우리는 대상이 실제로 있는 방향에서 나타날 것이라고 예상한다. 보통의 경우 이 예상은 맞다. 그러나 실험 2와 실험 3, 실험 4에서 우리는, 비록 광선은 대상에서부터 눈까지 아무런 만곡이나 반사나 굴절 없이 오지만, 대상을 참인 실제 방향이 아닌 방향에 있는 것으로 본다.

대상과 눈이 모두 전혀 움직이지 않게 고정되어 있고 또 매질의 변화가 없을 때, 우리는 대상이 정지되어 있는 것으로, 동일한 장소를 유지하는 것으로 나타날 것이라고 예상한다. 그럼에도 실험 2와 실험 4에서 우리는 눈과 대상이 정지되어 있고 매질에 변화가 없을 때라도 대상을 위쪽이든 아래쪽이든 우리가 마음먹은 방향에 있는 것으로 나타나게끔 만들 수 있다.

한 눈으로 일렬로 가로질러 나 있는 구멍들 모두를 통해 대상을 볼 때 우리는 왼쪽 구멍을 통해 보이는 대상은 왼쪽에 있는 것으로 나타나고 오른쪽 구멍을 통해 보이는 대상은 오른쪽에 있는 것으로 나타나기를 예상한다. 그러나 우리는 실험 3에서 정반대의 현상을 발견한다.

비록 두 눈으로 하나의 대상을 볼 때 대상이 이중으로 보이는 많은 예가 있지만 언제나 우리는 한 눈으로만 볼 때는 하나의 대상이 하나로 나타날 것이라고 예상한다. 그럼에도 실험 2와 실험 4는 다면체나 다중안경의 도움 없이도 하나의 대상이 한쪽 눈에 2중, 3중, 4중으로 보이는 사례를 보여준다.

시각적 대상이 눈과 관련하여 갖는 방향과 관련된 이러한 모든 비통상적인 현상들은 통상적이고 일상적인 현상들과 마찬가지로 우리를 앞서 언급된 자연법칙으로 이끈다. 이런 현상들은 그 자연법칙의 필연적인 결론들이다. 왜 망막 상이 우리로 하여금 외부 대상을 보게끔 만드는지에 대해 우리가 이유를 댈 수 있는 가능성은 왜 손이나 뺨에 있는 상은 우리를 외부 대상을 보게끔 만들지 않는가에 대해 우리가 이유를 댈 수 있는 가능성만큼이나 없다. 또 왜 우리가 대상을 대상의 상에서부터 눈의 중심을 지나는 직선 방향에 있는 것으로 보는지에 대해 우리가 이유를 댈 수 있는 가능성은 왜 우리가 대상을 다른 방향에 있는 것으로는 보지 않는지에 대해 이유를 댈 수 있는 가능성만큼이나 없다. 따라서 나는 기꺼이 이 법칙을 우리 본성의 제1법칙으로 간주하겠다.

오해를 방지하기 위해 나는 독자들이 다음 사실을 알아주기를 청한다. 내가 주장하고자 하는 것은 만약 시신경을 위시하여 시각에 관여하는 더욱 직접적인 도구들[49]이 온전하여 맡은 바 기능을 수행하지 않는

---

49) '더욱 직접적인 도구들'이란 시각작용에 직접 관여하는 여러 생리학적인 장치

다면 망막 상이 우리로 하여금 대상을 그러한 방향에 있는 것으로 보게끔 만든다는 것이 아니다. 우리는 시신경의 직무가 무엇인지, 시신경이 어떤 방식으로 직무를 수행하는지 알지 못한다. 우리가 아는 것은 단지 시신경이 시각능력에서 일정 부분을 담당한다는 것뿐이다. 시신경이 잘못돼서 생기는 병이라고 알고 있는 흑내장의 경우 망막 상은 비록 명료하고 선명하지만 시각작용은 성립하지 않는다는 점을 보면 그렇다.

맥락막[50]의 기능과 쓰임새에 관해 우리가 알고 있는 바는 더더욱 적다. 하지만 맥락막 역시 시각 성립에는 필수적이다. 맥락막으로 덮이지 않은 망막 부분——시신경의 입구 부분을 말한다——에 있는 상은 손에 있는 상처럼 시각을 산출하지 못한다는 것은 잘 알려져 있는 사실이다. 따라서 우리는 시각작용에서 망막이 마음이 갖고 있는 가장 궁극적이고 직접적인 수단이 아니라는 점을 인정한다. 망막에 상이 형성된 다음에라도 그 기능이 시각 성립에 필수적인 다른 신체 기관들이 있다. 만약 우리가 맥락막과 시신경, 두뇌의 구조와 쓰임새를 알게 되고 망막 상을 수단으로 해서 어떤 인상이 이것들에 만들어지는지를 알게 된다면, 시각을 성립시키는 연결고리들의 더욱 많은 링크가 우리 시야에 들어오게 될 것이고 더욱 일반적인 시각법칙들이 발견될 것이다. 그러나 우리가 더욱 직접적인 이런 시각 도구들의 본성과 임무에 대해 아는 것이 거의 없는 한 시각법칙을 망막 상들 너머로 추적하기는 불가능해 보인다.

내가 말하고자 하는 것은 우리가 대상을 실제 방향과 상당히 다른 방향에 있는 것으로 보게 하는 안질환이나 사고가 있을 수 없다는 것도 아니다. 나 자신과 관련된 사례를 한 가지 소개하겠다.

1761년 5월 당시 나는 정확한 자오선(子午線)을 얻고자 몰두하고 있었다. 나는 금성의 자오선 통과를 관찰하려는 요량으로 무모하게 소형 망원경에 오른쪽 눈을 갖다댄 채 망원경의 조준용 십자가를 태양에 맞

를 뜻한다.

50) '맥락막'(脈絡膜, Choroid Membrane): 안구의 후반부를 둘러싸고 있는 암적갈색의 얇은 막. 정맥과 동맥이 얽혀 만들어진 조직으로 주변의 공막에 영양

추었다. 나는 어렸을 적부터 자주 젊은이다운 치기로 이런 비슷한 일들을 저지르고는 했다. 결국 그날의 일로 나는 고생하게 되었고 일종의 경고 삼아 내 고생담을 털어놓겠다.

나는 즉시 오른쪽 눈이 심하게 침침해지는 것을 느꼈다. 그 후 몇 주 동안 어두운 곳에 있거나 눈을 감을 때 오른쪽 눈앞에 투명한 점 하나가 나타났다. 이 점은 마치 물에 반사해서 비치는 태양의 이미지가 떨리는 것처럼 떨렸다. 이런 현상은 시간이 갈수록 희미해져갔고 점차 덜 빈번해졌으며 지금은 거의 아무것도 남아 있지 않다. 그러나 이 상처 때문에 생긴 매우 눈에 띄는 결과들이 아직도 남아 있다. 첫 번째, 오른쪽 눈의 시력은 왼쪽 눈보다 계속하여 더 나쁘다. 두 번째, 선명하게 볼 수 있는 최근(最近)거리가 오른쪽 눈이 왼쪽 눈보다 더 멀다. 그러나 그날의 일이 있기 전에는, 많은 실험을 거쳐 확인했듯이, 두 눈은 똑같았다. 내가 정말 중요하다고 생각하여 언급하고자 하는 것은 세 번째인데, 일정 조건하에서 직선은 오른쪽 눈에서는 곡률을 지닌 것으로 보인다는 점이다.

예를 들어, 악보를 볼 때 왼쪽 눈을 감고 오른쪽 눈을 음악의 보표(譜表)를 구성하는 오선 중 중간선에 있는 한 점을 향하게 하는 경우, 중간선은 비록 희미하긴 하지만 눈이 주시하는 지점에서 직선으로 나타난다. 하지만 이와 동시에 각각 위쪽과 아래쪽의 두 선은 바깥쪽으로 굽은 것으로, 눈이 주시하지 않은 다른 지점에서보다 상대적으로 서로서로 더 멀리 떨어져 있고 중간선에서도 더 멀리 떨어져 있는 것으로 나타난다. 네 번째, 16개월 동안 수없이 실험을 반복했지만 나는 습관과 경험 때문에 이런 직선의 곡률현상이 없어지는 것을 발견하지 못했다. 마지막으로 이 곡률현상은 내가 오른쪽 눈으로만 볼 때는 느껴지지만 두 눈으로 볼 때는 느껴지지 않는다. 하지만 그럼에도 왼쪽 눈으로만 볼 때보다 두 눈으로 볼 때 나는 더 잘 본다.

내가 이상의 사실을 아무런 가설과 연관시키지 않고 상세하게 털어놓은 이유는 이러한 비통상적인 사실은 기록될 만한 가치가 있다고 생각하기 때문이다. 이 현상의 원인을 추측하는 일은 다른 이의 몫으로 남겨

두겠다. 내가 생각하기에 가장 그럴 법하다고 생각되는 이 현상의 설명
은 이러하다. 중심을 향하는 망막의 일부분이 수축했고 그리하여 이 부
분의 인접 부분들이 중심 쪽을 향해, 그리고 서로를 향해 이전보다 더
가깝게 끌어당겨졌다. 이 인접 부분들에 이미지가 형성되는 대상들이
상호 유지하는 것으로 보이는 거리는 현재의 부자연스러운 수축 상태에
서의 부분들 간의 간격이 아니라 자연스럽고 건강한 상태에서의 부분들
의 간격에 상응한다.

제13절 두 눈으로 대상을 단일하게 보는 양안단시 현상

주목할 만한 또 다른 시각현상은 우리가 두 눈으로 하나의 대상을 보
는 양안단시(兩眼單視) 현상이다. 대상의 두 상은 각 망막에 하나씩 있
다. 각 상은 그 자체로서는 우리로 하여금 하나의 대상을 눈으로부터의
어떤 방향에 있는 것으로 보게끔 한다. 하지만 그럼에도 두 눈은 연합하
여 통상적으로는 우리로 하여금 오직 하나의 대상을 보게끔 한다. 이 현
상과 관련하여 해부학자와 철학자가 제시했던 설명과 해명들은 모두 불
만족스럽다. 우리는 갈렌[51]이나 가펜더스,[52] 포르타,[53] 로호[54]의 견해

을 공급하는 역할을 맡고 있다.
51) 갈렌(Galen, 130~200): 페르가뭄 출신의 의사이자 저술가. 갈렌은 의학지식
   과 실험 그리고 동물해부에서 나온 관찰사실들을 연결시키고자 했고, 동맥이
   공기 아닌 혈액을 운반한다는 사실을 입증했으며, 그 외 뇌와 신경, 척추, 박
   동에 관한 많은 발견을 이루었다. 16세기까지도 갈렌의 권위는 논박의 여지없
   이 확실하여 마침내는 의학발전을 저해할 지경에까지 이르렀다고 한다.
52) 가펜더스(Gaffendus)는 미확인 인물이다.
53) 포르타(Giam Baptista della Porta, 1535년경~1615): 이탈리아의 자연철학
   자. 주저로 네 권짜리『자연의 마술』(*Magia naturalis*, 1558)이 있다. 이 책
   의 주제는 악마학(惡魔學), 자기학, 암상자 등으로 포르타는 자연현상의 합리
   적 질서는 자연철학자의 사색과 실험을 통해 예측되고 조절될 수 있다고 주장
   했다.
54) 로호(J. Rohault, 1618~72): 프랑스 아미엥스 출신의 데카르트주의 자연철

는 그냥 지나칠 것인데, 이들의 견해는 이미 포터필드 박사에 의해 검토되어 거부되었다. 나는 포터필드 박사와 버클리 주교, 그리고 몇몇 다른 사람의 견해를 검토할 것이다. 하지만 먼저 사실 확인이 필요하다. 만약 우리가 단일시각 현상과 이중시각 현상을 혼동한다면, 이 혼동으로 인해 우리는 십중팔구 현상의 원인을 찾아내는 데 실수를 범하게 될 것이기 때문이다.

마찬가지로 우리가 주의를 기울여야 할 것은 참된 판단력이나 정당한 감식력을 가진 이들이 이런 종류의 탐구와 관련하여 이론상으로는 인정하지만 실제로는 자주 간과하는 다음 사항이다. 즉 자연현상의 해명에서 우리가 인간능력을 통해 도달할 수 있는 최대치는 개별현상들로부터의 귀납을 통해 모든 개별현상을 필수적인 귀결로 동반하는 일반현상을 추적하는 것뿐이라는 점이다. 우리가 다다를 수 있는 가장 일반적인 현상에 도달했을 때 우리는 거기서 중지해야 한다. 예를 들어 이런 질문이 있다고 하자. 왜 저 물체는 지표면 쪽으로 이끌려지는가? 이 질문에 주어질 수 있는 답의 전부는 모든 물체는 지표면 쪽으로 이끌리게 되어 있기 때문이라는 것이고, 이는 개별현상을 일반현상에서 해명하는 것이다. 만약 왜 모든 물체는 지표면 쪽으로 이끌리는지 다시 질문한다면, 우리는 모든 물체는 무엇이든 간에 서로 이끌린다고 말하는 것 말고는 현상을 달리 해명할 수 없다. 이는 일반현상을 더욱 일반적인 현상으로 해명하는 것이다. 만약 왜 모든 물체는 서로 이끌리는지 질문한다면, 우리는 아무 말도 할 수 없다. 만약 우리가 무엇인가를 말할 수 있다면, 이는 물체의 이 보편적 중력을 모든 물체의 중력이 그 개별 사례인 더욱 일반적인 현상으로 해명함으로써일 것이다.

학자. 대표작은 『물리학』(*Traite de physique*)이다. 로호는 자연철학의 설명이란 개연적일 뿐이며 원리적으로 반증사례를 통해 오류임이 밝혀질 수 있어야 한다고 생각했다. 그는 데카르트의 주장들을 아리스토텔레스 전통으로 좀 더 완전하게 재현해서 이해했고 데카르트의 원리를 실제 실험과 결합시키고자 했다.

우리가 도달할 수 있는 가장 보편적인 현상을 우리는 '자연법칙'이라고 부른다. 따라서 자연법칙은 자연의 작동과 관련한 가장 일반적인 사실, 그 아래 매우 많은 개별사실을 포섭하는 일반적인 사실에 다름 아니다. 만약 우리가 '자연법칙'이라는 이름을 인간의 노고를 통해 후일 더욱 일반적인 현상으로 추적될 일반적인 현상에 부여해야 하는 것이라면, 이로써 커다란 해악이 끼쳐지는 것은 아니다. 발견된 시점에서 가장 일반적인 현상은 '자연법칙'이라는 이름을 취하고 덜 일반적인 현상은 그 아래에 수용되고 포섭된다. 이제 이상을 전제로 하면서 단일시각 현상과 이중시각 현상을 검토하기로 하자. 우리는 이 현상들 모두가 해소되는데 이 현상들을 그 필연적인 결론들로 동반하는 일반원리를 발견하고자 한다. 만약 우리가 이러한 일반원리를 발견할 수 있다면, 그 원리는 자연법칙이거나 자연법칙의 필연적인 결론일 것이고 전자의 경우든 후자의 경우든 원리의 권위는 대등할 것이다.

1. 우리는 건강하고 완전한 두 눈의 시축이 한 점으로 향할 때 이 점에 놓인 하나의 대상이 하나로 보인다는 것을 발견한다. 또 우리는 이때 대상을 하나로 보여주는 두 상이 각 망막의 중심에 있다는 것을 관찰한다. 한 작은 대상에서 오는 두 개의 상이 망막점들에 형성되었을 때 만약 이 상들이 대상을 하나로 보여준다면 우리는 논의의 투명성을 위해 이때 이 두 망막점을 '상응점'(corresponding points)이라고 부르기로 하겠다. 대상들이 이중으로 보일 때 우리는 상들이 형성되는 망막의 '비상응점'(points that do not correspondent)이라고 부르겠다. 이제 이 첫 번째 현상에서 망막의 두 중심은 상응점들임이 분명하다.

2. 앞서와 사정이 같다고 가정했을 때 두 시축이 향하는 대상과 등거리에 있는 다른 대상 역시 하나로 나타난다. 예를 들어, 나는 눈을 약 300센티미터 거리에 놓여 있는 촛불로 향하고 있고 내가 이 촛불을 보는 동안 또 다른 촛대가 시각장 내에서 내 눈과 등거리에 놓여 있다. 나는 내가 첫 번째 촛불을 보는 동안 두 번째 눈에 보이는 촛불 외양에 주

의를 기울일 수 있다. 이때 나는 두 번째 촛불이 항상 하나로 나타난다는 것을 발견한다. 여기서 관찰할 수 있는 것은 두 번째 촛불의 두 상은 망막의 중심에 맺히지 않고 대신 중심의 같은 측면에 맺힌다는 점이다. 즉 두 상 모두 왼쪽에 맺히거나 오른쪽에 맺히며 중심으로부터 등거리에 있다. 이 점은 광학원리에 근거하여 쉽게 논증될 수 있다. 이로부터 드러나는 사실은 이 두 번째 단일시각 현상에서 망막의 상응점들은 눈의 두 중심과 관련하여 대칭적 위치에 있는 점들이라는 것이다. 이 점들은 모두 다 중심의 같은 측면에 있고 중심으로부터 등거리에 있다. 또 이런 현상에서 다음 사실이 드러난다. 즉 한 망막에 있는 각 점은 대칭적 위치에 있는 다른 망막의 점에 상응한다.

3. 앞서와 사정이 같다고 가정했을 때, 눈이 향해 있는 대상보다 매우 가깝게 있거나 매우 멀리 있는 대상은 이중으로 나타난다. 예를 들어, 촛불 하나가 약 300센티미터 되는 거리에 있고 나는 팔을 들어 손가락 하나를 눈과 촛불 사이에 둔다. 이 경우 나는 촛불을 볼 때는 손가락을 이중으로 보고 손가락을 볼 때는 촛불을 이중으로 본다. 이런 일은 시각장 내에서 등거리에 있는 그밖의 모든 대상에서 발생한다. 이 현상에서 광학의 원리를 이해하는 이에게 다음은 분명한 사실이다. 즉 이중으로 보이는 대상의 상들은 대칭적 위치에 있는 망막점들에 맺히지 않지만 하나로 보이는 대상의 상들은 대칭적 위치에 있는 점들에 맺힌다는 점이다. 이로부터 우리는 다음을 추론할 수 있다. 중심과 관련하여 대칭적 위치에 있는 두 망막점은 상응하는 반면 대칭적이지 않은 위치에 있는 점들은 상응하지 않는다.

4. 언급해야 할 것은 비록 위의 3에서 언급된 경우들에서 우리는 우리가 단일 대상임을 알고 있는 대상을 이중으로 보는 것에 유아시절부터 익숙해져 있지만 그럼에도 습관이나 대상의 단일성 경험이 이러한 이중 외양을 결코 없애버리지는 않는다는 점이다.

5. 하지만 시각적 외양에 주의를 기울이는 습관은 상당한 효과를 갖고 있고 이런 습관의 결과 우리는 이중시각 현상을 어느 정도 관찰하여

기억하게 된다고 할 수 있을 것이다. 살아오면서 자신은 결코 한 번도 대상을 이중으로 보지 않았노라고 양심적으로 말하는 사람들이 목격되는 것도 바로 이런 까닭에서다. 그러나 이런 사람이라 해도 3의 조건하에서 자신과 대상 사이에 손가락을 놓고 주시하지 않는 대상의 외양에게 주의를 기울이고자 한다면, 그는 손가락을 주시하고자 하는 최초의 시도에서는 촛불을 이중으로 볼 것이고 촛불을 주시하고자 하는 최초의 시도에서는 손가락을 이중으로 볼 것이다. 그렇다면 지금 그는 이전에 보았던 것과는 달리 보고 있는 것인가? 절대 아니다. 그러나 지금 그는 이전에는 결코 한 번도 주의를 기울이지 않았던 것에게 주의를 기울이고 있다. 동일한 대상의 이중 외양은 이전에도 수천 번 그의 눈앞에 현전했겠지만 그는 이 외양에 주의를 기울이지 않았고 그리하여 이중 외양은 마치 결코 한 번도 발생하지 않았던 양 그의 반성과 기억의 대상이 거의 되지 못했던 것이다.

우리가 일정 대상을 주시할 때 주변 대상들이——비록 더욱 흐릿하고 불명료하게이지만——동시에 보일 수 있다. 눈은 일시에 상당한 크기의 시각장을 취하기 때문이다. 하지만 우리는 우리가 주시하는 대상에게만 주의를 기울인다. 시각장에 들어오는 다른 대상에게는 주의를 기울이지 않으며 그 결과 이런 대상은 마치 보이지 않는 듯이 되고 만다. 만약 이 대상 중 하나가 우리의 주의를 끌게 되면 이와 동시에 이 대상은 자연스럽게 우리의 시선을 끈다. 우리의 일상적인 삶의 경로에서 눈은 항상 주의에 복종하기 때문이다. 만약 눈이 주의에서 분리되는 경우가 있다면, 예를 들어 우리가 망상 중에 있을 때처럼, 이 경우 우리는 우리 앞에 무엇이 정면으로 있는지를 거의 볼 수 없다. 이로부터 우리는 앞서 언급된 사람이 왜 자신은 이전에는 결코 한 번도 대상을 이중으로 보지 않았다고 생각하는지를 알 수 있다. 일정 대상을 볼 때 그는 대상을 하나로 보며 이때 그는 다른 시각 대상에게는 주의를 주지 않는다. 이는 대상이 하나로 나타나든지 이중으로 나타나든지 무관하다. 만약 대상 중 어느 하나가 그의 주의를 끈다면 이와 동시에 이 대상은 그의 시선을 끌고 눈이 이 대상에게로 향해지자마자 대상은 하나로 보인다.

하지만 그가 사물을 이중으로 보기 위해서는, 최소한 그렇게 보았다는 반성이나 기억을 갖기 위해서는, 일정 대상을 주시하는 동시에 시각장에 해당하는 다른 대상의 희미한 외양에게도 주의를 기울여야만 한다. 이 일은 그가 결코 한 번도 행했던 적도 없고 시도한 적도 없는 일이고 그리하여 그는 자신이 대상을 이중으로 보았다는 것을 기억하지 못한다. 그러나 이런 주의를 기울여야 되는 상황에 처해진다면 그는 오랜 삶의 기간에 이런 주의를 기울이는 일에 익숙해 있는 사람들이 대상을 이중으로 보는 것과 동일한 방식으로 동일한 조건하에서 대상을 이중으로 보게 될 것이다.

마음이 감각을 자극하는 대상에게 주의를 기울이지 않아서 대상을 지각하지 않는 것일 수 있음을 보여주는 유사한 성격의 많은 현상이 있다. 나는 앞서 제2장에서 이런 사례들을 몇 가지 언급했다. 또 음악에 상당한 조예를 갖춘 사람들이 확인해준 바에 따르면, 이들은 하프시코드[55] 연주의 한 소절을 감상할 때 최고음에 주의를 기울이면 베이스 음을 듣지 못하고 베이스 음에 주의를 기울이면 최고음의 선율을 듣지 못한다고 한다. 어떤 사람들은 매우 심한 근시여서 독서 중에 한쪽 눈을 책에 갖다 대다시피하면서도 다른 쪽 눈은 그밖의 대상에게로 향한다. 이로써 이들은 한쪽 눈의 대상에게는 주의를 기울이면서 다른 쪽 눈의 대상에는 주의를 기울이지 않는 습관을 갖게 된다.

6. 우리가 대상을 이중으로 보는 경우 두 외양은 상호 규정되는 위치를 갖고 있고 그리하여 외양상의 거리 내지 각거리[56]를 갖는다. 이 외양

---

55) 하프시코드(harpsichord): 피아노의 전신인 건반 달린 현악기. 주로 16~18세기에 연주되었다.
56) 각거리(角距離, angular distance): 두 점 간의 거리를 관측자와 두 점을 연결한 직선이 이루는 각으로 나타낸 것으로 '겉보기거리'라고도 한다. 주로 천문학에서 멀리 떨어진 천체 간의 거리를 나타낼 때 길이로 나타내는 대신 각거리로 나타낸다.

상의 거리는 여러 조건에 따라 크거나 작지만, 동일 조건하에서는 한 사람에게뿐만 아니라 여러 사람에게서도 항상 같다.

예를 들어, 앞서 언급된 실험에서 만약 두 눈 모두 시력이 완벽한 사람 스무 명이 손가락 하나와 촛불 하나를 앞서 묘사된 거리에 놓고 고개를 들어 손가락을 주시한다면, 이들은 두 개의 촛불을 보게 될 것이다. 하나는 오른쪽에 있고, 다른 하나는 왼쪽에 있다. 오른쪽에서 보이는 촛불은 오른편 눈으로 보이고, 왼쪽에서 보이는 촛불은 왼편 눈으로 보인다. 이들 모두가 보는 촛불 간의 외양상의 거리는 동일하다. 만약 이들이 촛불을 주시한다면, 이들은 두 개의 손가락을 볼 것이다. 하나는 오른쪽에 있고, 다른 하나는 왼쪽에 있다. 이들 모두가 보는 손가락 간의 외양상의 거리는 동일하다. 왼쪽으로 기울여진 손가락은 오른쪽 눈으로 보이고, 오른쪽으로 기울여진 손가락은 왼쪽 눈으로 보인다. 만약 이들이 그들의 머리를 수평 방향으로 눕힌다면, 다른 조건들이 동일한 경우, 이중으로 보이는 대상의 한 외양은 또 다른 외양 바로 위에 있게 된다. 한마디로 말해서 조건을 달리함에 따라 대상의 외양은 모든 관찰자에게 동일하게 변화한다.

7. 이중으로 보이는 대상의 외양 간의 거리를 확인하기 위한 많은 실험을 행하고 나서 나는 다음 사실을 발견했다. 이 모든 경우에서 외양상의 거리는 상이 만들어지는 한 망막점과 이 점과 대칭적 위치에 있는 다른 한 망막점과의 거리에 비례한다는 것이다. 그리하여 한 눈으로 보는 두 대상 간의 외양상의 거리가 대상의 상들 사이에 걸쳐 있는 망막 호(弧)의 크기에 비례하듯이, 두 눈으로 하나의 대상을 이중으로 양안복시하는 경우에도 두 외양 간의 외양상의 거리는 각 망막 상과 이 상에 상응하는 다른 한 망막점 사이에 걸쳐 있는 망막 호의 크기에 비례한다.

8. 우리는 특정 조건하에서는 항상 대상을 이중으로 보지만 또 다른 조건에서는 두 개의 대상이 하나로 합쳐지는 것으로, 즉 대상들이 외양상의 이중성을 잃어버리는 것으로 본다. 이는 쌍안 망원경으로 보는 대상의 외양에서 명백하다. 이와 똑같은 일이 비슷한 두 개의 관(管)을 두

눈에 나란히 갖다 대는 경우 발생하는데, 이 경우 우리는 한 개의 관만을 본다. 이때 1실링짜리 동전 두 개가 각기 두 관의 끝 부분에 놓여 하나는 정확하게 한쪽 눈의 시축에 있고 다른 하나는 다른 쪽 눈의 시축에 있게 되면, 우리는 한 개의 동전만을 보게 된다. 만약 이때 서로 다른 색과 형태를 지닌 동전 두 개가——서로 다른 색과 형태를 지녔다면 아무 물체라도 좋다——각 눈의 시축과 관의 말단에 적당히 놓이면, 우리는 두 동전을 같은 장소에 있는 것으로, 서로 가리거나 하는 일 없이 서로 겹쳐 있는 것으로 보게 된다. 이때 색은 두 동전의 혼합색이 될 것이다.

9. 위의 현상과 앞서 행했던 각종 실험에서 다음 사실이 분명하게 드러난다. 온전한 눈의 경우 두 망막 중심은 서로 상응하고 조화를 이루며 나머지 망막점들은 다른 쪽 망막에 있는 대칭적 위치를 지닌 점들과 서로 상응하고 조화를 이룬다. 이때의 상응과 조화 방식은 다음과 같다. 즉 두 망막의 상응점에 비치는 상들은 대상이 실제로 둘일 때도 하나로 보여주며 두 망막의 비상응점들에 비치는 상들은 비록 하나의 대상만이 있음에도 우리에게 두 개의 시각적 외양을 보여준다. 그리하여 두 망막의 상응점에 있는 상들은 마치 두 상 모두가 같은 망막의 동일한 점에 있기라도 하듯이 마음에 동일한 외양을 현전시키고, 두 망막의 비상응점에 있는 상들은 마치 상들 중 하나가 다른 쪽 망막의 상응점에게 전달되었기라도 하는 듯이 마음에 두 대상의 외양상의 거리와 상호 규정되는 위치를 제시한다. 나는 두 상응점 간의 이런 관계와 호응을 하나의 가설로 제시하는 것이 아니라 시각에 관한 하나의 일반사실 내지 일반현상으로 제시한다.

이전에 언급된 모든 현상, 즉 단일시각이나 이중현상은 모두 이 사실로 귀결되며 이 현상의 필연적 결론들이다. 나 자신의 눈을 상대로 행했던 다양한 종류의 수많은 실험과 내 부탁으로 다른 이들이 행한 수많은 실험을 종합해보면, 이 일반사실은 인간의 모든 온전한 눈에서 항상 참이다. 단일시각과 이중시각 현상을 해명하기 위해 고안되어왔던 대부분의 가설은 비록 가설을 만든 이 스스로는 의식하고 있지 않지만 이 일반

사실을 전제로 하고 있다.

너무나 현명한 철학자이자 정확한 관찰자여서 스스로의 관찰사실과 부합하지 않는 것은 비록 아무리 단순한 추정이라고 해도 제시하지 않았던 뉴턴 경은 이 일반사실의 원인에 관한 질문(『광학』질문 15)을 제기했었다. 현명한 스미스 박사는 『광학』제1권 제137절에서 자신의 경험을 근거로 하여 이 일반현상이 상들이 망막의 상응점들에 맺히는 대상의 외양상의 단일성과 관련해서뿐만 아니라 이중으로 보이는 대상의 두 외양의 외양상 거리와 관련해서도 참임을 확인했다.

따라서 이러한 일반현상은 매우 완전한 귀납에 근거하고 있는 것으로 보인다. 귀납이야말로 우리가 이런 본성의 사실에 대해 가질 수 있는 증거의 전부다. 그렇다면 이제 이 주제를 끝맺기 전에 마땅히 다음을 탐구해야 할 것이다. 첫 번째, 눈이 머리의 반대 위치에 놓여 있어 반대 방향으로 보는 동물의 망막에는 이런 상응점이 있는가? 두 번째, 완전하지 않은 인간의 눈, 즉 사시(斜視)에서 상응점의 위치는 어떠한가? 마지막으로, 망막의 상응점들 간의 이런 조화는 자연적이고 본래적인 것인가, 아니면 습관의 결과인가? 만약 본래적인 것이라면, 이는 앞서 이미 발견된 자연법칙에 의해 설명될 수 있는 것인가, 아니면 이것 자체가 하나의 자연법칙으로, 인간본성의 일부로 간주되어야 하는가?

제14절 동물의 시각법칙

눈이 시각적 대상의 위치나 대상이 놓인 방향을 지각할 수 있도록 한 것은 눈을 동물에게 부여한 자연의 의도다. 따라서 많은 수의 눈을 가졌든 적은 수의 눈을 가졌든 간에 모든 동물은 통상적인 경우 대상을 하나로 보고 대상을 정확한 실제 방향에 있는 것으로 보는 것일 가능성이 있다. 또 각기 다른 동물이나 곤충의 눈은 그 구조나 운동, 수에서 놀랍도록 다양하므로 시각작용을 규정하는 법칙은 모든 동물에서 동일한 것이 아니라 자연이 부여한 각 눈에 맞추어 다양한 것일 가능성이 있다.

인간은 항상 자연적으로 두 시축이 한 점에서 만나게끔 두 눈을 항상 같은 방식으로 회전한다. 또 인간은 자연적으로 두 시축이 만나는 점에 놓인 대상에게만 주의를 기울이거나 그런 대상만을 주시한다. 대상이 멀리 있든 가까이 있든 간에 인간 눈의 구조는 대상의 거리에 맞추어져 대상의 명료한 상을 형성한다.

우리가 눈을 이렇게 자연적인 방식으로 사용할 때 주시하는 대상의 두 상은 두 망막의 중심에 형성되고 근접한 다른 대상의 두 상은 중심과 관련하여 대칭적 위치에 있는 망막점에 형성된다. 따라서 우리가 두 눈을 사용하여 대상을 단일하게 그 정확한 방향에 있는 것으로 보기 위해서는 그 상들이 두 망막의 중심 내지 중심과 관련하여 대칭적 위치에 있는 점에 형성되는 대상이 하나의 동일한 시각적 장소에 있는 것으로 보이게끔 우리 눈이 구성되어 있는 것으로 충분하다. 이 구성이 자연이 인간 눈에 실제로 부여한 구성이다.

우리가 눈을 평행한 회전 방향에서 비껴나가게 하거나——이는 부자연스럽지만 훈련에 의해 형성될 수 있다——두 눈의 시축을 한 점에 향하게 하면서 동시에 주의를 이 점보다 훨씬 가깝거나 먼 대상에 향하게 하는 경우——이것 역시 부자연스럽지만 학습될 수 있다——우리는 이런 경우들에서 그리고 이 경우들에서만 하나의 대상을 이중으로 보거나 두 대상을 혼동하여 하나로 볼 수 있다. 전자는 한 대상의 두 상이 대칭적 위치에 있지 않은 망막점에 형성되어 대상이 이중으로 보이는 것이고, 후자는 서로 다른 대상의 두 상이 대칭적 위치에 있는 망막점에 형성되어 대상이 한 장소에서 혼동되게 보이는 것이다.

여기서 드러나는 것은 인간본성상의 시각법칙은 현명하게도 인간 눈의 자연스러운 쓰임새에는 적합하지만 부자연스러운 쓰임새에는 적합하지 않다는 점이다. 우리는 눈을 자연스러운 방식으로 사용할 때는 대상을 제대로 보지만 부자연스러운 방식으로 사용할 때는 거짓 외양을 스스로에게 현전시키는 셈이 된다. 아마도 우리는 이런 점은 다른 동물의 경우에도 마찬가지일 것이라고 합당하게 생각할 수 있을 것이다. 그러나 한쪽 눈은 한 대상에게로 회전하면서 자연스럽게 다른 쪽 눈은 다른 대상에게로 향하는 동물이, 마치 우리가 부자연스럽게 눈을 사용할 때처럼, 이렇게 함으로써 대상의 거짓 외양을 스스로에게 현전시킨다고 생각하는 것은 부당한 일이 아니겠는가?

많은 동물의 눈은 자연적으로 대칭적이고 부동적이다. 이들에게 두 눈의 시축은 항상 반대 방향의 점으로 향한다. 과연 인간에게서처럼 이런 동물에게도 두 망막의 중심에 그려진 대상은 하나의 동일한 장소에 있는 것으로 나타나겠는가? 내가 보기에는 그렇지 않을 가능성이 높다. 대상은 실제에서처럼 반대 방향의 장소에 있는 것으로 나타날 것이다.

만약 이 경우 우리가 유추판단을 내리면,[57] 이는 우리로 하여금 다음과 같이 생각하도록 이끌 것이다. 이런 동물에서도 망막점들 간에 상응은 있을 테지만 이 상응은 우리 눈에서 발견되는 상응과는 다른 종류다. 한쪽 망막의 중심은 다른 쪽 망막의 중심과 상응할 것이고 그리하여 이 상응점에 그 상이 형성되는 대상은 인간 눈에서처럼 동일한 장소에 있는 것으로 보이는 것이 아니라 반대 방향의 장소에 있는 것으로 보일 것이다. 마찬가지로 한쪽 망막의 윗부분은 다른 쪽 망막의 아래 부분에 상응할 것이고 한쪽 망막의 앞부분은 다른 쪽 망막의 뒷부분에 상응할 것이다.

어떤 동물은 마치 우리가 손이나 팔을 회전시킬 때처럼 자연적으로 쉽게 눈을 같은 방향으로 회전하거나 다른 방향으로 회전한다. 그럼 이러한 동물에게서도 인간에서처럼 망막에 상응점이나 비상응점이 있는 것인가? 내가 생각하기에 그렇지 않을 가능성이 높다. 만약 이런 동물의 망막구조가 상응점이나 비상응점이 있는 식으로 되어 있다면, 이런 구조는 거짓 외양을 보여주는 것 외의 다른 목적에는 쓰일 수 없을 것이기 때문이다.

만약 우리가 유추판단을 내리자면, 이는 우리로 하여금 다음과 같이

---

57) '유추적으로 판단한다'(judge from analogy)의 의미는 7장 주 2) 참조.

생각하도록 이끌 것이다. 이러한 동물이 눈을 움직이는 방식은 우리가 팔을 움직이는 것과 유사하므로, 마치 우리가 우리 팔에 부여하는 방향을 자연스럽게 직접적으로 지각하듯이 이런 동물은 자신이 자신의 눈에 부여하는 방향을 자연스럽게 직접적으로 지각할 것이다. 마치 우리가 우리의 팔로 촉각적 대상의 위치를 지각하는 것과 유사한 방식으로 이런 동물은 시각적 대상의 위치를 눈으로 지각할 것이다.

우리가 동물에게 자연이 가르친 방식과 다른 방식으로 눈을 사용하도록 가르칠 수는 없다. 또 우리는 동물에게 시각적 대상이 보이는 외양이 어떠한지를——통상적인 경우에서든 비통상적인 경우에서든 간에——우리에게 말해주기를 가르칠 수도 없다. 따라서 인간 종의 시각법칙을 발견하듯이 동물의 시각법칙을 발견하는 수단은 우리에게 없으며 우리는 개연적 추정에 만족해야 한다. 이 주제에 관해 우리가 말했던 바는 주로 다음을 보여주기 위한 것이었다. 즉 자연이 수적으로나 위치에서나 자연적 운동에서 우리와 상이한 눈을 부여한 동물은 자신의 시각기관의 특성에 적합하게 상이한 시각법칙을 따르는 것일 가능성이 높다.

제15절 가설적으로 고려된 사시

원치 않게 사시가 된 사람의 망막에는 상응점이 있는가 없는가? 만약 있다면, 이 상응점은 사시를 지니고 있지 않은 사람과 동일한 위치에 있는가? 이 질문들이 단순한 호기심에서 나오는 것은 아니다. 이 질문들은 사시를 치료하고자 하는 의사와 환자에게는 정말로 중요하다. 의학이나 광학 관련 저술가들이 스트라비스무스,[58] 즉 사시에 관해 그토록 많은 것을 말해왔다는 점을 고려하면, 위의 질문들에 대한 답에 쓰일 수 있는 풍부한 사실들을 발견할 수 있으리라고 기대하는 이도 있을 것이

---

58) '스트라비스무스'(strabismus)는 사시의 다른 명칭이다.

다. 그러나 내 경우를 고백하면, 나 스스로 관찰을 행하기도 하고 다른 이들의 관찰을 수집하는 데도 수고를 아끼지 않았지만 그런 기대는 채 워지지 못했다.

그러나 다음을 고려해보면 사정이 이렇다는 것이 그리 이상하게 보이지 않을 것이다. 위의 질문들에 답하는 데 필요한 관찰을 행하기 위해서는 우리는 희귀한 관찰기회와 조우해야 할 뿐만 아니라 광학법칙과 시각법칙에 대한 지식을 함께 구비하고 있어야만 한다.

사시인 사람 중 거의 대부분의 사람은 한쪽 눈으로는 선명하게 보지 못한다. 이런 경우 상응점의 위치를 결정한다는 것은 불가능할뿐더러 전혀 중요하지 않다. 또 두 눈 모두 양호한 사시의 경우 양쪽 눈은 대개 회전 방향이 너무도 달라서 동일 대상을 두 눈으로 동시에 볼 수 없다. 이런 경우 상응점의 위치를 결정하기는 매우 어렵다. 아마도 이런 사람은 한쪽 눈의 대상에게만 주의를 기울일 것이고 다른 쪽 눈의 대상은 마치 보이지 않기라도 하는 양 거의 주목하지 않을 것이기 때문이다.

앞서 우리는 우리가 가까운 대상을 주시하면서 주의를 기울일 때 더 먼 거리에 있는 대상의 이중외양은 지각하지 못한다는 점을 고찰했다. 이는 심지어 후자의 대상이 전자의 대상과 같은 방향에 놓여서 눈에 현전하는 경우에도 그러했다. 마찬가지로 사시인 사람이 어느 한쪽 눈의 대상에게 주의를 기울일 때 이자는 다른 쪽 눈의 대상에게는 전혀 주의를 기울이지 않을 가능성이 있으며 마치 우리가 눈을 자연스럽게 사용할 때 대상의 이중외양을 거의 지각하지 못하는 것처럼 이자도 다른 쪽 눈의 대상을 거의 지각하지 않을 가능성이 있다. 따라서 이런 사람은 만약 그가 철학자여서 대상의 시각적 외양에게, 심지어 주시하지 않은 대상의 시각적 외양에게도 매우 정확하게 주의를 기울이는 습관을 획득하지 않는 이상 우리가 지금 고려하고 있는 질문들에 관해 아무것도 해명해주지 못할 것이다.

산토끼나 집토끼, 새, 물고기 등 눈이 서로 반대쪽에 고정되어 있는 동물은 서로 다른 방향에 놓인 시각적 대상, 심지어 반대 방향에 놓인 시각적 대상에 동시에 주의를 기울일 수 있는 자연적 능력을 가졌을 가능성은 매우 높다. 이런 능력이 없다면 이런 동물은 눈이 반대 방향에 놓여 있다는 사실로부터 자연이 의도했다고 보이는 아무런 이득도 얻을 수 없을 것이기 때문이다. 그러나 우리가 사시가 아닌 그밖의 인간에게서는 이런 능력을 발견하지 않는다는 사실에 비추어 보면, 사시인 사람이 이런 자연적 능력을 가질 개연성은 없다. 우리는 두 눈의 시축이 만나는 점에 놓인 대상에, 그리고 이런 대상에만 자연스럽게 주의를 기울인다. 다른 방향에 있는 대상에 주의를 기울인다는 것은 부자연스러운 일이고 수고와 훈련 없이는 학습될 수 없는 일이다.

이 점에 대한 매우 설득력 있는 증거는 현재 철학자들에게는 매우 잘 알려진 한 가지 사실에서 이끌어낼 수 있다. 우리가 한쪽 눈을 감았을 때 시각장(視覺場)에는 아무것도 보이지 않는 장소가 나타나는데,[59] 이 장소는 시신경이 있는 눈의 기저 부분과 정반대 위치에 있다. 눈의 일부분에 있는 이런 시각상의 결함은 모든 인간의 눈에 공통적으로 천지창조 이래 줄곧 있어왔던 것이다. 그럼에도 이 결함은 전(前) 세기에 마리오트[60]의 현명함 덕택으로 발견되기 이전까지는 알려지지 않았다. 알려진 지금에도 이 결함은 특별한 실험——이 실험이 성공적이 되기 위해서는 각별한 주의가 필요하다——을 통하지 않고는 지각될 수 없다.

모든 인류에게 공통적인 이렇게 현저한 시각상의 결함이 그토록 오랫동안 알려지지 않았고 알려진 지금도 지각되는 데 매우 많은 어려움이 뒤따르는 이유는 무엇인가? 확실한 이유인즉, 이 결함은 눈의 시축에서 상당 거리 떨어진 곳에 있고 그리하여 이 결함은 우리가 결코 자연스레

---

59) 현재 '맹점'(盲點)으로 불리는 장소다.
60) 마리오트(Abbe Mariotte, 1620~84): 프랑스의 가톨릭 사제 겸 물리학자. 『기체론』(*Discours de la nature de l'air*, 1676)에서 기체 질량과 압력 간의 반비례 법칙을 발표했다. 이 법칙은 '보일의 법칙'으로 더 잘 알려져 있지만 프랑스에서는 '마리오트의 법칙'으로 불린다. 1668년에 맹점을 발견했고 '바로미터'(barometer)란 용어를 처음 사용했다.

주의를 기울이지 않는 시각장 부분에, 그리하여 특별한 상황의 도움 없이는 전혀 주의를 기울일 수 없는 부분에 있다는 점이다.

이상의 논의에서 다음이 드러난다. 사시인 사람의 눈에서 상응점의 위치를 결정하기란 만약 이들이 두 눈으로 선명하게 볼 수 있는 경우가 아니라면 불가능한 일이고, 만약 두 눈이 방향에서 거의 다르지 않아서 동일한 대상이 동시에 두 눈에 보일 수 있는 경우가 아니라면 매우 어려운 일이다. 내가 알기로 이 두 경우에 해당하는 사시 환자는 드물다. 적어도 내가 운 좋게 만날 수 있었던 환자 중 이런 환자의 숫자는 매우 적었다. 그리하여 아래에서는 나보다 더 운이 좋아서 이런 환자를 더 많이 관찰할 수 있는 기회를 갖고 있고 또 이런 관찰 기회를 잘 활용하고 싶어하는 이들에게 도움을 주기 위해 사시에 대한 가설적인 고려를 해보기로 하겠다. 즉 사시와 관련해서 탐구되어야 할 문항과 필요한 관찰, 그리고 관찰에서 이끌어질 수 있는 결론 등을 지적해보기로 하겠다.

1. 사시인 사람이 두 눈으로 똑같이 잘 볼 수 있는지의 여부가 탐구되어야 하며, 만약 한쪽 눈에 결함이 있다면 이 결함의 본성과 정도가 말해져야 한다. 이런 것을 알아내는 데 필요한 실험이 무엇인지는 너무나 분명하므로 따로 언급할 필요는 없을 것이다. 그러나 나는 환자의 증언에 의존치 말고 적절한 실험을 행하라고 충고하고 싶다. 내가 행한 많은 실험 사례에서 사시인 사람도 그렇고 완벽한 시력의 소유자도 그렇고 시험을 해보면 이들은 이전에는 의식하지 못했던 심각한 시각상의 결함을 한쪽 눈에 갖고 있는 것으로 발견되었다. 우리는 이하 탐구 항목에서 환자가 한쪽 눈을 가리고 다른 쪽 눈으로 책을 읽을 수 있을 정도로 두 눈 모두 다 잘 볼 수 있는 것으로 가정하겠다.

2. 한쪽 눈을 가렸을 때 다른 쪽 눈이 대상을 향해 정면으로 회전하는지의 여부가 탐구되어야 한다. 그리고 이는 두 눈 모두에 연속적으로 실험되어야 한다. 이 관찰을 우리는 드 라 이르[61]가 고안했고 보에르아

---

61) 드 라 이르(P. de la Hire, 1640~1718): 프랑스의 수학자 겸 물리학자. 본래

브[62]'나 다른 많은 의학계 인사가 채택했던 시각가설을 실험해보는 시금석으로 삼을 수 있을 것이다.

이 가설의 내용은, 사시인 사람의 경우 다른 사람과 달리 눈의 최대한의 감각능력과 최고의 선명한 시력은 망막 중심에 있는 것이 아니라 망막 중심의 측면에 있으며, 사시인 사람은 대상의 상이 망막에서 가장 감각능력이 높은 부분에 맺혀 최고로 선명하게 보이도록 하기 위해 사시인 눈의 축을 대상에서 비껴가게 회전한다는 것이다. 만약 이것이 사시의 원인이라면, 사시인 눈은 다른 쪽 눈이 가려지지 않을 때나 가려질 때나 모두 대상에서 비껴가게 회전될 것이다.

이 가설의 실험은 매우 쉬운 것임에도 50년 넘게 한 번도 행해지지 않았지만 그럼에도 이 가설은 매우 널리 수용되어져왔다. 아마도 인간에게는 먼저 가설을 고안하고 나중에 사실에 비추어 가설을 검토하는 성향이 있나보다. 결국 줄린 박사[63]가 이 실험을 행하고 나서야 사시인 사람은 사시가 아닌 눈이 가려졌을 때 사시인 눈의 시축을 대상을 향해 정면으로 회전한다는 것이 발견되었다. 이 점은 포터필드 박사에 의해서도 확증되었고 필자 역시 모든 관찰 사례에서 확인했다.

3. 사시인 사람이 왼쪽이나 오른쪽, 위쪽이나 아래쪽, 아니면 똑바로 앞쪽을 바라볼 때, 두 눈의 시축이 서로를 본받아서 결국 동일한 기울기 내지 각(角)을 갖는지 여부가 탐구되어야 한다. 이 관찰을 통해 우리는 몇몇 사람이 가정해왔듯 사시의 원인이 눈을 움직이는 근육의 결함 때문인지의 여부를 판정해낼 수 있을 것이다. 우리는 이하 탐구 항목들에

저명한 화가였던 아버지의 영향으로 로마에서 그림을 공부했으나 이내 자연과학 연구로 방향을 전환했다. 데자르그와 파스칼의 기하학 연구를 승계하여 원추를 평면 위에 작도하는 새로운 방법을 고안했다.

62) 보에르아브(H. Boerhaave, 1668~1738): 네덜란드의 의사 겸 인본주의자. 히포크라테스의 임상술을 강조했고, 사후 부검을 통해 질환과 조직상해와의 상관관계를 규명하고자 했다. 과식으로 인해 구토 후 식도 파열증상을 보인 네덜란드 해군제독을 관찰하여 붙인 보에르아브 증상이 유명하다.

63) 줄린(J. Jurin, 1684~1750): 영국 왕립협회 회원 겸 의사.

서 사시인 사람의 시축의 기울기는 항상 동일한 것으로 발견된다고 가정할 것이다.

4. 사시인 사람이 대상을 단일하게 보는지 이중으로 보는지 여부가 탐구되어야 한다.

만약 이자가 대상을 이중으로 본다면, 그리고 두 외양이 이루는 각 크기가 시축이 이루는 각 크기와 같다면, 이로부터 다음 결론이 귀결된다. 그는 망막에 상응점을 갖고 있으며 이 상응점은 사시가 아닌 사람의 경우에서와 동일한 위치에 있다. 만약 두 외양이 항상 같은 크기의 각을 갖는다면, 그리고 이 각이 시축이 형성하는 각보다 현저히 크거나 작다면, 이는 망막에 상응점이 있음을 의미한다. 이 상응점의 위치는 사시 아닌 사람과는 같지 않다. 그러나 시축 간의 각을 정확히 판정하기란 어려운 일이다.

너무나 경미하여 느껴지지 않는 사시도 이중시각을 야기할 수 있다. 이렇게 말할 수 있는 것은 두 시축이 주시 대상 안에서 정확하게 수렴되지 않는 모든 이의 눈은, 엄격히 말해서, 다소간 사시이기 때문이다. 그리하여 만약 누군가가 시축들을 평행하게 만들 수는 있으나 전혀 수렴시키지 못한다면, 이자는 근접 대상을 주시할 때 경미한 정도의 사시를 가질 것임이 틀림없을 것이고 그리하여 아주 멀리 있는 대상은 하나로 보지만 가까운 대상은 이중으로 볼 것이다. 또 만약 누군가가 시축들이 항상 수렴하여 얼굴에서 멀어봤자 약 240센티미터 내지 300센티미터쯤에서 만난다면, 이자는 근접 대상은 하나로 보지만 매우 먼 거리의 대상을 볼 때는 약간 사시일 것이고 그리하여 이중으로 볼 것이다.

오기로니우스[64]의 『광학』에는 두 번째 유형의 사례가 하나 개진되고 있다. 그의 진술에 따르면, 그는 근접 대상은 단일하게 보지만 먼 거리의 대상은 이중으로 보는 젊은이를 직접 목격했다고 한다.

---

64) 오기로니우스(F. Aguilonius, 1567~1617): 브뤼셀 출신의 예수학파 광학자. 주저로 『광학』(*Opticorum*, 1613)이 있다.

브릭스 박사[65]는 『신(新)시각론』에서 여러 저자에게서 수집한 이중시각 사례들을 소개하면서 오기로니우스의 관찰 사례를 가장 놀랍고 설명 불가능한 사례로 인용한다. 박사는 젊은이가 속임수를 사용했다고 의심할 정도였다. 그러나 단일시각이나 이중시각을 지배하는 법칙을 이해하는 사람에게 이 사례는 매우 경미한 사시가 낳는 자연스러운 결과임이 드러난다.

이중시각은 경미한 사시 때문에 발생하는 것일 수 있다. 비록 아무런 사시는 관찰되지 않았다 해도 두 외양 간에 작은 각거리가 있는 것으로 보이는 경우가 바로 그러하다. 필자의 기억에 따르면, 기록된 사례 중 외양의 각거리에 관한 설명이 주어진 이중시각 사례는 단 하나도 없다.

거의 모든 이중시각 사례에서는 사시나 눈의 변형을 의심할 만한 이유가 등장한다. 예를 들어, 죽음의 임박, 섬망(譫妄)의 발발, 과음 등의 무절제, 격렬한 두통, 수포성 뇌, 흡연, 뇌 타박이나 상해 등이 그것이다. 이 모든 경우에서 안근육의 경련이나 마비를 이유로 들어 눈의 변형을 의심하는 것은 합당하다. 그러나 이중시각이 있는 경우 항상 다소간의 사시가 있을 가능성은 있지만 그럼에도 사시가 있는 경우 항상 이중시각이 있는 것은 아님은 확실하다. 필자가 알기로 일생 내내 지속되거나 여러 해 동안 지속되는 이중시각의 예는 없다. 따라서 이하 탐구 항목에서 우리는 사시인 사람은 대상을 단일하게 본다고 가정할 것이다.

5. 그렇다면 다음에 탐구되어야 할 것은 사시인 사람의 경우 대상이 동시에 두 눈에 보이는 것인지, 아니면 시축이 대상에게로 향한 쪽 눈에만 보이는 것인지의 여부다. 줄린 박사 이전의 사시 관련 저자들은 사시인 사람은 보통 두 눈을 동시에 사용하여 대상을 단일하게 본다는 것을 당연한 사실로 간주했지만, 필자가 알기로 이들 저자들이 이를 증명하기 위해 제시한 사례는 한 건도 없다. 줄린 박사는 이들 저자들과 반대되는 견해를 갖고 있다. 과연 어느 쪽 견해가 개별사례에서 옳은지를 판

---

65) 브릭스(W. Briggs, 1642~1704): 물리학자 겸 안과의사.

정하는 것은 매우 중요한데, 이 판정은 다음과 같은 실험에 의해 쉽게 내려질 수 있다. 사시인 사람이 대상을 꾸준히 주시하는 동안 관찰자는 조심스럽게 두 눈의 방향에 주목하여 움직임을 관찰한다. 그리고 대상과 환자의 각각의 눈 사이에 불투명한 물체를 차례로 놓는다. 만약 환자가 이에 상관없이 눈의 방향을 바꾸지 않고 계속하여 대상을 본다면, 그는 대상을 양쪽 눈으로 한꺼번에 본다는 결론이 날 수 있다. 그러나 만약 한쪽 눈과 대상 사이에 물체를 놓는 것 때문에 대상이 안 보이는 결과가 나온다면, 우리는 대상이 환자에게 한쪽 눈으로만 보인다고 확신할 수 있다. 이하 탐구에서는 통상의 가설에 따라 전자가 성립하는 것으로 가정할 것이다.

6. 이제 위의 가정하에서 다음을 탐구해야 한다. 사시 아닌 사람에게 대상이 이중으로 나타나는 상황에서 사시 환자가 대상을 이중으로 볼 것인지의 여부다. 예를 들어, 환자가 촛불을 약 300센티미터 거리에 둔다고 하자. 그가 팔을 뻗어 손가락 하나를 자신과 촛불 사이에 둔 채 촛불을 주시할 때 손가락을 두 눈으로 보는지, 손가락을 단일하게 보는지 이중으로 보는지의 여부를 관찰하도록 하자. 그리고 그가 손가락을 주시할 때 촛불을 두 눈으로 보는지, 한쪽 눈을 사용해서 이중으로 보는지의 여부를 관찰하도록 하자.

이 관찰을 통해 환자에게서 이중시각 현상이나 단일시각 현상이 사시 아닌 사람의 경우와 동일한지의 여부를 판정할 수 있을 것이다. 만약 동일하지 않다면, 그리고 만약 대상이 사시 아닌 사람에게 단일하게 보이는 경우에서뿐만 아니라 이중으로 보이는 경우에도 환자가 대상을 두 눈으로 단일하게 보는 것이라면, 이로부터 다음 결론이 도출된다. 즉 환자의 단일시각은 망막의 상응점 때문에 발생하는 것이 아니며, 그의 시각법칙은 그밖의 사람들과는 다르다.

7. 다른 한편, 만약 대상이 다른 사람에게 이중으로 보이는 경우에 사시 환자 역시 대상을 이중으로 본다면, 결론은 이렇다. 즉 환자는 망막에 상응점을 갖고는 있지만 이 상응점은 부자연스러운 위치에 있으며,

이 위치는 다음과 같이 결정되는 것일 수 있다.

이제 환자가 대상을 주시할 때 한쪽 눈의 축은 대상에게로 향하고 다른 쪽 눈의 축은 대상에서 비껴난다고 가정하자. 이제 대상에서 비껴가는 눈의 중심을 통과하도록 일정 직선이 그어졌다. 논의의 명확성을 위해 이 직선을 '자연적 시축'이라고 부르기로 하겠는데, 이 축은 실제 축과 일정 각을 이룰 것이고 이 각은 환자의 사시 정도에 따라 크거나 작을 것이다. 또 이 자연적 시축이 망막을 절단하는 점을 '자연적 망막 중심'이라고 부르겠는데, 이 중심은 사시의 정도에 따라 실제 중심에서 멀리 있거나 가깝게 있을 것이다.

이상의 정의들을 전제로 하고 나면, 광학법칙을 이해하는 이에게는 다음이 명백해진다. 즉 건강한 눈에서 실제 두 중심이 상응하는 것과 마찬가지로 사시 환자에게서 한쪽 자연적 망막 중심은 다른 쪽 자연적 망막 중심에 상응한다. 그리고 건강한 눈에서 실제 두 중심과 관련하여 대칭적 위치에 있는 점들이 상응하는 것과 마찬가지로, 이 환자에게서도 실제 한쪽 망막 중심이나 다른 쪽 자연적 망막 중심과 대칭적으로 유사한 위치에 있는 점들은 상응한다.

만약 흔히 사람들이 단언해왔듯이 사시인 사람이 대상을 동시에 두 눈으로 단일하게 본다면, 사시는 위에서 기술된 바와 같을 가능성이 가장 높다. 더 나아가서 우리는 다음과 같은 결론을 내릴 수 있다. 만약 가정된 것과 같은 사시 증상을 갖고 있는 사람이 정시(正視) 습관을 갖게 될 수 있다면, 이자는 이러한 습관 때문에 시각작용 중에 심대한 고통을 겪게 될 것이다. 그는 동시에 두 눈을 사용하여 모든 것을 이중으로 볼 것이고 서로 거리가 떨어진 곳에 놓인 대상들은 함께 혼동되어 나타날 것이기 때문이다. 사시 환자의 눈은 마치 다른 사람들의 눈이 정시를 위해 만들어졌듯 사시를 위해 만들어졌으며 환자의 시력은 다른 사람들의 시력이 사시에 의해 손상받는 것 못지않게 정시에 의해 손상받을 것이다. 상응점의 장소가 정시 습관을 통해 변하는 것이 아닌 이상 환자는 사시로 보지 않을 때일지라도 결코 정상적으로 볼 수 없다. 상응점의 장소가 변할 가능성이 얼마나 적은지는 17절에서 분명해질 것이다.

사시를 치료하고자 하는 의학계 인사들은 사시가 위에서 기술된 증상을 동반하는지의 여부를 고려하는 것이 좋을 것이다. 만약 동반한다면, 사시 치료는 그 어떤 고질병의 치료보다도 어려울 것이다. 완벽하고 선명한 시각을 상실함으로써 사시를 치료하는 것보다는 차라리 사시라는 불구를 참는 편이 더 좋다는 것을 사람들은 기꺼이 인정할 것이기 때문이다.

8. 이제 줄린의 가설로 돌아가보자. 우리의 환자가 사시인데도 대상을 단일하게 보았을 때 실험을 해보니 대상을 한쪽 눈으로만 보아왔던 것으로 발견되었다고 가정해보자.

우리는 이 환자에게 반복된 노력을 기울여 사시를 감소시켜 보라고, 시축을 더욱 평행에 가깝게 만들라고 충고할 것이다. 우리는 자연적으로 시축의 기울기를 약간은 변화시킬 수 있는 힘을 갖고 있고 이 힘은 연습을 통해 매우 많이 증대될 수 있다.

통상적으로 자연스럽게 눈을 사용하는 경우 우리는 시축을 항성(恒星)에도 맞출 수 있다. 이때 시축은 평행하다. 또 우리는 시축을 눈에서 몇 센티미터 떨어진 곳에 고정되어 있는 대상에게 향할 수도 있다. 이때 두 시축은 15도나 20도의 각을 이룬다. 재미 삼아 사시를 배우느라 눈을 안쪽으로 몰거나 바깥쪽으로 향하게 하는 젊은이들이 있는데, 원한다면 이들은 상당 정도까지 그렇게 할 수 있다. 그렇다면 사시인 사람이 그가 원하는 대로 정시를 배우기가 이보다 어려운 이유가 무엇이겠는가? 만약 그가 일단 의지적으로 노력하여 사시를 감소시킬 수 있다면, 그는 잦은 연습으로 쉽게 사시를 감소시킬 수 있게 될 것이고 날마다 그 힘을 늘릴 것이다. 그리하여 이런 연습을 어렸을 때부터 시작하여 꾸준히 노력한다면 그는 아마도 얼마 후에는 눈을 대상에게로 회전시키는 법을 배울 수 있을 것이다.

사시인 환자가 일단 이런 힘을 획득하면 그는 다른 사람처럼 자신의 망막 중심들이 상응하는지, 그리고 망막 중심과 관련해서 대칭적 위치에 있는 점들이 상응하는지의 여부를 적절한 관찰을 통해 어렵지 않게 판정내릴 수 있을 것이다.

9. 이제 환자가 이 여부에 대해 관찰을 통해 알아본 결과 긍정적인 답을 얻었고 또 그는 두 시축이 한 대상에게로 맞추어질 때 대상을 두 눈으로 본다고 가정하자. 그렇다면 그의 관심사는 정시 습관을 획득하는 것이 될 것이다. 그는 이 습관을 획득할 수 있는 힘을 갖고 있다. 그는 이 힘을 통해 불구를 제거할 뿐 아니라 시력을 개선시킬 것이다. 이 습관은 모든 다른 습관과 매한가지로 잦은 연습으로 얻을 수 있다. 그는 혼자 있을 때는 거울 앞에서 연습할 수 있을 것이고 여럿이 함께 있을 때는 그가 사시로 보는지를 잘 관찰해서 경고해줄 수 있는 사람이 주변에 있어야 한다.

10. 9의 가정이 단순한 가상적인 이야기는 아니다. 다음 절에서 드러날 것처럼, 이는 사시인 사람의 실제 사례이기도 하다. 따라서 더 나아가서 어떻게 해서 이런 사람이 두 눈을 다 뜨고 있으면서도 주시하는 대상을 한쪽 눈으로만 보는지가 탐구되어야 한다. 이 질문에 답하기 위해서는 다음을 관찰할 수 있다. 첫 번째, 그가 대상을 볼 때 비껴가는 눈은 코에 너무 가깝게 끌어당겨진 것은 아닌가, 그래서 선명한 이미지를 가질 수 없게 되는 것은 아닌가? 만약 이 첫 번째 경우가 아니라면, 두 번째, 비껴가는 눈의 동공 전부나 일부가 위 눈꺼풀로 덮인 것은 아닌가? 줄린 박사는 이 두 경우의 사례를 사시인 사람들에게서 관찰했고 그리하여 이들이 대상을 오직 한쪽 눈으로 보는 이유는 이 경우들에 해당해서라고 이해했다. 세 번째, 망막에서 시각이 성립하지 않는 시신경의 입구 부분에 대상의 상이 맺히게끔 비껴가는 눈이 회전되는 것은 아닌가? 아마도 이런 일은 시축들이 코앞에서 15센티미터쯤 되는 곳에서 수렴되게끔 모아지는 사시에서 발생할 것이다.

11. 마지막으로 그런 사람은 그가 대상을 다른 쪽 눈으로 주시할 때 비껴가는 눈으로 선명한 시각을 가지는지의 여부가 탐구되어야 한다. 그가 다른 쪽 눈이 감겨 있을 때 비껴가는 눈으로 글자를 읽을 수 있

고 그럼에도 양쪽 눈이 다 떠 있을 때 선명한 시각을 전혀 가질 수 없을 가능성은 거의 없다. 그러나 다음 고찰에 정당한 주의를 기울여보면 우리는 이것을 그다지 불가능한 일로 여기지 않게 될 것이다.

완벽한 시력의 소유자였던 사람이 머리를 맞거나 하는 사고 때문에 영구적으로 비자발적인 사시가 되었다고 가정해보자. 그는 시각법칙에 따라 대상을 이중으로 볼 것이고 거리가 떨어진 대상들을 혼동하여 하나로 볼 것이다. 하지만 이런 시각은 불편하기도 하거니와 아주 쉽지 않은 일이므로, 그는 이를 치료하기 위해 어떤 일이라도 불사할 것이다. 종종 자연은 이런 고통을 경감하는 방법으로 철학자의 현명함으로는 도저히 발견할 수 없는 놀라운 것들을 가르쳐준다. 고통을 줄이는 온갖 우연한 눈의 운동과 회전, 두 눈의 상호 순응작용 등은 그에게 쾌감을 주는 일들일 것이다. 따라서 이런 일들은 반복될 것이고 완전히 학습되어 생각이나 의도의 동반 없는 습관이 될 때까지 이 반복은 진행될 것이다. 이때 한쪽 눈의 시각을 방해하는 것은 다른 쪽 눈의 시각이다. 만약 한쪽 눈의 시각작용이 완전히 중지된다면, 시각상의 모든 불편한 현상은 중지될 것이다. 한쪽 눈이 더 희미해지고 불분명해짐에 따라 다른 쪽 눈의 시각은 더 선명하고 편안하게 될 것이다.

따라서 우리는 이 경우 한쪽 눈의 시각은 보존하는 반면 다른 쪽 눈의 선명한 시각은 파괴하는 온갖 형태의 습관이 점차 획득될 것이라고 기대할 수 있다. 만약 한쪽 눈의 사정이 애초부터 다른 쪽보다 좋다면, 이런 습관의 형성은 급속하게 촉진될 것이다. 왜냐하면 이런 경우 더 양호한 상태의 눈은 항상 그가 주시하고자 하는 대상 쪽으로 회전할 것이고 동시에 그가 대상을 보는 것을 전적으로 방해하거나 다른 쪽 눈으로 선명하게 보는 것을 방해하는 온갖 습관이 획득될 것이기 때문이다.

이와 같은 경우 획득될 법한 습관 한두 가지를 언급하기로 하자. 아마도 우리가 쉽게 추측해낼 수 없는 다른 습관도 있을 것이다. 첫 번째, 환자는 사시의 정도를 경미하게 감소시키거나 증가시켜 10에서 언급한 경우 중 하나가 되게끔 만들 수 있을 것이다. 두 번째, 비껴가는 눈은 고도 근시가 되게끔 조절되어 조금이라도 거리가 떨어져 있는 대상에 대해서는 아무런 선명한 시각도 갖지 못하게 될 수 있다. 나는 이런 경우에 해당하는 사람을 한 명 알고 있다. 그러나 비껴가는 눈의 근시가 본성상 그런 것인지, 습관을 통해 그렇게 된 것인지는 잘 모르겠다. 그리하여 우리는 사시로 인해 본래 대상을 이중으로 본 사람이 대상을 주시할 때 한쪽 눈으로만 대상을 보는 습관을 얻는 것을 목격한다. 실로 그는 대상을 더 양호한 시력의 눈으로 보면서 다른 쪽 눈으로는 전혀 아무런 선명한 시각도 갖지 않게 되는 습관을 얻을 수도 있을 것이다. 그러나 이런 습관이 실제로 성립하는지의 여부는 필자가 수집한 관찰 사례로는 판정할 수 없으므로 미래의 탐구 과제로 남겨놓기로 하겠다.

필자는 이상에서 사시현상을 관찰하는 데 적합한 일련의 과정을 묘사하고자 했다. 경험상 보건대, 이 과정을 실제로 행하기는 이론적으로 묘사하는 것보다 더 어려울 것이다. 이 과정이 성공적으로 수행되기 위해서는 환자의 마음이 갖추어야 할 일정한 조건들이 있다. 이 조건들을 모든 환자가 갖추고 있는 것은 아니다. 그러나 만약 사시현상을 관찰할 수 있는 적절한 기회가 있고 관찰하고자 하는 욕구가 있는 사람이 위에서 묘사된 과정에 충분히 주의를 기울인다면, 그는 이제까지 유명 저자의 책에서 발견되는 것보다 더 유익하고 덜 모호한 사례들을 제시할 수 있게 될 것이다. 이런 사례들을 통해 헛된 이론들은 타파될 것이며 우리는 우리의 가장 고귀한 감각에 관한 더욱 많은 것을 알게 될 것이다.

제16절 사시 관련 사례들

이상에서 우리는 사시현상을 가설적으로 고려해보았고, 이 현상이 망막의 상응점과 어떤 관계를 갖는지를 생각해보았다. 이제 필자가 관찰할 수 있었던 사례들과 사시 현상을 해명하는 저자들의 책에서 발견된 사례들을 언급하기로 하겠다.

스무 명이 넘는 사시 사례들을 검토한 결과 필자는 모든 사례에서 한쪽 눈의 시각적 결함을 발견했다. 네 명만이 더 허약한 눈이 다른 쪽 눈을 감고 책을 읽을 수 있을 정도의 선명한 시각이었고 나머지 사람은 한쪽 눈으로는 전혀 아무것도 선명하게 볼 수 없었다.

포터필드 박사에 따르면, 바로 이런 경우가 사시인 사람들의 일반적인 경우라고 하는데 필자는 이런 경우가 흔히 생각되는 것보다 더 일반적이라고 생각한다. 줄린 박사는 사시에 관한 매우 탁월한 논문에서——이 논문은 스미스 박사의 『광학』에 실려 있다——양쪽 눈 모두 시력을 소유하고 있는 사시인 사람은 결코 한 대상을 동시에 두 눈으로 보지 않는다는 사실을 관찰했다. 한쪽 눈이 대상 쪽으로 똑바로 향해졌을 때 다른 쪽 눈은 코에 너무나 가깝게 끌어당겨져 대상은 이쪽 눈으로는 전혀 보이지 않으며 대상의 이미지는 눈에 작용하기에는 너무나 경사지고 불분명하다. 줄린 박사는 몇몇 사시인 사람에게서 다른 쪽 눈이 대상을 향해 회전되는 반면 비껴가는 눈은 위 눈꺼풀 아래로 끌어당겨지는 것을 관찰했다. 이런 관찰로부터 그는 "눈은 좀더 잘 보기 위해서가 아니라 가능한 한 보는 것을 피하기 위해 항상 비틀어진다"라고 결론지었다. 줄린 박사는 그가 수행했던 관찰들에서 사시인 눈에 구조적인 특이점은 없으며 잘못이라면 다만 사시인 눈의 잘못된 회전 방향에 있으며 이 잘못된 회전 방향은 습관으로 얻어진 것이라는 점을 확인했다. 그리하여 줄린은 우리가 앞서 제8절과 제9절에서 소개했던 치료방법을 제안한다. 줄린에 따르면, 그는 성공을 희망하면서 이 방법대로 한 젊은 신사를 상대로 치료를 시도했지만 그만 이 젊은이가 천연두에 걸려 사망하는 바람에 치료는 중지되고 말았다고 한다.

줄린은 이 젊은이에게 양쪽 눈을 하나의 대상을 향해 회전하게끔 할 수 있었는지, 그리고 이렇게 회전하게끔 되었을 때 젊은이가 대상을 단일하게 보았는지 두 눈으로 보았는지, 그리고 사시가 감소되었을 때 이 젊은이가 대상을 이중으로 보았는지의 여부를 우리에게 알려줄 수도 있었을 것이다. 그러나 줄린은 이런 것들에 관해서는 아무 말도 하지 않았다.

필자는 줄린의 사시 치료법을 실험해볼 수 있는 기회를 오랫동안 원했지만 한 번도 해볼 수 없었다. 검사해보면 늘 환자의 한쪽 눈에서 큰 결함이 발견되었고 이는 치료법의 실험을 방해했다.

그러나 최근 필자는 세 명의 젊은 신사를 찾아냈는데, 나는 만약 이들이 인내와 끈기를 갖고 치료법을 실행한다면 성공을 거둘 수 있지 않을까 하는 희망을 갖고 있다. 이들 중 둘은 형제다. 이들은 필자가 이들의 눈을 검사하기 전에 이미 가정교사의 지도로 줄린의 치료법을 연습했고 형은 주의를 기울이면 대상을 똑바로 보게 되는 성공을 거두었다. 동생은 양쪽 눈을 한 대상에게 향하게 할 수는 있지만 이내 여느 때처럼 사시로 되돌아갔다.

세 번째의 젊은 신사는 줄린의 치료법에 대해서는 들어본 적이 없는 사람이다. 그는 며칠 전 훈련을 통해 두 눈을 한 대상에게로 향하게 할 수는 있었지만 이 방향을 오랫동안 유지할 수는 없었다. 이들 세 명의 공통점은 두 눈이 한 대상에게로 향해졌을 때는 이 대상도 단일하게 보고 인접 대상도 단일하게 보지만 사시로 볼 때는 어느 때는 단일하게 보고 어느 때는 이중으로 본다는 점이다. 나는 세 명 모두에게서 다음을 관찰했다. 이들이 최대한 사시로 볼 때, 다시 말해서 이전에 본 방식대로 볼 때, 시축들은 코앞 약 13센티미터나 15센티미터쯤에서 수렴되게끔 모아진다. 이 경우 대상을 비껴가는 눈에서 대상의 상은 망막 중 시신경 입구에 해당하는 부분에 비치게 되고 따라서 대상은 이 눈에는 보일 수 없게 된다.

세 명 모두 한쪽 시각에 결함이 있는데, 이들은 모두 내가 시험해보기 전에는 이 사실을 몰랐다. 사시로 볼 때 이들의 양호한 눈은 항상 대상에게로 회전되어 있고 허약한 눈은 대상에서 비껴간다. 하지만 양호한 눈이 가려졌을 때 허약한 눈은 대상에게로 정면으로 회전했다. 허약한 눈의 시각상의 결함이 사시인 경우 이것이 눈의 방향이 오랫동안 산란된 결과인지 아니면 한쪽 눈의 본래적인 결함이 사시의 원인이었는지는 시간이 지나면 밝혀질 문제다. 두 형제는 양호한 눈을 감고 허약한 눈으로 글자를 읽음으로써 허약한 눈의 시력이 개선되는 것을 발견했다. 형은 허약한 눈으로 보통 크기의 활자를 읽을 수 있고 동생과 세 번째 신사는 큰 크기의 활자만을 읽을 수 있었다. 이제까지 나는 사시이면서 허약한 눈으로 큰 활자를 읽을 수 있는 사람은 딱 한 명 만났다. 그는 젊은이였는데 양쪽 눈 모두 약하고 근시였지만 왼쪽 눈은 오른쪽 눈보다 훨씬 더 허약했다. 대상을 볼 때 그는 항상 오른쪽 눈을 대상에게로 향하게 했고 왼쪽 눈은 코 쪽으로 지나치게 많이 향해져서 같은 대상을 두 눈으로 동시에 보기란 불가능했다. 그는 오른쪽 눈을 가리면 왼쪽 눈을 대상의 정면에게로 향하게 했지만 그에게 대상은 마치 주변에 안개라도 뒤덮여 있는 듯 불분명하게 보인다.

나는 이 젊은이를 상대로 실험들을 행했는데, 실험 중 일부는 한 재능 있는 의사의 도움을 받아 행해졌다. 실험의 목적은 이 젊은이의 경우에도 비자발적인 사시가 아닌 사람들의 경우에서처럼 두 시축에 놓인 대상들이 한 장소에 합쳐져 있는 것으로 보이는지 여부를 판정 짓기 위한 것이었다. 허약한 눈의 시축에 놓인 대상은 불 켜진 촛불이었다. 이 촛불은 약 244센티미터 내지 300센티미터쯤 되는 거리에 있었다. 다른 쪽 눈앞에는 보고 읽을 수 있을 정도의 거리에 책 한 권이 놓여 있었다. 그는 책을 읽는 동안 촛불을 보았지만 아주 희미하게 보았다고 말했다. 우리가 이로부터 알 수 있는 것은 두 대상은 한 장소에 있는 것으로 보이지 않았으며 대상들의 외양 간의 각거리는 대상 간의 실제 거리였다는 점이다.

만약 이 점이 사실이라면, 이로부터 도출되는 결론은 이 젊은이의 눈의 상응점은 다른 사람의 경우와는 다른 위치에 있으며, 만약 그가 양쪽 눈을 한 대상에게 향하게 할 수 있다면 그는 대상을 이중으로 볼 것이라는 것이다. 그러나 이 젊은이가 이런 유형의 관찰을 행하는 데 전혀 익숙하지 않다는 점을 고려하면, 그리고 그의 한쪽 눈의 시각이 매우 불완전하다는 사실을 고려하면, 나는 이런 결론이 이 단 하나의 사례로부터 확실하게 도출된다고는 감히 단언하고 싶지 않다.

우리가 이상의 사례들에서 추론할 수 있는 전부는 사시인 네 사람들 중 세 명의 눈에서는 아무런 비정상적인 점이 없는 것으로 보인다는 것이다. 이들의 망막 중심과 이 중심과 관련하여 대칭적 위치에 있는 점들이 다른 사람의 경우에서처럼 서로 상응한다는 것은 확실하다. 따라서 만약 이들이 눈을 대상에게로 똑바로 향하게 하는 습관을 갖게 된다면 이들은 불구를 제거하게 되는 것일 뿐 아니라 시각도 개선시키는 것이다. 네 번째 젊은이의 경우는 의심스러운데, 그의 눈은 상응점의 위치가 통상의 자연적 위치에서 이탈했을 가능성이 있다.

제17절 양안단시 습관의 결과

앞의 제13절에 이야기된 단일시각 현상과 이중시각 현상으로부터 대상을 두 눈으로 단일하게 보는 양안단시 현상은 두 가지 현상에 의존한다는 점이 드러난다. 첫 번째, 양안단시는 앞서 자주 기술되었던 대로 망막점의 상호 상응 현상에 의존한다. 두 번째, 양안단시는 눈이 대상 쪽으로 정확히 향해져서 대상의 두 이미지가 상응점에 맺힌다는 것에 의존한다. 우리가 대상을 두 눈을 사용하여 단일하게 보기 위해서는 이두 현상이 동시에 성립해야 하며, 이 두 현상이 습관에 의존하는 한에서만 단일시각은 습관에 의존한다고 말할 수 있다.

두 번째 사항, 즉 두 눈이 대상 쪽으로 정확히 향해져야 하는 것에 대해 보면, 나는 이렇게 눈을 향하는 것은 습관을 통해서만 학습된다는 점이 인정되어야 한다고 생각한다. 현명하게도 자연은 눈으로 하여금 시축이 항상 거의 평행하게 되도록 규정해놓았다. 그러나 자연은 주시하는 대상의 거리에 따라 시축 간의 기울기를 약간은 변화시킬 수 있는 재량권을 우리에게 남겨놓았다. 이 권한이 없다면 대상은 특정 거리에서만 하나로 나타날 것이고 이 거리보다 멀거나 가까운 거리에 있는 대상은 항상 이중으로 나타날 것이다. 자연의 지혜는 이 권한의 범위를 그 목적에 정확하게 적합하도록 만들었다는 점에서뿐만 아니라 우리에게 이러한 권한을 주었다는 점에서도 선명히 드러난다.

따라서 눈의 평행현상 일반은 자연의 작품이다. 그러나 눈의 방향이 대상의 거리에 따라 정확하게 변하는 것은 습관의 결과다. 자연이 우리에게 시축을 약간 변화시킬 수 있도록 남겨놓은 권한은 시축의 기울기를 항상 대상의 거리에 맞추는 습관으로 전환된다.

그러나 다음 질문을 제기할 수 있다. 무엇 때문에 이런 습관이 생겨나는가? 이 질문에 주어질 수 있는 유일한 답은 이 습관은 완벽하고 선명한 시각을 위해 필요하다고 발견된다는 점이다. 한쪽 눈의 시력을 상실한 사람은 시력이 상실된 눈을 주시 대상 쪽으로 정확하게 향하는 습관을 왕왕 잃어버린다. 이런 습관은 그에게 더 이상 아무런 쓸모도 없기 때문이다. 만약 그가 시력을 회복한다면, 그는 이 습관이 유용하다는 것을 발견할 것이고 그리하여 이 습관을 회복하게 될 것이다. 인간본성의 가장 경이로운 점은 유용하다고 밝혀지는 습관을 우리에게 아무런 계획이나 의도 없이 획득하게 하는 것이다.

어린아이는 처음에는 불완전하게 볼 것임이 틀림없다. 그러나 어린아이는 눈을 사용하게 되면서 눈을 최선의 방식으로 사용하는 법을 배우며 이를 위해 필요한 습관들을 의도하지 않은 채 획득한다. 우리들 각자는 저마다의 특별한 직업과 삶의 방식에서 각자에게 가장 유용한 시각의 최상의 전문가가 된다. 세밀(細密) 초상화 화가나 조각공은 매우 가까운 거리에 놓인 대상을 선원보다 잘 보고, 선원은 아주 먼 거리의 대상을 이들보다 훨씬 잘 본다. 근시인 사람은 먼 거리의 대상을 볼 때 거의 눈꺼풀이 감길 지경으로 눈을 가늘게 뜬다. 왜 이렇게 하는지에 대한 별다른 이유는 없다. 단지 이렇게 하는 것이 대상을 더욱 선명하게 보이도록 하기 때문이다. 마찬가지로 모든 사람이 두 눈을 대상 쪽으로 정확하게 향하는 습관을 얻는 이유는 이렇게 함으로써 대상을 좀더 완벽하고 선명하게 보기 때문이다.

아직 고려해야 할 것이 남아 있다. 망막점 간의 상응도 단일시각에 필요한데, 이것이 습관의 결과인지 아니면 인간 눈의 본래적 속성인지 하는 점이다.

이러한 상응이 눈의 본래적 속성이라는 것에 대한 강력한 논증은 방금 언급한 것처럼 두 눈을 대상에게 향하는 습관에서 도출할 수 있다. 이 습관은 우리가 그렇게 하는 것이 완전하고 선명한 시각에 필요하다는 것을 발견하게 됨에 따라 획득된다. 그러나 이렇게 하는 것이 왜 필요한가? 별다른 이유는 없다. 이렇게 함으로써 대상의 두 이미지가 상응점에 맺히고, 눈들이 시각작용에서 서로 돕게 되고 그 결과 대상은 두 눈을 사용해서 볼 때가 한쪽 눈을 사용해서 볼 때보다 잘 보이기 때문이다. 그러나 눈이 대상에 정확하게 향해지지 않았을 때 대상의 두 이미지는 비상응점에 맺히고 한쪽 눈의 시각은 다른 쪽 눈의 시각을 방해한다. 그 결과 대상은 두 눈을 사용해서 볼 때가 한쪽 눈만을 사용해서 볼 때보다 더 불분명하게 보인다. 이로부터 다음과 같은 결론이 합당하게 내려진다.

망막점 간의 이런 상응은 우리가 시각에서 획득하는 습관보다 선행하고 따라서 자연적이고 본래적이다. 우리들 모두는 눈을 항상 일정한 특정 방식으로 향하게 함으로써 단일시각이 야기되는 습관을 획득했다. 이제 만약 눈이 이렇게 향해질 때는 단일시각만을 가져야 한다는 명령을 자연이 내린 것이라면, 왜 모든 인류가 눈을 이런 식으로 향하게 하는 습관을 일치되게 갖는지에 대한 명백한 이유가 있다. 그러나 만약 단일시각이 습관의 결과라면, 눈에 방향을 부여하는 그 어떤 습관도 이 목적에 부응할 것이고 따라서 왜 이 특정 습관이 그렇게도 보편적인지에 대한 이유는 주어질 수 없게 된다. 또 눈을 다른 방식으로 향하게 하면서 양안단시 습관을 획득한 단 한 사람도 발견하지 않았다는 사실 역시 아주 기이하게 여겨질 것이다.

현명한 스미스 박사는 그의 탁월한 광학이론에서 이와 반대되는 견해를 주장했고 이를 증명하는 논증과 사례를 제시했다. 그는 우리가 대상을 역전된 이미지를 사용하여 정립된 것으로 본다는 점에서나 양안단시

현상을 전적으로 습관에 돌린다는 점에서 버클리 주교와 견해를 같이한다. 버클리 주교의 논증은 제11절에서 검토했으므로 다음에서는 스미스 박사가 이 주제에 대해 언급했던 바를 살펴보기로 하자. 우리는 박사에게 그 스스로 행한 값진 발견뿐만 아니라 그가 각고의 노력을 기울여 망각의 늪에서 풍요롭게 복구시킨 이 시대의 가장 명석한 수학 천재의 발견도 빚지고 있다. 저자에게 걸맞은 존경을 바친다.

스미스 박사에 따르면, 왜 우리는 두 눈으로 대상을 단일하게 보는가라는 질문은 왜 우리는 두 귀로 하나의 소리를 듣는가라는 질문과 동일한 종류의 질문이고 두 질문에는 같은 답이 주어짐이 틀림없다. 그가 이런 고찰에서 도출하고자 했던 결론은 이들 두 현상 중에서 후자가 습관의 결과이듯이 전자도 습관의 결과라는 것이다.

필자 스스로 겸허하게 생각해보건대, 위 질문들은 같은 대답이 주어져야 할 정도로 동일한 종류가 아니며 더욱이 우리가 두 귀로 하나의 소리를 듣는 것이 습관의 결과인 것도 아니다.

둘 이상의 시각적 대상들은 비록 완전하게 비슷하고 동시에 보인다고 해도 그 시각적 장소들로 구분할 수 있다. 그러나 완전히 비슷한 두 가지 소리는 동시에 들렸을 때 구분할 수 없다. 소리의 본성상 소리들이 야기하는 감각들이 하나로 융합되어 서로의 모든 구분을 상실하기 때문이다. 따라서 만약 왜 우리가 두 귀로 소리를 하나로 듣는가라는 질문이 주어진다면, 나는 이렇게 답하겠다. 이는 습관에 의해서가 아니다. 완전하게 닮은, 동시에 들리는 두 가지 소리는 서로 구별할 수 있는 아무것도 갖고 있지 않은 덕택에 하나로 들린다. 그러나 이런 답이 시각에 관한 질문에도 적합한가? 필자의 생각에는 그렇지 않다.

소리가 각각의 귀에 하나의 인상을 만들듯이 대상은 각각의 눈에 하나의 외양을 만든다. 이 점에서 두 감각은 일치한다. 그러나 시각적 외양은 그밖의 사항에서는 완전히 닮은 경우라고 해도 장소로 구분할 수 있지만 소리는 장소로 구분할 수 없다. 두 감각은 실로 이 점에서 다르다고 할 수 있다. 만약 두 외양의 장소가 동일하다면, 이 외양들은 마치 두 소리를 서로 구분할 수 없듯이 두 외양도 서로 구분할 수 없다. 이 경우 우리는 대상을 하나로 본다. 하지만 두 외양의 장소가 동일하지 않을 때, 이 외양들은 완전히 구분 가능하고 우리는 대상을 이중으로 본다. 대상을 이중으로 보게끔 눈에게 회전 방향을 부여하는 다른 많은 방식이 우리의 재량권 내에 있지만, 눈이 특정 방식으로 대상에게 향해졌을 때 우리는 대상을 하나로만 본다.

스미스 박사가 잘 알려진 촉감각의 오류, 즉 서로 엇갈리게 놓인 인접한 두 손가락으로 눌려진 한 개의 단추가 두 개로 느껴지는 오류를 습관의 몫으로 돌리는 것은 정당하다. 이런 현상의 원인은 손가락들은 서로 엇갈리게 놓여져 동시에 하나의 대상을 감촉하는 데 쓰였던 적이 없으며 오직 서로 다른 두 대상을 감촉하는 데만 쓰였기 때문이라고 보는 점에서 내 생각은 그와 같다. 필자는 습관이 이런 현상을 산출하는 것이라면 이와 반대되는 습관은 이런 현상을 파괴한다는 점을 덧붙이겠다. 필자가 경험을 통해 발견한 바에 따르면, 만약 우리가 서로 엇갈리게 놓인 손가락들로 단추를 감촉하는 일에 자주 습관을 들인다면 단추는 결국 하나로 느껴질 것이기 때문이다.

습관을 통해 산출된 것이 사용되지 않는다거나 반대 습관의 획득으로 없어지거나 바뀌는 것은 일반규칙으로 간주할 수 있다. 그러나 이 산출된 결과가 반대 습관이 오랫동안 지속되는 경우에도 변화하지도 않고 약화되지도 않는 것으로 발견된다면, 이는 이 결과 습관 덕택이 아니라 자연의 본성 덕택임을 보여주는 강력한 논증이다. 필자는 이 논증을 우리가 현재 논의하고 있는 질문에 대한 대답을 결정짓는 가장 좋은 규칙으로 간주한다. 그리하여 필자는 다음에서 스미스 박사가 망막의 상응점이 습관을 통해 변화한다는 것을 증명하기 위해 언급한 두 가지 사실을 언급하고 그다음으로는 눈의 망막의 상응점은 본래적으로 있는 것이고 습관은 망막점에 아무런 변화도 산출하지 않는다는 것을 증명하는 몇 가지 사례를 언급하겠다.

한 가지 사례는 마틴 폭스 향사가 린의 헵번 박사에게서 전해 들어 이야기해준 것인데, 린에 이웃한 클린치워튼의 포스터 목사는 몇 년 동안 흑내장[66] 때문에 눈이 보이지 않았다가 어느 날 시력을 회복했다. 맨 처음 보기 시작했을 때 모든 대상은 이중으로 나타났다. 그러나 후에 두 외양은 점차 근접했고 결국 그는 눈이 멀기 이전처럼 단일하고 선명하게 보게 되었다.

이 사례에서 나는 다음 사항에 주목한다. 첫 번째, 우리가 이야기에서 말해지지 않은 바를 가정하지 않는 한, 이 사례는 상응점에서 모종의 변화가 일어났다는 것을 증명하지 못한다. 말해지지 않은 가정이란 포스터 목사는 나중에 대상을 단일하게 보았을 때와 똑같은 정확성과 방식으로 처음에도 눈을 대상에게로 향하게 하여 대상을 이중으로 보았다는 것이다. 두 번째, 하지만 만약 우리가 이 가정을 취한다면, 처음에는 두 외양이 왜 하필 특정 각거리만큼 떨어져 있는 것으로 보였는지, 왜 이 각거리가 점차 감소하여 결국 외양이 일치되었는지에 관해 그 어떤 설명도 할 수 없다. 어떻게 이런 결과가 습관으로 산출될 수 있는가? 그러나, 세 번째, 모든 상황은 다음과 같은 가정하에서는 설명할 수 있다. 포스터 목사는 다시 보기 시작했을 때 이미 망막에 상응점을 갖고 있었고 습관은 상응점에 아무런 변화도 일으키지 않았다는 가정이다. 이제 우리는 더 나아가서 이런 경우들에서 공통적으로 성립하는 것을 가정하기만 하면 된다. 즉 그는 실명 상태의 수년 동안 눈을 대상에게로 정확하게 향하는 습관을 상실했지만 시력을 회복하자 점차 이 습관을 회복했다. 스미스 박사가 언급한 두 번째 사례는 체셀든의 해부학에서 취했다.

---

66) '흑내장'은 '조용한 물방울'을 뜻하는 라틴어 'Gutta Serena'를 옮긴 말로 시각자극을 지각하지 못하는 증상을 나타낸다. 눈동자가 움직이지 않는 것 이외에 눈 자체에서는 아무런 이상 상태도 발견되지 않는데, 시력상실 증상은 정기적으로 발생하여 몇 시간에서 며칠 동안 지속되다가 갑자기 사라진다.

머리를 세게 맞은 한 사람이 그만 눈이 비틀어져서 모든 대상을 이중으로 보게 되었다. 그러나 가장 낯익은 대상부터 점차 단일하게 보이기 시작했고, 시간이 더 흐르자 모든 대상이 단일하게 보이기 시작했다. 비틀어진 눈이 교정되지 않았는데도 말이다.

이 사례에서 주목하는 바는 비틀어진 눈이 교정되지 않았음에도 두 외양이 점차 근접하여 결국 하나로 합치는 일이 발생했다고는 말하지 않는다는 점이다. 만약 이런 일이 있었다면, 이는 실로 습관으로는 설명할 수 없는 망막 상응점의 변화에 대한 결정적 증거가 될 것이다. 그러나 만약 이런 일이 관찰되었다면, 이 특이한 일은 다른 특이 사례를 헵번 박사가 언급했듯이 체셀든도 언급했을 것이다. 따라서 우리는 외양 중 하나가 다른 것에 접근하지 않고 점차 사라졌다는 것을 사실로 인정할 수 있다. 내 생각에 이런 현상은 다음 몇 가지 방식으로 발생할 수 있다. 첫 번째, 비틀어진 눈의 시력이 상처 때문에 점차 쇠퇴했고 그 결과 눈에 의해 현전된 외양이 점차 사라진 것일 수 있다. 두 번째, 앞서 15절의 10에서 드러났듯이, 눈을 대상에게 향하게 하는 방식에서의 미미하고 감지되지 않는 변화가 환자로 하여금 대상을 비틀어진 눈으로 보지 않게끔 만든 것일 수 있다. 세 번째, 항상 같은 쪽 눈을 대상에게로 향하게 하는 법을 획득함으로써 그 결과 다른 쪽 눈에 의해 현전된 희미하고 비스듬한 외양은 일단 친숙하게 되자 주의가 기울여지지 않게 되었고 그리하여 지각되지 않게 된 것일 수 있다. 이러한 원인 중 어느 하나나 둘 이상이 연합하여 눈의 상응점에서의 아무런 변화 없이 위에서 언급된 결과를 산출했을 것이다.

이상의 이유들에 비추어보면 스미스 박사가 언급한 사례들은 비록 흥미롭기는 하지만 결정적인 증거는 되지 못한다고 생각된다.

이제 우리는 다음 반박 사례들을 고려해야만 한다. 첫 번째, 체셀든에게 백내장 수술을 받은 유명한 어린 신사는 열세 살이 될 때까지 두 눈 모두에 백내장을 앓고 있었다. 밝혀진 바에 따르면, 그는 두 눈으로 보게 되자마자 대상을 단일하게 보았다고 한다. 체셀든의 말을 인용해보자.

이 젊은이는 최근 나머지 한쪽 눈의 백내장 수술을 받고 난 후 처음에는 수술받은 쪽 눈으로 대상을 실제보다 더 크게 보았다. 하지만 먼저 수술받았던 다른 쪽 눈으로 처음 대상을 보았을 때처럼 그렇게 크게 보지는 않았다. 또 우리는 다음 사실을 발견할 수 있었다. 그는 두 눈으로 같은 대상을 주시하면서 자신이 대상을 먼저 수술받았던 눈으로 볼 때보다 두 배 크게 본다고 생각했지만 이중으로 본다고는 생각하지 않았다.

두 번째, 바로 앞의 절에서 언급한 세 명의 젊은 신사는 내가 알기로는 유아시절부터 사시였는데, 이들은 두 눈을 하나의 대상으로 향하게 하는 법을 배우자마자 대상을 단일하게 보았다. 이제 이 네 환자의 사례에서 공통적으로 드러나는 사실은 습관이 결과를 산출하기 이전에 이미 망막 중심은 본래적으로 상응한다는 것이다. 이는 체셀든의 젊은 신사는 백내장 수술을 받기 전에는 결코 본다는 일에 전혀 익숙하지 않았고 다른 세 젊은 신사 역시 두 시축을 대상에게로 향하게 하는 일에 결코 익숙하지 않았다는 것에 비추어보면 확실하다.

세 번째, 13절에서 말한 사례들에서 분명해지는 점은 우리가 단일시각 현상과 이중시각 현상을 관찰할 수 있었던 그 순간부터 현재까지 항상 습관은 이런 현상들을 조금도 변화시키지 못한다는 것이다.

나는 30년 넘게 이런 종류의 관찰을 행하는 즐거움을 누렸다. 나는 처음부터 대상을 이중으로 보았던 상황들에서는 아직도 대상을 이중으로 본다. 대상이 하나임을 끊임없이 경험하면서도 말이다. 또 두 개의 대상이 있다는 것을 알고 있는 다른 상황에서는 수천 번 실험을 해봐도 대상들은 여전히 하나로만 보인다.

이제 누군가로 하여금 낯익은 대상 하나를 인생의 매 순간 다면 렌즈나 다중 렌즈로 주시하게끔 해보자. 시각적 외양의 수는 처음 순간에나 마지막 순간에나 같을 것이고 실험 횟수나 실험을 행한 기간의 과다에 의해서도 조금도 변하지 않을 것이다.

습관에 의해 산출되는 결과가 습관 획득에 개입되는 행동의 빈도수에 따라 여러 가지로 변할 것임에는 틀림없다. 그러나 단일시각 현상이나 이중시각 현상이 모든 사람에게 이토록 불변적으로 균일하다면, 나는 이 현상들은 습관의 결과가 아니라 불변적으로 고정된 자연법칙의 결과라고 결론지을 만한 훌륭한 이유가 있다고 생각한다.

제18절 포터필드 박사의 단시와 복시 설명

버클리 주교와 스미스 박사는 시각현상의 너무 많은 부분을 습관에 귀속시키고 포터필드 박사는 너무 적게 습관에 귀속시키는 것 같다.

재능 있는 포터필드 박사는 우리가 우리 본성의 본래적인 법칙에 의해 습관과 경험에 선행하여 시각적 대상을 그 참된 장소에 있는 것으로 지각한다고, 그리고 이는 방향과 관련해서만 아니라 대상의 거리와 관련해서도 그러하다고 생각한다. 그는 양안단시 현상을 다음과 같이 설명한다. 우리는 각각의 눈으로 대상을 참된 장소에 있는 것으로 지각하는 능력을 갖고 있으므로 두 눈으로 대상을 한 장소에 있는 것으로 지각하게 되고, 그 결과 대상을 하나로 지각한다.

포터필드 박사는 자신의 이런 설명 원리가 비록 양안단시를 설명하고 있기는 하지만 이중으로 보는 것은 전혀 설명하지 못한다는 점을 의식하고 있다. 이 주제에 관한 다른 저자들은 우리가 두 눈을 갖고 있다는 것을 이중시각에 대한 충분원인으로 간주하는 까닭에 단일시각의 원인을 할당하기 어려운 반면, 포터필드 박사의 설명 원리는 정반대의 어려움에 봉착한다.

그리하여 그는 이중시각 현상을 설명하기 위해 다른 원리를 개진하는데, 그는 자신이 이 원리를 우리 본성의 본래적인 법칙으로 생각하는지 습관의 결과로 생각하는지는 말하지 않는다. 이 원리에 따르면, 눈과 대상의 거리에 대한 우리의 자연적 지각은 시각장에 들어오는 모든 대상에게 확대되는 것이 아니라 우리가 직접 지각하는 대상에만 한정되며 우리가 주시하는 대상과 그 인접 대상들은 마치 눈이 중심에 놓여 있는 한 구의 표면에 함께 자리 잡고 있기라도 하듯이 동일한 거리에 있는 것처럼 보인다.

이렇게 하여 단일시각은 우리가 주시 대상의 참된 거리를 본다는 사실에 의해 설명되고 이중시각은 우리가 직접 주시하지 않는 대상들의 그릇된 거리 외양에 의해 설명된다.

우리가 시각적 대상을 눈에서 특정 방향에 있는 것으로 보는 것이 자연적이고 본래적인 원리에 의해서라는 점에서 우리는 이 학식 있고 재능 있는 저자와 견해가 같으며, 이 견해의 주창자라는 점에서 포터필드 박사의 명예를 기린다. 그러나 우리는 단일시각이나 이중시각을 설명하는 그의 원리에는 동의할 수 없다. 이유는 다음과 같다.

1. 우리가 대상과 눈의 거리에 관한 자연적이고 본래적인 지각을 갖고 있다는 것은 실험을 통해 확인된 사실에 반한다. 체셀든 박사에게서 백내장 수술을 받은 젊은 신사는 처음에는 손으로 만지는 대상이 손에 닿듯이 보이는 모든 것이 눈에 닿는다고 상상했다.

2. 우리가 대상과 눈의 거리에 관해 갖는 지각은 본성에 의한 것이든 습관에 의한 것이든 간에 단일시각을 산출하기에 필수적일 정도로 정확하고 결정적인 것은 아니다. 포터필드 박사의 가설에 따르면, 우리가 핀처럼 작은 대상의 거리에 관해 20분의 1 내지 30분의 1 정도 잘못 알고 있을 때 우리는 핀을 이중으로 보아야 한다. 그러나 극소수의 사람만이 시각적 대상의 거리를 이렇게 정확하게 판단할 수 있다. 그럼에도 우리는 대상의 거리를 잘못 알아서 이중시각이 산출되는 예를 하나도 발견하지 못한다. 대상의 거리를 절반쯤, 아니 그 이상 잘못 아는 많은 시각 사례가 있고, 이중에는 맨눈으로 보는 경우도 포함된다. 우리는 왜 이런 사례들에서 대상을 단일하게 보는가? 눈에서 60~90센티미터쯤 떨어

진 곳에 있는 작은 대상 가까이로 안경을 움직이면, 이 대상은 근접하는 것처럼 보이고 결국에는 실제 거리의 절반쯤에 있는 것으로 보인다.

그러나 우리는 이때 마치 맨눈으로 대상을 실제 거리에 하나로 있는 것으로 보는 경우와 마찬가지로 대상이 외양상의 거리에서 하나로 있는 것으로 본다. 또 눈에 맞는 쌍안 망원경으로 대상을 볼 때 대상은 실제보다 15배나 20배쯤 가깝게 나타나지만 우리는 대상을 단일하게 본다. 그러나 포터필드의 가설에 따르면, 대상과 눈의 거리가 단일시각에 필요할 정도로 정확하게 보이는 경우는 극소수다. 바로 이는 단일시각에 관한 그의 설명을 논박하는 결정적인 논증으로 여겨진다. 또 우리는 대상의 거리에 관한 잘못된 판단이나 거짓 외양이 이중시각을 산출하지 않는다는 사실을 발견한다. 이 역시 이중시각에 관한 그의 설명을 논박하는 결정적인 논증으로 여겨진다.

3. 우리가 대상의 직선거리에 관해 갖는 지각은 전적으로 경험의 효과라고 생각한다. 나는 이 점이 버클리 주교와 스미스 박사에 의해 증명되었다고 생각한다. 나중에 시각을 통한 거리판단의 수단들을 지적하게 될 때 이 모든 수단은 경험에서 공급되는 것임이 드러날 것이다.[67]

4. 우리가 대상의 방향을 볼 때와 마찬가지로 본성상의 법칙에 의해 대상과 눈의 거리를 최대한 정확하게 본다는 가정으로부터 우리가 대상을 하나로 보아야 한다는 결론은 뒤따라오지 않는다. 이제 이러한 가정상의 우리 본성의 법칙이 다음 질문을 해명하는 데 어떤 방안을 제공해줄 것인지를 생각해보자. 두 눈의 대상이 동일한 장소에 있어서 그 결과 대상은 둘이 아니라 하나인 것인가?

이제 다음과 같은 두 직선을 가정하자. 하나는 한쪽 눈의 중심에서 대상에게로 그어졌고, 다른 하나는 마찬가지로 다른 쪽 눈의 중심에서 대상에게로 그어졌다. 그러한 우리의 본성상의 법칙은 우리에게 이 각각의 직선의 방향 내지 위치를 알려줄 것이다. 그리고 이는 자연이 우리에

---

67) 이 장 제22절의 내용을 가리킨다.

게 주는 전부다. 이 직선들의 방향 내지 위치는 기하학적 데이터이고, 우리는 기하학을 동원하여 이 데이터로 무엇이 결정되는지를 알아낼 수 있다. 그렇다면 이 데이터에 의해 두 직선이 동일한 장소에서 수렴되는 지의 여부가 결정되는가? 진실로 말하건대, 아니다. 이를 결정하기 위해서는 우리는 세 가지 다른 데이터를 가져야 한다. 우리는 두 직선이 같은 평면에 있는지의 여부를 알아야 하고, 직선들이 이루는 각 크기를 알아야 하며, 눈의 중심 간의 거리도 알아야 한다. 이런 데이터가 알려진 다음에는 우리는 두 눈의 대상이 동일 장소에 있는가, 그리하여 대상이 둘인가 하나인가라는 문제를 풀기 위해 삼각법을 동원해야 한다.

5. 포터필드 박사가 이중시각을 해명하는 이른바 거짓된 거리 외양은 습관의 효과일 수 없다. 우리가 항상 경험하는 바와 모순되기 때문이다. 또 거짓된 거리 외양은 자연법칙도 아니다. 이 외양은 실로 아무런 좋은 목적에도 부응하지 못하며 단지 우리를 기만하는 것일 뿐이기 때문이다. 그러나 왜 우리는 대상이 우리에게 어떻게 보이고 보이지 않는가에 관한 질문에 답하기 위해 논증에 조회해야 하는가? 질문은 이것이다. 대상은 어떤 거리에 있는 것으로 지금 내 눈에 보이는가? 대상들은 모두 마치 눈이 중심인 구의 오목면에 놓여 있듯이 그렇게 동일한 거리에 있는 것으로 보이는가? 우리들 각자는 이런 질문에 대한 답을 확실하게 알고 있다. 만약 우리들 각자가 스스로의 눈이 증언하고 있는 바에 주의를 기울이고자 한다면, 우리는 어떻게 시각적 대상이 우리 자신에게 나타나는 것인지를 철학자에게 물을 필요가 없다. 내가 하늘의 별 하나를 주시할 때, 동시에 보이는 다른 별들도 내가 주시하는 별이 보이는 방식으로 보인다는 것은 참이다. 그러나 이 현상이 포터필드 박사의 가설에 유리한 것은 아니다. 별들과 천체는 우리가 그것들을 비스듬히 볼 때나 정면으로 주시할 때나 실제 거리에 있는 것으로 보이지는 않기 때문이다. 그리고 만약 이 현상이 포터필드 박사의 두 번째 가설을 옹호하는 논증이라면, 이는 첫 번째 가설을 붕괴시킨다.

이런 현상의 실제 원인은 나중에 언급될 것이다. 당분간 이 문제는 제쳐두고 다른 경우를 예로 들어보자. 지금 나는 방 안에 앉아 있다. 나는 눈을 490센티미터쯤 거리에 있는 것으로 보이는 문으로 향한다. 동시에 나는 다른 많은 대상을 희미하고 불분명하게 본다. 마룻바닥, 마루깔개, 글을 쓰고 있는 테이블, 종이와 잉크 스탠드, 촛불 등. 지금 이 모든 대상이 모두 똑같이 490센티미터 거리에 있는 것으로 보이는가? 세심하게 주의를 기울여보면, 나는 그렇지 않다는 것을 발견한다.

제19절 브릭스 박사의 이론과 뉴턴 경의 추측

글을 쓰고 있는 필자만큼이나 독자 여러분도 단일시각과 이중시각이라는 주제에 관해 이미 질려버리지 않았을까 하는 염려가 생긴다. 저명한 저자들이 개진한 다수의 이론, 광학에 관한 충분한 숙달 없이 고찰된 다수의 사례, 또는 매우 실질적이고 결정적인 상황에 관한 관찰 없이 개진된 다수의 사례 등은 이 탐구 주제를 혼란스럽게 하는 데 똑같이 기여해왔다.

이 탐구 주제에 대한 결론을 내리기 위해 나는 앞서 13절에서 완전한 시력을 지닌 사람의 단일시각 현상과 이중시각 현상에 관해 이제까지 제안된 그 어떤 연역보다도 완전하고 질서잡힌 연역을 제안했고 현상들을 추적하여 하나의 일반원리에 도달했다. 필자가 보기에 이 원리야말로 자연 상태에 있는 온전한 눈을 지배하는 시각법칙이다.

필자는 14절에서는 이 시각법칙이 비록 인간의 눈의 구조에는 각별하게 적합하지만 자연이 다른 동물의 시각에 부여한 목적에는 부응하지 못하며 따라서 모든 동물에 공통된 법칙은 아니라는 점을 지적했다. 15절과 16절의 목적은 사시인 사람들에게 이 시각법칙으로부터의 일탈이 있는지의 여부를 탐구하는 것이었다. 이 질문은 실로 시각에 관한 철학에서도 그렇거니와 의학에서도 중요하다. 하지만 이 주제에 관해 관찰되고 저술된 바를 살펴보고 난 뒤 드는 생각은 이 질문에 답하기는 아직 섣부르다는 것이다. 적합한 관찰이 없기 때문이다. 적합한 관찰을 행할 수 있는 이는 관찰 기회를 잡지 못했고 관찰 기회를 잡은 이들은 관찰능력과 주의력이 결여되어 있었다. 따라서 나는 이 질문에 답하는 데 필요한 관찰들을 분명하게 설명하고 관찰 사례들에서 어떤 결론이 이끌어질 수 있는지를 명확하게 설명하는 것이 가치 있는 일이라고 생각했다. 그리하여 나는 다른 저자들의 책에 있거나 나 스스로 관찰했던 사례 중 가장 결정적인 것들을 일목요연하게 한데 종합했다.

우리는 이 사례들의 수가 현재의 질문에 적용되기에는 너무나 보잘것없다는 것을 인정해야 할 것이다. 의학계 인사들은 그 직무상의 명예를 위해서나 인류의 유익을 위해서나 더 많은 사례를 보탤 책임이 있다.

내가 만났던 사시와 관련된 의학과 광학 관련 저자들은 줄린 박사를 제외하고는 모두가 사시인 사람은 대상을 두 눈으로 보면서 그럼에도 단일하게 본다고 주장했거나 이를 당연한 사실로 간주했다. 그는 사시인 사람은 대상을 두 눈으로 보지 않으며 만약 두 눈으로 본다면 대상을 이중으로 볼 것이라고 주장했다. 만약 더욱 일반적으로 주장되는 전자의 견해가 참이라면, 사시인 눈의 치료는 마치 자연적으로 사시가 아닌 눈을 영구 사시로 만드는 것이 시각에 위험한 일이듯이 환자의 시각에 위험한 일일 것이다. 따라서 의사는 이러한 치료는 해서는 안 되는 것이고 환자도 이런 치료를 받으면 안 될 것이다. 그러나 만약 줄린 박사의 의견이 참이라면, 사시인 대부분의 젊은이는 약간의 고통을 겪음으로써 자가 치료를 할 수 있을 것이고 이를 통해 기형을 제거할 뿐만 아니라 시력도 개선시킬 수 있을 것이다. 만약 더 일반적으로 주장되는 견해가 참이라면, 사시인 사람의 두 망막 중심과 그밖의 점은 그렇지 않은 사람의 경우와는 달리 상응하지 않을 것이고, 그리하여 자연은 사시인 사람의 경우에는 그 통상적 규칙에서 이탈하는 셈이 될 것이다. 그러나 만약 줄린 박사의 의견이 참이라면, 우리가 온전한 눈에서 발견했던 시각의 일반법칙은 사시인 사람에게도 적용된다.

두 견해 중 어떤 것이 참인지를 추론을 통해 결정한다는 것은 불가능하다. 또 둘 중 어떤 견해가 어떤 환자에게서 참이고 참이 아닐 수 있는지를 추론을 통해 결정한다는 것 역시 불가능하다. 따라서 경험과 관찰만이 우리의 유일한 안내자며 사례의 연역만이 유일하게 합리적인 논증이다. 아마도 혹자는 그렇다면 그러한 상반되는 견해의 지지자들이 자신들의 견해를 지지하기 위해 분명하고도 논박의 여지없는 사례를 제시했을 것이라는 기대를 가질 것이다. 그러나 필자는 두 견해의 모든 저자에게서 이런 사례는 단 하나도 발견하지 못했다. 앞서 필자가 제시했던 필자 스스로 행한 관찰 사례 세 가지는 줄린 박사의 의견을 확증해주는 데 의심의 여지가 없는 것들이었고, 다른 한 가지 사례는 오히려 반대 의견으로 기울어지는 것이지만 의심스러운 것이었다. 필자로서는 이 문제의 해결을 더욱 진척된 관찰의 몫으로 남겨두는 것이 합당할 것이다.

필자는 앞의 제17절에서 우리가 단일시각 현상과 이중시각 현상을 해명하는 데 동원했던 두 망막점 간의 공조와 상응에 관해 다음을 보여주고자 했다. 스미스 박사의 생각과는 달리 망막점 간의 공조와 상응은 습관의 효과가 아니며 습관에 의해 변화될 수도 없다. 이것들은 인간 눈의 자연적이고 본래적인 속성이다. 필자는 제18절에서는 이러한 공조와 상응이 포터필드 박사가 상상하는 것과는 달리 대상과 눈의 실제 거리를 본래적이고 자연적으로 지각하여 이루어지는 것이 아님을 보여주고자 했다.

독자가 기울여야 할 주의의 노고를 덜어주기 위한 요약은 이쯤에서 마치기로 하고 이제 본 주제에 관한 그밖의 여러 이론을 살펴보기로 하자.

브릭스 박사는 처음에는 『철학회보』에 영어로 발표되었고 나중에는 라틴어로 출판된 『신(新)시각론』에서——이 책에는 뉴턴 경이 저자에게 보내는 서문 형식의 서간이 들어 있다——이런 주장을 편다. 망막의 상응점들에서 시신경의 시상[68]으로 나아가는 시신경 섬유들은 동일한 길이와 동일한 신장력(伸張力)을 지니고 있고 대칭적 위치에서 동일한 음

---

68) '시신경 시상'(視神經 視床, Thalami Nervorum Opticorum): 간뇌의 대부분을 차지하는 회백질 덩어리. 지각 계통의 중심을 이룬다.

조(音調)를 유지한다. 따라서 광선 인상으로 야기된 이들 시신경 섬유의 진동들은 흡사 음악에서의 동음(同音)들과 같아서 마음에 동일한 이미지들을 현전시킬 것이다. 그러나 망막 일부의 비상응점들에서 나오는 시신경들은 상이한 신장력에다가 상이한 음조를 지니고 있어 조화롭지 못한 진동들을 만들어낼 것이고 그리하여 마음에 상이한 이미지들을 현전시킬 것이다.

이 이론을 상세히 검토하지는 않겠다. 여기서는 다만 이렇게 일반적으로 말하는 것만으로도 충분하다. 이 이론은 우리로서는 전혀 모르고 있는 것에 관한 추측들로 이루어진 이론이며 철학에서 이와 같은 이론들은 진지하게 반박되기보다는 조롱거리가 되어야 마땅하다.

철학의 신(新)새벽에서부터 오늘날까지 사람들은 시신경은 시각적 대상의 이미지를 눈의 하부로부터 마음에까지 전달하도록 의도되었고 다른 감각기관에 속하는 신경도 이와 비슷한 임무를 갖고 있다고 믿는다. 그러나 어떻게 우리가 이를 아는가? 우리는 이를 다만 추측할 뿐이다. 우리는 이 추측을 참이라고 간주하면서 어떻게 신경이 이 용도에 가장 잘 부응하는지를 고려한다. 오랫동안 신경계는 '동물정기'[69]라고 불려온 액체를 이리저리 운반하는 파이프 더미들로 이루어진 일종의 수압 엔진으로 간주되었고, 브릭스 박사의 시대쯤에 와서는 자신만의 고유한 신장력과 음조를 가진 진동하는 건(腱)[70]들로 이루어진 일종의 현악기로 간주되었다. 그러나 몇몇 사람은 신경계가 일종의 관악기일 가능성이 높다고 생각했는데, 이들은 이 관악기가 신경 세섬유에서 발생하는 탄력적인 에테르 진동을 통해 연주된다고 상정했다.

이상의 것들이 이제까지 철학자들이 감각적 사물의 이미지를 감각기관에서부터 감각중추에까지 운반하는 목적을 지닌 것들로 주조해낸 신경계 장치들 전부라고 할 수 있다. 이 문제에 관해 우리가 갖고 있는 모

---

69) 이 책, 89쪽 주 2) 참조.
70) 건(chord): 근육을 뼈에 달라붙게 하는 섬유조직.

든 지식에 비추어 보건대, 우리들 각자는 스스로 생각하기에 이 장치들 중 목적에 가장 적합하다고 생각하는 것을 자유롭게 선택해도 무방하다. 어차피 이중에서 관찰사례와 실험을 근거로 다른 장치보다 우월하다고 주장할 수 있는 것은 없기 때문이다. 실로 이 장치들은 사물의 이미지를 운반하기에는 전혀 걸맞지 않게 보여서 누구라도 새로운 장치를 하나 고안하고 싶은 욕심이 생길 정도다.

무릇 어둠 속에서는 보이지 않는 이나 볼 수 있는 이나 짐작으로 길을 찾는 것에서는 별반 다를 바 없을 것이므로, 나 역시 신경계에 관련하여 추측을 근거로 한 또 하나의 장치를 제안해보기로 하겠다. 나는 이 장치가 위에서 검토된 장치들에 못지않게 그 목적에 잘 부응하기를, 더 나아가서는 그 단순성이 장점으로 권장될 수 있기를 바란다. 왜 시신경은, 예컨대 속이 비어 있는 관(管)들로 구성될 수 없는 것이겠는가? 이 관의 입구는 망막에 이미지를 형성하는 광선을 받아들일 수 있을 정도로 넓다. 관은 광선을 안전하고도 적절한 순서에 맞춰 영혼이 머무는 장소[71]로 운반하고 그리하여 광선은 영혼의 면전을 환하게 비추게 된다. 재주 좋은 철학자라면 이 빈 관의 구경을 빛 입자의 직경에 딱 맞는 것으로 만들어서 빛 입자보다 큰 물질입자는 들어가지 못하는 것으로 만들 수 있을 것이다. 또 만약 광선이 길을 잘못 들 수 있는 위험이 있다면, 이를 막을 방편도 찾을 수 있을 것이다. 이는 이 신경계 관에 마치 소화관의 연동운동 같은 운동을 부여하는 것으로 족하다.

이 가설의 독특한 장점은 철학자들은 모두 다 사물의 상(像) 내지 이미지가 신경을 통해 영혼에 운반된다고 믿고 있지만 그럼에도 기존의 다른 가설 중에는 이런 일이 어떻게 행해지는지를 보여주는 것이 하나도 없다는 점에 있다. 대체 어떻게 해서 소리나 맛, 냄새, 색, 형태를 위시한 감각성질의 이미지가 음악적인 건(腱)의 진동이나 동물정기의 파동, 에테르의 파동에서 만들어질 수 있다는 것인가? 우리는 목표 달성

---

71) 감각중추를 가리킨다.

에 부적합한 수단을 상정해서는 안 된다. 마치 위장이 음식을 수용하듯이 영혼도 사물의 이미지를 일종의 신경 연하작용(嚥下作用)을 통해 받아들인다고 생각하는 것이 정기(精氣)나 진동 운운하는 것과 똑같은 정도로 철학적이면서도 더욱 이해 가능하지 않을까? 한 가지 부연하면, 이 가설에서는 신경관 연동작용이 신경중추에서부터 근육 관련 신경말단까지 유지된다고 가정하기만 하면 근육운동도 설명된다.

이렇게 하여 자연은 일관성을 이루어낼 수 있을 것이다. 감각은 마음에 관념으로 된 영양물을 공급하고 근육운동은 그 잔여물을 배출할 것이다. 그 누가 감각을 통해 운반된 사물의 이미지가 적절한 혼합을 거쳐 근육운동을 통해 밖으로 배출되기 알맞게 될 수 있다는 것을 부인할 수 있겠는가? 필자는 단지 이 가설에 관한 힌트만을 주는 것으로 만족한다. 바라건대, 이 가설이 재능 있는 이들에 의해 시간이 흐른 후 동물정기론이나 신경섬유 진동론 못지않게 당당한 철학이론으로 자리 매김하기를![72]

진지하게 말하자. 나는 자연의 작동과 관련하여 사실에 뒷받침되지 않은 철학자의 이론은 일장춘몽이나 미친 이의 허튼소리 같은 평가를 받아야 한다고 본다. 우리는 지구가 지탱되는 것을 설명하기 위해 커다란 코끼리 가설[73]을 고안해내고 이 코끼리를 지탱하기 위해 커다란 거

---

72) 리드가 신경연하론 내지 신경연동론을 옹호하는 것은 물론 아니다. 이 이론은 그가 동물정기론이나 신경진동론이 얼마나 터무니없는지를 지적하기 위해 만들어낸 것이다.

73) 일찍이 로크는 『인간지성론』에서 인도 철학자의 코끼리 가설을 언급한 바 있다. 이 가설에 따르면 지구를 지탱하는 것은 코끼리이고 이 코끼리는 다시금 거북이에 의해 지탱된다. 로크가 이 가설을 인용하는 이유는 스콜라 철학자들이 주장하는 아리스토텔레스적인 실체(substance)란 실은 이 가설에서 주장되는 코끼리와 별반 다를 바 없다는 점을 보여주기 위해서다. 스콜라 철학자들에 따르면, 실체는 각 개별자의 우유성(accidents)을 지탱하고(support) 담지하는(bear) 기체다. 그러나 우리는 그렇다면 이 실체 자체는 무엇에 의해 지탱되고 담지되는 것인지를 물을 수 있고 만약 이 물음에 답하기 위해 다른 무엇인가가 제시된다면 원래 제시되었던 실체는 더 이상 궁극적인 담지자가

북이를 고안해냈던 인도 철학자를 비웃는다. 우리가 솔직하게 진실을 고백하고자 한다면, 우리가 신경작동에 관해 아는 바는 인도 철학자가 지구가 지탱되는 방식에 관해 알고 있었던 것만큼이나 미미하다. 동물 정기 가설이나 신경의 신장력 내지 진동 가설은 지구의 지탱에 관한 인도 철학자의 가설과 똑같은 정도로 참이 아니라고 생각된다. 인도 철학자의 한 마리 코끼리는 가설이었고, 우리의 가설들은 코끼리들이다.[74] 철학에서 한갓 추측을 토대로 하여 세워진 이론은 모두 다 한 마리의 코끼리다. 또 일부는 사실을 토대로 하고 일부는 추측을 토대로 하여 세워진 모든 이론은 네부카드네자르의 조상(彫像)[75]과 같다. 이 조상의 발은 일부는 철로, 일부는 진흙으로 만들어졌다고 한다.

위대한 뉴턴은 철학자가 항상 갖추고 있어야 함에도 그렇지 못했던 본보기를 최초로 제시했다. 그는 추측과 결론을 구분했고 추측을 탐문(queries)이라는 매우 겸손한 형태로 제시했다. 뉴턴의 이런 처사는 공정하고 적법하다. 추측을 둘러싼 모든 다른 철학상의 거래는 금지되어야 하고 불법으로 간주되어야 한다. 실로 뉴턴이 행했던 추측은 대개 대부분의 다른 철학자들이 주장했던 독단적인 이론보다 더 많이 사실에 토대를 두고 있고 더 많이 참이다. 그러므로 우리는 양안단시의 원인과 관련하여 뉴턴이 『광학』의 15번 탐문에서 제안했던 추측을 간과하면 안 된다.

다음이 사실이지 않겠는가? 양 눈에 의해 대상의 상들이 보이고[76] 나면, 이 상들은 결합하게 되는데 이 결합은 시신경이 뇌에 들어오기

아니게 된다는 문제가 발생한다.

74) 인도 철학자는 하나의 가설만을 주장했던 데 반해 우리는 여러 가설을 주장하고 있다는 점에서만 다르다는 뜻이다.

75) 네부카드네자르의 조상: 바빌로니아 제2왕조 3대 왕이었던 네부카드네자르 1세(Nebuchadnezzar I, 재위기간은 기원전 1124년경~1103년경)가 되찾은 마르두크(Marduk) 조상을 말한다.

76) 대상의 감각적 상(像)을 말한다.

전에 합치하는 장소에서 이루어진다. 이때의 결합 양상은 이러하다. 즉 양 신경 각각의 오른쪽 신경섬유가 서로 결합하여 머리의 오른쪽 신경을 거쳐 뇌로 들어가고 왼쪽 신경섬유 역시 동일 장소에서 결합하여 머리의 왼쪽 신경을 거쳐 뇌로 들어가며 이렇게 하여 두 시신경은 뇌에서 만나 전체 상을 만든다. 다시 말해서 신경중추 오른쪽의 절반의 상은 각 눈의 오른쪽에서 와서 각 시신경의 오른쪽을 통과하여 시신경이 만나는 장소에 이르러 머리의 오른쪽에서 뇌로 들어가고 신경중추 왼쪽의 또 다른 절반의 상은 같은 방식으로 각 눈의 왼쪽에서 온다. 왜냐하면 만약 내가 옳게 알고 있다면, 두 눈이 같은 방향에 있는 동물(예컨대, 인간이나 개, 양, 소 등)의 시신경은 뇌에 이르기 이전에 서로 만나지만 두 눈이 같은 방향에 있지 않은 동물(예컨대, 물고기나 카멜레온)의 시신경은 만나지 않기 때문이다.

나는 뉴턴의 탐문을 전혀 다른 두 가지 성격으로 구분하겠다. 하나는 순전히 분석적인 질문이고, 다른 하나는 시각적 대상의 상(像)이나 이미지를 신경중추로 운반하는 것과 관련된 질문이다.

첫 번째 질문은 이렇다. 두 망막 상응점에서 오는 신경섬유들은 시신경이 만나는 장소에서 서로 결합하여 뇌까지 함께 가는 것이고 그리하여 두 시신경이 만난 후 오른쪽 시신경은 양쪽 망막의 오른쪽에서 오는 신경섬유로 구성되고 왼쪽 시신경은 양쪽 망막의 왼쪽에서 오는 신경섬유로 구성되는 것이 아닌가?

이는 분명히 흥미롭고 합리적인 질문이다. 만약 우리가 이 질문에 대한 긍정적인 답의 근거를 해부학에서 발견할 수 있다면 이로써 우리는 두 망막점 간의 상응과 공조의 원인을 발견하는 일에서 한 걸음 더 진전할 수 있을 것이기 때문이다. 비록 우리가 시신경의 개별기능이 무엇인지 모르지만, 시신경에 각인되어 신경섬유를 따라 전달되는 인상이 시각 성립에 필수적인 것일 가능성이 있기 때문이다. 이 인상의 본성이 무엇이든 간에, 만약 두 신경섬유가 하나로 결합한다면 두 신경섬유 중 하나에 각인된 인상이나 둘 모두에 각인된 인상이나 아마도 동일한 결과를 낳을 수 있을 것이다. 해부학자들은 동일한 신경 분기체가 두 신체 부위에 쓰이고 있다는 것을 두 부위 간의 공조를 보여주는 충분한 설명으로 생각한다. 따라서 만약 동일한 신경 분기체가 망막 상응점에 있는 것으로 발견된다면, 우리는 이를 해부학의 중요 발견으로 간주해야 할 것이다.

그러나 이런 발견이 있었던가? 없다. 내가 아는 한 이런 경우는 단 한 사람의 환자에게서도 발견되지 않았다. 오히려 몇몇 환자에게서는 반대 경우가 발견되었던 것으로 보인다. 포터필드 박사가 상세히 묘사한 바 있는 베살리우스[77]의 두 가지 보고 사례와 케살피누스[78]의 한 가지 보고 사례에 따르면, 이들 사례에서 시신경들은 통상적인 경우에서처럼 서로 접촉하긴 했지만 접촉한 이후에는 왔던 곳으로 되돌아가는 것으로 나타난다. 즉 시신경의 신경섬유들은 혼합되지 않았다. 이들 사례의 주인공들은 모두 다 죽기 얼마 전에 한쪽 눈의 시력을 잃었는데, 시력을 잃은 눈의 시신경은 위축되었고 그리하여 시신경이 만나는 장소에서 다른 쪽 눈의 신경과 구별되었다. 포터필드 박사가 베살리우스에게서 인용하는 또 다른 사람의 사례는 더욱 주목할 만하다. 이 사람의 시신경들은 서로 전혀 접촉하지 않았다. 하지만 생전에 그와 절친하게 지냈던 이

---

77) 베살리우스(Andreas Vesalius, 1514~64): 벨기에 출신의 근대 해부학의 창시자. 파리에 유학하기도 했지만 스승들이 갈렌의 해부설을 고집하는 데 실망하여 루뱅으로 돌아와 독학으로 해부학에 전념했다. 주저인 7권짜리 『인체해부학』(De humani corporis fabrica, 1543)은 천 년 넘게 신봉되어온 갈렌 해부학의 오류를 지적하고 정정하여 근대 의학의 분기점이 되었다.

78) 케살피누스(Andreas Caesalpinus, 1519~1603): 이탈리아의 의사 겸 자연학자. 아리스토텔레스주의를 표방했던 그는 식물학에서도 아리스토텔레스를 스승으로 삼아 식물지형학과 식물생리학의 기초를 닦았고 린네(Linnaeus)보다 앞서 과학적 식물분류법을 확립시켰다. 주저인 『식물학』(De plantis)은 꽃과 과실, 씨앗, 수분기관에 대한 정확하고 풍부한 관찰사실과 사실에 대해 엄격하게 철학적 검토를 한 것이 특징이다. 1593년에는 하비에 앞서 혈액순환설을 주장했다.

들에게 물어보니 이들은 그가 어떤 시각상의 결함이나 이중시각에 대해 불평하는 것을 들어본 적이 없었노라고 단언했다. 디머브뢰크[79]의 보고에 따르면, 아쿠아펜덴스와 발베르다[80] 역시 시신경이 접촉하지 않는 이와 비슷한 환자들을 진료했다고 주장했다.

이상의 관찰들은 뉴턴 경이 그러한 탐문을 제기하기 이전에 행해졌던 것들이다. 따라서 그가 이 관찰들을 몰랐던 것인지 아니면 관찰들의 정확성을 의심하여 문제가 좀더 조심스럽게 검토되기를 희망했던 것인지는 불분명하다. 하지만 비할 나위 없는 정확성의 소유자인 윈슬로[81]의 다음 진술을 보면 뉴턴이 탐문을 제기하고 난 이후 수집된 관찰들이라고 해서 뉴턴의 추측에 더 호의적이었던 것 같지는 않다.

[시]신경 결합체가 몸 안에서 접히지 않은 상태로 있기란 각상돌기의 작은 만곡들 때문에 쉽지 않은 일이다. 이때의 결합은 통상적인 경우에는 매우 긴밀한 것으로 발견된다. 하지만 일부 환자에게서는 강한 응집 이상이 아닌 것 같고 또 다른 환자들에게서는 부분적으로 신경섬유가 상호 교차하는 정도로만 되어 있는 것 같다. 이런 경우 신경섬유들은 완전히 분리되어 있는 것으로 발견된다. 또 다른 환자들에게서는 한쪽 신경섬유는 자연적인 상태인 데 반해 다른 쪽 신경섬유는 크기와 색에서 매우 많이 변형되어 있는 것으로 발견되었다.

뉴턴 경의 추측은 그 자체로만 고려했을 때는 이 주제에 관해 제시된

---

79) 디머브뢰크(Ysbrand van Diemerbroeck, 1609~74): 네덜란드 의사. 저술로 『인체해부학』(*Anatomy of Human Bodies*)이 있다. 석공들이 천식으로 사망하는 이유를 관찰하여 최초로 규폐증 환자를 규명했다.

80) 아쿠아펜덴스(Aquapendens)와 발베르다(Valverda)는 미확인 인물이다.

81) 윈슬로(Jacob Winslow, 1669~1760): 덴마크 출신 의사. 18세기 초반의 가장 위대한 해부학자 중 한 명으로 꼽힌다. 1732년에 출판된 저서 『인간신체구조의 해부학적 설명』(*Exposition anatomique de la structure du corps humain*)은 영어, 독일어, 이탈리아어, 라틴어로 번역되었다.

그 어떤 추측보다 더욱 솜씨 좋고 그럴싸해 보인다. 우리는 이러한 추측을 한갓 탐문 형태로 제안한 저자의 조심스러움과 겸양에 존경을 보낸다. 그러나 우리가 이 추측과 이 추측에 반하는 해부학상의 관찰을 나란히 놓고 보면, 우리는 자연스럽게 다음과 같은 반성에 이른다. 만약 우리가 자연작용에 관한 가장 위대한 천재의 추측을 신뢰한다면, 이는 가장 천재적인 방식으로 오류를 저지를 수 있는 기회를 갖게 되는 데 불과하다.

탐문의 두 번째 부분은 이것이다. 두 눈에서 오는 대상의 상은 시신경이 만나는 장소에서 하나의 상으로 결합한 후 이 상의 절반은 오른쪽 시신경에서 신경중추로 운반되고 나머지 절반은 왼쪽 시신경에서 신경중추로 운반되는 것은 아닌가? 그리하여 이 두 절반의 상들은 신경중추에서 다시금 결합하여 하나의 상을 형성하는 것이 아닌가?

여기서 이 질문에 앞서 과연 우리가 대상의 상이 시신경을 통해서든 다른 신경을 통해서든 간에 신경중추로 운반된다고 믿을 만한 이유가 있는지를 묻는 것이 자연스럽게 보인다. 혹시 이 위대한 철학자마저도 다른 많은 저급한 철학자와 다르지 않게 교육을 통해 이러한 견해로 이끌려진 것은 아닌가? 그리하여 이 견해를 한 번도 문제시해보지도 않은 채 그대로 유지했던 것은 아닌가? 고백건대, 필자 자신이 오랫동안 바로 이러했다. 그러나 견해를 믿을 만한 어떤 이유가 있는지를 우연히 심각하게 생각해보게 된 이래 필자는 아무런 이유도 발견할 수 없었다. 이 견해는 인도 철학자의 코끼리와 마찬가지로 한낱 하나의 가설에 지나지 않은 것 같다. 나는 내 신경중추에서 외부 대상의 아무런 상도 의식하지 않는다. 내가 감각을 통해 지각하는 것은 외부에 있는 것으로 보이며 뇌의 그 어떤 곳에 있는 것으로는 보이지 않는다. 또 정확한 의미에서의 내 감각은 외부 대상과 아무런 유사성도 지니고 있지 않다.

이상 앞에 말한 전부로부터 양안단시와 관련하여 내리는 결론은 앞서 일곱 개의 절들의 결론과 마찬가지로 이러하다. 인간 눈의 본래적인 속성상 두 망막 중심에 그려진 대상들 내지 망막 중심과 관련하여 대칭적 위치에 있는 점에 그려진 대상들은 동일한 시각적 장소에 있는 것으로 보이는 것이며, 눈의 이런 속성을 설명하기 위한 가장 그럴듯한 시도들은 성공적이지 못했고, 따라서 이는 우리 본성의 제1법칙이든가 아니면 아직 발견되지 않은 더욱 일반적인 법칙의 귀결이다.

이제 우리는 사물의 눈에 보이는 시각적 외양과 이 외양을 산출하는 인간본성의 법칙에 관해 우리가 말하고자 했던 바를 모두 말했다. 그러나 이 장의 모든 절에서 우리는 다음을 고찰했다. 대상의 시각적 외양은 단지 대상의 거리와 크기, 형태, 그리고 그밖의 촉각적 성질의 기호로만 쓰인다. 시각적 형태는 앞서 설명한 우리 본성의 법칙에 따라 본성상 마음에 현전된다. 그러나 이 외양에 의해 지시된 것은 습관을 통해 마음에 현전된다.

우리에게 익숙한 언어로 누군가가 말을 하면 우리는 일정 소리를 듣는다. 이는 이자의 발화가 우리에게 자연적으로 갖게 되는 결과다. 그러나 습관을 통해 우리는 소리의 의미를 이해하게 되고 그리하여 주의를 소리가 아닌, 소리가 의미하는 것에게 고정한다. 이와 비슷하게 자연적으로 우리는 시각적 외양만을 본다. 그러나 우리는 습관을 통해 이 외양을 해석하고 그 의미를 이해하는 법을 배운다. 그리고 이러한 시각언어가 학습되어 익숙해지면 우리는 시각언어가 의미하는 사물에게만 주의를 기울인다. 우리는 심대한 어려움을 겪지 않고는 이 사물을 현전하는 기호에게 주의를 기울일 수 없다. 마음은 기호에서 사물로 너무나 재빨리 익숙하게 지나치고, 그리하여 기호의 어떤 흔적도 기억에 남지 않는다. 우리는 아무런 기호의 개입 없이 즉시 기호가 의미하는 사물을 지각하는 것처럼 보인다.

창가에 서 있는 사과나무를 바라보면서 나는 처음에는 나무의 거리와 크기, 밑둥치의 꺼칠꺼칠함, 가지의 배열, 잎사귀와 과실의 형태를 지각한다. 나는 마치 이 모든 것을 즉시 지각하는 것처럼 보인다. 이 모든 것을 마음에 현전시키는 시각적 외양은 나에게서 남김없이 도망가고 없다. 심지어 나는 나무가 내 눈앞에 서 있을 때도 심대한 어려움을 겪지 않고는, 고통스러운 몰입 없이는 외양에 주의를 기울일 수 없다. 하지만 그럼에도 이 시각적 외양만이 내 눈에게 자연적으로 제시되는 유일한 것이며, 나는 습관을 통해 이 외양으로부터 나머지 모두를 이끌어낸다는 사실은 확실하다. 만약 내가 이전에 결코 한 번도 눈으로 무엇인가를 본 적이 없었더라면, 나는 나무의 거리나 촉각적 형태를 지각하지 못할 것이며 눈을 통해 자연적으로 주어지는 본래적인 지각을 지금 습관을 통해 갖게 되는 지각으로 바꾸는 데는 몇 달 동안의 시각 연습이 필요할 것이다.

앞서 고찰했듯이, 우리가 자연적으로, 본래적으로 보는 대상은 길이와 너비는 갖고 있지만 두께나 눈으로부터의 거리는 갖고 있지 못하다. 습관은 마치 요술처럼 이 본래적이고 고유한 시각 대상을 점차 퇴각시키고는 대신 그 자리에 촉각의 대상을 갖다 놓는다. 이 촉각의 대상은 길이와 너비, 두께, 눈으로부터 고정된 거리를 갖고 있다. 이런 변화가 어떤 수단에 의해 초래되는 것인지, 인간마음의 어떤 원리가 이 변화에 작용하는 것인지가 우리가 다음에서 탐구할 주제다.

제20절 지각 일반

본성상 매우 상이한 것들인데도 감각과 감각을 통한 외부 대상의 지각은 보통 동일한 것으로 간주되어왔다. 일상적인 삶의 목적에서 양자의 구분은 필수적이지 않으며 기존의 널리 수용된 철학자들의 견해에서는 양자를 구분하기보다는 혼동하는 성향이 발견된다. 그러나 이 구분에 조심스러운 주의를 기울이지 않고는 감각작용에 관한 올바른 개념을 갖기가 불가능하다. 감각작용이라는 마음의 가장 단순한 작용은 그 어떤 논리적인 정의도 허용하지 않는다. 우리가 할 수 있는 일이란 단지 감각작용을 기술하는 것, 그리하여 스스로의 마음 안에서 감각작용을 의식하는 사람으로 하여금 그것에게 주의를 기울이게끔 하고 반성하게끔 하는 것이다. 그런데 이런 의도에 맞추어 감각작용을 기술하는 일은 종종 매우 어렵다.

동일한 표현 방식이 감각과 지각을 가리키는 데 쓰이고 있고 그 결과 우리는 양자를 동일한 본성의 것들로 간주하기 쉽다. 예를 들어, "나는 고통을 느낀다"(I feel a tree)와 "나는 나무를 본다"(I see a tree)에서 전자는 감각작용을 가리키고 후자는 지각작용을 가리킨다. 이 두 표현에 관한 문법적 분석은 동일하다. 양쪽 모두 하나의 능동사와 하나의 목적격으로 구성되어 있다. 그러나 만약 우리가 이 표현들이 의미하는 것에 주의를 기울이면, 우리는 전자에서는 행위와 대상의 구분이 사실상의 구분이 아니라 문법상의 구분이지만 후자에서 이 구분은 문법상의 구분일 뿐만 아니라 사실상의 구분이다.

"나는 고통을 느낀다"라는 표현은 마치 이때의 느낌은 느껴지는 고통 자체와 구분되는 어떤 것임을 함축하는 듯이 보일 수 있다. 하지만 실상은 아무런 구분도 없다. '어떤 한 생각을 생각함'(thinking a thought)이 '생각함'(thinking) 이상을 의미할 수 없는 표현이듯이 '고통을 느낌'(feeling a pain)은 '고통스러워함'(being a pained) 이상을 의미하지 않는다. 고통에 관해 말해지는 이런 점은 그밖의 모든 단순감각에 적용 가능하다. 감각은 극소수만이 이름을 갖고 있으므로 우리가 예를 드는 것은 상당히 어려우며 이름을 갖는 경우라고 해도 이 이름은 감각이 감각과 연합되어 있는 것과 공통적으로 갖고 있는 이름이다. 그러나 우리가 감각 자체에게 주의를 기울여 감각을 감각과 상상을 통해 연합되어 있는 그밖의 것에서 분리할 때 감각은 감각하는 마음 안에서 말고는 존재할 수 없으며 감각을 느끼는 마음의 행위와 구분되지 않는다는 점이 드러난다.

항상 지각——지금 우리가 이해하고 있는 지각——은 지각하는 행위와 구분되는 대상을 갖는다. 이 대상은 지각되든지 지각되지 않든지 간에 존재할 수 있다. 나는 창가에 자라나고 있는 나무를 지각한다. 여기에 지각되는 대상이 있고 대상을 지각하는 마음의 행위가 있다. 이 둘은 구분할 수 있을 뿐 아니라 본성에서도 극도로 상이하다. 대상은 밑둥치와 가지와 잎사귀로 이루어지지만, 대상을 지각하는 마음의 행위에는 밑둥치나 가지, 잎사귀는 없다. 나는 내 마음의 이 행위를 의식하고, 행위에 관해 반성할 수 있다. 그러나 이 행위는 분석을 허용하기에는 너무나 단순하다. 나는 이 행위를 기술할 만한 적당한 단어를 발견할 수 없다. 나무에 관한 기억이나 상상만큼 이 행위와 닮은 것은 발견되지 않지만, 기억과 상상은 본질적으로 지각과 상이하고 서로에게도 상이하다. 이제 어떤 철학자가 나로 하여금 나무를 상상하는 것과 나무를 기억하는 것과 나무를 지각하는 것은 모두가 동일한 하나이고 생생함의 정도에서만 상이하다고 확신하게끔 만들고자 한다면, 이는 헛된 일이다. 나는 반대 사례를 알고 있다. 내가 나무 전체에 대해 갖고 있는 숙지와 내가 내 집의 방들에 대해 갖고 있는 숙지는 같다.[82] 또 나는 대상 지각은 대상의 형태 개념과 대상의 현 존재에 관한 믿음을 함축한다는 점을 알고 있다. 더 나아가서 나는 이 믿음이 논증과 추론의 결과가 아니라 내 본성의 즉각적인 결과임을 알고 있다.

내가 알기에 내가 지각작용 중에 갖는 이 믿음은 회의주의로부터의 가장 강력한 공격에 노출되어 있다. 그러나 이 공격은 이 믿음에게는 아무런 대단한 영향도 미치지 못한다. 회의주의자는 내게 묻는다. 너는 왜 네가 지각하는 외부 대상의 존재를 믿는가? 이 믿음은, 선생님, 제 공작품이 아닙니다. 이 믿음은 자연이라는 원천에서 왔습니다. 이 믿음은 그녀의 형상을 지니고 있고, 그녀의 서명도 갖고 있습니다. 만약 이 믿음이 옳지 않다면, 잘못은 제것이 아닙니다. 저는 이 믿음을 신뢰하여 취했고, 의심하지 않았습니다. 이성은, 회의주의자는 말한다, 진리의 유일한 판관이다. 너는 이성에 근거하지 않은 모든 견해와 믿음은 내던져 버려야 한다. 선생님, 왜 저는 이성능력을 지각능력보다 더 많이 믿어야 합니까? 이 둘은 모두 같은 공장에서 같은 예술가의 손에서 만들어졌습

---

82) 나무에 대한 나의 현재 감각이 생생하다면 이에 못지않게 떠나온 방들에 대한 나의 현재의 기억 역시 생생하다는 점을 말한다.

니다. 만약 예술가가 가짜 물건을 제게 건넨 것이라면 무엇이 그로 하여 금 또 다른 가짜 물건을 제게 건네는 것을 막겠습니까?

아마도 회의주의자는 지각에 신뢰를 주기보다는 차라리 이성을 불신할 것에 동의하려들 것이다. 그는 말한다. 너는 네가 지각하는 대상과 네가 대상을 지각하는 네 마음의 행위가 진정으로 상이하다는 점을 인정했다. 이것들은 상대방 없이도 존재할 수 있다. 대상은 지각되지 않으면서도 존재할 수 있고, 지각은 대상 없이도 존재할 수 있다. 기만당하고 착각하는 것만큼 철학자에게 수치스러운 일은 없다. 따라서 너는 외부 대상에 관한 이러한 믿음에 대해 마음을 굳게 먹고 동의를 유보해야 하며 믿음을 떨쳐버리려 해야 한다. 이 믿음은 전혀 착각일 수 있기 때문이다. 내 경우를 말하면, 나는 외부 대상에 관한 믿음을 떨쳐버릴 수 없다. 정신이 말짱한 이라면 왜 내가 그런지 이유들을 아는 데 그리 열심이지는 않겠지만, 만약 이 이유들이 회의주의자에게 조금이라도 유용한 것이라면 말해주기로 하겠다.

첫 번째, 이런 믿음을 떨쳐내버리기란 내 능력 범위를 벗어나 있다. 따라서 내가 그런 헛된 시도를 해야 할 이유가 없다. 달나라까지 날아간다거나 목성이나 토성을 방문하는 것은 유쾌한 일이리라. 그러나 나는 자연이 나를 내가 현재 거주하고 있는 지구라는 이 행성에 중력법칙을 통해 묶어 놓았다는 것을 알고 있으며 나는 이 사실에 만족해하면서 행성에 머문다. 나는 나 자신이 지구궤도를 따라 운행되는 것을 묵묵히 감수한다. 이렇게 내 신체가 지구에 의해 운반되듯이 내 믿음은 지각에 의해 운반되며 이는 불가항력적이다. 가장 위대한 회의주의자라고 해도 그는 자신이 나와 똑같은 조건에 처해 있음을 알게 될 것이다. 그는 급류를 거슬러 헤엄치려는 사람과도 같이 자신의 감각이 알려주는 정보를 믿지 않으려 힘들여 분투할 것이다. 아! 그러나 이는 헛된 일이다. 그가 신경을 곤두세우고 자연과 싸우고 자신의 감각을 자극하는 온갖 대상과 싸워봤자 이는 헛된 일이다. 이 모든 투쟁 끝에 결국 그의 힘은 무익한 시도로 소진될 것이고 그는 이러한 믿음을 지닌 다른 여느 사람들과 함께 저 급류에 휩쓸려 갈 것이기 때문이다.

두 번째, 나는 비록 이러한 믿음을 떨쳐버리는 것이 내 능력 범위 안에 있다 해도 그렇게 하는 것은 지혜롭지 않은 일이라고 생각한다. 만약 자연이 나를 기만하고 거짓 외양으로 속이고자 의도했고 이제 내가 나의 위대한 노련함과 심오한 논리로 이 자연의 사술(邪術)을 발견한 것이라 한다면, 지혜는 내게 가해진 이 치욕을 최대한 묵묵히 감내하라고, 감히 자연을 보고 그 면전에서 사기꾼이라고 하지 말라고 명령할 것이다. 이 명령은 자연이 내게 다른 방식으로 보복하지나 않을까 하는 염려에서 나온 것이다. 그러한 부정의에 분노한다고 해서 과연 내가 얻을 것은 무엇인가? 당신은 자연이 하는 말은 최소한 믿지는 말아야 한다. 만약 자연이 나를 기만하고자 의도했다면, 이는 실로 합당한 일로 보인다.

그러나 결과는 무엇인가? 나는 내 감각을 믿지 않겠노라고 결심한다. 나는 기둥에 부딪혀 코가 깨지고 더러운 개집에 발을 들인다. 나는 이런 현명하고도 합리적인 행동을 스무 번쯤 행하고는 붙잡혀서 정신병원에 감금된다. 이제 고백건대, 나는 이 모든 대가를 치르면서 동의를 유보하고자 결심하는 현명하고 합리적인 철학자 중 하나가 되기보다는 차라리 자연이 기만하는 잘 믿는 바보 중 하나가 되고자 한다. 만약 감각 정보와 관련하여 회의주의인 척하면서도 그럼에도 다른 이와 매한가지로 각종 위해(危害)에서 조심스럽게 벗어나는 이가 있다면, 그는 다음과 같은 내 의심에 대해 자기 변론을 해야 한다. 그는 위선자이거나 자기 기만자라는 것이 내 의심이다. 만약 그의 믿음의 저울이 그토록 균등하게 평형을 유지하여 어느 한쪽으로도 기울여지지 않고 있다면 그의 행위가 일상적인 심사숙고의 규칙에 의해 지도되는 것은 불가능하기 때문이다.

이미 언급된 이상의 두 가지 이유만으로도 충분하고도 남겠지만 나는 세 번째 이유를 제시하겠다. 나는 내 삶의 상당 기간에 자연이 감각을 통해 알려주는 정보를 암묵적으로 믿었다. 이 믿음은 내가 논리학을 열심히 배워 이러한 정보에 관한 의심을 품을 수 있게 되기 이전까지 유지되었다. 이제 지나간 일을 돌이켜서 생각하면 나는 내가 이 믿음 때문에 기만당했던 적이 한 번도 없었음을 깨닫는다. 나는 이 믿음이 없었더라면 천 번쯤 사고를 당해 나 자신이 이미 죽었으리란 것을 깨닫는다. 나는 이 믿음이 없었다면 나 자신이 갓 태어난 아기보다도 전혀 조금도 더 현명하지 못할 것임을 깨닫는다. 심지어 나는 내 감각에 관한 이러한 회의적인 의심을 가르치는 논리학을 배울 수조차 없었을 것이다. 따라서 나는 이 본능적인 믿음을 자연이 내게 준 가장 좋은 선물 중 하나로 간주한다. 나는 내 존재를 만든 조물주에게, 내 이성이 눈뜨기 전에 이 믿음을 내게 주었고 이성이 나를 어둠 속에 남길 때 이 믿음을 내게 안내자로 선사한 이에게 감사드린다. 이제 나는 내 감각의 가르침에 복종한다. 이 복종은 본능에 따른 복종일 뿐만 아니라 충실하고 선량한 감독자에 대한 확신과 신뢰에 따른 복종이기도 하며, 이때의 확신과 신뢰는 그의 아버지다운 배려와 선의에 대한 경험에 근거해 있다.

이 모든 것에서 나는 나를 존재하게 만든 조물주를 상대한다. 이 상대 방식은 내가 부모나 가정교사를 상대하는 것과 다르지 않다. 거짓말이라는 것을 알기 훨씬 전에는, 나를 속일지도 모른다는 생각이 들기 훨씬 전에는, 나는 부모나 가정교사가 말하는 것은 무엇이건 다 본능에 따라 믿었다. 돌이켜 보건대 나는 이들이 나의 행복을 바라는 공평하고 성실한 사람들로서 행동했음을 깨닫는다. 만약 내가 이들에 대한 믿음의 이유를 댈 수 있게 되기 이전에 이들의 말을 믿지 않았더라면, 오늘날의 나는 정신 지체자와 다를 바 없었을 것이다. 비록 이 자연적인 신뢰 성향이 어떤 때는 기만자들이 나를 속이는 기회가 되기도 했지만 전체적으로 보아 내게는 무한한 유익이었다. 따라서 나는 이 자연적인 신뢰 성향을 자연으로부터 받은 또 하나의 훌륭한 선물로 간주한다. 또 나는 내가 그 고매함과 진실성을 경험했던 자들을 앞으로도 계속해서 신뢰할 것인데, 이전의 신뢰가 본능에 따른 신뢰였다면 지금의 신뢰는 반성에 근거를 둔 신뢰다.

감각을 통해 주어지는 자연의 증언과 언어를 통해 주어지는 인간의 증언 간에는 흔히 상상하는 것보다 훨씬 더 심대한 유사성이 있다. 우리가 양자에게 주는 신뢰는 처음에는 단순히 본능의 효과다. 우리가 다 자라 이성적으로 생각하게 되면 우리가 인간의 증언에게 주는 신뢰는 기만당했던 경험에 의해 제한되고 약화된다. 그러나 감각의 증언에 주어지는 신뢰는 자연법칙의 균일성과 불변성을 통해 정착하고 확증된다.

우리의 지각은 두 종류다. 한 종류는 자연적이고 본래적인 지각이고, 다른 한 종류는 획득지각으로서 이는 경험의 과실이다. 나는 이건 사과술 맛이고 저건 브랜디 맛이라고, 이건 사과향기이고 저건 오렌지 향기라고, 이건 천둥소리이고 저건 벨 소리라고, 이건 마차가 지나가는 소리이고 저건 친구의 목소리라고 지각한다. 이런 지각들과 동종의 여타 지각들은 본래적이지 않다. 이 지각들은 획득된 것들이다. 그러나 내가 촉각을 통해 갖게 되는 지각들, 예를 들어 물체의 딱딱함과 부드러움의 지각이나 연장, 형태, 운동의 지각은 획득지각이 아닌 본래적 지각이다.

감각 중 획득지각은 본래적 지각보다 그 수가 훨씬 더 많은데, 특히 시각지각이 그렇다. 우리는 본래적으로는 시각을 통해 물체의 시각적 형태와 색, 시각적 장소만을 지각한다. 그러나 우리는 촉각으로 지각할 수 있는 거의 모든 것을 눈을 통해 지각하는 법을 학습하며 본래적인 시각지각은 획득지각을 도입하는 기호로서만 쓰이게 된다.

지각작용에서 대상을 현전시켜주는 기호들은 자연이 인간에게 건네는 언어다. 많은 점에서 이 자연언어는 인간이 인간에게 건네는 언어와 심대한 친화성을 지니고 있다. 양자 모두 부분적으로는 자연적이고 본래적이면서도 부분적으로는 습관을 통해 획득된다는 점에서 특히 그러하다. 이런 측면에서 보면, 본래적이고 자연적인 지각은 우리가 4장에서 검토했던 인간이 인간에게 건네는 자연언어와 유추적이며, 획득지각은 인위적 언어와 유추적이다. 모국어에서 인위적 언어가 획득되는 방식은 획득지각이 얻어지는 방식과 매우 유사한데, 이 점은 나중에 더욱 상세하게 설명할 기회가 있을 것이다.

성인뿐만 아니라 어린아이나 백치, 동물들도 본래적으로는 갖지 않은 많은 지각을 습관을 통해 획득한다. 대부분의 직업에는 고유한 획득지각이 있다. 양치기는 마치 우리가 지인(知人)들을 알듯이 자신의 양들을 낱낱이 알고 있어서 다른 양떼 중에 섞여 있는 자신의 양을 하나하나 집어낼 수 있다. 백정은 도살하기 전에 소와 양의 무게와 품질을 눈으로 보고 안다. 농부는 더미로 쌓아놓은 건초나 옥수수의 양을 눈으로 보고 매우 정확하게 알아낸다. 선원은 바다에서 매우 멀리 있는 배의 화물량과 크기, 거리를 그야말로 눈으로 본다. 필적에 익숙한 이들은 마치 얼굴을 보고 구분해내기라도 하듯 필적을 보고 지인들을 구분한다. 화가는 위대한 거장들의 스타일을 그림만을 보고 구분한다. 한마디로 말해서 획득지각은 대상의 종류와 대상 관찰의 몰입 정도에 따라 사람마다 매우 다르다.

지각은 감각과 구분되어야 할 뿐만 아니라 추론을 통해 얻어지는 감각대상에 대한 지식과도 구분되어야 한다. 이제까지 보았듯이, 지각에는 추론이 개입되지 않는다. 지각에 함축된 믿음은 본능의 효과다. 그러나 감각대상과 관련한 많은 것을 우리가 지각하는 것에서 추론할 수 있는데, 이런 이성의 결론들은 한갓 지각되는 것과는 구분되어야 한다. 나는 달을 보면서 때로는 둥글고 때로는 원추 모양이고 때로는 볼록하다고 지각한다. 이는 단순지각이며 철학자에게나 어릿광대에게나 매한가지로 발생한다. 그러나 나는 달의 환한 부분이 나타내는 다양한 외양을 근거로 달이 실제로는 구의 형태를 지녔다고 추론한다. 이 결론은 단순지각이 아닌 추론을 통해 얻어진다. 단순지각이나 단순지각에서 얻어지는 추론적인 결론 간의 관계는 수학에서 공리와 명제의 관계와 같다. 나는 일정 양(量)과 동등한 두 양은 상호 동량이라는 것을 논증적으로 보여줄 수 없으며 또 내가 지각하는 나무가 존재한다는 것을 논증적으로 보여줄 수 없다. 하지만 전자에서 나의 믿음은 나의 본성의 구조상 공리의 파악에 따라 불가항력적으로 얻어지며, 후자에서 나의 믿음은 나의 본성의 구조상 나의 나무 지각에 따라 불가항력적으로 얻어진다. 모든 추론은 원리를 근거로 이루어진다. 수학 추론의 제1원리는 공리와 정의이고, 존재에 관한 추론의 제1원리는 지각이다. 모든 종류의 추론의 제1원리는 자연에 의해 우리에게 주어지며, 이 원리는 자연의 또 다른 선물인 이성능력 자체와 동등한 권위를 지니고 있다. 이성의 결론은 모두 제1원리를 토대로 하여 정립되어 있으며 이외의 다른 토대는 가질 수 없다. 따라서 이런 제1원리들의 입장에서 보면, 이성을 통해 제1원리들을 시험하려는 시도는 경멸되어야 마땅하며 제1원리들을 향해 겨누어지는 논리학자의 온갖 포탄은 조롱받아야 정당하다.

어떤 한 수학 명제를 논증하는 데 일련의 긴 추론이 필요하다면, 이 명제는 공리와 쉽게 구분되며 이런 명제와 공리는 매우 다른 본성을 지니고 있다고 생각된다. 그러나 어떤 명제는 공리와 매우 흡사하여 그것이 공리인지 논증되어야 할 대상일지 판가름 짓기 어려운 경우가 있다. 이는 지각과 지각으로부터 이끌어지는 결론에서도 마찬가지다. 결론 중 어떤 것은 지각으로부터 너무나 쉽게 이끌어지고 또 지각과 너무나 직접 연결되어 있어 양자를 구분하는 경계선을 긋기 어렵다.

본래적 지각이든 획득지각이든 간에 모든 지각은 이성의 실행을 함축하지 않는다. 지각은 성인과 어린아이, 백치, 동물 모두 공동으로 갖고 있다. 지각으로부터 이성을 통해 이끌어지는 것보다 명백한 결론들은 우리가 '공동의 이해'(common understanding), 즉 '상식'이라고 부르는 것을 구성한다. 인간은 이 상식을 통해 삶의 일상사를 영위하며 백치와 구분된다. 지각으로부터 이성을 통해 이끌어지는 좀더 먼 결론들은 보통 우리가 자연의 각종 영역에 관한 '과학'(science)이라고 부르는 것을 구성한다.

농학과 의학, 역학 등 자연철학의 전 분야가 이에 해당한다. 훌륭한 종자의 온갖 식물이 최상의 상태로 만개하여 질서 있게 가꾸어진 정원을 보게 되면, 나는 식물의 외양을 기호로 삼아 즉각 정원사의 기술과 노고를 결론으로 이끌어낸다. 한 농부가 아침에 일어나 인근 시냇물이 밭으로 흘러넘치고 있는 것을 보게 되었을 때 그는 밤새 아주 많은 양의 비가 내렸다는 결론을 내린다. 울타리가 부서지고 옥수수밭이 짓밟혀진 것을 본 농부는 자신의 소떼나 이웃 소떼가 저지른 소행이라는 결론을 내린다. 외양간 문이 열려진 채 부서져 있고 말들이 없어진 것을 본 농부는 도둑이 말을 훔쳐 달아났다는 결론을 내리고는 부드러운 흙바닥에 난 말 발자국을 쫓아가 도둑이 어느 길로 도주했는지를 알아낸다. 바로 이런 것들이 상식의 예다.

상식은 지각과 아주 가까이 거주하고 있어서 양자를 나누는 경계선을 추적하기란 어렵다. 이와 비슷하게 자연과학은 상식과 아주 가까이에 거주하고 있어서 우리는 어디에서 후자가 끝나고 전자가 시작하는지를 구분할 수 없다. 나는 물보다 가벼운 물체는 물에 뜨고 무거운 물체는 가라앉는 것을 지각한다. 나는 이로부터 만약 어떤 물체가 물 안에서 항상 물 위나 바닥에 가만히 정지해 있다면 이 물체는 물과 정확하게 같은 비중을 지녔다는 결론을 내린다. 만약 물체의 일부가 물 위로 나온 채 정지해 있다면, 이 물체는 물보다 가볍다. 물체 전체와 비교하여 상대적으로 물 위로 나오는 부분이 크면 클수록 물체는 물보다 가볍다. 만약 물체가 아무런 무게도 없다면, 물체는 물에 아무런 압력도 주지 않을 것이고 그리하여 물체는 물 위로 전부 나와 있을 것이다. 이런 식으로 우리들 각자는 상식을 통해 수중 물체의 정확한 무게를 판단하는 규칙을 갖고 있다. 이로부터 두어 걸음만 더 나아가면 우리는 유체정역학[83]에 입문하게 된다.

우리가 자연에 관해서나 존재자에 관해 알고 있는 모든 지식은 뿌리와 밑둥치와 가지를 지닌 나무에 비유할 수 있다. 이 지식 나무에서 지각은 뿌리이고, 상식은 밑둥치며, 과학의 여러 분야는 가지다.

---

83) 유체정역학(Hydrostatic): 역학의 한 분야로 '정수역학'이라고도 한다. 정지 상태의 물이 어떤 점이나 면에 작용하는 힘의 관계를 다룬다.

제21절 지각에서 자연의 경로

비록 지각에 추론이 개입되지 않는다고, 대상과 우리의 대상 지각 간에는 자연에 의해 선정된 모종의 수단과 도구가 개입해야 한다. 우리의 지각은 이 수단과 도구에 의해 제한되고 규제된다. 첫 번째, 만약 대상이 감각기관에 접촉하고 있지 않는 경우[84]가 아니라면, 대상에서 감각기관까지 지나가는 매개물이 있어야 한다. 즉 시각에서는 광선이, 청각에서는 탄력적인 공기 진동이, 후각에서는 감각되는 대상의 발산물이 대상에서 나와 감각기관에까지 이르러야 한다. 이런 매개물 없이는 우리에게는 아무런 지각도 없다. 두 번째, 대상이 직접 감각기관에 접촉하여 만들어진 것이든 대상과 감각기관 사이를 지나가는 매개체에 의해 만들어진 것이든 간에 어떤 행위나 인상이 감각기관에 있어야 한다. 세 번째, 뇌로부터 나와 감각기관에 연결된 신경이 감각기관에 만들어진 행위나 인상을 통해 일정한 인상을 받아들여야 하며, 아마도 이 신경에 의해 일정한 인상이 뇌에 만들어져야만 한다. 네 번째, 이렇게 감각기관과 신경, 뇌에 인상들이 만들어지면 비로소 하나의 감각이 뒤따라온다. 마지막으로, 이런 감각이 있고 나면 비로소 그다음에 대상 지각이 뒤따라온다.

이렇듯이 우리의 대상 지각은 일련의 작용의 결과물이다. 이중 어떤 작용은 신체에만 영향을 미치고, 다른 작용은 마음에 영향을 미친다. 우리는 이 작용 중 몇몇의 본성에 대해서는 거의 알고 있지 못하다. 우리는 이 작용들이 어떻게 함께 연결되는지, 어떤 방식으로 작용들 전체의 결과물인 지각에 기여하는지에 대해 전혀 아무것도 알고 있지 못하다. 그러나 우리는 본성의 법칙상 대상을 바로 이러한 작용들을 통해서만 지각하고 다른 방식으로는 지각하지 않는다.

광선이나 공기의 진동이나 물체로부터의 발산물 없이도, 신체 기관에

---

84) 촉감각의 경우를 말한다.

만들어지는 인상 없이도, 심지어는 아무 감각 없이도, 외부 대상을 지각할 수 있는 존재자가 있을지도 모르겠다. 그러나 자연의 조물주에 의해 우리는 외부 대상들로 둘러싸여 있을 때조차 매개체나 인상 없이는 아무 대상도 지각할 수 없게끔 만들어졌다. 우리의 대상 지각능력은 각각의 상응하는 감각을 통해 일깨워져서 자극받을 때까지는 수면 상태에 있다. 또 감각이 항시 임무를 수행할 태세가 갖추어져 있는 것도 아니다. 감각은 대상에 의해 각각의 상응하는 인상이 감각기관에 만들어진 다음에야 비로소 마음 안에 등장한다.

이제 인상과 감각, 지각 간의 이러한 상응관계를 할 수 있는 한 멀리까지 추적해보자. 순서상 맨 먼저 오는 것, 즉 신체 기관에 만들어지는 인상에서부터 이 추적은 시작된다. 그러나 어쩔 것인가! 우리는 인상이 어떤 본성의 것인지에 대해 알고 있지 못하다. 어떻게 인상이 마음 안에 감각을 불러일으키는지는 더욱 말할 것도 없다.

우리는 한 물체가 압박이나 타격, 인력, 척력, 그리고 아마도 우리가 결코 알지 못하고 표현할 이름조차 갖고 있지 못한 그밖의 많은 방식을 통해 다른 물체에 작용할 수 있다는 것을 알고 있다. 그러나 우리는 대상이 마음에 의해 지각될 때 이들 방식 중 어떤 방식으로 감각기관에 작용하는지, 감각기관은 어떤 방식으로 신경에 작용하는지, 신경은 어떤 방식으로 뇌에 작용하는지는 알고 있지 못하다. 그 누가 내게 시각에서 어떻게 광선이 망막에 작용하고, 어떻게 망막이 시신경에 작용하고, 어떻게 시신경이 뇌에 작용하는 것인지를 말해줄 수 있겠는가? 그 누구도 말해줄 수 없다. 발가락 끝에서 통풍의 고통을 느낄 때 나는 신체의 특정 부위에 비상(非常)한 인상이 만들어져 있음을 안다. 그러나 이 인상은 어떤 종류의 것인가? 유동적인지 비유동적인지는 잘 모르겠으나 남아도는 어떤 액체 때문에 미세혈관이 확장된 것인가? 아니면 신경 섬유가 비상하게 늘어난 것인가? 아니면 신경섬유가 힘을 받아 찢어졌거나 모종의 산성 체액 때문에 좀먹고 부식된 것인가? 나는 이런 질문들에 대해 하나도 답할 수 없다.

내가 느끼는 전부는 고통뿐이다. 이 고통은 신체에 만들어진 인상이 아니라 마음에 만들어진 인상이다. 내가 이 고통 감각을 통해 지각하는 전부는 발가락의 어떤 비상한 상태가 이 고통을 야기했다는 사실이다. 그러나 나는 발가락이 편한 상태에 있을 때 어떤 자연적인 상태와 구조를 지니고 있는지를 알지 못하므로 발가락 부위의 어떤 변화나 무질서로 인해 이 불편한 감각이 야기되었는지를 알지 못한다. 이와 마찬가지로 그밖의 모든 감각에서 일정 인상이 감각기관에 만들어진다는 점에는 의심할 여지가 없지만 우리는 인상의 본성에 대해서는 아무것도 알지 못한다. 인상의 본성은 우리의 감각기관을 통해 발견되기에는 너무나 미묘하며, 제아무리 우리가 천 번 넘게 추측해본다고 한들 그 진상에는 거의 도달하지 못할 것이다. 만약 우리가 감각기관의 구조를 아주 세밀한 수준에서 이해하여 외부 대상에 의해 감각기관에 어떤 결과가 산출되는지를 안다고 해도, 이 지식은 우리의 대상 지각에는 아무것도 기여하지 않을 것이다. 지각이 일어나는 방식에 대해 거의 아무것도 모르는 이들도 지각에 가장 숙달한 이들과 마찬가지로 분명하게 지각하기 때문이다. 지각이 있기 위해 인상이 우리의 감각기관에 만들어져야 한다는 것은 필수적이지만 이 인상이 알려지는 것은 필수적이지 않다. 지각 과정 중 자연은 우리의 의식이나 협조 없이 인상을 발생시킨다.

그러나 우리는 지각 과정의 다음 단계, 즉 마음의 감각이라는 단계는 의식할 수밖에 없다. 감각은 항상 신체에 인상이 만들어지고 난 다음에 뒤따라온다. 느껴진다는 것은 감각에 본질적이다. 감각은 우리가 그것이 존재한다고 느끼는 것 이상일 수 없다. 만약 우리가 우리의 감각에게 주의를 기울이는 습관을 얻기만 한다면, 우리는 감각을 완벽하게 알 수 있다. 그러나 어떻게 마음의 감각이 신체에 만들어진 인상에 의해 산출되는 것인가? 이 문제에 관해 우리는 절대적으로 무지하다. 우리는 신체가 어떻게 마음에 작용하는지, 어떻게 마음이 신체에 작용하는지를 알 수 있는 수단을 갖고 있지 못하다. 우리가 마음과 신체, 이 양자의 본성과 속성을 고려할 때 양자는 너무나 다르고 너무나 닮지 않은 것들로 보인다. 그리하여 우리는 하나가 다른 하나를 지배하는 데 필요한 손잡이를 발견할 수 없다. 양자 간에는 깊고 어두운 심연이 자리 잡고 있다. 우리의 지성은 이 심연을 건널 수 없다. 양자가 상응하고 교통하는 방식은 절대 알려지지 않는다.

경험은 우리에게 신체에 일정 인상이 만들어진 다음에는 항상 마음에 일정 감각이 뒤따라오고 마음이 일정한 결정을 내린 뒤에는 항상 신체에 일정한 움직임이 뒤따라온다고 가르쳐준다. 그러나 우리는 이것들을 함께 묶는 연결고리는 보지 못한다. 혹 이것들 간의 연결이 임의적이어서 우리를 만든 조물주의 의지에 좌지우지되는 것이 아니라고 그 누가 장담하겠는가? 아마도 각 감각은 다른 인상이나 다른 신체 기관과 연결되었을 수도 있었을 것이다. 아마도 우리는 손가락으로 맛을 보게끔, 귀로 냄새 맡게끔, 코로 듣게끔 만들어졌을 수도 있었을 것이다. 아마도 우리는 신체 기관에 아무런 인상도 만들어지지 않았으면서 현재 우리가 갖고 있는 모든 감각과 지각을 갖게끔 만들어졌을 수도 있었을 것이다.

하지만 아무리 이러한 일들이 있을 수 있다 해도, 만약 자연이 우리에게 신체에 만들어진 인상과 이 인상에 상응하는 대로 우리 마음에 있는 감각 이상의 것을 주지 않았다면, 이때의 우리는 단지 감각하는 존재자였을 뿐 지각하는 존재자는 아니었을 것이다. 다시 말해 이때의 우리는 대상의 존재 믿음을 형성할 수 없었을 것임은 물론 결코 어떤 외부 대상에 대해서도 개념을 형성할 수 없었을 것이다. 우리 감각은 외부 대상과 전혀 유사하지 않으며 우리는 감각의 존재와 외부 대상의 존재 간에 아무런 필연적인 연계도 이성을 통해 발견할 수 없기 때문이다.

아마도 우리는 우리의 현재 지각을 다른 감각과 연결시키는 본성을 갖게끔 만들어졌을 수도 있었을 것이다. 아마도 우리는 외부 대상의 지각을 감각기관에 만들어진 인상이나 감각 없이도 가질 수 있었을 것이다. 마지막으로, 아마도 우리가 갖는 지각이 감각의 아무런 개입 없이 감각기관에 만들어진 인상과 즉시 연결되었을 수도 있었을 것이다. 이 마지막 경우는 적어도 한 가지 사례에서는 실제로도 그런 것으로 생각되는데, 바로 물체에 관한 우리의 시각적 형태의 지각에서 그러하다. 이에 대해서는 이 장 8절에서 고찰했다.

감각을 통한 지각에서 자연의 진행과정은 따라서 일종의 연극으로 생각할 수 있다. 이 연극에서 일부는 무대 장면 배후에서 공연되고 일부는 서로 연속하는 다른 장면들에서 마음에게 보인다. 대상에 의해 감각기관에 만들어지는 인상은, 이 인상이 직접적 접촉에 의해 만들어진 것이건 중간에 개입되는 매개체에 의해 만들어진 것이건 간에, 신경이나 뇌에 만들어지는 인상과 함께 무대 장면 배후에서 수행된다. 마음은 이 인상에 대해서는 아무것도 보지 못한다. 그러나 연극 법칙에 의해 모든 인상 다음에는 한 가지 감각이 뒤따라오는데, 이것이 마음에게 보이는 첫 번째 무대 장면이다. 그리고 이 장면 뒤에는 또 다른 장면이 뒤따라오는데 이것이 바로 대상 지각이다.

이 연극에서 자연은 배우이고 우리는 관객이다. 우리는 감각기관이나 신경이나 뇌에 만들어진 다양한 인상이 어떤 무대 장치를 수단으로 제각각 상응하는 감각을 보여주는지에 대해 전혀 알고 있지 못하며, 또 이 각각의 감각이 어떤 무대 장치를 수단으로 제각각 그 상응하는 지각을 보여주는지도 전혀 알고 있지 못한다. 우리에게는 미지의 수단을 통해 감각이 불어넣어지고 상응되는 지각이 불어넣어진다. 마음은 감각으로부터 우리가 지각 중에 갖는 대상에 관한 개념과 믿음으로 즉시 지나쳐 간다. 이는 마음이 기호로부터 기호에 의해 의미된 사물에게 넘어가는 것과 같은 방식이다. 내가 감각을 '외부 대상의 기호'(signs of external objects)라고 불러왔던 이유도 여기에 있다. 나는 자연이 지각작용 중 감각에 할당했던 기능을 표현하고 감각과 그 상응하는 대상 간의 관계를 표현할 이보다 적절한 단어를 찾아내지 못했다.

기호와 기호에 의해 의미된 것 간의 유사성은 필연적이지 않다. 실로 외부 대상과 유사한 감각은 없다. 그러나 우리가 기호를 수단으로 사물을 알 때 필수 사항이 두 가지 있는데, 첫 번째, 기호와 기호에 의해 지시된 사물 간에 실제 관계가 있음이 보여야 한다. 이 관계는 자연 경로에 따른 것이어도 좋고 인간들의 의지와 약속에 의한 것이어도 좋다. 자연 경로를 통해 연결된 경우, 이때의 기호는 자연기호다. 인간의 약속을 통한 경우, 이때의 기호는 인위적 기호다. 예를 들어, 연기는 불의 자연기호이고, 특정 표정은 분노를 나타내는 자연기호다. 그러나 말은 분절된 소리로 표현되었건 씌어서 표현되었건 간에 우리의 생각과 의도를 나타내는 인위적 기호다.

우리가 기호를 수단으로 사물을 아는 데 요구되는 또 다른 사항은 기호가 마음에 나타난 다음 의미된 사물에 관한 개념과 믿음이 뒤따라와야 한다는 점이다. 이 일이 일어나지 않으면, 기호는 이해되거나 해석되지 못한 것이고 따라서 아무리 본성상 그 목적에 적합하다 해도 우리에게는 더 이상 기호가 아니다.

이제 마음이 일정한 자연기호로부터 기호에 의해 의미된 사물의 개념과 믿음으로 넘어가는 방식이 세 가지 있다. 하나는 우리 본성의 본래적 원리에 의한 것이고, 다른 하나는 습관에 의한 것이며, 나머지 하나는 추론에 의한 것이다.

우리의 본래적 지각은 이 방식 중 첫 번째 방식에 의해 얻어지며, 획득지각은 두 번째 방식에 의해, 자연의 경로와 관련하여 이성이 발견하는 모든 것은 세 번째 방식에 의해 얻어진다. 첫 번째 방식에서 자연은 촉감각을 수단으로 우리에게 물체의 단단함과 부드러움에 대해, 그리고 물체의 연장이나 형태나 운동에 대해 알려주며, 또 물체가 그 안에서 움직이고 놓여 있는 공간에 대해 알려준다. 이는 우리가 이 탐구의 5장에서 이미 설명했던 것과 같다. 두 번째 방식에서 자연은 눈을 수단으로 우리에게 우리가 본래 촉각에 의해서만 지각할 수 있는 것의 거의 전부를 알려준다.

따라서 어떻게 해서 우리가 본래 촉각으로만 지각할 수 있는 그토록 많은 것을 눈으로도 지각하는 법을 배우는 것인지를 더욱 상세하게 알아보기 위해서는 순서상 다음을 행하는 것이 마땅하다. 첫 번째, 이 많은 것을 눈에게 나타내는 수단인 기호가 어떤 것인지 지적하고 이 기호가 기호에 의해 의미되는 사물과 어떤 관계에 서 있는지를 지적한다. 두 번째, 이 기호와 사물 간의 연결에 대한 경험을 통해 어떻게 해서 마음이 아무런 추론이나 반성 없이 기호로부터 기호가 의미한 사물에 관한 개념이나 믿음으로 나아가는 습관이 산출되는지를 고찰해본다.

우리가 시각을 통해 갖게 되는 획득지각 중 가장 현저한 것이 대상과 눈의 거리에 관한 지각이므로 다음에서는 특히 거리지각을 표시하는 기호를 고찰해보기로 하겠으며 그밖의 획득지각에서 사용되는 기호에 관해서는 단지 일반적인 언급을 하는 선에서 그치기로 하겠다.

제22절 거리지각 방법을 배우는 수단으로 쓰이는 기호들

앞서 우리는 다음과 같은 일반사실을 관찰했다. 시각의 본래적 지각은 획득지각을 도입하는 데 쓰이는 기호다. 그러나 이는 마치 다른 기호들은 이런 용도로 쓰이지 않는다는 것으로 이해되어서는 안 된다. 선명한 시각을 얻기 위해 눈은 대상의 원근에 따라 다양한 방식으로 운동해야 한다. 이 운동은 습관을 통해 대상의 상응 거리와 연결되고 그리하여 거리 기호가 된다. 이 운동은 처음에는 자발적이고 규제받지 않은 채 일어난다. 하지만 이 운동을 수단으로 완전하고 선명한 시각을 산출한다는 것이 자연의 의도이므로 머지않아 우리는 자연의 의도에 맞추어 운동을 규제하는 법을 경험에서 배우게 되며 이 학습에는 아무런 반성도 동반하지 않는다.

선박의 돛은 각각의 다양한 풍향과 풍력에 맞추어 달리 조절될 필요가 있다. 눈 역시, 선박에 빗대어 말하면, 각각의 광선의 세기와 일정 범위 내에 있는 대상의 거리 변화에 맞추어 그 돛이 서로 달리 조절될 필요가 있다. 선원들이 선박의 어느 로프는 잡아당기고 어느 로프는 느슨하게 하여 돛을 조절하듯이 눈은 어느 근육은 수축하게 하고 어느 근육은 이완하게 하여 돛을 특정 대상에 맞게 조절한다. 선원들이 선박의 돛을 조절하는 법을 경험에서 배우듯이 우리도 눈의 돛을 조절하는 법을 경험에서 배운다. 설사 선박이 인간의 기예가 뽑낼 수 있는 가장 고귀한 기계라 해도 선박을 모는 데는 기예와 재능을 요구한다는 점에서 선박은 눈에 비해 매우 열등하다고 할 수 있다. 선박을 특정 풍향에 맞추기 위해 선원은 어느 로프는 끌어당기고 어느 로프는 느슨하게 해야 하는지를 알아야 하지만, 눈의 구조와 운동 원리에는 더욱 우월한 지혜가 함께하고 있고 그리하여 눈으로 보는 데는 아무런 기예도 재능도 필요 없다. 심지어 시각작용 중 경험을 통해 얻어지는 부분이라 해도 백치에 의해 획득될 수 있다. 우리는 눈을 특정 거리의 대상에 맞추기 위해 어느 근육을 수축해야 하고 어느 근육을 이완해야 하는지를 알 필요가 없다.

그러나 우리는 비록 눈을 대상의 거리에 맞추기 위해 우리가 수행하는 운동은 의식하지 않는다고는 해도 이런 운동을 산출하는 데 투입되는 노력은 의식한다. 아마도 우리는 이 운동에 동반되는 감각도 갖고 있을 것이지만 우리는 다른 감각의 경우에서와 마찬가지로 이 감각에 거의 아무런 주의도 기울이지 않는다. 그리하여 의식적으로 발휘되는 노력 내지 이 노력에 뒤따르는 감각은 이 감각을 야기하는 대상의 거리와 결합하여 거리를 지시하는 기호가 된다. 이러한 사례들 몇 가지는 우리가 무엇을 수단 내지 기호로 삼아 대상과 눈의 거리를 보는 법을 배우게 되는지를 검토할 때 드러날 것이다. 우리는 이 수단들 내지 기호를 열거함에 있어 포터필드 박사와 생각을 같이한다. 물론 그의 의견에 따르면 대상과 눈의 거리는 본래 지각되는 것이고 우리의 의견에 따르면 경험에 의해서만 지각되는 것이긴 하지만 말이다.

일반적으로 말해서 대상들이 원근에 따라 서로 다른 방식으로 눈에 영향을 줄 때 이 다양한 영향은 각각의 거리를 나타내는 기호가 된다. 따라서 우리가 어떤 수단으로 눈을 통해 거리를 지각하게 되는 것인지는 대상들이 원근에 따라 어떻게 서로 다른 방식으로 눈에 영향을 주는지를 보여줌으로써 설명될 것이다.

1. 잘 알려져 있다시피, 눈은 선명한 시각을 확보하기 위해 거리의 상

이함에 따라 형태상의 변화를 겪는다. 자연은 우리에게 대상의 원근에 따라 서로 다른 근육들을 수축시켜 초점을 맞추는 능력을 부여했다. 이 일이 어떤 식으로 행해지며 어떤 근육이 쓰이는지에 대해 해부학자들은 전혀 의견 일치를 보지 못하고 있다. 독창적인 줄린 박사는 선명한 시각과 선명하지 못한 시각에 관한 탁월한 논문에서 이 문제와 관련하여 가장 설득력 있는 설명을 제시했다. 독자는 그의 주장을 참조하기 바란다.

하지만 눈의 이런 형태상의 변화가 어떤 식으로 행해지든지 간에, 젊은이들은 대개 15~18센티미터쯤의 거리에서 38~40센티미터쯤의 거리에 이르는 일정 범위에 놓인 모든 대상에 초점을 맞출 수 있는 능력이 있고 그리하여 이들은 이 범위의 어떤 거리에서도 완전하고 선명한 시각을 유지한다는 것이 확실하다. 이로부터 뒤따라오는 결론은 우리가 이 범위 내에 놓인 대상의 특정 거리에 초점을 맞추기 위해 의식적으로 기울이는 주의는 이 특정 거리와 연합될 것이고 그리하여 이 거리의 기호가 될 것이라는 점이다. 대상이 선명한 시각 범위 너머로 멀어진다면 대상은 더 이상 선명하지 않게 보일 테지만, 시각 범위 너머로 얼마나 멀어졌는지에 따라 대상이 선명하지 않게 보이는 정도는 다를 것이고 결국 대상이 선명하지 않게 보이는 정도 역시 선명한 시각 범위를 넘어서는 거리의 기호가 될 것이다.

만약 우리가 시각적 대상의 거리를 지각하는 데 이런 수단 이외의 다른 수단은 갖고 있지 않았더라면, 가장 먼 거리라 해도 기껏해야 눈에서 6미터 내지 9미터를 넘지 않는 것으로 나타날 것이고 집이나 나무의 꼭대기는 구름에라도 닿는 것처럼 보일 것이다. 왜냐하면 이런 경우 6미터나 9미터보다 먼 거리들은 모두 같은 거리로 보일 것이므로 이 거리들은 같은 의미를 갖게 되어 같은 거리지각을 줄 것이기 때문이다.

그러나 언급해야 할 더욱 중요한 점은 우리가 눈을 통한 거리지각을 배우게 되는 유아기 시절에 선명한 시각이 유지되는 최단 거리는 약 15~18센티미터 정도인 까닭에 선명하게 보이는 그 어떤 대상도 눈에서 15~18센티미터 정도보다 더 가깝게 보이지 않는다는 점이다. 우리는 실제로 대상이 눈에서 1.3센티미터 이상 떨어져 있지 않은 경우 단안 현미경으로 보거나 카드에 뚫린 작은 핀 구멍을 통해 봄으로써 작은 대상을 기술적으로 선명하게 보이도록 할 수 있다. 이런 식으로 대상이 선명하게 보이게 되는 경우, 실제로는 아무리 거리가 짧다 해도 대상은 최소한 15~18센티미터 정도는 눈에서 멀어진 것처럼 보인다. 다시 말해 선명한 시각 범위에 있는 것처럼 보인다.

이 관찰이 더욱 중요한 이유는 우리가 대상을 단안 현미경으로 보거나 핀 구멍을 통해 왜 대상이 확대되어 보이는지 근거를 댈 수 있는 유일한 관찰이기 때문이다. 또 이 관찰은 우리가 대상이 이런 수단들에 의해 확대되는 정도를 확인할 수 있는 유일한 방법이다. 만약 대상이 실제로는 눈에서 1.3센티미터 정도 떨어진 거리에 있으면서 18센티미터 정도 떨어진 곳에 있는 것으로 보인다면 눈의 직경은 이 거리에 맞추어 동일한 비율로 확장된다. 즉 14배 정도 확장된다.

2. 두 눈을 한 대상에게 향하게 하기 위한 시축의 기울기는 대상의 원근에 따라 커지거나 작아진다. 우리는 비록 이 기울기는 의식하지 못하지만 기울기 조절에 쓰이는 노력은 의식하고 그리하여 우리는 눈의 상응에만 의존하는 경우보다 더욱 정확하게 근거리를 지각하게 된다. 한쪽 시력을 상실한 이들이 한팔 길이쯤의 거리에서도 대상의 거리를 착각하는 이유가 여기에 있는데, 이런 착각은 두 눈을 모두 쓸 수 있는 사람에게는 쉽게 피해지는 착각이다. 이런 착각은, 예를 들어, 촛불을 불어 끈다거나 바늘에 실을 꿴다거나 찻잔을 채울 때 종종 발생한다.

그림은 눈에 가깝게 놓았을 경우에는 두 눈을 통해 볼 때보다 한쪽 눈을 통해 볼 때 더욱 자연스럽게 보인다. 회화가 의도하는 바는 눈을 기만하여 실제로는 하나의 캔버스 위에 있는 것들을 서로 다른 거리에 있는 것처럼 보이게 만드는 것인데, 두 눈을 기만하는 일은 한쪽 눈을 기만하는 일처럼 쉽지 않다. 우리는 시각적 대상의 거리를 한쪽 눈에 의해서보다는 두 눈으로 좀더 정확하고 뚜렷하게 지각하기 때문이다. 명암법과 입체법이 매우 훌륭하게 적용되는 경우 그림은 한쪽 눈에는 대상

자체가 보일 때와 거의 같은 모습으로 보일 수 있다. 그러나 두 눈 모두에 이렇게 보일 수는 없다. 이는 화가의 잘못이 아닌 회화의 불가피한 불완전함이다. 이 불완전함의 원인은 우리가 방금 관찰했던 사실, 즉 우리가 한쪽 눈으로 대상을 볼 때 갖는 지각은 두 눈으로 대상을 볼 때 갖는 지각보다 더 불완전하고 기만당하기 쉽다는 데 있다.

유쾌하게 눈을 기만한다는 화가의 목표를 달성하는 데 가장 큰 장애물은, 내가 생각하기에 이 장애물은 극복될 수 없는 유일한 것인데, 우리가 시각적 대상이 눈에서 얼마만큼 떨어진 곳에 있는지에 대해 갖는 거리지각이다. 이 거리지각은 부분적으로는 눈의 상응을 수단으로 얻지만 대개는 시축의 기울기 부여를 수단으로 얻는다. 만약 이러한 거리지각이 배제된다면, 왜 그림이 눈을 기만하여 본래 대상으로 착각될 수 있을 정도로 그렇게 완전하게 그려질 수는 없는 것인지에 대한 이유가 있을 수 없다. 따라서 그림의 가치를 판단하는 데 있어 우리는 그림의 부분들의 거리를 지각하는 이 두 가지 수단을 가능한 한 제거해야 한다.

그림 감상에서 이 거리지각을 배제하기 위해 사용되는 매우 적합한 방법이 있다. 바로 그림을 관(管)을 통해 한쪽 눈으로만 보는 것이다. 이렇게 하면 다른 대상들은 시야에서 제거되고 또 우리가 대상 거리를 지각하는 주요 수단인 시축의 기울기 부여 작용 역시 전적으로 배제된다. 이제 이런 그림 감식법의 개선책으로 한 가지 겸허한 제안을 하면, 눈에 닿는 관 입구를 매우 작게 하는 것이 좋다. 그림을 선명하게 보기에 충분한 빛만 있다면 관 입구는 핀 구멍처럼 작으면 작을수록 좋다. 이런 제안을 하는 이유는 우리가 작은 구멍을 통해 대상을 볼 때 대상은 눈의 상응이 대상의 거리에 맞추어지느냐의 여부와 상관없이 선명하게 보이기 때문이다. 이때 우리에게는 빛과 색만이 대상과 눈의 거리를 판단할 수 있는 유일한 수단이다. 그런데 빛과 색은 화가의 능력에 좌우되는 사항이다. 따라서 만약 화가가 자신의 역할을 제대로만 잘 수행한다면 우리가 저런 방법을 사용하여 그림을 볼 때 그림은 재현된 대상이 눈에 작용할 때와 동일한 방식으로 눈에 작용할 것이고 이로써 회화의 완전함이 구현될 것이다.

비록 시각적 대상의 거리에 관한 이 두 번째 지각 수단이 첫 번째보다 더욱 결정적이고 정확하다 해도 이 수단은 한계를 지니고 있으며 이 한계를 넘어서서는 더 이상 쓸모가 없다. 우리의 거리지각은 시축들이 거의 평행한 지점에서, 즉 우리가 그보다 멀리 있는 대상에게 시축을 맞출 때 아무런 새로운 노력도 의식하지 못하거나 아무런 다른 감각도 갖지 못할 정도로 시축들이 거의 평행한 지점에서 중단되기 때문이다. 이 지점에서 그보다 멀리 있는 대상들은 모두 같은 방식으로 눈에게 작용하고 그리하여 우리는 이런 대상들을 모두 등거리에 있는 것으로 지각한다. 이는 왜 태양과 달, 행성과 항성이 지평선 가까이에서 관찰되지 않는 경우에는 모두 다 마치 커다란 천구(天球)의 아래쪽 오목 면에 닿는 듯이 등거리에 있는 것처럼 보이는지에 대한 이유이기도 하다. 천구의 표면은 천체들이 눈에게 모두 같은 방식으로 작용하기 시작하는 지점에 위치해 있다. 이 천구의 천장이 왜 천정(天頂)에서보다 지평선에서 더욱 멀리 있는 것처럼 보이는 것인지는 나중에 검토할 것이다.

3. 대상은 멀리 있을수록 더 흐릿하고 희미해지며 중간에 개입하는 공기의 담청색으로 더 많이 물들여진다. 또 대상의 미세 부분은 멀리 있을수록 더 불분명하게 되고 외곽선은 덜 정확해진다. 이런 사실들 때문에 화가는 매우 상이한 거리에 있는 대상들을 하나의 캔버스 위에 재현할 수 있다. 만약 그러한 색의 퇴락이나 외곽선 그리고 미세 부분의 불분명화 현상이 발생하지 않는다면, 대상은 크기를 아무리 작게 그린다 해도 아주 멀리 떨어져 있는 것처럼 보이지 않을 것이다. 만약 화가가 한 사람의 모습을 같은 캔버스에 그려지는 다른 사람들보다 열 배는 더 작게 그리면서 똑같이 선명하게 색칠하고 똑같이 선명하게 외곽선과 미세 부분을 그린다면, 이는 멀리 보이는 한 사람의 외양이 아니라 피그미족(族)이나 릴리퓨티안[85]의 외양이 되고 말 것이다.

---

85) 릴리퓨티안(Lilliputian): 스위프트의 『걸리버 여행기』에 등장하는 소인국(小

대상이 지닌 다양한 색이 알려져 있는 경우, 대상의 거리는 단색으로 그려질 때보다는 색들이 서로 섞여 점차 흐려지는 것으로 그려질 때 더욱 분명하게 지시된다. 눈앞에 매우 가까이 서 있는 첨탑은 첨탑을 이루는 돌들의 이음새 부분이 선명하게 지각되고 돌의 회색과 시멘트의 흰색은 선명하게 구분된다. 하지만 이 첨탑을 아주 먼 거리에서 보게 되면 돌들의 결합은 덜 분명하고 돌의 색과 시멘트 색은 서로 섞여 흐려지기 시작하며, 더욱 먼 거리에서는 돌들의 이음새 부분은 사라지고 색의 다양성도 없어진다.

　　약 30센티미터쯤 되는 거리에 꽃으로 뒤덮인 사과나무가 한 그루 서 있다. 나는 사과나무의 잎사귀와 꽃잎의 모습과 색을 지각할 수 있다. 나뭇가지들도 지각한다. 어떤 것은 크고 어떤 것은 작다. 나뭇가지들은 잎사귀 사이로 언뜻언뜻 드러나 어떤 것은 태양 빛을 받고 있고 다른 것은 그늘에 숨어 있으며 나뭇가지 사이의 구멍들로는 하늘이 지각된다. 내가 점차 이 사과나무에서 멀어져 가면 나무의 외양은 시시각각 달라지고 색도 달라진다. 처음에는 좀더 작은 부분들이, 그다음에는 좀더 큰 부분들이 점차 혼합되고 섞인다. 잎사귀와 꽃잎과 나뭇가지와 하늘의 색들은 점차 서로 섞여 흐릿해지고 나무 전체의 색은 점점 단일해진다. 거리 변화에 상응하는 이러한 외양상의 변화는 대상 전체가 단일한 색이었을 때보다 더욱 정확하게 거리를 나타낸다.

　　스미스 박사는 『광학』에서 버클리 주교가 이탈리아와 시칠리아[86]를 여행하는 중에 행했던 매우 흥미로운 관찰을 소개했다. 주교는 이들 나라에서는 먼 거리의 도시나 궁전이 실제보다 몇 미터 더 가깝게 있는 것처럼 보인다는 사실을 관찰했다. 주교는 이러한 현상의 원인을 아주 현명하게도 다음과 같이 설명했다. 이탈리아와 시칠리아의 청명한 공기는 영국의 눅눅한 공기에서라면 근접한 대상에서만 보일 광도와 선명성을 매우 먼

　　人國) 릴리푸트(Lilliput)에 사는 소인.
86) 시칠리아 왕국을 가리킨다. 리드가 이 책을 저술할 당시 시칠리아는 이탈리아가 아닌 에스파냐의 지배 하에 있었다.

거리에 있는 대상에게 부여한다. 이탈리아의 청명한 공기는 왜 대부분의 이탈리아 화가가 플랑드르 지방의 화가들[87]보다 하늘을 더 생기 있게 그렸는지에 대한 이유로 거론되어왔다. 그렇다면 같은 이유로 이탈리아 화가들은 매우 먼 거리에 있는 대상을 재현할 때는 대상을 덜 희미한 색으로 칠하고 미세 부분을 더 분명하게 그려야 하지 않겠는가?

실로 확실한 것은 우리는 공기가 보통 이상으로 청명할 때는 시각적 대상을 실제보다 더 가깝게 있는 것으로, 더 작은 것으로 생각하기 쉬우며 또 보통 이상으로 안개가 끼었을 때는 대상을 실제보다 더 멀리 있는 것으로, 더 큰 것으로 생각하기 쉽다는 점이다. 나는 지금 안개가 짙게 낀 바닷가를 걷고 있다. 나는 말을 탄 남자로 보이는 한 대상을 본다. 이 대상은 내게는 800미터쯤 되는 거리에 있는 듯이 보인다. 내 동행인은 나보다 시력이 좋거나 이런 상황에서 대상을 보는 데 익숙해 있다. 그는 내게 내가 보고 있는 것은 갈매기이지 말을 탄 남자가 아님을 확인시켜준다. 나는 다시 한 번 보고 나서는 동행인의 생각에 즉시 동조한다. 이제 대상은 내게 한 마리의 갈매기로 보이며 60미터나 70미터밖에는 떨어져 있지 않은 것으로 보인다. 이 경우 내가 범한 실수나 실수의 교정은 모두 다 급작스레 일어나는 것들이어서 이것들을 '판단'이라는 이름으로 불러야 할지 '단순지각'이라는 이름으로 불러야 할지는 잘 가늠이 서지 않는다.

이름을 갖고 왈가왈부하는 것은 별 가치 없는 일이다. 분명한 것은 내 첫 번째 믿음이나 두 번째 믿음이나 모두 논증 아닌 기호에 의해 산출되었고 두 경우 모두에서 마음은 추론 아닌 습관을 통해 결론으로 나아간

---

87) 플랑드르 미술은 네덜란드와 벨기에서 중세 이후 16세기경까지 유지된 미술 사조로 17세기 초 네덜란드가 독립한 이후에는 벨기에 미술의 대명사로 쓰였다. 랭부르 형제나 반 에이크 형제, 피테르 브뢰겔 등이 유명하다. 이들은 이탈리아 르네상스 회화의 이상주의에 대항하여 대지에 밀착된 생활에서 발견되는 생명의 기쁨이나 자연에 대한 애정을 정밀한 관찰에 입각하여 표현하고자 했다.

다는 점이다. 이때 마음의 진행 과정은 다음과 같을 것이다. 먼저 안개 낀 공기가 대상이 시각적 외양에게 영향을 미친다는 사실을 알지 못하고 있거나 이런 사실에 신경 쓰지 않고 있는 나에게 대상은 800미터쯤 되는 거리에 떨어진 곳에 있는 대상들이 겪게 되는 색 명도의 저하나 외곽선의 불분명화 현상을 겪고 있는 듯이 보인다. 따라서 나는 기호로서의 시각적 외양으로부터 즉시 대상이 800미터 거리쯤에 있다는 믿음으로 나아간다. 이때 이 800미터라는 거리는 대상의 시각적 크기가 그러하듯이 내게는 800미터쯤 된 거리에서 말을 탄 한 남자가 갖게 될 실제 크기와 같은 크기를 의미하며 또 외곽선의 불분명함을 고려해보았을 때 대상의 형태는 말을 탄 한 남자의 형태와 일치한다. 그리하여 나는 시각적 외양에 기만당한다. 그러나 내가 저것은 갈매기라고 확신하는 경우 갈매기 한 마리의 실제 크기는 눈에 현전하는 시각적 크기와 합동하여 즉시 거리를 시사한다. 이 경우 거리는 45미터나 55미터 이상일 수 없으며 형태의 불분명함도 안개 낀 공기를 자신의 원인으로 시사한다. 이제 기호와 이 기호를 통해 의미된 것의 전체 연결은 앞서의 경우보다 더 탄탄하고 훌륭하게 연결되어 있는 듯하다. 800미터는 73미터로 사그라지고 말을 탄 남자는 갈매기로 작아진다. 나는 새로운 지각을 하나 얻는다. 나는 내가 어떻게 이전의 지각을 얻었는지를, 아니 이전의 지각이 무엇으로 변했는지를 의아스럽게 생각한다. 이제 이전의 지각은 전부 사라져서 되살릴 수 없기 때문이다.

언급되어야 할 것은 청명한 공기나 안개 낀 공기가 그러한 기만을 산출하기 위해서는 보통 이상으로 청명하거나 보통 이상으로 안개가 끼어 있어야 한다는 점이다. 그 까닭은 우리는 우리가 익숙하게 관찰해왔고 그리하여 의식하게 되는데 공기의 다양한 조성을 참작하는 법을 경험에서 배우기 때문이다.[88] 따라서 버클리 주교가 지평선에 근접한 달이 크

---

88) 익숙하게 관찰되어온 공기의 조성을 어떻게 참작해야 하는지는 항용 경험에서 배우지만 보통 이상으로 청명하거나 보통 이상으로 안개 낀 공기의 조성을 어떻게 참작해야 하는지는 항시 경험에서 배우는 것은 아니라는 뜻이다.

게 보이는 현상의 원인을 대기의 좀더 긴 경로를 통과함으로써 유발된 희미한 달빛에서 찾았던 것은 오류다. 왜냐하면 우리는 가장 밝은 달빛에서부터 가장 희미한 달빛에 이르기까지 온갖 희미함과 밝음의 정도를 보는 데 익숙해 있고 이 정도의 차이를 참작하는 법을 배우기 때문이다. 우리는 희미해진 달의 모습을 보고 증가된 달의 크기를 상상하지 않는다. 또 우리가 달 아래쪽에 놓여 있는 대지나 지표면상의 대상들을 시야에서 차단하는 관(管)을 사용하여 지평선에 걸린 달을 보는 경우 달의 비통상적인 크기 외양들이 모두 다 사라져버린다는 것은 확실한 사실이다.

4. 대상과의 거리를 지각할 때 중간에 놓여 있거나 가까이에 놓여 있는 다른 대상을 수단으로 하는 경우가 자주 있는데, 이때 후자의 대상의 거리나 크기는 다른 경로를 통해 우리에게 이미 알려져 있다. 내가 나와 대상 사이에 놓인 들판이나 일정 넓이의 대지를 지각할 때 이 들판이나 대지가 대상의 거리를 지시하는 기호가 될 수 있음은 분명하다. 비록 우리는 이런 들판이나 대지의 크기에 관한 구체적인 정보는 갖고 있지 않지만 이런 들판이나 대지는 우리가 이미 알고 있는 다른 대상들과의 크기상의 유사성을 통해 자기 스스로의 크기를 우리에게 시사해준다.

우리는 우리가 밟고 다니는 대지의 크기를 눈대중으로 측정한 후 시각을 통해 형성된 이 거리판단을 경험이나 정보와 비교하는 일에 매우 익숙하다. 이런 방법을 통해 우리는 지상에 위치한 대상의 거리에 관해 앞서 언급했던 수단들을 사용했을 때보다 더욱 정확하게 판단하는 법을 배운다. 대상은 높은 건물 꼭대기에 있을 때가 같은 거리에서 지상에 있을 때보다 훨씬 작게 보인다. 대상이 지표면에 있을 때 중간에 끼어 있는 일정 넓이의 대지는 대상의 거리를 지시하는 기호로 쓰이며 또 이 거리는 시각적 크기와 합동하여 대상의 실제 크기를 지시하는 기호로 쓰인다. 그러나 대상이 높은 곳에 있는 경우 대상의 거리를 지시하는 이런 기호는 사라져버리고 나머지 기호들은 우리로 하여금 대상을 근거리에 놓도록 유인한다. 그리고 이 근거리는 시각적 크기와 합동하여 실제의 작은 크기를 지시하는 기호가 된다.

시각적 대상은 앞서 언급된 첫 번째와 두 번째 수단을 통해서는 결코 45미터 내지 60미터 거리보다 멀리 있는 것으로 나타나지 않을 것이다. 이 거리를 넘어서는 눈의 배치나 시축에서 아무런 변화도 감각될 수 없기 때문이다. 세 번째 수단은 60미터나 90미터보다 먼 거리에 적용되는 경우 우리가 대상의 실제 색이나 형태를 알지 않는 이상 모호하고 비결정적인 기호에 불과하다. 앞으로 언급할 네 번째 수단은 우리에게 익숙하거나 실제 크기가 이미 알려져 있는 대상에만 적용될 수 있다. 따라서 다음이 귀결된다. 지표면상에 있거나 지표면 가까이에 있는 우리가 모르는 대상들이 모두 똑같이 몇 미터 거리에 있는 것으로 지각된다면, 이런 지각의 결론은 바로 이 네 번째 수단에 의해서다.

스미스 박사의 다음 관찰은 매우 정당한 것이었다. 우리가 시야의 맨 끝자락에 놓여 있는 지표면상의 대상의 거리를 알고 있는 경우 지평선 부근의 하늘 부분은 천정 부근의 하늘 부분보다 멀리 있는 것으로 보인다. 이로부터 하늘의 외양상의 형태는 반구(半球)가 아니라 온전한 구의 일부로서 반구보다 작다는 사실이 성립한다. 마찬가지로 이로부터 태양이나 달의 직경 또는 두 항성 간의 거리는 언덕에 근접하여 보이거나 지표면상의 멀리 있는 다른 대상에 근접하여 보일 때는 그렇지 않을 때보다 더욱 크게 보인다는 사실이 성립한다.

이상의 관찰들은 스미스 박사에 의해 충분히 설명되고 확증되었다. 한 가지를 더 보태면 아주 먼 거리의 대상들이 시각적 지평선의 맨 끝자락에 놓여 있는 경우 천장은 전차원에서 확대되어 보인다. 좁은 거리나 골목에서 하늘을 볼 때 하늘은 나를 둘러싼 건물들과 상당한 정도의 균형을 유지한다. 그러나 눈에서 32킬로미터쯤 되는 거리에서 연달아 융기하는 언덕들이 지평선 도처에 놓여 있는 평야에서 하늘을 보았을 때 나는 마치 새로운 하늘을 보고 있는 듯한 느낌을 갖는다. 하늘의 장관은 조물주의 위대함을 선언하고 인간이 만든 모든 조형물을 무색케 한다. 저 높은 뾰족탑도 찬란한 왕궁도 하늘의 장관 앞에서는 그만 하잘것없는 것들로 사그라지고 만다. 이런 것들은 마치 이것들의 제작자들이 하늘의 위대한 제작자와 균형을 이루지 못하듯이 하늘의 지붕과 균형을 이루지 못한다.

5. 우리가 시각적 대상의 거리를 지각하고 대상의 시각적이거나 외양상의 크기의 감소를 지각하는 또 다른 수단이 있다. 나는 내가 알고 있는 한 사람이나 한 대상이 3미터 거리에 있을 때 어떤 형태로 보이는지를 경험으로 알고 있다. 나는 이 시각적 형태가 6미터 거리에 있을 때, 15미터 거리에 있을 때, 30미터 거리에 있을 때, 또는 이보다 멀리 있을 때 점차 거리에 비례하여 크기가 줄어들어 끝내 완전히 사라져버리는 것을 지각한다. 그리하여 알려진 대상의 시각적 크기는 어떤 정해진 거리를 지시하는 기호가 되어 이 거리에 대한 개념과 믿음을 동반하게 된다.

마음의 이런 과정에서 기호는 감각이 아니라 본래적인 지각이다. 우리는 시각의 본래적인 능력에 의해 대상의 시각적 형태와 크기를 지각한다. 그러나 시각적 형태는 대상의 실제 형태를 의미하는 기호로만 쓰이고 시각적 크기는 대상의 거리나 실제 크기를 의미하는 기호로만 쓰인다. 따라서 이러한 본래적인 지각은 다른 단순한 기호와 마찬가지로 주의되거나 반성되지 못한 채 마음을 통과한다.

우리가 이미 알고 있는 대상의 거리를 지각하는 이 다섯 번째 수단은 광학의 진기한 현상을 설명하는 데 동원된다. 이들 현상은 달리는 매우 신비롭게 보일 것이다. 그 크기가 알려진 대상을 광학렌즈로 볼 때 이 다섯 번째 수단 말고는 우리가 대상의 거리를 결정하는 다른 수단은 없다. 따라서 다음이 귀결된다. 광학렌즈를 사용하여 우리에게 알려진 대상을 볼 때 대상은 렌즈의 확대력에 따라 근접한 것처럼 보이기도 하고 축소력에 따라 멀리 떨어져 있는 것처럼 보이기도 한다.

만약 이전에 한 번도 대상을 망원경으로 본 적이 없는 사람이 자신이 사용하는 망원경은 대상의 지름을 열 배 확장시킨다는 이야기를 듣게 되었다고 하자. 그럼 이제 이 망원경으로 180센티미터 키의 남자를 볼 때 이자는 자신이 무엇을 보기를 기대할 것인가? 확실히 그는 18미터 키의 거인을 볼 것이라고 자연스레 기대할 것이다. 그러나 그는 거인 따위는 보지 못한다. 그가 보는 남자는 180센티미터 키 이상으로는 보이지 않으며 실제보다 더 커 보이지 않는다. 그러나 실제보다 열 배는 가깝게 보인다. 망원경은 실로 이 남자의 이미지의 직경을 망막에 열 배 크게 확장하고 따라서 시각적 형태도 열 배 확장된다. 우리는 이 남자가 실제보다 열 배 더 가까이 있을 때, 오직 이때에만 이러한 시각적 크기를 갖고 있는 것으로 보는 데 익숙해 있으므로 이 시각적 크기는 따라서 항상 결합되어 온 대상의 거리에 대한 개념과 믿음을 시사한다. 우리는 우리가 익히 알고 있는 대상의 시각적 형태가 이렇게 확대되는 것은 대상이 가까운 곳으로 옮겨진 결과로 보거나 그렇게 옮겨졌음을 지시하는 기호로 생각하는 데만 익숙해 있다. 우리는 대상의 시각적 크기들 각각에 특정 거리를 연결시켜 왔다. 따라서 모든 시각적 크기는 그것이 맨눈에 보이는 것이든 렌즈를 통해서 보이는 것이든 간에 상응하는 거리에 대한 개념과 믿음을 동반한다. 이것이 왜 망원경이 크기가 알려진 대상을 확대하는 것으로 보이는 것이 아니라 대상을 눈에 가깝게 데려오는 것으로 보이는지에 대한 이유다.

핀 구멍이나 단안망원경을 통해 눈에서 1.3센티미터 떨어져 있는 대상을 볼 때 망막에 그려진 대상의 상은 확대되지는 않고 선명해지기만 한다. 시각적 형태도 확대되지 않는다. 하지만 그런데도 대상은 열 배나 열 배쯤 멀리 있는 듯이 보이고 실제보다 지름이 몇 배나 더 크게 보인다. 우리가 언급했던 망원경은 망막에 그려지는 대상을 확대하고 대상의 시각적 형태를 지름에서 열 배나 확장하지만 이는 대상을 더 크게 보이게 하는 것이 아니라 단지 열 배 가깝게 보이게 할 뿐이다. 이 현상은 광학 관련 저자들에 의해 오랫동안 관찰되어져 왔다. 이들 저자들은 이 현상의 원인을 발견하기 위해 광학법칙을 동원하여 온갖 궁리를 다했지만 헛수고였다. 이 현상은 습관을 통해 획득되지만 본래적인 지각으로 오인되기 쉬운 지각 습성이라는 측면에서 해명되어야 한다. 클로인의 주교는 이 현상의 신비를 여는 데 딱 맞는 열쇠를 최초로 마련해주었다. 하지만 그는 이 열쇠를 적용하면서 많은 오류를 저질렀다. 스미스 박사는 광학에 대한 정치(精緻)하고 지혜로운 저술에서 이 열쇠를 사용하여 렌즈를 통해 보이는 대상의 외양상 거리와 천체의 외양상 형태를 설명했고, 그리하여 이런 현상들의 원인과 관련하여 더 이상 의심의 여지가 없을 정도로 훌륭한 성과를 이뤄냈다.

제23절 그밖의 획득지각에 쓰이는 기호들

눈과 대상의 거리는 시각의 가장 중요한 가르침이다. 많은 다른 가르침은 이 가르침의 귀결로서 쉽게 학습된다. 대상의 거리는 시각적 크기와 결합되어 실제 크기를 지시하는 기호다. 대상의 부분들 간의 거리는 대상의 시각적 형태와 결합되어 대상의 실제 형태를 지시하는 기호가 된다. 앞에 놓인 구를 볼 때 나는 시각의 본래적인 능력에 의해서는 오직 다채롭게 색칠된 원형의 어떤 것을 지각할 뿐이다. 이 시각적 형태는 눈과의 거리도, 볼록함도, 3차원도 갖고 있지 못하다. 심지어 이 시각적 형태의 길이와 폭은 센티미터로도 미터로도 그 어떤 선형적인 단위로도 잴 수 없다. 그러나 내가 대상의 각 부분과 눈과의 거리를 지각하는 법을 배우게 되면 이 지각은 대상에게 볼록함을 주고 구면의 형태를 주고 이전에는 2차원만을 가졌던 것에 3차원을 덧붙인다. 또 이와 마찬가지로 대상 전체의 거리는 나로 하여금 대상의 실제 크기를 지각하게 만든다. 어떻게 1센티미터 길이나 1미터 길이가 그 거리에서 눈에 작용하는지를 관찰하는 데 익숙해 있는 나는 눈으로 구의 선형적인 크기를 지각하고서도 구의 직경이 33센티미터쯤 된다고 확실하게 단언할 수 있다.

이 장의 7절에서 물체의 시각적 형태는 수학적 추론을 통해 대상의 실제 형태와 거리, 눈과 관련된 위치로부터 추론할 수 있다는 점을 보여주었다. 마찬가지로 우리는 수학적 추론을 사용하여 시각적 형태 및 대상의 부분들과 눈과의 거리로부터 대상의 실제 형태와 위치를 추론할 수 있다. 그러나 후자의 추론은 대개의 경우 수학적인 추론을 통해 행해지는 것도, 실로 그 어떤 종류의 추론을 통해 행해지는 것도 아니다. 대개의 경우 이 추론은 습관을 통해 행해진다.

대상의 색이 눈에 만들어내는 본래적 외양은 하나의 감각으로서 우리는 이 감각에 아무런 이름도 부여하지 않는다. 이런 외양은 하나의 기호로만 쓰일 뿐 일상사에서는 주의의 대상이 되지 못하기 때문이다. 그러나 이 외양은 다양한 상황에 따라 다양한 것을 가리킨다. 단색인 옷 한 벌이 일부는 태양에 노출되어 있고 일부는 그늘에 놓여 있을 때 부분마다 색 외양은 매우 다르다. 하지만 그럼에도 우리는 옷의 색을 한 가지 색으로 지각한다. 우리는 색 외양의 다양성을 실제 색의 차이를 의미하는 기호가 아닌 태양과 그늘을 의미하는 기호로 해석한다. 그러나 만약 눈이 옷의 두 부분에서의 빛의 차이를 지각하지 못하게끔 기만당한다면, 우리는 색 외양의 다양성을 옷이 부분마다 갖고 있는 색의 다양성을 의미하는 기호로 해석할 것이다.

만약 옷이 그늘진 부분의 색이 훨씬 밝아져서 태양에 노출된 부분의 외양과 동일하게 된다면, 이때의 동일성은 색의 다양성을 지시하는 것으로 해석될 것이다. 우리는 빛과 그늘의 효과를 참작할 것이기 때문이다.

대상의 실제 색이 알려져 있을 때 색 외양은 상황에 따라 빛과 그늘의 정도를 가리키기도 하고 대상에 의해 빛이 반사되는 주변 사물의 색을 가리키기도 하며 바로 직전의 절에서 관찰된 것처럼 대상의 원근을 가리키기도 한다. 그리고 이런 것들이 수단이 되어 다른 많은 것이 마음에 시사된다. 따라서 익숙한 대상의 색이 보통과 다른 외양일 때 이는 감각하는 자가 보통과 다른 상태에 있음을 나타내는 징후일 수 있다. 방안에 있는 사물의 외양은 화창한 날씨나 흐린 날씨를 가리키는 것일 수도 있고 대지가 눈으로 덮였다거나 빗물로 어둡게 되었음을 가리키는 것일 수도 있다. 앞서 보았듯이 그림의 하늘색이 화가의 국적을 가리킬 수 있는데, 이는 이탈리아의 하늘색은 실제로도 플랑드르 지방의 하늘색과 다르기 때문이다.

우리가 감각을 통해 갖게 되는 본래적 지각이나 획득지각은 자연이 인간에게 건네는 언어라는 점은 앞서 이미 고찰되었다. 이 언어는 여러 측면에서 인간의 언어와 커다란 친근성(親近性)을 갖고 있다. 종종 인간 언어에서 애매성이 발견되듯이 획득지각에 있는 자연언어 역시 애매함에서 면제되어 있지 않다. 우리가 살펴본 획득지각의 사례들은 이러한 친근성을 잘 드러낸다. 우리는 특히 시각상으로 같게 보이는 외양이 다양한 상황에서 다양한 것을 지시할 수 있음을 보았다. 따라서 기호의 해석이 의존하게 되는 상황이 알려지지 않은 경우 기호의 의미는 애매할 수밖에 없고 상황이 잘못 알려지는 경우 기호의 의미도 잘못 알려질 수밖에 없다.

우리가 '감각의 오류'라고 부르는 현상, 특히 '시각의 오류'(fallacies in vision)라고 부르는 현상이 바로 이런 경우다. 눈에 보이는 사물의 외양은 항상 자연의 고정된 법칙을 따른다. 따라서 만약 우리가 합당하게 말한다면, 감각에는 오류가 없다. 자연은 항상 같은 언어로 말하고 같은 상황에서 같은 기호를 사용한다. 그러나 때로 우리는 자연법칙에 무지하거나 기호에 동반하는 상황에 무지하여 기호의 의미를 잘못 안다.

프리즘이나 환등기, 망원경을 통해 행해지는 거의 모든 실험은 광학법칙에 익숙하지 않은 사람에게는 시각의 오류를 산출하는 듯이 보인다. 심지어 흔한 거울이 보여주는 외양도 거울의 효과에 전혀 익숙하지 않은 사람에게는 매우 심대하게 기만적이다. 실제로는 뒤에 있는 물체를 앞에 있는 것으로 보는 것보다 우리가 어떻게 더 많이 기만당할 수 있겠는가? 내가 나 자신에게서 몇 미터 떨어져 있다고 보게 되는 것보다 어떻게 더 많이 기만당할 수 있겠는가? 하지만 그럼에도 어린아이는 이런 외양들에 기만당하지 않는 법을 모국어를 구사하기 이전에 이미 배운다. 이런 외양들은 광학렌즈에 의해 산출되는 다른 모든 놀라운 외양과 마찬가지로 시각적 언어의 일부다. 이런 외양들은 빛과 색에 관련된 자연언어를 이해하는 사람에게는 기만적이기는커녕 선명하고 참된 의미를 가질 뿐이다.

제24절 지각과 증언의 신뢰성 간의 유추관계

인간 지식의 대상은 무수하지만 지식이 마음에 전달되는 경로는 몇몇에 불과하다. 이 경로 중 가장 상당한 비중을 차지하는 것이 감각에 의한 외부 지각과 인간 증언을 토대로 받아들이는 정보다. 이 양자 간의 유추관계는 너무나 현저하거니와 전자에 쓰이는 마음의 원리와 후자에 쓰이는 마음의 원리 간의 유추관계도 너무나 현저하므로, 우리가 양자를 함께 검토하는 것에 별다른 해명이 필요하지는 않을 것이다.

감각을 통해 주어지는 자연의 증언에서도 언어를 통해 주어지는 인간의 증언에서처럼 사물은 기호에 의해 의미된다. 두 경우 모두에서 마음은 본래적 원리나 습관을 통해 기호에서부터 의미된 사물에 관한 개념과 믿음으로 나아간다.

우리는 지각을 본래적 지각과 획득지각으로 분류했고, 언어를 자연언어와 인위적 언어로 분류했다. 획득지각과 인위적 언어 간에도 심대한 유추관계가 성립하지만, 본래적 지각과 자연언어 간에는 더욱 심대한 유추관계가 성립한다.

본래적 지각에서 기호는 감각이며 자연은 우리에게 감각에 의해 지시된 사물의 다양성에 적합한 매우 다양한 감각을 주었다. 자연은 기호와 지시된 사물 간의 실제 연결을 정립했고 우리에게 기호의 해석을 가르쳐주었다. 그리하여 경험에 선행하여 기호는 지시된 사물을 시사하고 사물에 대한 믿음을 만들어낸다.

자연언어에서의 기호로는 얼굴 표정과 몸짓, 목소리 억양을 들 수 있다. 이들 기호의 다양성은 지시되는 사물의 다양성에 적합하다. 자연은 이들 기호와 기호에 의해 지시되는 생각과 마음의 성향 간에 실제 연결을 정립했고 우리에게 기호의 해석을 가르쳤다. 그리하여 경험 이전의 자연기호는 지시된 사물을 시사하고 사물에 대한 믿음을 만들어낸다.

인간 동족들과 함께 있는 자는 굳이 선악을 행하지 않고도, 단 한마디의 분절음을 발음하지 않고도 우아하고 예의 바르고 공손한 몸가짐을 가질 수도 있고 반대로 비열하고 상스럽고 무례한 몸가짐을 가질 수도 있다. 우리는 안색과 행동에서의 자연기호에 의해 그 사람의 마음의 성향을 본다. 이는 우리가 대상의 성질을 자연이 이 성질과 연결해놓은 감각을 통해 지각하는 것과 마찬가지다.

인간의 안색과 행동이라는 자연언어의 기호는 우리의 본래적 지각에서의 기호와 마찬가지로 모든 풍토와 민족에서 동일한 의미를 갖는다. 이들 기호를 해석하는 기술은 획득되는 것이 아니라 본유적이다.

획득지각의 기호는 감각이나 감각을 수단으로 하여 지각되는 사물이다. 기호와 기호에 의해 지각되는 사물 간의 연결은 자연에 의해 정립되며, 우리는 이 연결을 경험을 통해 발견한다. 그러나 이 발견은 우리의 본래적 지각이나 우리가 이미 획득한 지각의 도움 없이는 행해지지 않는다. 일단 이 연결이 발견되면 그다음부터 기호는 본래적 지각의 기호와 마찬가지로 항상 지시된 사물을 시사하고 사물에 대한 믿음을 만들어낸다.

인위적 언어의 기호는 분절음이다. 분절음과 분절음에 의해 지시된 사물 간의 연결은 인간의 의지에 따라 정립되는 것으로 우리는 이 연결을 모국어를 습득할 때 경험을 통해 발견한다. 그러나 이 발견은 자연언어의 도움 없이는, 우리가 이전에 획득했던 인위적 언어의 도움 없이는 행해지지 않는다. 일단 이 연결이 발견되면 그다음부터 기호는 자연언어의 기호에서와 같이 항상 지시된 사물을 시사하고 사물에 대한 믿음을 만들어낸다.

본래적 지각은 획득지각에 비하면 소수에 불과하다. 그러나 우리는 전자의 도움 없이 후자를 획득할 수 없다. 마찬가지로 자연언어는 인위적 언어에 비하면 빈약하지만 우리는 전자의 도움 없이 후자를 얻을 수 없다.

얼굴 표정이나 몸짓과 마찬가지로 본래적 지각 역시 인간본성의 구체적 원리들로 환원되는 것임이 틀림없다. 그리하여 일정한 얼굴 표정이 분노를 표현하는 것은 우리 본성의 구체적 원리에 의해서이고 또 다른 얼굴 표정이 선의를 표현하는 것은 또 다른 구체적 원리에 의해서다. 마찬가지로 일정 감각이 내가 만지고 있는 물체에 있는 단단함을 시사하는 것은 우리 본성의 구체적인 원리에 의해서이고 또 다른 감각이 물체에 있는 운동을 시사하는 것은 또 다른 구체적인 원리에 의해서다.

그러나 획득지각과 우리가 인위적 언어를 수단으로 해서 받아들이는 정보가 인간본성의 일반원리로 해소된다는 것도 틀림없는 사실이다. 화가가 라파엘로[89] 그림과 티치아노[90] 그림을 구별하여 지각하는 경우, 보석상이 진짜 다이아몬드와 모조품을 구별하여 지각하는 경우, 선원이 무게가 500톤 나가는 배와 400톤 나가는 배를 구별하여 지각하는 경우, 다양한 획득지각은 인간마음의 동일한 일반 원리에 의해 산출된다. 이 원리는 같은 한 사람에게도 다양하게 적용됨으로써 다양하게 작용하고 서로 다른 사람들에게도 교육과 삶의 방식에 따라 다양하게 작용한다. 마찬가지로 일정한 분절음이 파살리아 전투[91]에 관한 지식을 전달하고 또 다른 분절음이 폴토바 전투[92]에 관한 지식을 전달하는 경우, 프랑스인과 영국인이 서로 다른 분절음을 통해 똑같은 정보를 받아들이는 경우, 이들 다양한 경우에서 쓰이는 기호들은 인간본성의 동일한 일반원

---

89) 라파엘로(S. Raphaello, 1483~1520): 이탈리아 후기 르네상스기 화가. 그의 그림은 부드럽고 조화로운 리듬과 풍부한 명암 효과로 특징지어진다. 대표작으로는 로마 바티칸 궁전에 그린 프레스코 벽화인 「아테네학당」(Scuola di Atene), 「시스틴의 마돈나」(Sistine Madonna)가 있다.

90) 티치아노(Titiano Vecellio, 1485~1576): 이탈리아 르네상스기 화가. 주요 작품으로 「처녀약탈」(The Assumption of the Virgin), 「교황 파울 3세와 손자들」(Pope Paul III and His Grandsons)이 있다.

91) 파살리아 전투(Battle of Phasalia): 기원전 48년 그리스 파살루스에서 카이사르와 폼페이가 패권을 걸고 싸운 전투. 당시 로마 원로원 보수파는 폼페이우스의 사주를 받아 카이사르에게 군대를 해산하고 로마로 돌아오라는 명령을 내렸다. 하지만 카이사르는 이를 무시하고 "주사위는 던져졌다"는 말과 함께 루비콘 강을 건너 로마로 향해 진격했고 이듬해 파살루스에서 폼페이를 물리쳤다.

92) 폴토바 전투(Battle of Poltowa): 1709년 북방전쟁 중 동(東)우크라이나 폴타바 부근에서 있었던 러시아와 스웨덴 간의 전투. 스웨덴의 승리 이후 발트 해를 중심으로 한 동방유럽의 패권은 스웨덴에서 러시아로 넘어갔다.

리를 수단으로 하여 기호들에 의해 지시된 사물에 관한 지식과 믿음을 산출한다.

이제 만약 우리로 하여금 언어를 통해 같은 인간 동족으로부터 정보를 받아들이기에 적합하게 하는 우리 본성의 일반원리와 우리로 하여금 감각을 통해 사물 지각을 획득하기에 적합케 하는 일반원리를 비교해보면, 우리는 이들 원리들이 본성과 작용 방식에서 매우 유사하다는 사실을 발견한다.

모국어를 배우기 시작할 때 우리는 자연언어의 도움을 받아 우리에게 말을 건네는 이들이 특정한 것을 표현하기 위해 특정 음을 사용한다는 것을 알아챈다. 그리하여 우리는 특정한 것을 표현하려고 할 때 이 특정 음을 흉내 내며 남들이 우리를 이해했다는 것을 발견한다.

그러나 여기서 한 가지 난점이 발생한다. 이 난점은 주목될 만한데, 이는 이 난점의 해소야말로 매우 광범위한 영향력을 지니고 있고 또 매우 중요한 인간마음의 본래적 원리와 연결되기 때문이다. 우리는 경험을 통해 인간들이 특정한 것을 표현하기 위해 특정 음을 사용해왔다는 것을 안다. 그러나 모든 경험은 과거의 것이고 그 자체로서는 미래의 것에 관한 아무런 개념이나 믿음도 줄 수 없다. 그렇다면 어떻게 우리는 사람들이 같은 것을 생각할 때 계속해서 같은 단어를 사용할 것이라고 확실하게 믿고 이에 의존하는 것인가? 어디에서 이런 지식과 믿음이 오는가? 우리와 같은 인간 동족들이 미래에 행할 자발적인 행동에 관한 이러한 전망은 어디에서 오는가? 이들이 자신들은 결코 애매함이나 거짓으로 우리를 속이지 않을 것이라고 약속이라도 했던가? 아니다. 이들은 약속한 적이 없다. 만약 이들이 약속했다 해도, 이로써 난점이 없어지는 것은 아니다. 이러한 약속은 말이나 그밖의 기호를 통해 표현되어야 하고, 이 약속을 신뢰하기 전에 우리는 이 약속을 표현하는 기호에게 같은 인간 동족들이 통상적인 의미를 부여했음을 확신해야 하기 때문이다. 상식을 지닌 자라면 그 누구도 화자(話者)의 말이 곧 성실성을 뜻한다고는 생각하지 않는다. 또 우리가 화자의 말이나 약속에 조금의 비중

이라도 두는 경우란 화자의 진실성을 당연한 사실로 간주하는 경우라는 점도 분명하다. 한 가지 더 부가하면, 인간들의 선언과 증언을 신뢰하는 일은 약속이란 것이 무엇인가를 알기 오래전의 어린아이에게서도 발견된다.

따라서 인간의 마음 안에는 같은 인간 동족들이 같은 감각을 가질 때 같은 언어적 기호를 사용할 것이라는 초기 예측이 있다. 이 예측은 경험으로부터도, 이성으로부터도, 어떤 계약이나 약속으로부터도 이끌어지지 않는다.

실상 이 예측은 인간 행위에 대한 일종의 예견으로서 이 예견은 인간 본성의 본래적 원리인 것으로 보인다. 우리에게 이 원리가 없었다면 언어도 불가능했을 것이고 교육도 불가능했을 것이다.

자연의 현명하고 선량한 조물주는 우리가 사회적 피조물이기를 의도했고 우리가 지식의 가장 많고 중요한 부분을 다른 사람의 정보에서 받아들이기를 의도했다. 그는 이 목표를 달성하기 위해 우리 본성에 상호 부합하는 두 가지 원리를 심어놓았다.

이 원리 중 첫 번째는 우리가 우리의 본심을 전달하기 위해 진실을 말하고자 하고 언어적 기호를 사용하고자 하는 성향이다. 이 원리의 위력은 막강한데 이는 심지어 대단한 거짓말쟁이에게서도 그렇다. 대단한 거짓말쟁이라 해도 한 번 거짓말에 백 번은 진실을 말하기 때문이다. 진실은 항상 최상의 것이고 마음의 자연적인 유출(流出)이다. 진실은 기예나 훈련, 유인이나 유혹을 필요로 하지 않으며 다만 우리가 자연적인 충동에 복종하는 것만이 필요할 뿐이다. 이와 반대로 거짓말하기는 우리의 본성에 폭력을 가하는 것이고 모종의 유혹 없이는 결코 습관이 되지 못한다. 이는 심지어 가장 사악한 인간에게서도 그러하다. 진실을 말하기는 마치 우리가 자연이 마련해주는 음식물을 먹는 것과도 같다. 우리는 비록 이 음식물을 먹는 것이 아무런 목표에도 부응하지 않는다 해도 식욕 때문에 이 음식물을 먹을 것이다. 그러나 거짓말하기는 마치 약을 복용하는 것과도 같다. 이 약은 메스껍다. 약을 먹지 않고는 달성할 수 없는 모종의 목표를 위해서가 아니고는 아무도 이 약을 복용하지 않을 것이다.

만약 인간이 도덕적 고려나 정치적 고려에 의해 진실을 말하게끔 영향받는 것이 아닌가라는 반론을 제기한다면, 따라서 인간이 진실을 말한다는 것은 우리가 언급했던 그러한 본래적 원리에 대한 증명이 못된다는 반론을 제기한다면, 나는 이렇게 답하겠다. 첫 번째, 도덕적 고려나 정치적 고려는 우리가 이해와 반성을 행할 연령에 도달하기 전에는 아무런 영향력도 가질 수 없다. 이런 고려에 의해 영향을 받기 이전의 어린아이가 항상 진실을 고수한다는 것은 경험상 확실하다. 두 번째, 우리가 도덕적 고려나 정치적 고려에 의해 영향받게 되는 경우 우리가 이런 영향을 받기 위해서는 우리는 이런 영향을 의식해야만 하고 반성에 의해 이 영향력을 지각할 수 있어야만 한다. 이제 내가 나 자신의 행위를 최대한 주의 깊게 반성해보면, 진실을 말하는 보통의 경우 나는 내가 그 어떤 도덕적 동기나 정치적 동기의 영향을 받는다는 것을 의식하지 않는다. 나는 진실은 항시 내 입술의 문지방에 있으며 이 진실은 저지되지 않는 이상 자연 발생적으로 밖으로 튀어나간다는 사실을 발견한다. 진실을 표출하는 데는 선의도 악의도 필요하지 않다. 다만 내가 잔꾀를 부리지 않고 술책을 쓰지 않는 것만이 필요하다. 실로 거짓에 대한 유혹이 있을 것이고 이 유혹은 명예나 미덕의 원리로부터의 도움이 없다면 자연적인 진실성 원리(natural principle of veracity)가 저항하기에는 너무나 강렬할 것이다. 그러나 이런 유혹이 없는 한 우리는 본능에 의해 진실을 말할 것이다. 이 본능이야말로 내가 설명해온 원리다.

이 본능에 의해 우리의 말과 생각 간에는 연결이 형성되고 전자는 후자의 기호가 된다. 달리는 전자는 후자의 기호가 될 수 없다. 비록 이 연결은 거짓말과 얼버무림의 사례에서 깨지지만, 이런 사례는 비교적 소수이므로 인간 증언의 권위는 이런 사례에 의해 약화될 뿐 파괴되지는 않는다.

최상의 존재자에 의해 우리 안에 심어진 또 다른 본래적 원리는 다른 사람들의 성실성을 믿고자 하고 이들이 우리에게 말하는 것을 믿고자 하는 성향이다. 이는 앞서 말한 원리의 대응물로서 앞서의 원리가 '진실성 원리'라고 불린다면 이 원리는 '신뢰원리'로 불리는 것이 가장 적절할 것이다. 이 원리는 어린아이가 기만과 거짓말의 사례를 겪게 되기 이전까지 무제한적으로 작동하며, 인간의 전 생애를 통해 상당한 정도의 힘을 내내 보유한다.

만약 말하는 이의 마음이 자연적으로 거짓 쪽으로도 진실 쪽으로도 기울어지지 않는 평형상태[93]에 놓인 것이라면, 어린아이는 스스로의 이성이 원숙해져서 거짓말하기의 무분별함이나 양심에 관해 가르쳐지기 이전까지는, 거짓말의 비도덕성이 가르쳐지기 이전까지는, 진실을 말하는 것만큼이나 빈번하게 거짓말을 했을 것이다. 만약 듣는 이의 마음이 자연에 의해 믿음 쪽으로도 믿지 않는 쪽으로도 기울어지지 않는 평형상태에 놓인 것이라면, 우리는 말하는 이가 진실을 말하고 있다는 긍정적인 증거가 있기 전까지는 그 누구의 말도 믿지 않을 것이다.

그리고 이 경우 말하는 이의 증언은 그의 꿈 이야기만큼이나 아무런 권위도 갖지 못할 것이다. 그의 꿈은 참일 수도 있고 거짓일 수도 있지만 어쨌든 꿈이므로 아무도 믿으려 하지 않는다. 증언에 관한 문제에서 인간 판단의 균형은 자연에 의해 믿음 쪽으로 기울어지고 그리하여 반대편 저울 팔에 다른 것이 부가되지 않는 한 믿음 쪽으로 방향을 잡는 것임이 분명하다. 만약 그렇지 않다면, 대화 중에 말해지는 그 어떤 명제도 이성에 의해 검사되고 시험되기 전에는 믿어지지 않을 것이고 대부분의 사람은 자신이 듣는 바의 천분의 일에 대해서도 믿을 만한 이유를 발견할 수 없을 것이다. 이런 불신과 의심은 사회가 우리에게 주는 가장 커다란 이익을 앗아갈 것이고 우리는 야만인보다도 더 나쁜 처지에 놓이게 될 것이다.

---

93) 평형상태(equilibrium)란 고대 회의주의 학파였던 피론주의자들이 주장하는 판단중지(epoche) 상태를 말한다.

이런 상황에서 어린아이는 절대로 아무것도 믿지 않으려 할 것이고 그 결과 절대로 아무런 가르침도 받을 수 없을 것이다. 믿지 않으려드는 순위에서 어린아이 다음의 자리는 인간의 삶이나 태도, 성격에 대해 거의 아무런 지식도 갖고 있지 못한 성인이 차지할 것이다. 가장 잘 믿는 이는 가장 많은 경험을 지니고 있고 가장 깊은 통찰력을 지닌 사람일 것이다. 많은 경우 이런 사람은 증언을 믿을 만한 훌륭한 이유를 발견할 수 있을 것이기 때문이다. 이 이유들은 연약한 어린아이나 무지한 사람은 발견할 수 없다.

　한마디로 말해서, 만약 신뢰가 추론과 경험의 효과라면, 신뢰는 이성과 경험이 증진하고 힘을 얻는 것과 비례하여 증진하고 힘을 얻어야 하는 것임이 틀림없다. 그러나 만약 신뢰가 자연의 선물이라면, 이는 어린아이에게서 가장 힘이 셀 것이고 경험을 통해 그 힘이 제한되고 억제될 것이다. 매우 표피적으로만 인간 삶을 살펴보아도 우리는 후자가 사실이고 전자는 거짓임을 알 수 있다.

　인간이 제 발로 걸을 수 있게 되기 전에는 누군가의 품에 안겨 움직여야만 한다는 것이 자연의 의도다. 마찬가지로 우리의 믿음이 우리 자신의 이성에 의해 지도받게 되기 전에는 다른 사람의 권위와 이성에 의해 지도받아야 한다는 것 역시 자연의 의도다. 분명히 유아의 연약함과 엄마의 자연적인 애정은 전자에서의 자연의 의도를 가리키며, 자연적으로 잘 믿는 젊은이의 성격과 노인의 권위는 후자에서 자연의 의도를 가리킨다. 유아는 적절한 양육과 보살핌을 통해 지지물 없이도 걸을 수 있는 힘을 획득한다. 마찬가지로 이성 역시 엄마의 품에 안겨 움직여야만 하는 유아기를 거친다. 이때의 이성은 마치 스스로의 연약함을 의식이라도 하는 듯이 그 자연적 본성상 권위에 전적으로 의존하고 권위라는 지지물 없이는 현기증을 느낀다. 그러나 적절한 수양을 거쳐 성숙하게 되면 이성은 스스로의 힘을 느끼기 시작하고 다른 이들의 이성에 그만큼 덜 기대게 된다. 이성은 어떤 경우에 증언을 믿어야 하고 믿지 않아야 하는지를 배운다. 이성은 자신이 처음에는 전적으로 복종했던 권위에 제한을 가한다. 그러나 이성은 만약 스스로에게서 아무 해결책도 없는 경우에는 증언의 도움을 얻어야 하고 스스로의 어리석음이 자각되는 경우에는 다른 이들의 이성에 상당 부분 기대야 한다는 점을 삶이 다하는 날까지 발견한다.

많은 경우 이성은 심지어 성숙해졌을 때조차도 증언의 도움을 얻지만 다른 경우에는 거꾸로 증언에 도움을 주어 증언의 권위를 강화하기도 한다. 우리는 일정 경우에는 증언을 배격할 만한 훌륭한 이유를 발견하지만 또 다른 경우에는 우리의 가장 중요한 관심사와 관련하여 전적으로 증언을 확신하고 의존할 만한 훌륭한 이유를 발견한다. 목격자들의 인품과 그 수, 이해관계상의 공평무사, 공모 없이는 불가능할 정도로 증언이 합치된다는 점 등은 본래 내재적 권위가 매우 미미한 증언에도 불가항력적인 힘을 부여할 수 있다.

이상에서는 언어를 수단으로 하여 우리로 하여금 같은 인간 동족으로부터 정보를 받아들이기에 적합하게 하는 인간마음의 일반원리를 고려했다. 이제 우리로 하여금 획득지각을 통해 자연의 정보를 받아들이기에 적합하게 만드는 일반원리를 고려해보자.

다음은 실로 모든 사람이 인정한 부인할 수 없는 사실이다. 즉 두 사물이 자연의 경로에서 항상 연결되어왔다는 것이 발견된 경우, 이 사물 중 하나가 나타나면 즉시 다른 하나에 대한 개념과 믿음이 뒤따라온다. 전자는 후자의 자연기호가 되며 이것들이 과거에 늘 연결되었다는 사실에 관한 지식은 경험에 의해 얻어진 것이든 달리 얻어진 것이든 간에 우리로 하여금 이 연결의 지속을 확신을 갖고 믿게끔 하는 데 충분하다.

인간마음의 이런 과정은 우리에게는 너무나 익숙한 것이어서 우리는 이 과정의 토대를 이루는 원리의 탐구에 대해서는 결코 생각하지조차 않는다. 우리는 장차 도래할 미래가 이미 지나간 과거와 유사하다는 것을 자명한 참으로 생각한다. 그리하여 오늘 일정 온도의 냉기에 물이 얼었고 과거에도 항상 그래 왔다는 사실이 알려져 있으면 우리는 같은 온도의 냉기에 내일이나 일 년 후에도 물이 얼 것이라는 주장에 아무런 의심도 품지 않는다. 나는 이 주장이 참이고 모든 사람은 이 주장을 이해하자마자 그것을 믿게 될 것이라는 데 기꺼이 동의한다. 그러나 질문은 이것이다. 어디에서 이 주장의 명증성은 발생하는가? 확실히 관념들의 비교로부터는 아니다. 차가움의 관념을 투명하고 딱딱하게 변한 물의 관념과 비교했을 때, 나는 관념들에서 아무런 연결도 지각할 수 없다. 얼음 관념이 차가움의 관념이 낳은 필연적 결과임을 입증할 수 있는 사람은 아무도 없다. 왜 자연이 양자를 연계시켰는지에 관해 이유 비슷한 것도 댈 수 있는 사람은 아무도 없다.

그러나 우리는 양자 간의 연계를 경험에서 배우지 않는가? 그렇다. 경험은 양자가 과거에 연계되어왔다고 가르친다. 그러나 미래에 관한 경험을 가질 수 있는 사람은 아무도 없었다. 그리고 지금 해명해야 할 문제는 우리가 어떻게 미래의 것이 과거와 유사할 것이라고 믿게 되는가다. 자연의 조물주가 이를 약속했던가? 그가 현재의 자연법칙을 정립하고 이 법칙을 계속해서 유지시키는 것으로 결정한 협의회에 우리가 입회했던가? 확실히 아니다. 만약 우리가 현명하고 훌륭한 자연의 조물주가 있다고 믿는다면, 우리는 그가 현재의 자연법칙과 사물 연계를 오랫동안 유지해야만 하는 훌륭한 이유를 알 수 있다. 만약 그가 이러한 것들을 오랫동안 유지하지 않는다면, 우리는 과거로부터 아무것도 배울 수 없을 것이고 우리의 모든 경험은 우리에게 아무런 소용도 되지 않을 것이기 때문이다. 그러나 비록 이상의 고려는 우리가 이성을 사용하게 되었을 때 우리에게 현재의 자연 경로가 지속될 것이라는 믿음을 확증해줄 수는 있겠지만, 확실히 이 고려 자체가 이런 믿음을 주었던 것은 아니다. 어린아이나 백치라 해도 불이 화상을 입힌다는 사실을 알게 되는 순간 이 믿음을 갖게 되기 때문이다. 따라서 이 믿음은 이성이 아닌 본능의 효과임이 틀림없다.

인간본성을 만든 현명한 조물주는 우리가 이성을 사용할 수 있기 이전에 많은 필연적인 지식이 경험에서 이끌어지기를 의도했고 이 의도를 실현하기 위한 수단을 완전하게 마련했다. 이렇게 생각하는 이유는,

첫 번째, 조물주는 우리로 하여금 수많은 사물 간에 연년세세 지속하는 연결을 발견토록 하기 위해 자연을 정해진 법칙으로 지배한다. 자연경로의 이런 안정성 없이는 아무런 경험도 있을 수 없다. 아니 있다 해도 경험은 거짓된 지침이 되어 우리를 거짓과 재해로 이끌 것이다. 만약 인간마음에 진실성 원리가 없다면 사람들의 말은 더 이상 말하는 이의 생각을 지시하는 기호가 아닌 것처럼, 만약 자연경로에 아무런 규칙성도 없다면 조물주가 만든 자연기호일 수 있는 것은 아무것도 없을 것이다. 두 번째, 조물주는 인간마음에 한 가지 본래적 원리를 심어놓았다. 이 원리에 의해 우리는 자연경로는 지속될 것이고 따라서 우리가 과거에 관찰했던 연계도 지속될 것이라고 믿는다. 사물들이 과거에 연계되어 있는 것으로 발견되어온 경우 두 사물 중 하나가 나타남으로써 다른 한 사물에 대한 믿음이 산출되는 것도 바로 우리 본성의 이 일반원리에 의해서다.

내가 생각하기에 『인간본성론』의 재능 있는 저자는 자연법칙이 지속할 것이라는 믿음의 토대는 지식이나 개연성에 있을 수 없다는 점을 최초로 발견했다. 그러나 그는 이 믿음을 마음의 본래적 원리로 생각하기는커녕 자신이 애지중지하는 가설, 즉 믿음이란 믿어지는 사물의 관념에 있는 일정 정도의 생생함이라는 자신의 가설에 기대어 이 믿음을 설명하고자 했다. 이 이상한 가설에 관해서는 2장에서 이미 언급했으므로 여기서는 다른 것을 언급하기로 하자.

우리가 지각작용에서 갖는 믿음은 대상의 현재 존재에 대한 믿음이고 기억작용에서 갖는 믿음은 대상의 과거 존재에 대한 믿음이다. 우리가 지금 이야기하는 믿음은 대상이 미래에 존재할 것이라는 믿음인데, 우리는 상상 작용에서는 전혀 아무런 믿음도 갖지 않는다. 이제 나는 『인간본성론』의 저자가 다음 질문에 대해 어떻게 답할지 알고 싶다. 어떻게 해서 특정 정도의 생생함은 대상의 존재를 현재 순간에 고정시키고 다른 정도의 생생함은 대상의 존재를 뒤로 데려가는 것이며, 또 다른 세 번째 정도의 생생함은 이번에는 반대 방향을 취해 대상의 존재를 미래로 데려가고 네 번째 정도의 생생함은 대상을 존재 바깥으로 데려가는 것인가?

예를 들어, 다음을 가정해보자. 지금 나는 바다에서 떠오르는 태양을 보고 있다. 나는 어제 떠오르는 태양을 본 것을 기억한다. 나는 태양이 내일도 같은 장소 근처에서 떠오르리라고 믿는다. 또 나는 태양이 같은 장소에서 떠오르는 장면을 상상할 수 있는데, 이 상상에는 아무런 믿음도 없다. 이제 저 회의적인 믿음 가설에 따르면, 이러한 지각과 믿음과 예측과 상상은 모두 동일한 관념이고 다만 서로 다른 정도의 생생함을 지니고 있다는 점에서만 다를 뿐이다. 떠오르는 태양에 대한 지각은 가장 생생한 관념이고, 어제 떠올랐던 태양에 대한 기억은 이보다 희미하지만 동일한 관념이며, 내일 떠오를 태양에 대한 믿음은 더욱 희미하지만 역시 관념이고, 떠오르는 태양에 대한 상상은 여전히 동일한 관념이긴 하지만 가장 희미한 관념이라는 것이다.

이때 우리는 관념이 제자리에서 꼼짝 하지 않은 채 생생함의 온갖 가능한 정도를 거친다고 생각할 수도 있을 것이다. 그러나 만약 우리가 이렇게 생각한다면 이는 착각이다. 관념이 조금이라도 활기 없게 될라치면 관념은 뒤로 물러나 과거 시간 쪽으로 움직여가기 때문이다. 이제 우리가 최소한 다음과 같은 기대를 하고 있다고 가정해보자. 즉 관념이 생생함의 소멸에 따라 뒤로 움직여갈 때 관념은 생생함을 더 많이 소멸하면 할수록 뒤로 더 많이 물러날 것이고 결국에 가서는 시야 바깥으로 물러날 것이다. 그러나 이런 기대는 다시 한 번 우리의 착각이다. 이 생생함은 사라지는 일정 기간이 있어서 이 기간에 관념은 뒤로 움직여가지만 어느 순간에 가서는 마치 탄성체인 장애물을 만나기라도 한 듯 갑자기 과거에서 미래를 향해 되튀어나가기 때문이다. 물론 현재를 이런 식으로 취하지는 않으면서 말이다. 이제 우리는 이렇게 생각할 것이다. 관념은 미래의 영역으로 들어갔으므로 생생함을 모두 다 소비할 수 있는 여지가 충분히 있다.

그러나 이런 생각이 여전한 우리의 오해인 것이 관념은 다시금 매우 활발하게 되튀어서 이번에는 상상이라는 대기 중으로 날아간다. 이렇듯 이 관념은 생생함이 점차 소멸되면서 흡사 문법상의 동사 굴절을 모방하는 듯싶다. 관념은 현재형에서 시작하는데, 이는 과거형으로, 다음에는 미래형으로, 다음에는 부정사형으로 나아가기 위함이다. 이러한 회의주의의 강령의 조항들은 고찰되는 모든 측면에서 수수께끼로 가득 차 있으며 이 강령을 주장하는 사람들은 치명적일 정도의 의혹의 눈길을 받는다. 이 강령을 받아들이는 데는 성(聖) 아타나시우스 강령[94]을 받아들이는 데 필요한 만큼이나 많은 신앙이 필요한 듯싶다.

그러나 우리는 『인간본성론』의 저자와 다음에서는 의견이 같다. 자연법칙이 지속될 것이라는 우리의 믿음은 이성으로부터 이끌어지지 않는다는 점이다. 이 믿음은 자연의 작동에 관한 본능적인 예견이다. 이 예견은 우리로 하여금 같은 인간 동족의 증언을 믿게 만드는 인간 행동에 대한 예견과 흡사하다. 후자의 예견이 없다면 우리가 언어를 사용하여 사람들에게서 정보를 받아들일 수 없게 되는 것처럼, 전자의 예견이 없다면 우리는 경험을 수단으로 자연의 정보를 받아들일 수 없다.

우리의 본래적 지각을 넘어서 있는 모든 자연 지식은 경험에 의해 획득되고 자연기호를 해석하는 데서 성립한다. 자연법칙의 불변성을 통해 기호와 기호에 의해 지시된 사물은 상호 연결되고 그리고 이제 막 설명된 자연원리에 의해 우리는 경험을 통해 발견되어온 이 연결이 앞으로도 지속될 것임을 믿는다. 그리하여 일정 기호가 등장하고 나면 이에 이어 이 기호에 의해 지시된 사물에 관한 믿음이 뒤따라오게 된다.

바로 이런 인간본성의 원리에 획득지각뿐만 아니라 모든 귀납추론과 유추추론 역시 그 토대를 갖는다. 아직 이러한 원리에 대한 별칭이 없으므로, 우리는 이 원리를 '귀납원리'(inductive principle)라고 부르기로

---

94) 성 아타나시우스(St. Athanasius) 강령: 5세기경 갈리아 남부에서 성립된 것으로 추정되는 강령으로 40개 조로 되어 있다. 주 내용은 예수의 신인양성론(神人兩性論)과 삼위일체론이다. 알렉산드리아 주교인 성 아타나시우스가 만든 것으로 알려져왔지만 사실이 아님이 밝혀졌다.

하겠다. 이제 우리가 우리의 모든 자연지식이 정립해 있는 다음과 같은 정리(定理)에 즉각 동의하는 것도 바로 이 귀납원리에 의거한 것이다. 즉 동종(同種)의 결과는 동종의 원인이 있다. 자연의 작동에서 '결과'와 '원인'이란 단지 기호와 기호에 의해 지시된 사물만을 의미한다. 우리는 그 어떤 자연적 원인에서도 고유한 인과성이나 작용력은 지각하지 못한다. 그 대신 우리는 이것과 이것의 '결과'라고 불리는 것 간의 자연경로를 통해 설정된 연계만을 지각할 뿐이다. 모든 추론에 앞서 본성상 우리는 고정된 불변의 자연경로가 있다고 예측하며 우리에게는 이 자연경로를 발견하고자 하는 강한 욕구가 있다. 우리는 우리에게 제시되는 모든 사물 간의 연계에 주의를 기울이며 이 연계가 지속되리라고 기대한다. 그리고 이런 연계가 내내 관찰되어온 경우 우리는 사물들이 자연적으로 연계되어 있다고 생각하고 그리하여 특정 사물의 현상은 추론이나 반성의 과정 없이 특정 사물에 관한 믿음을 운반해준다.

만약 독자 중에 귀납원리가 철학자들이 흔히 '관념연합'이라 부르는 것으로 환원될 수 있다고 상상하는 이가 있다면 다음을 생각해보기 바란다. 자연기호는 귀납원리를 통해 관념하고만 연합하는 것이 아니라 기호가 지시하는 사물에 관한 믿음과도 연합한다. 관념과 믿음이 동일한 것이 아닌 이상 관념과 믿음의 연합을 '관념연합'이라 부르는 것은 전혀 정당치 않다. 어린아이는 핀으로 찔리는 것이 고통과 연계되어 있음을 발견한다. 이제 아이는 양자가 자연적으로 연계되어 있다는 사실을 믿으며 그렇게 알고 있다. 그는 핀에 찔린 다음 항상 고통이 뒤따라옴을 안다. 만약 누군가가 이를 두고 '관념연합'으로 부르고자 한다면, 이런 용어법을 두고 논쟁하고 싶은 생각은 없다. 그러나 나는 이자가 매우 부적절한 어법을 구사하고 있다고 본다. 이자가 말하고자 하는 바를 쉽게 표현하면, 그것은 하나의 예견이다. 그가 과거에 연계되어 있는 것으로 발견해왔던 사물들이 미래에도 연계되어 있을 것이라는 예견이다. 이 예견은 추론의 결과가 아니라 '귀납원리'라고 불리는 인간본성의 본래적 원리의 결과다.

신뢰원리와 마찬가지로 귀납원리는 유아시절에는 무제한적으로 작동하지만 우리가 성장함에 따라 점차 제한되고 통제된다. 이 원리는 종종 우리를 실수로 이끌지만 전체적으로 보면 무한한 이점(利點)이 있다. 과거에 한 번 화상을 입은 적이 있는 어린아이는 귀납원리에 의해 불을 피하게끔 되고, 과거에 주사 맞은 적이 있는 어린아이는 이 귀납원리 때문에 주사를 놓았던 의사선생님 모습을 보면 도망가게끔 된다. 불을 보고 피하면 안 된다는 것보다는 의사선생님을 보고 도망가야만 한다는 것이 더 좋다.[95]

그러나 우리가 신뢰원리와 귀납원리에 의해 범하게 되는 실수는 상이한 종류의 것들이다. 때로 우리는 타인의 말을 완전히 이해하는 경우라 할지라도 타인의 거짓말 때문에 실수를 저지른다. 그러나 자연은 결코 이런 식으로 우리를 오도하지 않는다. 자연의 언어는 항상 진리다. 우리가 오류로 빠지는 것은 단지 자연의 언어를 잘못 해석해서다. 사물 간에는 자연적 연계의 수만큼이나 많은 수의 우연적 연계가 있고 우연적 연계는 자연적 연계로 간주되기 쉽다. 위에서 언급된 예에서 어린아이는 주사의 고통을 의사선생님과 연결시킨다. 이 고통은 실제로는 주사바늘의 삽입하고만 연결되었던 것임에도 말이다. 철학자나 학자 역시 이런 실수에서 면제되어 있지 않다. 실로 철학에서 온갖 그릇된 추론은 이런 종류의 실수에 기인한다. 그릇된 추론은 정당한 추론과 마찬가지로 경험과 유추에서 오며 경험과 유추에서 오지 않는 그릇된 추론은 진리인 것처럼 보일 수도 없다. 그러나 그릇된 추론은 요령 없고 성급한 것인 반면 올바른 추론은 자연기호에 대한 정당하고 적법한 해석이다. 만약

---

95) 물론 한 번 데인 적이 있다고 해서 무조건 불을 피하거나 한 번 주사 맞았던 아픈 경험이 있다고 해서 매번 의사선생님을 피하는 것은 둘 다 어리석은 일이다. 귀납원리는 적절하게 제한받고 수정되어 더욱 유익하게 작용할 수 있다. 그리고 경우에 따라 이 제한과 수정은 더 긴요할 수도 있고 그렇지 않을 수도 있다. 불의 사용은 의사선생님에게 진찰과 치료를 받는 것보다 더욱 빈번한 일상사이고 따라서 불에 데인 경험의 귀납적 작용은 더욱더 긴요하게 제한되고 수정될 필요가 있다.

어린아이나 보통 수준의 지성을 지닌 어른에게 외국어로 된 과학서적을 해석하여 모국어로 바꾸어 써야 하는 일이 맡겨진다면, 그는 얼마나 많은 잘못과 실수를 저지를 것인가? 그러나 이들도 자연언어에 관해서는 자신의 삶의 방식에 필요한 만큼은 알고 있다.

자연언어는 보편 학문이고 이 학문을 배우는 학생들은 다양한 학급으로 구분되어 있다. 동물과 백치, 어린아이도 나름대로 이 학문연구에 종사하며 이들의 모든 획득지각은 이 연구 덕택이다. 보통 수준의 지성을 지닌 성인은 자연언어의 연구에서 약간의 반성만을 통해서도 많은 진전을 이루어내며 어린아이에게는 알려져 있지 않은 많은 것을 배운다.

이 학교에서 철학자들은 가장 높은 자리를 차지한다. 철학자들은 자연언어의 감정가들이다. 이 모든 다양한 학급에는 단 한 명의 선생님이 있다. 바로 귀납원리에 의해 계몽된 경험이다. 귀납원리로부터 오는 계몽을 치워버리면, 경험은 두더지처럼 눈이 멀고 말 것이다. 실로 경험은 무엇이 눈앞에 있고 무엇이 신체에 직접 접촉하는지는 느낄 수 있겠지만 앞에 있거나 뒤에 있는 것, 오른쪽에 있거나 왼쪽에 있는 것, 미래나 과거는 보지 못할 것이다.

베이컨 경은 귀납추론 규칙 내지 올바른 자연 해석 규칙, 그리고 이러한 해석에서 범해지기 쉬운 오류를 그 위대한 천재성을 발휘하여 놀랍도록 지혜롭게 묘사했다. 따라서 그의 『노붐 오르가눔』[96]은 '자연언어 문법'(grammar of the language of nature)으로 정당하게 불릴 수 있을 것이다. 이 작품이 저술될 당시 세상에는 모방할 만한 귀납규칙을 갖춘 변변한 귀납추론 모델 하나 없었다는 점은 이 작품의 장점을 증대시키고 결함을 벌충할 수 있을 것이다. 아리스토텔레스가 시작술(詩作術)과 웅변술의 모습을 그려냈을 때 이 기예들은 이미 완성 단계에 있었지만, 베이컨이 자연해석의 기술이 지닌 특성과 체격을 묘사했을 때 이 기

---

96) 베이컨(Francis Bacon)이 지은 『노붐 오르가눔』(*Novum Organum*, 1620) 을 말한다. 이 책, 143쪽 주 7) 참조.

술은 아직 배아 상태에 있었다. 아리스토텔레스는 당시까지 등장했던 시작술과 웅변술의 가장 훌륭한 모델들에서 규칙들을 도출했던 것이었지만, 이제까지 등장했던 귀납추론의 가장 훌륭한 모델인 뉴턴의 『프린키피아』 제3권과 『광학』은 베이컨의 자연 해석 규칙들에서 도출된 것이었다. 이 규칙들이 노리는 목적은 자연경로에서 등장하는 외양상의 연계 내지 현상적 연계와 진정한 연계를 구분하는 방법을 우리에게 가르치는 것이다.

귀납추론에 숙련되어 있지 않은 이들은 흔히 획득지각과 관련해서보다는 자연현상을 근거로 한 추론과 관련하여 더 많은 실수를 저지른다. 종종 우리는 소수의 사례를 근거로 삼아 추론하여 그만 사물들 간의 우연적 연계를 자연적 연계로 간주하고는 한다. 하지만 획득지각을 구성하는 습관, 즉 아무런 추론과정 없이 기호로부터 기호에 의해 지시된 사물로 나아가는 습관은 다수의 사례나 실험을 통해 학습되어야만 한다. 다수의 실험을 통해 우리는 자연적 연계에 대한 우리의 믿음을 확증하고 우연히 연계된 사물들을 분리시킨다.

자연은 어린아이에게 아이가 손을 사용하기 시작할 때부터 온갖 사물을 거듭해서 만져 보라고, 만져 보면서 주시하라고, 사물을 다양한 위치와 거리에 놓아보라고 가르친다. 우리는 아이들이 이런 자연의 가르침에 따르는 것을 두고 일종의 심심풀이 장난으로 치부해버리고 마는데, 이는 이때쯤의 아이들도 무엇인가 할 일은 있어야 하지만 아직은 어른스럽게 즐길 만한 분별력은 갖추고 있지 못하다고 생각해서다. 그러나 우리가 아이들이 하는 일을 좀더 정당하게 평가하려고 든다면, 우리는 이들이 매우 진지하고 중요한 연구를 하고 있다는 점을 깨달을 것이다. 실로 이들이 철학자의 모든 이성을 갖추게 된다고 한들 이로써 더 제대로 열중하게 되지는 않을 것이다. 그러한 어린아이다운 일들이야말로 아이에게 자신의 눈을 더욱 제대로 사용할 수 있도록 만드는 일이다. 아이는 그런 일들을 행함으로써 날마다 지각습관을 획득한다. 이 습관은 우리가 아이에게 가르칠 수 있는 그 어느 것보다 중요하다. 자연이 어린아이에게 주었던 본래적 지각의 숫자는 매우 적어서 삶의 목표를 달성하기에는 불충분하고 그리하여 자연은 더욱 많은 지각을 습관을 통해 획득할 수 있는 능력을 어린아이에게 주었다. 또 자연은 자신의 작품을 완성하기 위해 어린아이에게 이런 지각의 획득을 위해 열심히 연습할 수 있는 근면함을 주었다.

　이상은 자연이 자신의 자녀에게 행하는 교육이다. 지금 우리는 교육이라는 주제에 관해 논의하고 있으므로, 한 가지를 더 보태자. 자연이 행하는 또 다른 교육 내용은 어린아이가 자신의 호기심을 배불리 채우고 그 소소한 식욕을 충족시키기 위해서는 자신이 지닌 모든 근육을 사용하고 모든 재능을 이용하게끔 되어 있다는 점에서 잘 드러난다. 아이의 욕구가 원하는 것은 노동과 인내라는 대가를 치르고 나서나 많은 실망을 거치고 나서야 획득된다. 아이는 자신의 욕구 충족을 위해 신체와 몸을 갈고닦음으로써 신체상의 건강과 생기를 획득하고 행동의 민첩함과 강인함과 숙련을 획득한다. 아이는 인내와 끈기를 학습한다. 아이는 기죽지 않으면서 고통을 감내하는 법과 낙담하지 않으면서 실망을 감내하는 법을 학습한다. 자연이 행하는 교육은 야만인에게서 가장 완전하다. 야만인에게는 자연 이외의 다른 가정교사가 없다. 우리는 이들이 감각의 신속함이나 행동의 민첩함, 기아와 갈증과 고통과 실망을 감내하는 정신적 강인함에서 대개 문명화된 인간을 훨씬 능가한다는 것을 알고 있다. 저 매우 독창적인 저자[97]가 야만의 삶을 사회의 삶보다 선호하는 것은 바로 이런 이유에서라고 생각한다. 그러나 자연이 행하는 교육은 결코 그 자체로서는 한 사람의 루소[98]도 만들어낼 수 없다. 한 사람

---

97) 바로 다음에 나오는 루소를 가리킨다.

98) 루소(Jean-Jacques Rousseau, 1712~78): 스위스 제네바 출신의 프랑스 사상가. 주요 저서로 『인간불평등기원론』(Discours sur l'origine et les fondements de l'inegalite parmi les bommes, 1755), 『에밀』(Emile: ou, de l'education, 1762), 『사회계약론』(Du Contrat social, 1762)이 있다. 국민의 자유와 권리를 강조하여 후에 프랑스혁명의 사상적 토대를 제공했다.

의 루소를 형성해내려면 자연의 교육에 인간이 행하는 교육이 덧붙여져야 한다는 것이 자연의 의도다. 자연은 우리를 인간이 행하는 교육에 적합하게끔 만들었다. 이 교육은 거의 유아시절부터 작동하는 것으로 발견되는 모방과 신뢰라는 자연원리를 통해, 그리고 이후의 성장 과정 중에 작동하는 또 다른 자연원리들을 통해 이루어진다.

만약 인간에게서 받는 교육 때문에 자연의 교육을 행할 여지가 허용하지 않는다면, 이런 교육은 방향이 잘못 잡힌 교육이다. 이런 교육은 우리의 지각능력을 해치며 심신을 모두 무기력하게 만든다. 인간의 질병을 치료하는 고유한 방식이 자연에 있듯이 인간을 양육하는 고유한 방식도 자연에 있다. 의학의 기예는 질병을 치료하는 데 자연을 따라 자연을 모방하고 돕는 것에서 성립한다. 교육의 기예도 인간을 양육하는 자연의 방식에 있어 자연을 따라 자연을 돕고 모방하는 데서 성립한다. 고대 발레아르[99] 주민들은 어린아이를 훌륭한 궁수로 가르치기 위해 자연을 따랐는데, 이들은 저녁 식사거리를 높이 실로 매달아놓은 다음 어린 자녀가 활쏘기 실력을 발휘하여 떨어뜨려 먹게 했다.

자연이 행하는 교육은 생명 유지에 필요한 것 이상의 인간적인 배려가 동반되지 않는 한 한 사람의 완전한 야만인을 만들 뿐이다. 인간이 행하는 교육은 자연이 행하는 교육에 덧붙여져 한 사람의 훌륭한 시민을, 한 사람의 숙련된 장인을, 한 사람의 행실 바른 남자를 만든다. 그러나 한 사람의 루소나 한 사람의 베이컨, 한 사람의 뉴턴을 만들기 위해서는 이성과 반성이 이들의 교육에 부가되어야 한다.

인간이 행하는 교육에서 저질러지는 수많은 오류가 있지만 전혀 아무런 교육도 행하지 않는 것보다는 그 어떤 교육이라도 행하는 편이 덜 나쁘다. 짐작건대 심지어 루소라고 해도 자신의 아들을 프랑스인들이나 이탈리아인들, 중국인들, 아니면 에스키모인들 중 어느 나라 사람들에

---

99) 발레아르(Baleares): 지중해 서부의 에스파냐령 제도. 아름다운 풍경과 온난한 기후로 유명하다. 섬 여기저기에 산재한 '탈래요트'(Talayot)라는 거탑의 이름을 본뜬 '탈래요트 문명'이라 불리는 선사시대 문명이 있다.

게서 교육시킬 것인지를 택해야 하는 상황이라면, 마지막을 택하지는 않았을 것이다.[100)

이성이 제대로 사용되는 경우, 이성은 항상 참이면서 온전한 자연의 훈시를 확증해줄 것이다. 이성은 인간이 행하는 교육이 알려주는 훈시 중 좋은 것과 나쁜 것을 구분하여 후자는 절도 있게 거부할 것이고 전자에는 존경심을 갖고 충성을 바칠 것이다.

대부분의 사람은 일생 내내 자연이 만든 모습과 인간이 교육시킨 모습을 유지하고 살아간다. 이들의 행동방식과 견해, 미덕과 악덕은 습관과 모방과 가르침을 통해 획득된 것들이다. 이것들의 형성에 이성은 거의 아무런 몫도, 아니 전혀 아무런 몫도 차지하고 있지 않다.

---

100) 에스키모인들에게는 자연이 행하는 교육 이외의 것은 없다는 전제가 깔려 있다.

제7장 결론

철학자들의 견해에 대한 반성

인간의 마음과 마음의 능력, 마음의 작용에 관한 개념과 견해를 형성하는 길은 두 가지다.[1] 첫 번째 길은 진실에 이르는 유일한 길이다. 그러나 이 길은 협소하고 험난하며 극소수의 사람만이 들어섰던 길이다. 두 번째 길은 넓고 평탄하며 많은 사람이 밟았던 길이다. 일반인뿐만 아니라 철학자들도 이 두 번째 길을 걸었다. 이 길은 일상적인 삶을 위해서는 충분하며 시인과 웅변가가 노리는 목표를 달성하기에는 매우 적합하다. 그러나 마음에 관한 철학적 탐구에서 이 두 번째 길의 종착지는 오류와 착각이다.

우리는 첫 번째 길을 '반성의 길'(way of reflection)이라고 부를 수 있다. 마음의 작용이 실행될 때 우리는 이 작용을 의식한다. 이 작용에 주의를 기울이고 반성을 행하여 이윽고 이것이 사유의 익숙한 대상이 되게 하는 것은 우리 능력 안에 있다. 이 길은 우리가 마음의 작용에 관해 정당하고 정확한 개념을 형성할 수 있는 유일한 길이다. 그러나 도처에서 끊임없이 주의를 잡아끄는 외부 대상들로 둘러싸여 있는 인간으로

---

1) 리드의 두 가지 길에 대한 서술은 파르메니데스가 운문 『자연에 관하여』에서 묘사했던 두 가지 길을 연상시킨다. 운문에서 화자(話者)는 마차를 타고 여신의 궁전에 당도하는데, 여신은 두 가지 길이 있음을 말해준다. 하나는 진리의 길이고 다른 하나는 기만적인 믿음의 길이다.

서는 이러한 주의와 반성을 행하기란 너무나 힘든 것이어서 이제까지는 거의 실행되지 않아 왔다. 철학자조차도 이를 거의 실행하지 않았다. 이 탐구의 진행 중 우리는 감각의 가장 익숙한 대상들에게 우리가 얼마나 적은 주의를 기울여왔는지를 여러 차례 보여주었다.

인간이 마음과 마음의 작용에 관한 개념을 형성하는 가장 흔한 길인 두 번째 길을 우리는 '유추의 길'(way of analogy)이라고 부를 수 있다.[2] 자연 경로 중에서 등장하는 사물 중 너무나 특이하여 우리가 그밖의 익숙한 사물들과의 아무런 유사성도, 적어도 아무런 유추도 발견할 수 없는 사물은 없다. 본성상 마음은 이런 유추를 사냥하면서 기뻐하고 즐거움을 느끼고 유추에 주의를 기울인다. 시(詩)와 기지(奇智)가 지닌 매력의 커다란 부분은 유추에서 이끌어지고 웅변이 지닌 설득력의 적지 않은 부분도 유추에서 이끌어진다.

유추는 우리에게 주는 즐거움 외에도 유익한 점이 매우 많다. 유추라는 실마리가 없다면 쉽게 파악되지 않는 사물에 관한 개념화를 용이하게 만들기도 하고, 직접적이고 무매개적인 앎의 수단이 결여되어 있는 경우 유추는 사물의 본성과 성질에 관한 개연적인 추정을 하도록 이끌기도 한다. 예를 들어, 목성이 지구와 유사한 방식으로 자전하면서 태양을 공전하며 지구가 달에 의해 비추어지듯이 목성도 위성들에 의해 비추어진다는 사실을 고려했을 때 나는 유추를 통해 쉽게 다음과 같이 추측한다. 즉 지구가 다양한 목(目)의 동물이 거주하기에 적합하듯이 목성도 유사하게 동물이 거주하기에 적합하다. 나로서는 이 문제를 판단할 직접적이고 결정적인 논증은 갖고 있지 않으므로 이런 유추논증에 대해 논증이 지닌 설득력만큼만 동의한다. 내가 감자와 가지[3]가 꽃이나

---

2) 유추적인 사고방식이란, 예를 들어, 두 사물 a와 b가 일정 측면에서 유사성이 발견될 때 만약 a에서 c가 성립하면 b에서도 c와 유사한 d가 성립할 것이라고 판단하는 것을 말한다. 도식적으로 나타내면, "$a:c = b:d$"를 가정하는 것이다.

3) 리드는 가지 속(屬)의 총칭어인 'solanum'이란 단어를 사용한다. 하지만 가지 속에는 감자와 가지, 까마종이 모두 속하므로 이 맥락에서는 가지 속이 아니라

결실이 매우 비슷하다는 것을 관찰했고 가지에 독이 있다는 이야기를 들었다고 해보자. 이때 나는 유추를 통해 감자에도 독이 있지 않을까 하는 의심을 품기 쉽다. 그러나 이 경우에는 나는 직접적이고 확실한 증거에 접할 수 있으므로 이 유추를 믿어서는 안 된다. 이 유추는 나를 오류로 이끌 것이다.

직접적이고 결정적인 논증은 종종 수고스러운 주의와 몰입을 요구하는 데 반해 유추논증은 항상 손닿는 곳에 있어서 우리의 상상에서 자생적으로 풍성히 자라난다. 그리하여 일반적으로 사람에게는 유추논증을 매우 많이 신뢰하는 성향이 있다. 고대 철학자들의 이론을 주의 깊게 검토해본 자라면 그 이론들이 물질세계에 관한 이론이든 마음에 관한 이론이든 간에 유추만을 토대로 삼고 있음을 발견하게 된다. 베이컨 경은 엄격하고 엄밀한 귀납법을 최초로 묘사한 사람이다. 베이컨 이후 귀납법은 자연철학의 몇몇 영역에 적용되어 매우 훌륭한 성공을 거두었지만 그 이외의 영역에서는 거의 그렇지 못했다. 하지만 마음과 마음의 작용에 관련해서만큼 인류가 유추적인 사유방식과 추론방식에 의존하는 주제도 없다. 마음의 작용에 관해 직접적이고 고유한 방식을 통해 분명하고 선명한 개념을 형성하고 이렇게 형성된 개념들에 관해 추론을 행하는 것은 주의 깊은 반성의 습관을 요구한다. 그런데 이런 습관을 가질 수 있는 자는 소수이고 이 소수의 사람도 많은 수고와 노고 없이는 그것을 얻을 수 없다.

사람은 누구나 자신이 파악하기에 힘들거나 덜 익숙한 사물에 관한 개념을 형성할 때는 좀더 익숙한 사물과의 유추에 의존하게 되기 쉽다. 그리하여 선원생활에 알맞게 키워져서 항해와 관련된 문제에 대해서만 생각하고 말하는 데 익숙한 자가 항해 아닌 다른 주제에 관해 말하게 되는 경우 이자의 이야기에서는 모든 화젯거리가 그의 생업에 고유한 언어와 개념들과 연관되며 그리하여 모든 것이 항해규칙에 따라 평가되고

가지 종(種)의 의미로 쓰였다고 생각된다.

만다는 것은 잘 알려져 있다. 만약 이자가 마음의 능력에 관해 철학적인 생각을 해야 한다면, 의심할 나위 없이 그는 마음의 능력에 관한 개념을 배의 구조에서 이끌어낼 것이고 그는 마음 안에서 돛과 마스트, 키, 나침반 등을 발견할 것이다.

항해와 관련된 것들이 선원의 관심을 차지하고 마음을 사로잡듯이 나머지 다른 사람들의 관심을 차지하고 마음을 사로잡는 것은 이러저러한 감각대상들이다. 삶의 상당 시간 동안 우리는 감각대상 이외의 것은 생각할 수 없다. 다른 본성의 대상에게 주의를 기울여 분명하고 선명한 개념을 형성하는 것은 우리가 반성을 행할 수 있는 연령에 도달한 이후에도 결코 쉽지 않다. 따라서 이러한 인류의 삶의 조건은 다음과 같은 추측에 훌륭한 근거를 제공한다. 즉 마음과 마음의 작용에 관련한 우리의 언어와 일상개념은 유추적일 것이고 감각대상들에게서 이끌어졌을 것이며, 이런 유추는 일반인을 기만하는 것과 마찬가지로 철학자를 쉽게 기만할 것이고 마음과 마음의 능력을 물질적인 것들로 만들게끔 유도할 것이다. 우리의 경험은 이 추측이 진리임을 풍부하게 확증한다.

모든 시대에 모든 민족이 어떻게 영혼 내지 인간 내부의 사유 원리를 숨결이나 바람과 비슷한 미묘한 물질로 생각해왔는지는 거의 모든 언어에서 영혼이 어떻게 묘사되는지에 의해 충분히 증언된다. 우리는 감각을 통해 외부 대상을 지각하는 다양한 방식을 표현하는 데 적합한 비유추적인 단어들을 갖고 있다. '촉각' '시각' '미각'이 그렇다. 그러나 우리는 이러한 단어들을 마음이 갖고 있는 매우 상이한 본성의 능력을 표현하기 위해 유추적으로 사용한다. 일반적으로 일정 정도의 반성을 함축하는 마음의 능력의 이름 중 유추적이지 않은 것은 없다. 우리는 사유 대상이 '마음 안에 있다'(in the mind), '포착(捕捉)된다'(apprehended), '파악(把握)된다'(comprehended), '개념화된다'(conceived, 잡히다),[4]

---

4) 리드는 비물리적인 인식작용을 묘사하는 데 동원하는 일련의 영어단어들의 많은 수가 물리적 사건을 기술하는 데 쓰이는 단어들이라는 점에 주의를 환기하고 있다. 예를 들어, 'conceive'는 본래 라틴어적 의미는 '잡다' '안으로 받아들

'상상된다'(imagined, 이미지가 떠올려진다), '보유(保有)된다'(retain-ed), '측량된다'(weighed), '반추된다'(ruminated)고 말한다.

영혼의 본성에 관한 고대 철학자의 개념이라고 해서 일반인보다 훨씬 더 세련되었다거나 다른 방식으로 형성되었던 것 같지는 않다. 우리는 이 주제와 관련하여 철학을 낡은 철학과 새로운 철학으로 구분하고자 한다. 낡은 철학은 데카르트에 이르러 결정적인 타격을 받아 이후 점차 사라지기 시작하여 지금은 거의 소멸된 상태다. 이 주제와 관련하여 데카르트는 새로운 철학의 아버지다. 새로운 철학은 데카르트 이후 그가 개진한 원리를 토대로 점차 진전되어왔다. 낡은 철학은 순전히 유추적 이었던 것으로 보인다. 새로운 철학은 낡은 철학보다는 더 많이 반성하여 이끌어진 것이지만 상당 부분은 여전히 낡은 유추적인 개념들의 혼합물이다.

고대 철학자들은 감각대상은 질료와 형상으로 구성되어 있으므로 모든 사물은 질료와 형상 중 어느 하나에 속하거나 양자에 의해 구성된다고 이해했다. 그리하여 일부 철학자는 영혼을 조야한 신체에서 분리 가능한 특별한 종류의 미묘한 물질로 생각했고 일부는 신체에서 분리 불가능한, 신체의 특정한 형상이라고 생각했다. 이 점은 현대인들과 마찬가지로 일부 고대인도 신체의 유기적 구조나 구성은 신체가 감각 가능하게 되고 지성적으로 되는 데 필요한 전부라고 생각했다는 점에서 잘 드러나 있다. 이 마지막 학파의 철학자들에 따르면, 따라서 마음의 다양한 능력 각각은 신체의 다양한 부분, 예를 들어, 심장이나 두뇌, 간장, 위, 혈액에 속하는 것으로 생각되었다.

영혼을 신체에서 분리 가능한 미묘한 물질로 생각했던 이들은 영혼이 흙, 물, 공기, 불이라는 4원소 중 어느 것에 속하는지를 둘러싸고 논쟁을 벌였다. 4원소 중 물과 공기와 불은 각각의 옹호자를 가졌다. 그러나

이다' '취하다'의 의미이고, 'imagine'은 말 그대로 시각적 이미지를 떠올리는 것을 뜻한다.

어떤 이들은 영혼이 모든 원소를 부분적으로 나누어 갖는다고 생각했다. 영혼은 우리가 지각하는 각각의 것과 유사한 것을 그 성분으로 갖고 있어야 하고, 그리하여 우리는 영혼의 흙 부분을 통해 흙을 지각하고 물 부분을 통해 물을 지각하고 불 부분을 통해 불을 지각한다는 것이다. 일부 철학자는 영혼이 어떤 물질로 구성되는지를 판정하는 데 만족하지 않고서 영혼은 어떤 형태인지를 물었다. 이들은 영혼은 움직이기에 적합하게끔 구형태일 것이라고 판정지었다. 고대 철학자들에게서 발견되는 영혼의 본성과 관련한 가장 정신적이고 숭고한 개념은 내가 생각하기에는 플라톤주의자의 개념이다. 이들은 영혼은 항성이 만들어지는 재료인 천상의 부패하지 않는 물질로 만들어져 있고 따라서 영혼은 그 고유한 원소와 결합하려는 자연적인 성향을 지니고 있다[5]고 주장했다. 아리스토텔레스가 어떤 종류의 철학자로 분류되어야 하는지는 난감한 문제다. 그는 영혼을 잠재적으로 생명을 지니고 있는 자연적인 물체의 제1엔텔레키[6]라고 정의했다. 청컨대 이 그리스어가 무슨 뜻인지 이해하지 못하는 나로서는 이 단어를 영어로 번역하는 일에서는 면제되기 바란다.

마음의 작용과 관련하여, 특히 지각과 관념과 관련하여 고대 철학자들이 지녔던 개념 역시 영혼의 경우에서와 마찬가지 종류의 유추에 의해 형성되었던 듯하다.

현존하는 저작의 저자 중에서는 최초로 플라톤이 관념이라는 단어를 철학에 도입했다.[7] 하지만 이 탐구의 주제에 관한 그의 학설은 상당히

---

5) 인간의 영혼이 지상의 세계를 벗어나 위로 상승하고자 하는 욕구를 지녔음을 말한다.

6) '제1엔텔레키'(first ἐντελεχεια)란 영어로는 'first actuality'로서 우리말로는 '제1활동태'로 번역할 수 있는 아리스토텔레스의 용어다. 그는 『영혼론』(*De anima*)에서 영혼을 생명체의 제1활동태로 정의한다. 영혼은 생명체가 생명체로서 존재하는 한 기능들의 발휘를 통해 언제나 실현되는 제1활동태다.

7) 플라톤이 'eidos'를 사용했던 것을 말한다. 'eidos'란 본래 외적 형태나 외양을 가리키는데 플라톤에서는 개별자가 바로 그것이게끔 하는 본질로서의 형상(form)을 뜻한다.

특이했다. 모든 사물은 질료와 형상으로 구성되고 사물을 구성하는 질료는 형상을 지니지 않은 채 영원히 존재해왔다고 생각했다는 점에서 그는 다른 고대 철학자들과 의견이 같았다. 그러나 그는 또 존재하는 모든 가능한 사물의 영원한 형상들이 있고 이 형상들은 질료를 지니지 않는다고 믿었다. 그는 이들 영원한 비물질적인 형상들에게 관념들이라는 이름을 부여했고 이것들만이 참된 지식의 유일한 대상이라고 주장했다. 그가 이런 견해를 파르메니데스[8]에게서 빌린 것인지 아니면 그의 창조적인 상상력의 산물이었는지는 별반 중요하지 않다. 후대의 플라톤주의자들[9]은 플라톤의 견해를 더욱 개선시켰는데, 이들은 관념 내지 사물의 영원한 형상은 독자적으로 존재하는 것이 아니라 신의 마음 안에 존재한다고, 관념은 모든 사물이 그에 따라 만들어지는 모델이자 패턴이라고 생각했다.

> 그때 그 영원한 일자가 살았고, 그때, 깊이 은거하여
> 그는 자신의 재어지지 않는 본질 안에서, 자세히 보았다
> 사물들의 창조되지 않은 이미지들을.[10]

---

8) 파르메니데스(Parmenides, 기원전 515~기원전 445): 남부 이탈리아 출신의 그리스 철학자. 엘레아학파의 창시자로 존재의 철학자로 불린다. 주저는 『자연에 대하여』(*On Nature*)다. 파르메니데스는 존재자들의 다수성이나 변화와 운동은 영원하고 유일한 존재의 현상에 불과하다고 주장하여 "모든 것은 하나다"라는 파르메니데스의 원리를 성립시킨다.

9) '후대의 플라톤주의자들'이란 529년 플라톤의 아카데미 학원이 문을 닫게 될 때까지 활동했던 신(新)플라톤주의자들을 말한다. 이들은 유대의 창세기 설화와 플라톤의 우주론을 결합시켰는데, 플로티누스(Plotinus, 205년경~270)의 『에네아드』(*Enneads*)가 대표작이다. 이 책에서 주장된 유출설에 따르면, 만물의 근원은 일자(一者)로서 만물은 이 일자에서 흘러나오고 동시에 일자로 복귀한다는 것이다.

10) 리드가 인용하는 원문은 다음과 같다.

  Then liv'd the Eternal One, then, deep retir'd
  In his unfathom'd essence, view'd at large

말브랑슈는 플라톤의 견해와 아주 긴밀하게 제휴한다. 그는 관념에 관한 통상의 가설, 즉 사유의 모든 대상에 관한 관념은 인간의 마음 안에 있다는 가설에 동반하는 난점을 그 어떤 저자 이상으로 의식했던 것 같다. 그는 이 난점을 피하기 위해 인간 사유의 직접적 대상인 관념을 신의 마음 안에 있는 사물의 관념으로 만든다. 신은 모든 인간의 마음에 친밀하게 현전하여 그가 원한다면 언제라도 자신의 관념을 인간의 마음에게 알려준다는 것이다.

내가 알고 있는 한 플라톤주의자들과 말브랑슈를 제외한 그밖의 모든 철학자는 모든 사유 대상의 관념 내지 이미지가 인간의 마음 안에 있다거나 적어도 마음이 거주한다고 상정되는 뇌의 어떤 부분에 있다고 생각해왔다.

아리스토텔레스는 관념이라는 단어에 아무런 좋은 감정도 갖고 있지 않았다. 그는 이 단어를 관념에 관한 플라톤의 견해를 반박할 때를 제외하고는 거의, 아니 전혀 사용하지 않았다. 아리스토텔레스는 물질은 형상 없이도 존재할 수 있지만 형상은 물질 없이는 존재할 수 없다고 생각했다. 그러나 동시에 그는 마음에 형상이나 판타즘이나 상(像)이 없다면 그 어떤 감각이나 상상도, 지성작용도 있을 수 없다고, 감각적인 것들은 감각적인 상에 의해 지각되고 지성적인 것들은 지성적인 상에 의해 지각된다고 가르쳤다. 그의 추종자들은 이 감각상과 지성상은 대상에 의해 방출되어 수동지성 위에 인상을 만들고 능동지성은 수동지성 안에서 이 인상을 지각한다고 더욱 명시적으로 가르쳤다. 이 가르침은 소요학파가 권위를 유지하는 동안에는 상식적인 견해처럼 보였다.

루크레티우스의 설명에서처럼 에피쿠로스의 학설은 많은 점에서 소요학파와 크게 다르지만 다음과 같은 주장에서는 소요학파의 학설과 거

The uncreated images of things.

인용문의 출처는 불명확하나 영원한 일자(Eternal One)가 언급되는 것을 봐서는 신플라톤주의자의 운문에서 발췌한 것 같다.

의 동일하다.[11] 에피쿠로스는 가냘픈 피막이나 환영들——사물의 얇은 모상들(tenuia rerum simulacra)——이 모든 사물에서 발산되어 떠돌 아다니며 이것들은 극도로 미묘하여 우리의 거친 신체 안으로 쉽게 스 며들어 오기도 하고 마음에 부딪히기도 하여 사유와 상상을 야기한다고 주장했다.

소요학파의 이론은 거의 아무런 라이벌도 없이 천 년 넘게 유럽의 학 교[12]를 지배한 후 데카르트의 이론 앞에서 무릎을 꿇게 된다. 아리스토 텔레스와 그의 주석가들에게서 발견되는 불분명함과 비교하여 데카르 트의 저작과 개념이 보여주는 명확성은 새로운 철학에 우호적인 강한 편애를 불러일으켰다. 플라톤의 천재성의 특성은 숭고함이고 아리스토 텔레스의 천재성의 특성은 세련됨이다. 그러나 데카르트는 명확성에서 이 두 사람을 훨씬 능가했고 명석함의 정신을 후계자들에게 유산으로 물려주었다. 마음과 마음의 작용에 관하여 현재 일반적으로 수용된 이 론은 그 정신뿐만 아니라 근본원리들도 데카르트에게서 이끌어낸다. 따 라서 그 이론은 말브랑슈와 로크, 버클리, 흄 등이 이루어낸 온갖 개선 사항인데도 여전히 '데카르트 이론'으로 불릴 수 있다. 이제 우리는 이 이론의 정신과 성격 일반, 그리고 특히 관념에 관한 학설에 관해 언급하 고자 한다.

1. 데카르트가 추구했던 방법은 자연스레 그로 하여금 마음의 작용에 정확한 반성을 통해 주의를 기울이도록, 그리하여 이 주제에 관해 이전 의 그 어느 철학자보다도 유추논증에 덜 의존하도록 만들었다고 할 수 있다. 새로운 토대에 이론을 정립하겠다는 의도를 갖고 있었던 그는 절 대적으로 확실하고 명증한 것 이외에는 다른 아무것도 허용하지 않겠다 는 결심과 함께 논의를 시작한다. 그는 감각과 기억, 이성, 그리고 우리

---

11) 이 책, 102쪽 주 17) 참조.
12) 중세 스콜라 철학을 가르쳤던 신학교들을 말한다.

가 일상적인 삶에서 의존하는 모든 다른 능력이 기만적일 수 있다고 가정한다. 그러고는 그는 불가항력적인 명증성 때문에 불가피하게 동의하게 될 때까지는 아무것도 믿지 않겠노라고 결심한다.

이런 성찰의 진행 과정 중 그에게 무엇보다도 확실하고 명증한 것으로 나타난 것은 자신이 생각한다는 것, 의심한다는 것, 숙고한다는 것이었다. 한마디로 그가 의식했던 자신의 마음의 작용은 실제하는 것임이 틀림없었고 그 어떤 착각도 아니었다. 비록 그밖의 모든 그의 능력이 그를 기만한다고 해도 그의 의식은 그럴 수 없었다. 따라서 그는 바로 이것을 모든 진리 중 제1진리로 간주했다. 이 제1진리는 그가 회의주의라는 커다란 바다에 내던져진 후 발을 딛고 선 가장 최초의 확고한 지반이었다. 그는 더 이상의 제1원리를 추구하는 대신 이 지반을 기초로 모든 지식을 정립하고자 결심한다.

이제 모든 다른 진리, 특히 감각대상의 존재는 그가 그의 의식을 통해 알고 있는 것에서 엄격한 일련의 논증을 거쳐 연역되어야 했으므로 그는 자연스레 자신이 의식했던 마음의 작용들에게 주의를 기울이게 되었고 그리하여 그는 마음의 작용들에 관한 개념을 외부 사물에게서 빌려오지 않을 수 있었다.

데카르트를 다음과 같은 고찰에 도달케 한 것은 유추방식에 의해서가 아니라 다음과 같은 주의 깊은 반성들에 의해서였다. 사유나 의욕, 기억, 그리고 마음의 그밖의 속성은 연장이나 형태, 그리고 사물의 그밖의 모든 속성과 전혀 비슷하지 않다. 따라서 생각하는 실체가 연장된 실체와 조금이라도 유사하다고 생각할 만한 아무런 근거도 우리에게는 없다. 생각하는 실체의 속성들이란 우리가 의식하는 것들이므로 우리는 감각을 통해 외부 대상에 관하여 가질 수 있는 지식보다 더욱 확실하고 직접적인 지식을 반성을 통해 가질 수 있다 등등.

내가 알고 있는 한 이런 고찰들은 데카르트가 최초로 행했다. 이 고찰들은 이 주제와 관련하여 이전에 말해왔던 그 어떤 고찰보다도 더욱 중요하고 이 주제에 관해 그 어떤 고찰보다도 많은 점을 밝혀주었다. 데카르트의 고찰은 우리로 하여금 감각대상에게서 유추적으로 이끌어내어진 마음과 마음의 작용에 관한 견해를 삼가게 하고 경계하게 하여 이 주제에 관한 모든 진정한 지식의 출처로서의 정확한 반성에 의존하게 한다.

2. 고찰컨대, 소요학파 이론에게 마음과 마음의 작용을 물질적인 것으로 만드는 성향이 있다면 데카르트에게는 물체와 물체의 성질을 정신적인 것으로 만드는 성향이 있다. 두 이론이 공유하는 오류는 전자는 유추의 길에서 극단을 달리고 후자는 반성의 길에서 극단을 달린다는 점이다. 내가 말하는 오류란 우리가 물체나 물체의 성질에 관해 알 수 있는 모든 것은 우리가 물체의 성질과 유사한 감각을 갖는 한에서만 아는 것이라는 주장이다. 이 주장에서 두 이론은 일치한다. 그러나 추론방법이 서로 다른 관계로 이들은 이 주장에서 전혀 다른 결론을 이끌어냈다. 소요학파의 철학자는 물체의 성질에서 감각에 관한 자신의 견해를 이끌어냈고 데카르트학파의 철학자는 이와는 반대로 감각에서 물체의 성질에 관한 자신의 견해를 이끌어냈다.

소요학파 철학자는 물체와 물체의 성질이 실제로 존재하고 그것도 우리가 대개 이것들이 그렇다고 간주하는 대로의 모습으로 존재한다는 것을 당연한 사실로 간주했다. 그리하여 이들은 물체의 성질에서 다음과 같은 방식으로 감각의 본성을 추론해냈다. 우리의 감각은 감각적 사물이 마음에 만드는 인상이고 따라서 왁스에 찍힌 봉인의 인상에 비교될 수 있다. 봉인의 인상은 봉인의 물질은 갖고 있지 않은 봉인의 이미지 내지 형상이다. 이와 유사하게 감각은 대상이 지닌 감각 성질의 이미지 내지 형상이다——이것이 아리스토텔레스의 추론이었다. 이 추론은 마음과 마음의 감각을 물질적인 것으로 만들려는 성향이 명백하다.

이와 반대로 데카르트학파의 철학자는 다음과 같이 생각한다. 물체의 존재 내지 물체가 지닌 성질의 존재가 제1원리로 취해져서는 안 된다. 우리는 물체의 존재 내지 물체가 지닌 성질의 존재와 관련하여 우리의 감각에서 정당한 추론으로 연역될 수 있는 것을 제외하고는 아무것도 허용해서는 안 된다. 이 철학자는 우리가 감각에 관한 선명하고도 분명한 개념을 유추를 통해 감각대상에게서 빌려오지 않고도 반성을 통해 형성할 수 있다는 것을 알고 있다. 그리하여 데카르트주의자들은 감각에 주의를 기울이기 시작한다. 이들이 맨처음 발견한 것은 제2성질에 상응하는 감각이 물체의 그 어떤 성질과도 유사하지 않다는 사실이다. 데카르트와 로크는 이 사실로부터 소리나 맛, 냄새, 색, 열, 뜨거움 등 일상인이 물체의 성질로 간주하는 것이 실제로는 물체의 성질이 아니라 마음의 단순감각에 불과하다고 추론했다. 그 후 독창적인 버클리는 감각 일반의 본성을 더욱 주의 깊게 고려하여 감각은 감각하지 않는 존재——물체가 바로 이러한 존재라고 가정된다——가 지닌 그 어떤 성질과도 유사할 수 없다는 사실을 발견했고 이를 논증적으로 입증했다. 이 사실에서 그는 아주 정당하게 추론하기를, 제2성질을 단순감각에 불과한 것으로 간주하는 데 동원되는 동일한 근거가 연장과 형태 등 모든 제1성질을 단순감각에 불과한 것으로 간주하는 데 동원된다. 이제 데카르트의 원리를 기초로 삼는 정당한 추론에 의해 물질은 모든 성질을 빼앗겨버린다. 이 새로운 이론은 일종의 형이상학적인 승화작용에 의해 물질의 모든 성질을 감각으로 전환하고 마치 낡은 철학이 정신을 물질적인 것으로 만들었듯이 이번에는 물체를 정신적인 것으로 만들어버린다.

이들 양 극단을 피하는 길은 우리가 의식하는 사물의 존재를 제1원리로 인정하는 것과 똑같이 우리가 보고 느끼는 사물의 존재 역시 제1원리로 인정하는 것이다. 즉 물체의 성질에 관한 견해는 소요학파의 편에 서서 감각의 증언에서 취하고 우리의 감각에 관한 견해는 데카르트 학파의 편에 서서 의식의 증언에서 취하는 것이다.

3. 고찰컨대, 근대 회의주의는 새로운 이론의 자연스러운 소산이다. 비록 1739년[13] 이전까지는 새로운 이론이 회의주의라는 괴물을 이 세상에 데려오지 않았다고 해도 새로운 이론은 애초부터 이 괴물을 포

---

13) 1739년은 흄의 『인간본성론』이 출판된 시기를 가리킨다.

태하고 있었다.

낡은 이론은 모든 상식의 원리를 제1원리로 인정했고 상식의 원리에 관한 어떤 증명도 요구하지 않았다. 낡은 이론은 비록 모호하고 유추적이고 난해한 추론을 구사했지만 그럼에도 환히 드러나 있는 토대에 서 있었고 조금도 회의주의로 경도되지 않았다. 우리는 그 어떤 소요학파의 철학자도 물질계의 존재에 대한 증명을 자신의 과제로 여기지 않았다는 사실을 발견한다. 그러나 데카르트 이론에 기초를 둔 저자들은 이 증명들을 시도했고 이 시도는 버클리가 이런 논증들의 무익함을 명백하게 보여줄 때까지 지속되었다. 버클리는 물질세계 같은 것은 없으며 물질세계에 관한 믿음은 일상인의 오류이므로 거부되어야 한다는 결론을 내렸다.

새로운 이론은 상식의 원리 중 하나만을 제1원리로 인정하고 이것에서 모든 나머지 원리를 엄격한 논증을 통해 연역하고자 한다. 이 이론에서 제1원리로 인정되는 것은 우리의 생각과 감각, 그리고 우리가 의식하는 모든 것은 실제 존재를 갖는다는 것이다. 그러나 이런 것을 뺀 나머지 모든 것은 이성의 빛을 통해 명증하게 입증되어야 한다. 이성은 의식의 이 유일한 제1원리에 근거하여 지식의 전체 구조를 빚어내야만 한다.

인간본성에는 사물들을 가능한 한 최소 원리로 환원시키려는 성향이 있다. 만약 소수의 원리가 이 원리들에 의존하는 것들을 지탱해낼 만한 힘을 지니고 있다면, 최소 원리를 지향하는 이런 인간성향 때문에 이론의 아름다움이 증진될 것이라는 점에는 의심의 여지가 없다. 소수의 공리와 정의를 토대로 삼아 그토록 고귀하고 웅장한 학문을 수립했다는 것에 수학자들이 자부심을 갖는 것은 실로 정당한 일이다. 이러한 단순성에 대한 애착과 사물들을 소수의 원리로 환원하려는 애착은 많은 거짓된 이론을 산출해왔지만 단순성에 대한 애착이 데카르트 이론에서보다 현저하게 나타났던 적은 없었다. 물질과 정신에 관한 데카르트의 전체 이론은 단 하나의 공리, 즉 코기토라는 한 마디 말로 표현되는 단 하나의 공리에 정립되어 있다. 데카르트는 관념을 질료로 삼아 의식적인 사유라는 토대에 인간지성에 관한 이론을 정립하여 인간지성의 모든 현상을 설명하고자 시도했다. 그는 자신이 자신의 의식을 근거로 해서 물질 존재를 증명했다고 생각했고 이번에는 물질 존재와 이 물질에게 본래적으로 찍혀 있는 일정 양의 운동의 존재를 토대로 삼아 물질 세계에 관한 이론을 세워 물질 세계의 온갖 현상을 설명하고자 시도한다.

이들 원리, 즉 물질의 존재나 일정 양의 운동의 존재라는 원리는 물질 세계를 제대로 설명하기에 불충분한 것으로 밝혀졌고 우리는 물질과 운동 외에도 물질 입자들이 서로 잡아당기고 밀어내는 원리인 중력, 응집력, 미립자 수준에서의 인력, 자력, 구심력과 원심력 등의 존재를 인정해야만 한다는 사실이 분명해졌다. 이 사실을 발견한 뉴턴은 이들 원리가 물질과 운동으로 환원될 수 없다는 점을 논증했다. 그러나 뉴턴 역시 유추관계와 단순성에 대한 애착으로 인해 오도(誤導)되어, 하지만 특유의 겸손과 조심성은 여전히 간직한 채, 모든 물질 세계의 현상은 물질 입자에 있는 인력과 척력에 의존한다고 추정하기에 이른다. 그러나 우리는 이제 이 추정이 표적을 빗나간 것이라고 감히 말할 수 있다. 비유기물의 세계에서조차 소금이나 수정, 섬광석,[14] 그리고 그밖의 많은 물체가 규칙적인 형태로 고체화되는 힘은 결코 물질 입자의 인력과 척력으로는 설명할 수 없다. 또 비유기적인 물체가 지닌 힘과는 다른 본성의 힘이 식물계나 동물계에 있음을 말해주는 강력한 징후들이 있다.

그렇다면 이제 우리는 비록 물질 세계는 물질 세계가 만들어진 목적에 어울리는 구조상의 단순한 아름다움이 있기는 하지만 데카르트가 생각하듯이 그렇게까지 단순하지는 않으며, 또 저 위대한 뉴턴이 겸손하게 추정하듯이 단순하지도 않다는 것을 알 수 있다. 데카르트와 뉴턴은 유추관계와 단순성에 대한 애착으로 인해 오도되었다. 데카르트는 연장과 형태, 운동에 관해 아주 많이 숙달했고 뉴턴은 인력과 척력 쪽으로 시야를 넓혔다. 이 두 사람은 자연의 알려지지 않은 미지의 영역에 관한

---

14) 섬광석(spar): 편상의 결을 따라 잘 쪼개지는 광택이 나는 광물의 총칭.

견해를 자신에게 익숙한 견해에서 만들어냈다. 마치 티티루스가 로마 도시에 관한 자신의 견해를 시골 마을에 대한 자신의 견해에서 만들어 냈듯이 말이다.

> 사람들이 로마라고 부르는 도시가, 멜리보여, 바보였던 나는
> 우리 마을을 닮았을 것이라고 생각했다. 종종 우리
> 양치기들은 어린 양떼를 몰고 나가고는 했다
> 강아지는 개를 닮고 새끼는 어미를 닮았다는 것을
> 깨달았던 나는 작은 것과 큰 것을 비교하고는 했다.[15]

티티루스의 예는 유추적인 사고방식이 무엇인지를 잘 드러낸다.

그러나 인간지성에 관한 데카르트의 이론에 대해 말하자면, 우리가 관찰했듯이 이 이론은 유일한 토대로서의 의식 위에 관념을 질료로 삼아 세워진 것이었다. 데카르트의 모든 추종자는 동일한 토대에, 동일한

---

15) 베르길리우스(Publius Vergilius Maro, 기원전 70~기원전 19)의 「에클로가에」(Eclogae)에서 티티루스(Tityrus)가 멜리보(Meliboee)에게 건네는 구절이다. 베르길리우스는 고대 로마의 시인으로 애국심과 종교적 경건함, 풍부한 교양과 시인으로서의 완벽한 기교로 유명한 시성(詩聖)이다. 「에클로가에」 외에도 『아이네이드』(Aeneid), 「게오르기카」(Georgica) 등이 유명하다. 베르길리우스가 20세 때 쓰기 시작하여 33세에 완성한 「에클로가에」는 전원의 삶을 그리고 있는데, 속세를 떠난 이상향으로서의 아르카디아에 대한 찬미의 전통이 여기서부터 시작되었다고 한다. 다음은 인용한 라틴어 원문이다.

Urbem, quam dicunt Romam, Meliboee, putavi
stultus ego huic nostrae similem, quo saepe solemus
pastores ovium teneros depellere fetus :
sic canibus catulos similis, sic matribus haedos
noram, sic parvis componere magna solebam(「에클로가에」 제1권, 19~23행)

티티루스는 마치 강아지가 개를 닮듯이 자신이 살던 시골 마을은 로마를 닮았을 것이라고 생각했지만 둘은 전혀 달랐다고 말한다.

질료를 갖고 이론을 구축했다. 이들은 자연이 우리에게 다양한 단순관념을 주었다는 점을 인정했는데, 이 관념들은 데카르트 물리이론에서의 물질과 유추적이다. 또 데카르트학파 사람들은 관념들을 혼합하고 분리하고 결합하고 비교하는 자연적 능력을 인정했는데, 이 능력은 데카르트의 물리이론에서의 본래적인 운동량과 유추적이다. 이들은 이 원리들, 즉 단순관념과 자연적 능력이라는 원리를 사용하여 인간지성의 현상을 설명하고자 했는데, 이는 이들이 물리이론에서 자연현상이 물질과 운동에 의해 설명될 수 있다고 생각했던 것과 유추적이다. 실로 데카르트의 물리이론과 인간지성의 이론에는 위대한 단순성이 있다는 점이 인정되어야 마땅하다. 이 두 이론 간에는 마치 같은 아버지를 둔 두 자식에게서 우리가 기대할 수 있는 것과 같은 유사성이 있다. 그러나 데카르트의 물리이론이 다만 데카르트의 자식일 뿐 자연의 자식은 아닌 것으로 밝혀진 것과 마찬가지로 데카르트의 인간지성의 이론 역시 데카르트의 자식일 뿐 자연의 자식은 아니라고 생각할 만한 근거가 있다.

인간지성에 관한 데카르트 이론의 자연스러운 귀결은 관념의 존재와 관념들의 비교에서 나타나는 관념 간의 필연적인 관계의 존재는 인정하지만 이외의 모든 것에 대해서는 회의주의를 견지하는 것이다. 관념이 사유의 유일한 대상이고 관념은 오직 우리가 관념을 의식하는 동안에만 존재하므로 지속적이고 항구적으로 존재할 수 있는 우리의 사유 대상은 없다는 것이 필연적으로 뒤따라오기 때문이다. 물체와 정신, 원인과 결과, 시간과 공간 등 우리가 사유로부터의 독립적인 존재를 귀속하는 것들은 모두 다음의 간략한 양도논법에 의해 존재 바깥으로 쫓겨난다. 이것은 감각관념이나 반성관념이 아니다. 만약 이것이 감각관념 내지 반성관념이라면, 이것은 오직 우리가 이것을 의식하는 동안에만 존재한다. 만약 이것이 감각관념도 반성관념도 아니라면, 이것은 아무런 의미도 갖고 있지 않은 말에 지나지 않는다.

데카르트나 로크는 관념과 관련한 자신들의 이론이 이런 결론을 갖는다는 사실을 알지 못했다. 버클리 주교는 이를 발견한 최초의 사람이었다. 그럼 이 결론의 발견 다음에는 무엇이 귀결되는가? 실로 버클리는 물질 세계 및 공간과 시간과 관련해서는 이 결론의 귀결을 인정했다. 이런 것들은 단지 관념에 지나지 않고 우리의 마음 안에만 존재한다. 그러나 그는 정신 내지 마음의 존재와 관련해서는 이런 귀결을 인정하지 않았다. 만약 그가 정신과 관련해서도 이런 귀결을 인정했다면, 그는 절대적인 회의주의자가 되었을 것임이 틀림없다. 그럼 그는 정신의 존재와 관련해서는 어떻게 하여 이런 귀결을 피했는가? 이 선량한 주교가 사용한 방편은 매우 주목할 만하다. 이 방편은 그가 얼마나 회의주의를 혐오하는지를 잘 보여준다. 그는 우리는 정신에 관한 관념을 갖고 있지 않다고 주장한다. 그러나 우리는 정신과 정신이 지닌 속성에 대한 아무런 관념을 갖지 않고도 이것들에 관해 생각할 수 있고 말할 수 있고 추론할 수 있다. 만약 사실이 이렇다면, 오! 주여, 우리가 물체와 물체의 성질에 대한 아무런 관념을 갖지 않고도 이런 것들에 관해 생각하고 추론하는 것을 대체 그 무엇이 가로막겠습니까? 주교는 이런 질문은 생각해보지도 않았던 것이거나 생각했다 하더라도 이런 질문에 답하는 것은 적절치 않다고 생각했을 것이다.

하지만 우리는 버클리 주교가 회의주의를 피할 요량으로 흠칫 놀라서 데카르트 이론에서 벗어나게 되었던 것이라고 말할 수 있다. 자신이 왜 그런 방편을 정신의 경우에는 택하고 물체의 경우에는 택하지 않은지를 아무런 설명도 하지 않은 채 말이다. 이러한 버클리의 경우는 실로 내가 데카르트의 후계자 중에서 발견한 것처럼 데카르트 원리에서 유일하게 이탈한 사례다. 버클리의 이론이 다른 모든 점에서는 데카르트의 원리를 토대로 삼고 있는 점에 비추어보면 이 사례는 회의주의에 대한 공포심 때문에 유발된 갑작스러운 돌발사에 불과한 것으로 생각된다.

이제 우리는 데카르트와 로크가 그 길의 끝이 어디인지도 모르면서 회의주의에 이르는 길을 택했음을, 하지만 이들은 자신들을 인도할 빛을 찾지 못한 채 그만 그 길을 가다가 그만두었음을 알 수 있다. 버클리는 무시무시한 심연의 출현으로 겁을 집어먹고는 흠칫 놀라 몸을 날려

심연을 피했다. 그러나 『인간본성론』의 저자는 이보다는 대담하고 용감무쌍하다. 그는 오른쪽으로도 왼쪽으로도 몸을 피하지 않았고 베르길리우스의 알렉토[16]처럼 깊은 심연을 향해 직접 몸을 날렸다.

여기 무시무시한 동굴에 지옥의 숨구멍들이 있다.
거대한 심연이. 이곳에서 아케론[17]이 기분 나쁜 아가리를
벌리고 있다.[18]

4. 고찰컨대 자연이 우리에게 선물로 주었고 우리 스스로의 추론능력을 통해서는 획득되지 않는 인간지성의 비품에 관해 새로운 이론이 제시하는 설명은 극도로 불만족스럽고 불완전하다고 할 수 있다.

자연이 인간지성에 공급한 비품은 두 종류다. 첫 번째는 우리가 사물

---

16) 알렉토(Alecto): 그리스 신화에서 복수를 담당하는 에린들(Erinyes) 중 하나. '멈추지 않는 추적'이란 뜻을 담고 있다. 에린은 일종의 인격화된 양심으로서 친족 살해자, 특히 모친 살해자를 추적하여 끝내 살해자를 광기 어린 공포로 죽게 만든다.

17) 아케론(Acheron): 그리스 신화에서 하데스에 있는 강. 사자의 영혼이 이 강을 건넌다고 한다.

18) 베르길리우스의 『아이네이드』 제7권에 나오는 구절이다. 『아이네이드』는 동명(同名)의 영웅이 이탈리아에 발을 디뎌 로마를 창건하기까지의 여정을 노래한 12권의 미완성 작품이다. 이 작품에서 아이네이드는 가족과 나라에 충성을 다하는 로마적인 미덕의 화신으로 그려지고 있다. 단테의 『신곡』은 『아이네이드』를 모방했다고 한다. 인용된 라틴어 원문은 다음 중 일부다.

Hic specus horrendum et saevi spiracula Ditis
monstrantur, ruptoque ingens Acheronte vorago
pestiferas aperit fauces, quis condita
invisum numen, terras caelumque levabat.(『아이네이드』 7권, 567~570행)

위에서 인용되지 않은 569행 후반부터 570행의 번역은 다음과 같다.

알렉토가 아케론으로 뛰어들어
머리를 숨겨 천지(天地)로부터 저주가 사라졌다.

에 관해 갖고 있는 개념 내지 단순파악이다. 두 번째는 우리가 사물에 관해 갖고 있는 판단 내지 믿음이다. 먼저 개념에 대해 보면, 새로운 이론은 이것을 두 유형으로 분류한다. 하나는 감각관념(ideas of sensation)이고 다른 하나는 반성관념(ideas of reflection)이다. 전자는 감각의 복사물이라고 생각되는 것으로 기억이나 상상에 보유되어 있고 후자는 우리가 의식하는 마음의 작용들의 복사물로서 마찬가지로 기억이나 상상에 보유되어 있다. 새로운 철학은 우리에게 이러한 두 유형의 관념들에 인간지성이 관련하거나 작업할 수 있는 모든 재료가 포함되어 있다고 가르친다. 다음으로 우리의 사물에 관한 판단 내지 사물에 관해 갖는 믿음에 대해 보면, 새로운 철학은 판단의 어떤 부분도 자연의 선물로 보지 않는다. 새로운 철학은 판단을 이성의 획득물로서 관념들을 비교하여 그 일치나 비일치를 지각함으로써 얻어지는 것으로 간주한다. 하지만 우리의 개념과 판단 내지 믿음과 관련한 이런 설명은 내가 보기에는 극도로 불완전하다. 아래에서는 그 몇 가지 주요 결함을 간략하게 지적하기로 하겠다.

우리의 개념을 감각관념과 반성관념이라는 두 가지 유형으로 구분하는 것은 논리학의 규칙에 어긋난다. 그 까닭은 두 번째 유형은 첫 번째 유형을 포함하고 있기 때문이다. 우리는 반성 이외의 그 어떤 방식으로 감각에 관한 분명하고 정당한 개념을 형성할 수 있겠는가? 확실히 우리는 그럴 수 없다. 감각은 우리가 의식하는 마음의 한 작용이고 우리는 감각에 관한 개념을 우리가 의식하는 것을 반성함으로써 획득한다. 마찬가지로 의심과 믿음은 우리가 의식하는 마음의 작용들이고 우리는 이것들에 관한 개념들을 우리가 의식하는 것을 반성함으로써 획득한다. 따라서 의심에 관한 관념이나 믿음에 관한 관념, 그리고 그밖의 모든 관념이 반성의 관념이듯이 감각관념 역시 반성의 관념이다.

이러한 구분상의 부정확성을 제쳐놓더라도 새로운 이론은 극도로 불완전하다. 그밖의 모든 마음의 작용이 그러하듯이 감각 역시 우리가 그것에 관한 관념을 반성에 의해 형성하는 마음의 한 작용이다. 우리의 모든 개념이 감각관념이거나 반성관념이라는 말은, 쉬운 말로 하면, 인류는 자신의 마음의 작용을 제외하고는 다른 어떤 것에 대해서도 생각하지 않는다는 것, 아니 생각할 수 없다는 것을 뜻한다. 이보다 더 진리에 반하고 인류 경험에 반하는 것은 있을 수 없다. 내가 알기로 로크는 이런 학설을 주장하면서 물체와 물체의 성질, 운동과 공간 등에 관해 우리가 갖는 개념들은 감각관념들이라고 믿었다. 하지만 왜 그는 이렇게 믿었던 것인가? 그 까닭은 그는 이들 개념들이 감각의 이미지 외에 다른 아무것도 아니라고 믿었기 때문이다. 그러나 그렇다면 만약 물체와 물체의 성질에 관한 개념과 운동과 공간에 관한 개념이 감각의 이미지가 아니라면, 이 개념이 감각관념이 아니라는 사실이 귀결되지 않겠는가? 실로 확실히 그렇다.

새로운 이론에서 이보다 더 직접적으로 회의주의에 이르는 학설은 없다. 『인간본성론』의 저자는 회의주의에 이르기 위해 이 학설을 어떻게 사용해야 할지를 잘 알고 있었다. 만약 당신이 신체나 정신, 시간이나 공간, 원인이나 결과 같은 존재가 있다고 주장한다면, 이 저자는 즉시 당신을 다음과 같은 딜레마의 양 뿔 사이에서 꼼짝 못하게 붙잡아놓는다. 이러한 존재에 관한 당신의 개념은 감각관념이거나 반성관념이다. 만약 감각관념이라면 어떤 감각에서 복사된 것인가? 만약 반성관념이라면 어떤 마음의 작용에서 복사된 것인가?

우리는 실로 감각을 위시한 마음의 여러 작용에 관해 그토록 많이 저술해온 저자들이 이러한 마음의 작용에 관해 매우 조심스럽게 많이 사유하고 반성했었을 것이라고 지레 희망할 수 있다. 그렇지 않다면 이들 저자들이 인류가 다른 것에 관해 생각하는 것이 가능한 것을 인정하려 들지 않는다는 것은 매우 기이한 일이 아니겠는가?

새로운 이론이 사물에 관한 우리의 판단과 믿음에 대해 제시하는 설명은 그 이론이 우리의 개념 내지 단순파악에 대해 제시하는 설명만큼이나 진리와 동떨어져 있다. 이 설명에서 감각은 마음에 사물에 관한 개념 내지 단순파악을 구비해주는 임무 이외에는 다른 어떤 임무도 갖고 있지 않은 것으로 묘사된다. 또 사물에 관한 우리의 판단과 믿음은 개념들을 비교하여 그 일치나 비일치를 지각함으로써 획득된다고 주장된다.

그러나 우리는 이와는 반대로 감각의 모든 작용은 본성상 단순파악과 함께 판단 내지 믿음을 함축한다는 점을 보여주었다. 예를 들어, 발가락에서 통풍의 고통을 느낄 때 나는 고통 개념을 가질 뿐만 아니라 고통이 존재한다는 믿음을, 그리고 이 고통을 유발한 어떤 비정상적인 상태가 발가락에 있다는 믿음을 갖고 있다. 이 믿음이 관념들을 비교하여 그 일치나 비일치를 지각해서 산출되는 것이 아니다. 이 믿음은 바로 감각의 본성에 포함되어 있다. 눈앞에 서 있는 나무를 지각할 때, 내 시각능력은 내게 나무에 관한 단순개념 내지 단순파악만을 주는 것이 아니라 나무가 존재한다는 믿음, 그리고 나무의 형태와 거리와 크기에 관한 믿음도 준다. 이 판단 내지 믿음은 관념들을 비교함으로써 얻어지는 것이 아니다. 이 믿음은 바로 지각의 본성에 포함되어 있다. 우리는 앞서의 탐구에서 믿음의 몇몇 본래적인 원리를 검토했는데, 마음의 다른 능력들을 검사해보면 우리는 오감을 검사했을 때는 나타나지 않았던 믿음의 다른 본래적인 원리들을 발견하게 될 것이다.

그와 같은 본래적이고 자연적인 판단들은 따라서 자연이 인간지성에 준 비품의 일부다. 이 판단들은 우리의 개념 내지 단순파악과 똑같이 전능자가 우리에게 불어넣은 영감이다. 이 판단들은 삶의 일상사에서 우리의 추론능력이 우리를 어둠 속에 남겨 놓을 때 우리를 지도하는 데 사용된다. 이 판단들은 우리 본성의 일부이고 우리의 이성이 행하는 모든 발견은 이 판단들을 기초로 한다. 이 판단들은 '인류의 상식'이라고 일컬어지는 것을 형성한다. 이 제1원리 중 어느 하나에게라도 명백히 반하는 것을 우리는 '부조리하다'고 말한다. 이 판단들의 힘은 양식(良識)에 있다. 양식은 그리 날카롭지 않은 추론능력을 소유한 이들에게서도 흔하게 발견된다. 마음의 비정상적인 상태에서 발생하는 이 판단들에서 현저하게 일탈하면 우리는 '정신착란'이라고 부른다. 자기 자신이 유리로 만들어졌다고 믿는 사람의 경우가 바로 이런 정신이상 사례다. 누군가가 상식의 원리를 사용하지 않을 것을 형이상학적인 논증을 통해 설득당했다면, 우리는 이를 두고 '형이상학적인 정신착란'이라고 부를 수 있을 것이다. 이 착란 증세는 지속적이지 않고 간헐적이라는 점에서 다른 종류의 비정상적인 상태와 다르다. 환자는 홀로 사변적인 순간에 있을 때 이 착란에 사로잡히기 쉽다. 그러나 그가 다시 사회 안으로 진입하게 되면, 상식은 자신의 권위를 되찾는다. 상식의 원리를 분명하게 설명하고 나열하는 것이야말로 논리학의 주요 직무 중 하나다. 우리는 상식의 원리 중 오감의 검토와 연관되는 것들만을 다루었다.

5. 새로운 이론에 관해 행할 마지막 고찰은 새로운 이론은 비록 자신은 유추의 길이 아닌 반성의 길을 시작하노라고 공언하지만 그럼에도 마음의 작용에 관한 몇몇 낡은 유추개념을 포함하고 있다는 점이다. 특히 현재 마음에 존재하지 않는 것은 오직 마음에 있는 관념이나 이미지를 수단으로 해서만 지각되고, 기억되고, 상상될 수 있을 뿐이고 이 관념이나 이미지야말로 지각과 기억과 상상의 직접적인 대상이라는 주장이 그러하다. 명백히 이 학설은 낡은 이론에서 차용한 것으로 보인다. 낡은 이론은 외부 사물은 마치 봉인이 왁스에 찍히듯이 마음에 인상을 만들고 우리가 사물을 지각하고 기억하고 상상하는 것은 이 인상을 수단으로 해서이며 이 인상은 그것이 유래하는 사물을 닮았다고 가르쳤다. 마음에 관한 이런 방식의 사유는 우리가 마음의 작용에 관한 개념을 유추적으로 형성하는 경우 매우 자연스러운 일로 여겨진다. 이런 식의 사유는 마음에 저절로 떠오른다. 그 까닭은 우리는 우리가 촉각을 통해 느끼는 모든 것이 신체에 일정 인상을 만듦이 틀림없는 것과 마찬가지로 우리가 이해하는 모든 것도 마음에 일정한 인상을 만듦이 틀림없다고 쉽게 생각하기 때문이다.

사물의 관념 내지 이미지가 마음 안에 있다는 견해는 이상의 유추논증에서 발생하여 철학자들에게 보편적으로 수용되어져 왔다. 우리는 이미 버클리가 어떻게 새로운 이론의 이 원리를 버리고 개종했는지를 보았다. 그는 우리는 정신에 관한 아무런 관념도 갖고 있지 않으며 그렇지만 우리는 정신에 관한 관념 없이도 정신을 직접 생각할 수 있다고 주장했다. 버클리의 이 주장을 따랐던 자가 있었는지는 잘 모르겠다. 우리가 감각적인 사물을 지각하고 기억하고 상상하는 수단인 관념 내지 이미지와 관련하여 현대 철학자들은 의견 차이를 보인다. 이런 이미지가 있다는 데는 모두 의견이 같지만 이미지가 있는 장소에 대해서는 견해를 달리한다. 관념이 있는 장소가 영혼이 거주한다고 생각되는 뇌의 일정 부분에 있다고 생각하는 사람도 있고 관념을 마음 자체에 두는 사람도 있다. 데카르트는 전자의 견해를 따랐다. 뉴턴 역시 전자의 견해로 기울었던 것 같다. 그는 『광학』에서 다음과 같은 질문을 제기한다. "동물의 감각중추가 바로 감각 주체가 있는 장소며 이 감각중추 안으로 사물들의 감각상이 신경과 두뇌를 통해 전달되어 현전하는 것이 감각 작용이지 않겠는가?"

그러나 로크는 감각적 사물의 관념의 장소가 마음 안에 있다고 본다. 버클리와 『인간본성론』의 저자도 로크와 같은 견해였음이 분명하다. 『인간본성론』의 저자는 이 학설을 매우 흥미롭게 적용했다. 그는 이 학설을 이용하여 마음은 실체가 아니거나, 만약 그렇지 않고 실체라고 한다면, 연장되어 있는 분할 가능한 실체라는 것을 증명하고자 했다. 그가 이 증명에 대해 제시하는 근거는 분할 가능하지도 않고 연장되어 있지도 않은 주체 안에 연장 관념은 있을 수 없다는 것이었다.

고백건대 나는 이 저자의 추론이 다른 대부분의 경우에서처럼 분명하고도 강력하다고 본다. 연장 관념이 버클리와 이 저자가 단언하듯이 연장 자체의 또 다른 이름에 불과한 것이든 로크가 생각했듯이 연장의 이미지 내지 유사물인 것이든 간에, 나는 과연 연장이나 연장의 이미지가 연장되어 있지도 않고 분할 가능하지도 않은 주체 안에 있을 수 있는 것인지를 상식을 갖춘 이들에게 물어보겠다. 생각건대 이 저자의 추론은 옳다. 하지만 그 추론을 어떻게 적용할 것인지는 그와 견해가 다르다. 그는 마음 안에 연장관념이 있다는 것을 당연시하여 이로부터 만약 마음이 실체라면 마음은 연장되어 있는 분할 가능한 실체여야 한다고 추론한다. 이와 반대로 나는 상식의 증언을 토대로 다음 사실을 당연한 것으로 간주한다. 내 마음은 실체다. 달리 말해서 내 마음은 사유의 항구적인 주체다. 내 이성은 내게 내 마음이 연장되어 있지 않은 분할 불가능한 실체임을 확신시킨다. 나는 이로부터 연장을 닮은 것 따위는 마음 안에 있을 수 없다고 추론한다. 만약 이런 논증이 버클리에게 떠올랐다면, 아마도 그는 다음 사실을 인정하게 되었을 것이다. 즉 우리는 정신의 경우에서처럼 물체의 경우에도 물체의 관념을 마음 안에 갖지 않으면서 물체를 생각하고 추론할 수 있다.

나는 사물의 관념 내지 이미지가 마음 안에 존재한다는 이 학설을 더욱 상세하고 완전하게 검토하려는 의도가 있었다. 또 이 학설에 기초를 둔 또 다른 학설, 즉 판단 내지 믿음은 관념들의 일치나 비일치를 지각하는 것에 다름 아니라는 학설을 더욱 상세하고 완전하게 검사하려는 의도도 있었다. 그러나 우리가 보았듯이 이 탐구가 진행 중에 우리가 검토했던 마음의 작용은 이 학설 중 아무것도 지지하지 않았고 더 나아가 많은 점에서는 이 학설들과 모순되기까지 했다. 그리하여 나는 이들 학설들에 대한 독자적인 검토는 생략하는 편이 적절하다고 생각했다. 만약 이 검토가 정말로 절실하게 필요한 것이라면, 이 검토는 인간지성의 다른 능력들에 관한 탐구를 마친 후에 행하는 편이 더 많은 유익함을 가져다줄 것이다.

우리는 오감과 오감에 적용되는 인간마음의 원리들만을, 그것도 검사가 진행 중에 등장했던 원리들만을 검사했다. 우리는 이 탐구의 더욱 진전된 수행은 미래에 행해질 숙고의 몫으로 남겨놓고자 한다. 기억, 상상, 취향, 추론, 도덕적 지각 등의 능력과 의지, 정념, 감정 등 영혼의 모든 능동적인 능력은 철학적 심의(審議)의 광대무변의 장(場)을 제시한다. 이 탐구의 저자는 이 영역을 정확하게 조사할 수 있을 만한 능력이 자신에게 있다고는 전혀 생각하지 않는다. 고대와 현대의 독창적인 많은 저자가 이 광대한 영역을 여행했고 유용한 관찰을 제시했다.

그러나 우리에게 이 영역 전체의 지도를 주겠노라고 자부했던 이들 저자들이 실상은 매우 부정확하고 불완전한 조사에 만족했었다고 믿을 만한 이유가 있다. 만약 갈릴레오가 자연철학의 완전한 이론을 시도했더라면, 그는 아마 인류에게 거의 아무것도 봉사하지 못했을 것이다. 대신 갈릴레오는 자신이 파악할 수 있는 것에만 탐구를 집중함으로써 한 가지 이론의 토대를 놓았고, 이 이론은 점차 형성되어 인간지성을 드높이는 명예가 되었다. 뉴턴은 이 토대를 기초로 삼아 자신의 탐구를 중력법칙과 빛의 성질로 제한하여 경이로운 업적을 수행했다. 만약 뉴턴이 그 이상의 더욱 많은 것을 시도했더라면, 그는 더욱 적은 것을 이루었을 것이다. 아니, 아마도 전혀 아무것도 이루어내지 못했을 것이다. 아! 우리는 이런 위대한 귀감을 쫓겠다는 야망을 품고, 하지만 비견될 수 없는 작은 발걸음으로 비견될 수 없는 미미한 능력으로 인간마음의 아주 작은 모퉁이를 탐구했을 뿐이다. 이 모퉁이는 일반인의 고찰에 가장 많이 노출되어 있고 가장 쉽게 파악될 수 있다고 여겨지는 부분이다. 그러나 이 부분에 관한 우리의 기술이 정당했다면 이 부분과 관련하여 지금까지 제시되어온 설명들은 진리와는 매우 동떨어진 매우 불만족스러운 것들이었음이 인정되어야 할 것이다.

찾아보기

ㄱ

가설 93, 158
가장 단순한 감각 87
가펜더스 252
갈렌 252
갈릴레오 379
감각 91, 92, 99, 116, 183, 304, 310,
316
~과 기억에 동반하는 믿음 98
~과 상상을 통해 연합 304
~관념 97, 141, 155, 191, 370, 373,
374
~상 191, 362
~의 본성 375
~의 직접적인 증언 94
~하는 존재자 145
~형상 191
거리 199
~지각 321, 323, 321, 323
~가 떨어진 것에 관한 정보를 주는 세
가지 감각 203
~의 기호 321
~판단 289

거짓 67, 157
~ 가설 114
~ 이론 114
~된 거리 외양 290
~된 철학 160
~말하기 339
결과 144, 238, 348
경미한 사시 269
경험 182, 293, 316, 344, 347
~과 습관의 결과 109
~의 효과 342
계약개념 130
고대 철학자들 359
고대의 가설 193
고통감각 243
곡률현상 251
공간개념 154
공동의 이해 311
공상가 67
공통의 언어 131
과거 존재를 함축 94
과거 존재에 대한 믿음 92, 345
과거 존재의 개념 109

과거 존재의 관념 97
과거에 존재했다는 믿음 109
과학 311
관객 317
관계개념 106, 108
관념 54, 95, 100, 102, 105, 184,
　360, 361, 370
　~ 가설 166
관념론 61, 82, 160
　~적인 회의주의 161
관념연합 348
관념철학 93, 119
　~의 궤변 111
관찰 293
광선 236
광신주의 95
광인 108
광학 143, 171, 173, 178
　~ 원리 236, 245, 255
　~법칙 228, 264, 271, 332
『광학의 근본원리』 245, 260, 268,
　276, 297, 325, 351
교육 352
구면상의 삼각형 211
구(球)의 투영법과 원근법 198
궤변 93
　~과 회의주의 193
귀납 243, 245, 260
　~원리 348, 349
　~원리라고 불리는 인간본성의 본래적
　　원리의 결과 349
　~철학자 221
　~추론 350, 351

그루 박사 124
근대 회의주의 366
근시 245
기억 71, 91, 92
기지의 결과 185
기하학의 신비 209
기하학자 213
기호 62, 117, 128, 139, 144, 178,
　183, 186, 200, 201, 207, 208, 214,
　230, 317, 319, 320, 327, 328, 332,
　333, 335
　~에 의해 의미된 것 317
　~에 의해 의미된 사물의 개념 318
　~의 의미 183, 334
　~의 해석 335
기회 113, 136

ㄴ
나는 고통을 느낀다라는 표현 304
나는 생각한다, 고로 나는 존재한다
　69
냄새 89, 123
네부카드네자르 297
놀이용 목마 105
눈 172
　~의 평행운동 224, 227
　~의 회전 227
뉴턴 291, 297, 351, 368, 377, 379
느낌 99, 150, 152
능동지성 119, 362

ㄷ
단단함 137

~에 관한 개념과 믿음 145

　~의 개념 141

　~의 믿음 141

단순성 368

단순요소들의 복합체 95

단순원리들 95

단순지각 326

단순파악 94, 95, 373, 375

단시 287

단일시각 현상 253, 255, 259, 270,
　279, 287, 291, 293

대상의 시각적 외양 174, 177~180,
　182, 264, 302

대원 210, 211

대중적인 의미 113

덧없는 감각 139

데모크리토스 147, 189

데카르트 51, 67, 68, 71, 79, 81, 82,
　193, 247, 363, 367

　~학파 365

　~의 소용돌이론 61

도덕적 의무개념 130

동물의 시각법칙 260

동물정기 89, 294

두 차원 215

드 라 이르 267

디머브뢰크 300

뜨거움 115, 135, 136

ㄹ

라에르티우스 76

로망스 67

로호 252

로크 51, 67, 71, 97, 193, 377

　~의 신봉자 194

루소 352, 354

루크레티우스 362

ㅁ

마음 59, 62

　~이라 일컫는 더미 103

　~의 감각 196

　~의 개념 108, 109

　~의 능동적 행위들 119

　~의 능력의 이름 358

　~의 본래적 능력 64

　~의 본래적 원리 66

　~의 본래적 지각과 개념 65

　~의 존재 163

　~의 철학 61, 67

　~의 해부 62

　~의 힘 108

말랑함 137

말브랑슈 67, 71, 193, 362

망막 205, 228, 236, 238, 240

　~의 상응점 283

　~의 한 점 245

　~점 245

　~점의 상 239

맥락막 250

맹인 173

명백한 부조리 111

명증성 70, 364

몸짓 337

무한직선 219

물질 167

~세계 74, 75, 82, 155, 168, 197

~세계의 존재 158

~의 성질 192

~의 성질의 이미지 192

~의 이미지 192

~적 인상 205, 206

~존재 161

물체의 성질 183, 194

물체의 시각적 형태 199

미각 121

미신 95

미지의 성질 175, 185

미지의 원인 165, 185

믿음 91, 94, 106, 338

ㅂ

반성 340, 355, 363

~과 기억의 대상 256

~관념 141, 155, 370, 373, 374

~능력 66

~에 근거를 둔 신뢰 309

~의 길 355, 365

~의 대상 179, 229

~의 습관 150

백내장 182, 204, 286, 288

버클리 74, 75, 82, 101, 148, 161,
166~168, 193, 195, 196, 207, 229,
231, 234, 235, 253, 282, 287, 289,
325, 327, 363, 366, 367, 370, 371,
376~378

베이컨 350, 351

보리치우스 223

보에르아브 267

보편 학문 350

복시 287

본능에 따른 신뢰 309

본능의 효과 345

본래적 본성의 결과 142

본래적 속성 281

본래적 외양 333

본래적 지각 311, 334, 335, 347

본래적 지각과 개념 65

본래적이고 자연적인 판단 375

본래적인 원리들 94

본성의 법칙 240

본성의 원리 108

본성의 즉각적인 결과 305

봉인의 인상 365

브릭스 269, 293

비상응점 254

비철학적인 허구 237

ㅅ

사물의 상 295

사물의 외양에 관한 지식 176

사물의 존재 146

사시 260, 263, 266, 275, 292

~의 원인 278

사유와 반성의 대상 139

삶의 일상사 77

삶의 일상적인 거래 106

3차원 215, 216, 332

상상 112, 128

~력 55, 67, 92

~력의 작품 67

상식 55, 72, 73, 136, 146, 147, 157,

311, 312

~과 철학 간의 연합과 복종관계 74

~과 철학 간의 이러한 대등하지 않은 경
쟁 73

~에 반하는 것 137

~을 갖춘 이들 377

~의 가르침 111

~의 권위 194

~의 노예 158

~의 영역 98

~의 원리 100, 367, 376

~의 증언 378

~의 지배 76

상응점 254, 259, 268, 278, 284, 285

상하차원 215

색 외양 174, 175

생각의 존재 69

생각하는 존재자의 행위 184

생각함 304

생기 있는 관념 96

생략 삼단논법 69

생생함 346

새필든 204

서약개념 130

선박의 돛 319

선행물 112

설명 불가능한 마음의 행위들 92

섬망 상태 69, 96, 97

성질 109, 116, 140

세 가지 연합원리 80

소리 127

소요학파 193, 362, 363, 365, 366

~ 이론 365

~ 철학자 197

손더슨 174, 198, 232, 233

수동적 118

수동지성 103, 119, 362

스미스 260, 276, 293, 325, 329

스콜라 궤변 73

스펙테이터 188

습관 128, 179, 225, 231, 274, 280,
284, 287, 303, 357

~의 결과 142, 280, 282

~의 몫 227

시각 171, 203, 319

~ 공간 211~214

~관념 230

~기하학 209, 213

~능력 173

~법칙 263, 291

~상의 결합 265

~상의 삼각형 211

~의 오류 334

~의 일반법칙 292

~이 가장 고귀한 능력 171

~적 대상 201, 229, 234, 248, 249,
324, 329

~적 대상의 거리 288

~적 삼각형 232

~적 연장 200

~적 연장, 형태 232

~적 외양 177, 179, 180, 182, 259,
264, 302, 327

~적 원 232

~적 장소 282

~적 형태 197, 199, 200, 206, 207,

213, 224, 317, 332
~적 형태와 연장 197
~적 형태의 속성 233
~적인 외양 178
시사 108, 138, 205
~된다 106
~한다 108, 164
~해준다 328
시축 261, 272, 273
~의 기울기 322, 323
시칠리아 325
신뢰 306, 309, 342
~성 335
~원리 337, 341, 349
『신(新)시각론』 269
실제 성질 137
쌍안 망원경 259

ㅇ

아네피그라푸스 218, 223
아리스토텔레스 164, 360, 362
암시 109
야만인 353
약하고 희미한 관념 96
양안단시 231, 252, 287, 297, 302
~ 습관 279
어떤 한 생각을 생각함 304
언어 129
~ 남용 186, 188
~의 기원 129
얼굴 표정 337
에디슨 188
에피쿠로스 102, 148, 189, 362

~의 원자 102
엔텔레키 360
엘리스의 피론 76
역상 228
연결고리 316
연극 317
연습 273
연역 293
연장 148
~개념 149, 152, 153
~관념 149, 377
연장, 형태, 운동 등의 외양 174
연합 112
영원한 형상 361
예견 339, 349
오기로니우스 268
오랜 가설 195
외부 대상의 기호 317
외부 물질세계 169
외부 사물의 존재 72
외부 성질 117, 139, 148
외부 세계 234
외부 존재자의 개념이나 믿음 146
외양상 크기나 부피 181
외양상의 거리 257~259, 289
외양상의 장소 248
외양에 의해 시사되는 것 174, 176, 177
외적 기호 62
요아네피그라푸스 217
우리 본성의 본래적인 법칙 288
우리 본성의 일반원리 338, 345
우리 본성의 제1법칙 249, 302
운동개념 154

원근법 180, 181

원인 113, 135, 136, 144, 238, 348

　～ 개념 112

원주 210

월하향 92

위치 199

윈슬로 300

유사 344

　～성 189

유추 356

　～개념 376

　～관계 335, 368

　～논증 363, 376

　～의 길 356, 365

　～적인 사유방식 357

　～추론 348

　～판단 262, 263

유클리드의 명제 212

의심 71

　～에 관한 관념 373

의지와 약속에 의한 것 318

이도메니안 218, 221

　～들의 기하학 218

이성 71, 157, 342

　～을 상식과 화해 161

　～의 법정 158

이중시각 260, 269, 290

　～ 현상 253, 256, 270

이중외양 264

이탈리아 325

익숙한 사물과의 유추 357

인간마음의 본래적 능력 224

인간마음의 원리들 378

인간본성 64, 79, 82, 114, 141, 367

　～상의 시각법칙 261

　～의 법칙 240, 242, 302

　～의 본래적 원리 339

　～의 일반법칙과 제1원리 68

　～의 일반원리 337

　～의 현상 169

『인간본성론』 52, 74, 75, 79, 80, 99,
　104, 105, 347, 372, 374, 377

인간의 안색과 행동 336

인간의 증언 309

인격의 동일성 71

인도 철학자의 코끼리 301

인류의 삶의 조건 358

인류의 상식 156, 375

인류의 상식에 위배되는 가설 168

인류의 상식적 이해 99, 100, 190

인류의 일상언어 138, 184

인류의 자연언어 143

인상 54, 100, 102, 314, 315, 316

인위적 기호 129~132, 142

인위적 언어 130~132, 336

일반인 111, 115, 186

　～의 편견 99

일상적인 삶 355

　～의 경로 256

　～의 목적 303

　～의 문제 83

1차원 215

ㅈ

자신의 비존재 91

자신의 존재 69

자연 207, 351, 352
　～경로 345
　～과학 312
　～기호 142, 318, 345, 347, 350
　～법칙 135, 238, 240, 243, 249, 254
　～사 66
　～언어 129, 130, 132, 144, 309, 334,
　　338, 350
　～언어 문법 350
　～언어의 기호 336
　～에 의해 의도된 감각 139
　～원리 109
　～의 경로 313, 318
　～의 올바른 해석 61
　～의 의도 177, 319, 342, 353
　～의 작품 67, 79
　～의 제1법칙 239
　～의 증언 309
　～의 진행과정 317
　～의 해석 143
　～적 기호 130～132, 142, 144, 150
　～적 시사 109
　～적 연결 111
　～적 원리 91
　～적이거나 본래적인 시사 109
　～적이고 본래적이고 설명될 수 없는 성
　　향 114
　～적이고 본래적인 속성 293
　～적이고 본래적인 지각 309
　～적인 본능 226, 227
　～적인 신뢰 성향 308
　～적인 진실성 원리 340
　～철학 88, 122, 221

　～철학의 원리 241
　～철학자 163
자오선 251
장미십자회원 217
전능하고 현명한 존재 226
전능한 저자 157
절반쯤의 회의주의자 162
정시 271
정신세계 75
정신착란 375
제논 78
제압성질 222
제1성질 147, 155, 165, 366
　～의 개념 156
제1원리 87, 98, 163, 311, 367, 375
제2성질 101, 147, 165, 185, 190,
　　194, 366
제2차 성질의 관념 194
조물주 308, 345
　～의 의지 205
좌우차원 215
주의 깊은 반성 364
주의를 기울이는 습관 315
죽은 언어 132
줄린 267, 276, 292
　～의 가설 272
증언 343
지각 304, 306, 309, 310
　～되지 않고는 존재할 수 없다 91
지도영혼 88
지성상 103, 362
지시하는 기호 328～330
지식의 금단의 나무 81

지평선에 근접한 달 327
진실 339, 340
  ~에 이르는 유일한 길 355

ㅊ

차가움 115, 135
  ~의 감각 136
참된 원리 114
참된 철학 145, 160, 190, 239
철학 157, 220
  ~과 상식은 서로 상충 110
  ~원리 105
  ~의 규칙들 60
  ~의 영역 136
  ~의 원리 100
  ~의 지혜 156
  ~자 115, 187
  ~자들이 설정한 심문 법정 202
  ~자의 방식 187
  ~적 역설 187
  ~적 호기심 191
  ~적인 의미 113
청각 98, 127, 203
  ~의 대상 242
초기 예측 339
촉각 98, 135
  ~관념 230
  ~의 대상 242
  ~적 삼각형 232
  ~적 원 232
  ~적 형태 207, 213
촉감각 179, 242
  ~에 의해 시사되는 성질 149

  ~의 오류 283
최소 원리 367
추측 60

ㅋ

케살피누스 299
케플러 228, 229, 247
코끼리 가설 296
크기개념 152, 153
클로인의 주교 74, 146, 332

ㅌ

통상의 기하학 209
트로이의 목마 169

ㅍ

파르메니데스 361
파브리키우스 223
판단 94, 326
  ~ 내지 믿음 375
판타즘 93, 362
포르타 252
포터필드 240, 245, 253, 267, 276,
  287, 288, 290, 299, 320
『프린키피아』 351
플라톤 360~362
  ~주의자 360, 362
필연적인 연계 316

ㅎ

학습 173, 261
한 차원 215, 216
해부 62

향취 89

허구 93, 107

현대 철학 110, 183

　~자 110, 118, 119, 188

　~자들의 가설 188

현대 회의주의 97

현재 존재를 함축 94

현재 존재에 대한 믿음 92, 345

현재 존재의 관념 97

현전하는 기호 302

형상 359, 362

형이상학 84

　~적 부조리 99

　~적 예리함 75

　~적인 정신착란 376

형태개념 152

홉스 78, 79

회의론 53

회의적인 믿음 가설 346

회의적인 이론체계 52

회의주의 61, 74, 76, 81, 197, 305, 370, 374

　~자 83, 306, 371

획득지각 309~311, 319, 332, 334~ 336, 351

　~은 인위적 언어 309

후각 87, 203

　~ 기관 87

후감각 89, 99, 107, 124

후대의 플라톤주의자들 361

훌륭한 판단력 82

흄 51, 193

힘 109, 112, 116

지은이 토머스 리드

토머스 리드(Thomas Ried, 1710~96)는 스코틀랜드 출신의 철학자로,
데이비드 흄의 회의적(懷疑的) 경험론을 가장 통렬하게 비판했던 상식학파의 창시자다.
1722년 애버딘의 마셜 칼리지에 입학해 철학을 공부했고,
1737년부터는 뉴 마처에서 장로교회 목사로 일했으며,
1752년에는 애버딘대학교 킹스 칼리지의 교수로 임명되었다.
그가 쓴 흄에 대한 첫 번째 비판서 『상식의 원리에 토대를 둔 인간마음에 관한 탐구』는
스코틀랜드 상식학파 철학자 캠벨, 지라드, 베아티 등과
격주로 모여 논문 발표와 토론을 했던 결과물로서, 인식문제를
자연주의적 시각에서 해명한 철학적 시도 가운데 선구자 격인 책이다.
리드는 흄의 회의주의가 자신의 상식주의와 나란히 설 수 없다고 보았다.
흄의 회의주의 철학이 부정했던 '객관적인 물질세계가 존재한다'는 주장이나
'끊임없는 지각의 변화 속에서도 동일한 자아가 존재한다'는 것은,
자연이 우리 인간에게 심어놓은 상식의 원리(Principles of Common Sense)로서
우리의 모든 앎과 행동과, 삶의 기반이 된다.
리드는 흄이 저지른 철학적 오류의 원천으로 데카르트에게서 계승된 '관념론'을 꼽았다.
그는 인간의 앎이 오직 관념을 통해서만 얻어진다는 견해를 거부하는 대신,
감각행위 자체가 물질 대상과 자아의 존재를 '시사'한다는 지각(知覺)이론을 펼쳤다.
이밖에 상식의 원리에는 귀납의 원리·성실성의 원리·신뢰의 원리 등이 있는데,
이는 인식상태의 건전성을 판단하는 기준이 된다.
리드의 논리에 따르면, 상식의 원리에 반하는 것은 부조리한 것이기 때문에
상식에서 현저히 일탈한 흄을 비롯한 관념론자들의 철학은 착란 증상에 해당한다.
상식은 철학적 심리(審理)를 경멸하며, 철학논증이 지닌 권위를 부정한다.
만약 철학과 상식 간에 대립이 있다면,
마땅히 '철학이 상식의 노예가 되어야 한다'는 것이 리드의 최종 결론이다.
이밖에 주요 저서로 감각 이외의 인식작용을 다룬
『인간의 지성력에 관한 논고』(1785)와, 흄의 주관주의 윤리학에 대항하여
합리주의 윤리학을 옹호하며 자유의지에 관해 논의한
『인간의 행동력에 관한 논고』(1788) 등이 있다.

옮긴이 양선숙

양선숙(梁善淑)은 서울대학교 법과대학 사법학과를 졸업하고
같은 대학교 대학원에서 서양철학을 전공하여 근대 경험주의
철학자 데이비드 흄(David Hume)의 회의주의 연구로 박사학위(Ph.D)를 받았다.
지금은 경북대학교 법학전문대학원 교수로 있다.
지은 책으로는 『법철학의 기본원리』가 있으며,
옮긴 책으로는 데이비드 흄의 『인간지성론』(공역)이 있다.
주요 논문으로 「법, 규범성, 그리고 규칙 준수의 동기에 대한 관행론적 이해」
「법적 허구(Legal Fiction)의 의의」
「수도-서울 명제의 소위 '관습헌법' 성립에 대한 비판적 검토」
「기본권의 정당화」 「흄의 정의론 연구」 「홉스에서 숙고와 의무」
「데카르트의 성찰 4에 나타난 판단능력으로서의 의지」 등이 있다.

한국연구재단 학술명저번역총서

서양편 ● 82 ●

'한국연구재단 학술명저번역총서'는
우리 시대 기초학문의 부흥을 위해
한국연구재단과 한길사가 공동으로 펼치는
서양고전 번역간행사업입니다.

인간마음에 관한 탐구

지은이 · 토머스 리드
옮긴이 · 양선숙
펴낸이 · 김언호
펴낸곳 · (주)도서출판 한길사
등록 · 1976년 12월 24일 제74호
주소 · 413-120 경기도 파주시 광인사길 37(문발동)
www.hangilsa.co.kr
E-mail: hangilsa@hangilsa.co.kr
전화 · 031-955-2000~3
팩스 · 031-955-2005

부사장 · 박관순 | 총괄이사 · 김서영 | 관리이사 · 곽명호
영업이사 · 이경호 | 경영담당이사 · 김관영 | 기획위원 · 류재화
책임편집 · 백은숙 서상미 김광연 | 편집 · 안민재 김지희 김지연 이지은 이주영
본문 디자인 · 노승우 | 마케팅 · 윤민영 | 관리 · 이중환 문주상 김선희 원선아

CTP 출력 · 알래스카 커뮤니케이션 | 인쇄 · 오색프린팅 | 제본 · 경일제책

제1판 제1쇄 2014년 8월 30일

ⓒ 한국연구재단, 2014

값 22,000원
ISBN 978-89-356-6981-3 94160
ISBN 978-89-356-5291-4 (세트)

한국연구재단 학술명저번역총서

● 서양편 ●

1 신기관
프랜시스 베이컨 지음 | 진석용 옮김
2001 한국출판인회의 선정 이달의책
2005 서울대 권장도서 100선

2 관용론
볼테르 지음 | 송기형 · 임미경 옮김

3 실증주의 서설
오귀스트 콩트 지음 | 김점석 옮김

4 데카르트적 성찰
에드문트 후설 · 오이겐 핑크 지음 | 이종훈 옮김
2003 대한민국학술원 우수학술도서

5 우리는 어디로 가는가
정보사회와 인간의 조건
아담 샤프 지음 | 구승회 옮김

6 정당사회학
로베르트 미헬스 지음 | 김학이 옮김
2003 가담학술상
2004 대한민국학술원 우수학술도서

7 언어의 기원에 대하여
요한 고트프리트 폰 헤르더 지음 | 조경식 옮김

8 전형성, 파토스, 현실성
벨린스키 문학비평선
비사리온 그리고리예비치 벨린스키 지음
심성보 · 이병훈 · 이항재 옮김
2005 대한민국학술원 우수학술도서

9 로마사 논고
니콜로 마키아벨리 지음 | 강정인 · 안선재 옮김
2005 대한민국학술원 우수학술도서

10 마서즈 비니어드 섬 사람들은 수화로 말한다
장애수용의 사회학
노라 엘렌 그로스 지음 | 박승희 옮김

11 영웅숭배론
토머스 칼라일 지음 | 박상익 옮김

12 윤리학 서설
토머스 힐 그린 지음 | 서병훈 옮김
2005 대한민국학술원 우수학술도서

13 낭만파
하인리히 하이네 지음 | 정용환 옮김

14 자연법
게오르크 빌헬름 프리드리히 헤겔 지음
김준수 옮김
2004 가담학술상 번역상

15 건축구조물의 소성해석법
B.G. 닐 지음 | 김성은 옮김

16 신통기
헤시오도스 지음 | 천병희 옮김

17 현대예술의 혁명
한스 제들마이어 지음 | 남상식 옮김

18 에스파냐 이상
앙헬 가니베트 이 가르시아 지음 | 장선영 옮김

19 근대 정치사상의 토대 1
퀜틴 스키너 지음 | 박동천 옮김
2004 한국간행물윤리위원회 10월의 읽을 만한 책

20 양자역학과 경험
데이비드 Z. 앨버트 지음 | 차동우 옮김

21 통계학의 역사
스티븐 스티글러 지음 | 조재근 옮김
2006 대한민국학술원 우수학술도서

22 키루스의 교육
크세노폰 지음 | 이동수 옮김 | 정기문 감수

23 부조리극
마틴 에슬린 지음 | 김미혜 옮김
2006 대한민국학술원 우수학술도서

24 로마의 축제일
오비디우스 지음 | 천병희 옮김

25 레싱 전설
프란츠 메링 지음 | 윤도중 옮김

26 파르치팔
볼프람 폰 에셴바흐 지음 | 허창운 옮김

27 플렉스너 보고서
미국과 캐나다의 의학교육
에이브러햄 플렉스너 지음 | 김선 옮김

28 의식의 기원
줄리언 제인스 지음 | 김득룡 · 박주용 옮김
2006 대한민국학술원 우수학술도서

29·30 인간의 유래
찰스 다윈 지음 | 김관선 옮김
2007 대한민국학술원 우수학술도서

31 러시아 경제사
따찌야나 미하일로브나 찌모쉬나 지음 | 이재영 옮김
2006 한국간행물윤리위원회 6월의 읽을 만한 책
2008 대한민국학술원 우수학술도서

32·33 팡타그뤼엘 제3서·제4서
프랑수아 라블레 지음 | 유석호 옮김

34·35 로마혁명사
로널드 사임 지음 | 허승일 · 김덕수 옮김
2007 대한민국학술원 우수학술도서

36 교양과 무질서
매슈 아널드 지음 | 윤지관 옮김

37 달랑베르의 꿈
드니 디드로 지음 | 김계영 옮김

38 프롤레타리아 독재
카를 카우츠키 지음 | 강신준 옮김

39 러시아 신분사
바실리 오시포비치 클류쳅스키 지음
조호연 · 오두영 옮김
2008 대한민국학술원 우수학술도서

40 섹슈얼리티의 진화
  도널드 시먼스 지음 | 김성한 옮김

41 기본권이론
  로베르트 알렉시 지음 | 이준일 옮김
  2008 대한민국학술원 우수학술도서

42 국가론
  마르쿠스 툴리우스 키케로 지음 | 김창성 옮김

43 법률론
  마르쿠스 툴리우스 키케로 지음 | 성염 옮김
  2008 대한민국학술원 우수학술도서

44 잉글랜드 풍경의 형성
  윌리엄 조지 호스킨스 지음 | 이영석 옮김
  2008 대한민국학술원 우수학술도서

45·46 에밀 또는 교육론
  장 자크 루소 지음 | 이용철 · 문경자 옮김
  2008 한국간행물윤리위원회 대학신입생을 위한 추천도서
  2008 대한민국학술원 우수학술도서

47 의상철학
  토이펠스드뢰크 씨의 생애와 견해
  토머스 칼라일 지음 | 박상익 옮김

48·49 고대 러시아 문학사
  니꼴라이 깔리니꼬비치 구드지 지음 | 정막래 옮김

50·51 과정으로서의 과학
  과학 발전에 대한 진화론적 설명
  데이비드 L. 헐 지음 | 한상기 옮김

52 여권의 옹호
  메리 울스턴크래프트 지음 | 손영미 옮김
  2009 대한민국학술원 우수학술도서

53 여성 · 문화 · 사회
  미셸 짐발리스트 로잘도 · 루이스 램피어 엮음
  권숙인 · 김현미 옮김
  2009 대한민국학술원 우수학술도서

54 일탈의 미학 스카
  와일드 문학예술 비평선
  오스카 와일드 지음 | 원유경 · 최경도 옮김

55 나의 도제시절
  비어트리스 웹 지음 | 조애리 · 윤교찬 옮김

56·57 신엘로이즈
  장 자크 루소 지음 | 서익원 옮김

58 프랑스혁명에 관한 성찰
  에드먼드 버크 지음 | 이태숙 옮김
  2009 한국연구재단 대표우수성과

59·60 초록의 하인리히
  고트프리트 켈러 지음 | 고규진 옮김
  2009 한국연구재단 대표우수성과

61 회상
  나데쥬다 만델슈탐 지음 | 홍지인 옮김

62·63 랑그도크의 농민들
  에마뉘엘 르 루아 라뒤리 지음 | 김응종 · 조한경 옮김

64 숭고와 미의 근원을 찾아서
  쾌와 고통에 대한 미학적 탐구
  에드먼드 버크 지음 | 김혜련 옮김
  2011 대한민국학술원 우수학술도서

65 정신 · 자아 · 사회
  사회적 행동주의자가 분석하는 개인과 사회
  조지 허버트 미드 지음 | 나은영 옮김
  2011 대한민국학술원 우수학술도서

66 중국사유
  마르셀 그라네 지음 | 유병태 옮김
  2011 대한민국학술원 우수학술도서

67·68 경제학원리
  앨프리드 마셜 지음 | 백영현 옮김

69·70 지식의 형태와 사회
  막스 셸러 지음 | 정영도 · 이을상 옮김
  2012 대한민국학술원 우수학술도서

71 농업위기와 농업경기
  유럽의 농업과 식량공급의 역사
  빌헬름 아벨 지음 | 김유경 옮김

72 카를 마르크스의 역사이론
  역사유물론 옹호
  제럴드 앨런 코헨 지음 | 박형신 · 정헌주 옮김

73 타키투스의 역사
  타키투스 지음 | 김경현 · 차전환 옮김
  2012 대한민국학술원 우수학술도서

74 행위와 사건
  도널드 데이빗슨 지음 | 배식한 옮김
  2013 대한민국학술원 우수학술도서

75 19세기 유럽 사상사
  과학적 사고
  존 시어도어 머츠 지음 | 이은경 옮김

76 국제법의 역사
  아르투어 누스바움 지음 | 김영석 옮김
  2014 세종도서 학술부문 선정도서

77·78·79 경제분석의 역사
  조지프 슘페터 지음
  김균 · 성낙선 · 이상호 · 정중호 · 신상훈 옮김

80 사고와 언어
  레프 비고츠키 지음 | 이병훈 · 이재혁 · 허승철 옮김

81 과학교육의 사상과 역사
  17~19세기 독일 과학교육의 성장과 발전
  발터 셸러 지음 | 정병훈 옮김

82 인간마음에 관한 탐구
  토머스 리드 지음 | 양선숙 옮김

● 한국연구재단 학술명저번역총서 서양편은 계속 간행됩니다.